Analoge Fotografie

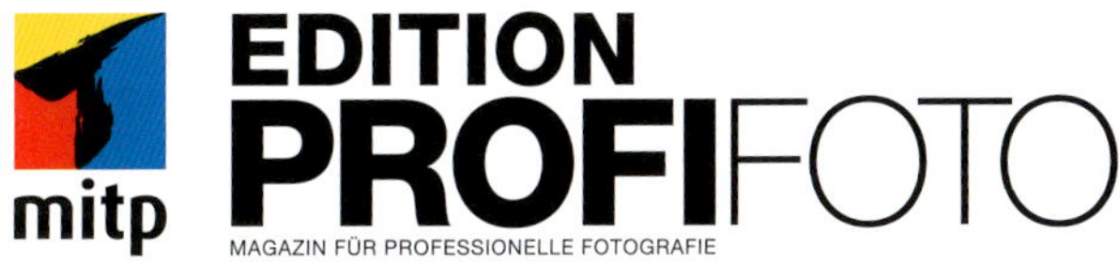

ANALOGE FOTOGRAFIE

KREATIVE TECHNIKEN FÜR DIE DUNKELKAMMER

Marc Stache

Bibliografische Information der Deutschen Nationalbibliothek
Die Deutsche Nationalbibliothek verzeichnet diese Publikation in der Deutschen Nationalbibliografie; detaillierte bibliografische Daten sind im Internet über http://dnb.d-nb.de abrufbar.

Bei der Herstellung des Werkes haben wir uns zukunftsbewusst für umweltverträgliche und wiederverwertbare Materialien entschieden.
Der Inhalt ist auf elementar chlorfreiem Papier gedruckt.

ISBN 978-3-7475-0006-4
1. Auflage 2023

www.mitp.de
E-Mail: mitp-verlag@sigloch.de
Telefon: +49 7953 / 7189 - 079
Telefax: +49 7953 / 7189 - 082

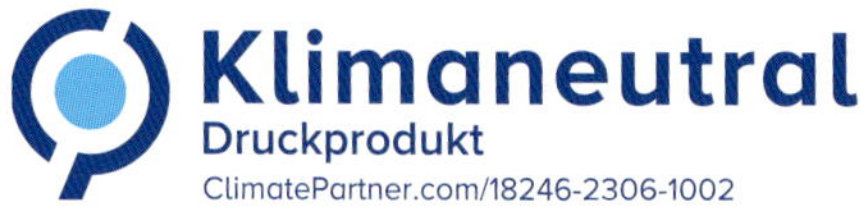

Lektorat: Katja Völpel, Nicole Winkel
Sprachkorrektorat: Christine Hoffmeister
Covergestaltung: Christian Kalkert
Bildnachweis: Marc Stache
Satz: Petra Kleinwegen
Druck: ADverts in Riga, Lettland

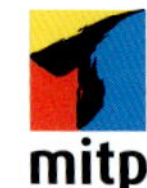

Inhalt

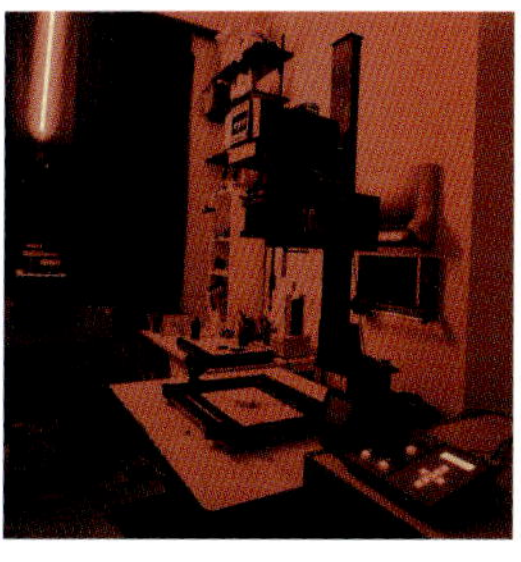

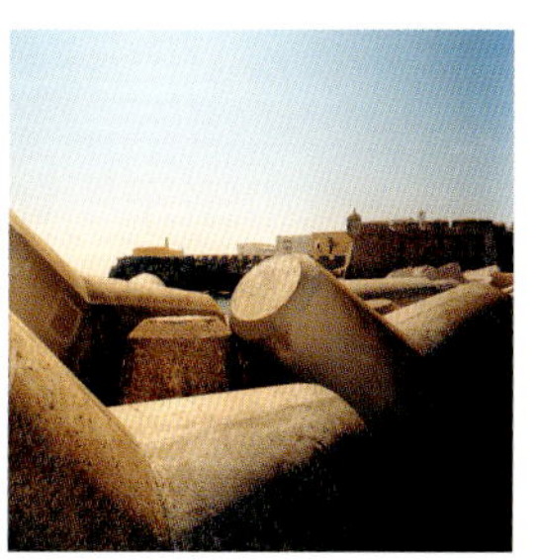

Inhalt

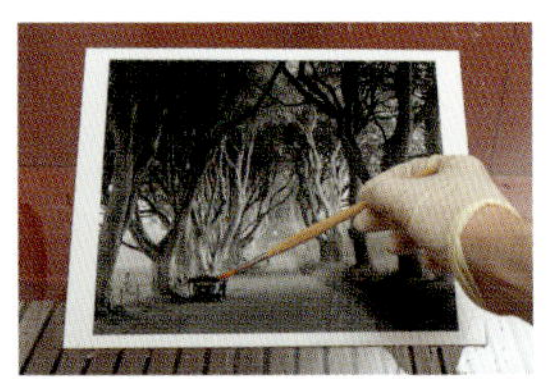

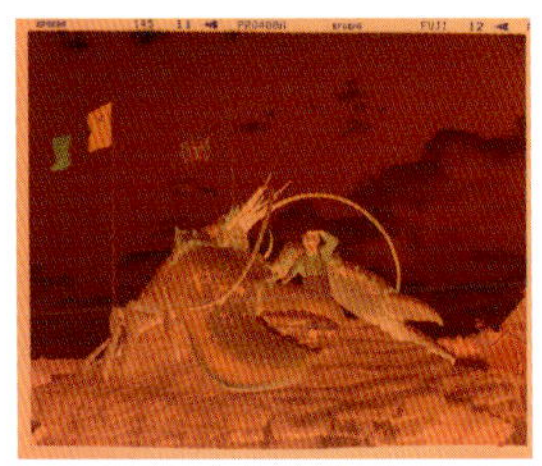

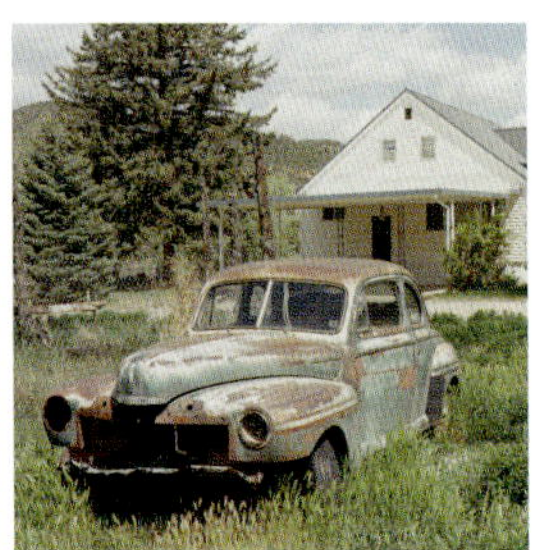

Inhalt

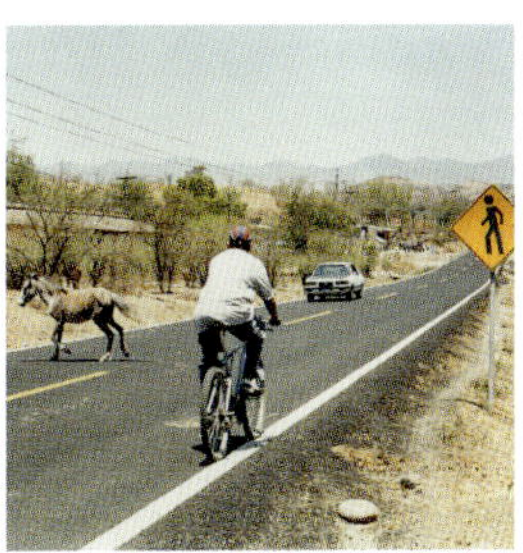

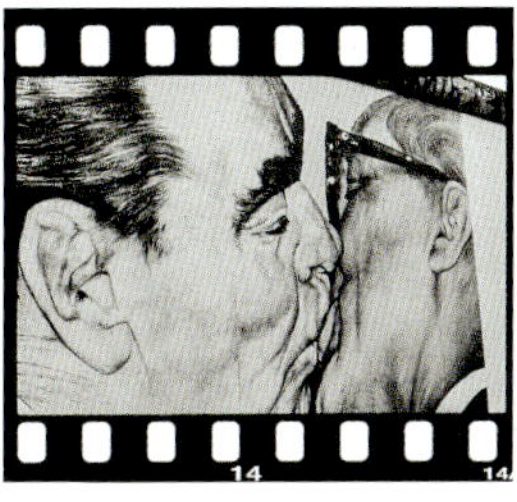

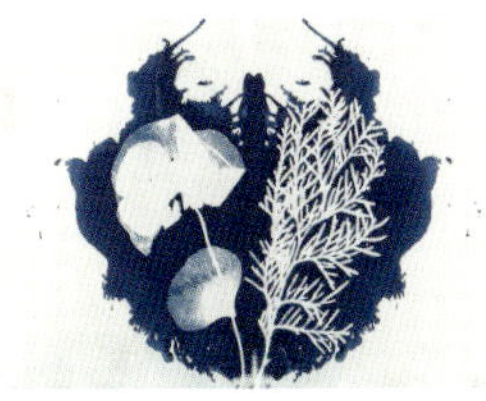

Inhalt

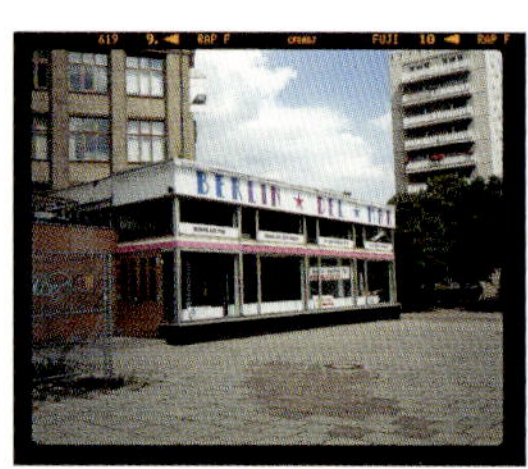

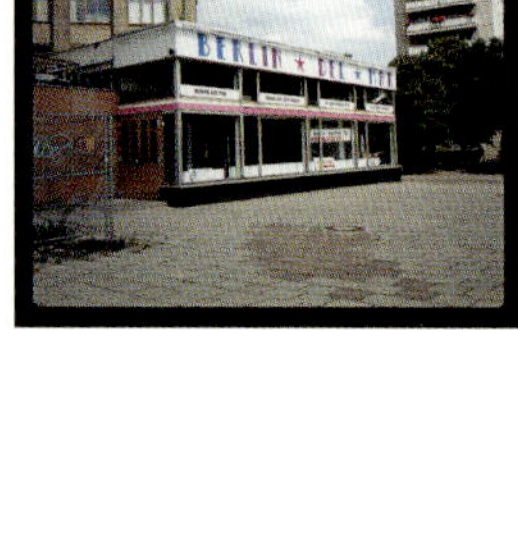

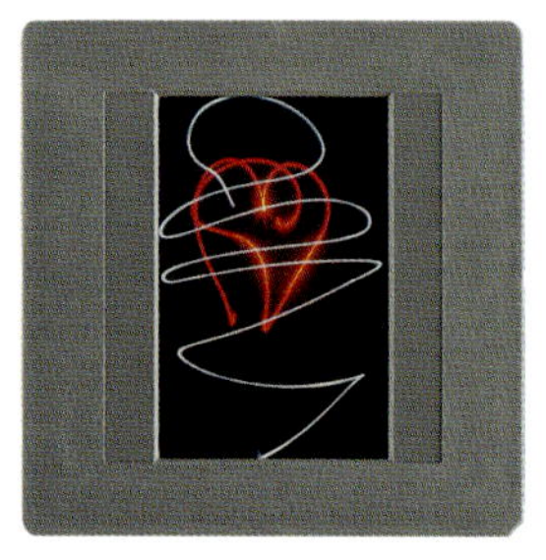

Vorwort

Als im Jahr 2015 die erste Auflage meines Buchs »Analog fotografieren und entwickeln: Die eigene Dunkelkammer« erschienen ist, hätte ich nicht zu träumen gewagt, dass dieses Buch auch im Jahr 2023 noch gelesen wird, geschweige denn schon in seiner 4. Auflage erhältlich ist.

Seit der ersten Auflage beschäftigte mich der Wunsch, auch noch ein weiteres Buch zu schreiben, das fortgeschrittene Fotolabortechniken zum Thema hat, um das volle kreative Potenzial analoger Fototechniken noch umfassender vermitteln zu können.

Sollten Sie bereits Vorkenntnisse in der analogen Dunkelkammer besitzen, ist die Lektüre meines ersten Buchs für das Verständnis dieser Publikation nicht unbedingt notwendig. Grundlegende Labortechniken für Einsteiger in Fotolabor und Schwarz-Weiß-Entwicklung werde ich in diesem Buch jedoch nicht erneut ausführlich erklären, da dies ansonsten den Rahmen sprengen würde. Ich setze diese Kenntnisse daher als bekannt voraus.

Diese neue Publikation knüpft da an, wo mein erstes Buch aufhört: Erste eigene Entwicklungen von Filmen und Papieren haben erfolgreich geklappt, und nun ist das Interesse geweckt, noch tiefer in die Materie einzusteigen und herauszufinden, was es noch an weiteren kreativen Möglichkeiten in der analogen Dunkelkammer zu entdecken gibt.

Während sich mein erstes Buch vorwiegend mit den Grundlagen der analogen Fotografie sowie Entwicklung und Verarbeitung von Schwarz-Weiß-Filmen befasst, möchte ich in diesem Buch Einblicke geben in moderne »state-of-the-art«-Dunkelkammertechnik, analoge Kreativtechniken sowie die Entwicklung von Farbfilmen und Farbpapieren im eigenen Heimlabor.

Lange Zeit war die analoge filmbasierte Fotografie in einen Dornröschenschlaf verfallen, während die rastlose moderne Fotowelt sich immer schneller und weiter um immer mehr Pixel, Bits und Bytes zu drehen schien.

In den letzten Jahren erlebte die analoge Fotografie nach meinem Empfinden jedoch ein regelrechtes Comeback, das stetig weiter Schwung entwickelt. Natürlich gibt es auch Schattenseiten mit schwierigen Materialverfügbarkeiten, Abkündigungen lieb gewordener Produkte und stetig steigender Preise. Die Grundstimmung ist jedoch weiterhin sehr positiv, vor allem aufgrund einer sehr aktiven und kreativen analogen Fotoszene. Mangelnde Lieferbarkeit oder der ganze Verlust von langjährig verfügbaren Produkten werden oft zu Innovationsquellen für neue alternative Produkt- und Geschäftsideen.

Als Beispiel seien hier das stetig wachsende Angebot an Cinefilm-Materialien sowie die zugehörige Entwicklungschemie und Laborservices zu nennen, kreative Lösungen im 3D-Druckverfahren oder auch Ankündigungen eines ehemals etablierten Kameraherstellers wie Pentax, in der Zukunft wieder in die Herstellung analoger Kameras einsteigen zu wollen.

Ich hoffe, mit diesem Buch die Freude am kreativen Schaffen, Experimentieren und analogen Bildermachen noch weiter anzuregen, Inspirationen zu geben, was alles möglich ist und gleichzeitig Bedenken zu nehmen, neue Techniken auszuprobieren, die vielleicht auf den ersten Blick allzu kompliziert erscheinen.

Marc Stache, April 2023

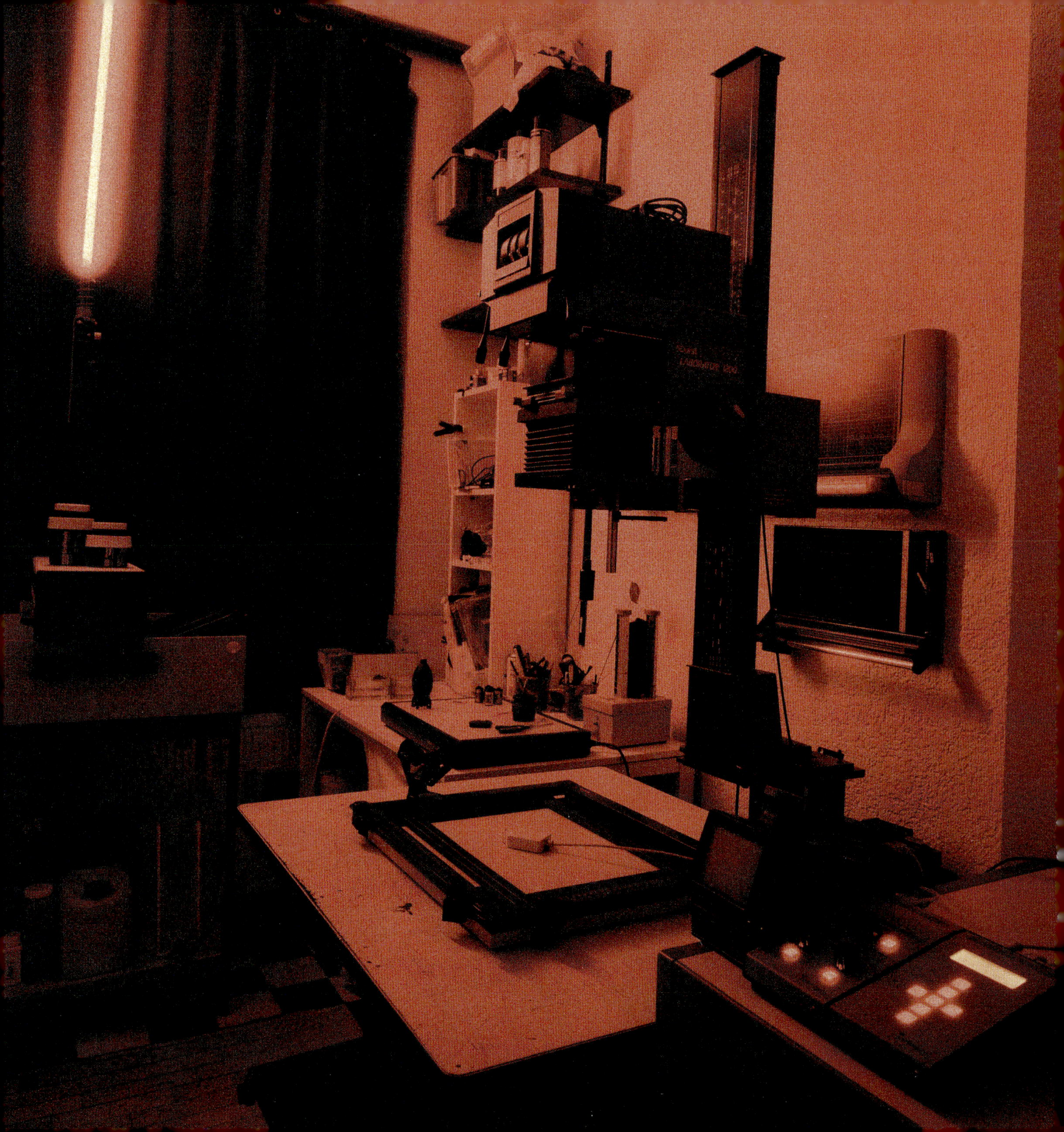

1 Moderne Technik für die Dunkelkammer

Viele Geräte, die wir in der analogen Dunkelkammer verwenden, basieren auf Forschung und Technik von Mitte des 20. Jahrhunderts bis maximal Anfang der 2000er-Jahre, wobei die »moderneren« Laborgeräte darunter meist aus der Hochphase der analogen Fotografie in den späten 1980er- bis 1990er-Jahren stammen. Als der Siegeszug der digitalen Fotografie einsetzte, konzentrierte die Fotoindustrie lange Zeit all ihre Innovationskraft auf die Entwicklung neuer Kamerasensoren, schnellerer Autofokusobjektive und leistungsfähigerer Bildbearbeitungsprogramme. Die analoge Fototechnik war zu dem Zeitpunkt schon sehr weit ausentwickelt, große Innovationen daher forschungs- und kostenintensiv, während Investitionen in eine komplett neue Fototechnik in ihren Kinderschuhen deutlich mehr Rendite versprachen. Viele zur Digitalfotografie wechselnde Fotografen rüsteten sich in dieser Zeit noch einmal komplett neu aus und da es insbesondere in den ersten Jahren recht kurze Innovationszyklen mit bedeutenden technischen Fortschritten gab, wiederholten sich solch große Investitionen in kurzer Abfolge.

Viele funktionstüchtige analoge Kameras und das entsprechende Zubehör wanderten im Zuge des digitalen Umschwungs in den Keller, auf den Flohmarkt, im besten Fall ins Museum, im schlimmsten Fall wohl leider auch auf den Müll.

Seit einigen Jahren erfährt nun der analoge Fotomarkt eine »Renaissance«. Oftmals hervorgerufen durch ein Gefühl einer allgegenwärtigen Übersättigung mit digitaler Technik, aber auch aufgrund ihrer besonderen, digital nicht vollständig reproduzierbaren Bildästhetik besinnen sich viele Hobby-, aber auch einige Berufsfotografen wieder verstärkt auf die Möglichkeiten der filmbasierten Fotografie.

Die große Zahl an Laborgeräten auf Gebrauchtbörsen im Internet bietet hierfür einen unendlich scheinenden und kostengünstigen Fundus an Ausrüstung.

Gerade dieser große Gebrauchtmarkt bewirkt aber zugleich einen großen Preisdruck auf die verbliebenen Hersteller. Die im Fotohandel neu erhältlichen Geräte waren daher lange Zeit wenig innovativ, sondern sowohl in Funktion als auch Design Fortführungen bewährter, altgedienter Produkte.

Während an der Verwendung bewährter und funktionaler Geräte im Grunde genommen auch nichts auszusetzen ist und die langjährige Wiederverwendung durch wechselnde Fotolaboranten-Generationen auch dem Gedanken nachhaltiger Nutzung entspricht, verstärkte dies aber leider über lange Zeit den allgemeinen Eindruck, bei analoger Fototechnik handle es sich um eine »tote, antiquierte Technik«.

In diesem Kapitel möchte ich die Gelegenheit nutzen, eine Auswahl moderner innovativer Produkte für die analoge Dunkelkammer vorzustellen.

Der Fokus liegt hier auf aktuell erhältlichen, neu produzierten Geräten und Hilfsmitteln, die mit einem aktuellen Stand an Labortechnik helfen, Arbeitsabläufe zu erleichtern und gleichzeitig auch die Bildergebnisse zu verbessern.

Mit einigen dieser Geräte werden wir uns in den folgenden Kapiteln bei der Beschreibung verschiedener Arbeitstechniken auch noch einmal eingehender beschäftigen.

1.1 DUNKELKAMMERBELEUCHTUNG MIT LED

Das schummrige rote Dunkelkammerlicht ist im Laufe der Zeit der reinen technischen Notwendigkeit entwachsen und durch Filmzitate, Werbung und Erzählungen aus Kindheitserinnerungen im

Fotolabor gewissermaßen zu einem Inbegriff der magisch anmutenden Dunkelkammeratmosphäre geworden.

Aber ebenso wie ihre häuslichen Verwandten haben die klassischen roten Glühbirnen mittlerweile immer mehr ausgedient. Zwar sind sie im Gegensatz zu herkömmlichen weißen Glühbirnen im Fotohandel weiterhin in Form von Speziallampen erhältlich und bieten eine verhältnismäßig preiswerte Möglichkeit, um etwas Licht ins Dunkel zu bringen, aber es finden sich immer mehr LED-Dunkelkammerlampen auf dem Markt.

Moderne Rotlicht-LED-Lampen bieten dabei entscheidende Vorteile:

- Größere Schleiersicherheit durch besonders eng begrenztes rotes Lichtspektrum mit einer Wellenlänge von 630 nM
- Stärkere Helligkeit und dadurch mehr Sichtkontrolle für angenehmes Arbeiten in der Dunkelkammer
- Energiesparend

HEILAND-ELECTRONIC-LED-LABORLICHT

Auch zu Glühbirnenzeiten in den 1990er-Jahren gab es schon einige professionelle Laborlampen auf LED-Basis. Die Mehrzahl der Laboranten verwendete aber einfache rote Glühbirnen.

Einer der ersten Anbieter einer professionellen LED-Dunkelkammerlampe aus aktueller Zeit ist der Hersteller Heiland electronic aus Wetzlar.

Die LED-Dunkelkammerlampen von Heiland electronic gibt es in unterschiedlichen Ausführungen.

Die stabförmigen Lampen sind in Bauform ähnlich einer Leuchtstoffröhre mit in Reihe geschalteter LED-Lämpchen. Die Schwarz-Weiß-Variante verfügt über rote und weiße LEDs.

Die roten LEDs sind mit einer präzisen Wellenlänge von 630 nm sicher für orthochromatische Papier- und Filmemulsionen. Zur Beurteilung von Bildergebnissen kann per Schalter auf weißes LED-Licht mit einer Farbtemperatur von ca. 6000 Kelvin gewechselt werden. Dies erspart den Gang heraus aus dem Labor ans Fenster mit Tageslicht und vereinfacht so die Ergebniskontrolle von Testreifen und Abzügen ungemein.

Für Laboranten, die sowohl im Schwarz-Weiß- als auch im Farblabor arbeiten, gibt es eine Sondervariante mit gelben LEDs in einer Wellenlänge von 590 nm anstelle der weißen. Aufgrund der schwachen Intensität, die für die sichere Verarbeitung von analogem Farbpapier notwendig ist, bietet die Colorlampe aber nur eine sehr diffuse Beleuchtung und dient in erster Linie zur besseren Orientierung im ansonsten völlig dunklen Labor.

Alle Farbvarianten sind per Drehregler in ihrer Lichtintensität dimmbar.

Eine einzelne solche Lampe reicht in meinem etwa 20 m^2 großen Labor völlig aus, um den Raum angenehm hell zu beleuchten, während ich früher mehrere rote Glühbirnenlampen im Raum verteilen musste und trotzdem nicht diese Helligkeit erreichte.

Seit 2019 ist zudem eine preisgünstige kleine Lampenvariante ohne Dimmfunktion und mit ausschließlich rotem Licht erhältlich.

Abbildung 1.1: Heiland-LED-Laborlicht, mit Dimmfunktion und umschaltbarem Weißlicht

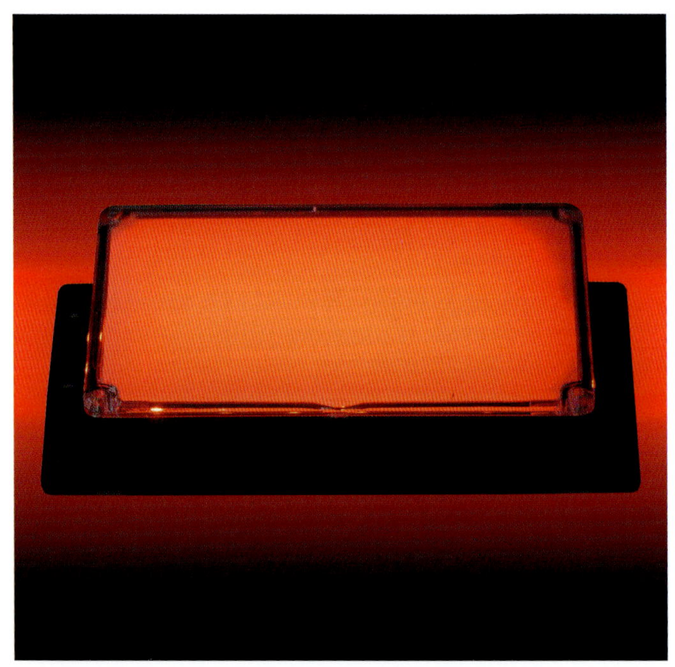

Abbildung 1.2: Heiland-LED-Laborlicht kompakt für kleinere Labore, lässt sich optional auch per USB an eine mobile Powerbank anschließen

ADOX-SUPERSAFE-LED

2019 kam die Firma ADOX mit einer eigenen LED-Dunkelkammerlampe auf den Markt. Bei der »ADOX-Supersafe-LED« handelt es sich um eine kleine LED-Lampe mit E14-Fassung, in der Größe ähnlich einer Kühlschrank- oder Backofenlampe. Aufgrund dieser Bauform eignet sie sich auch als Ersatzlampe für ältere Dunkelkammerlampengehäuse, bei denen herkömmliche Glühbirnen hinter Schutzgläsern untergebracht sind. Durch die Verwendung der Rotlicht-LED kann die Schutzscheibe dann entfallen.

Die roten LEDs strahlen gerade nach vorne ab, so dass sich diese Lämpchen mit einer passenden Lampenfassung wie eine Art Dunkelkammer-Spotlight verwenden lassen.

Die Lämpchen sind relativ klein. Eine gezielte Verteilung mehrerer solcher Lampen im Labor daher meist sinnvoll.

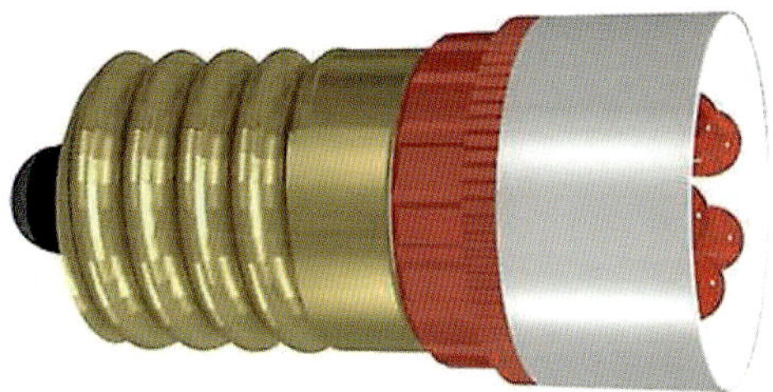

Abbildung 1.3: Mini-LED-Rotlicht-Spotlight von ADOX mit E14-Gewinde

SELBSTBAU UND ZWECKENTFREMDETE LED-LAMPEN

Neben speziell für die Dunkelkammer hergestellten LED-Rotlichtlampen kann man mit etwas Suche auch im Bereich der konventionellen Haushalts-LED-Lampen fündig werden.

Da der Einsatz im Fotolabor nicht als Anwendungsfall angedacht war, wird man seitens des Händlers oder auch des Herstellers allerdings recht schwer genaue Angaben zur Wellenlänge der verwendeten LEDs oder gar der Schleiersicherheit mit orthochromatischem Fotomaterial finden.

Im Zweifelsfall sollte man immer einen Schleiertest machen, um die Sicherheit der Beleuchtung zusammen mit dem verwendeten Material zu überprüfen.

Vorsicht

Vorsicht vor günstigen weißen LED-Lampen mit vorgebauten roten Filterscheiben oder roten Einfärbungen. Speziell für das Fotolabor entwickelte LED-Rotlichtlampen verwenden ausschließlich rein rote LEDs mit einer Wellenlänge von 630 nm und sind dadurch besonders sicher.

SCHLEIERTEST

An dieser Stelle möchte ich noch einmal eine kurze Anleitung zur Durchführung eines Schleiertests geben, um das Laborlicht zu überprüfen.

Mit Verschleierung beschreibt man in diesem Fall eine nicht gewünschte Belichtung des Fotopapiers, und zwar nicht durch den Vergrößerer, sondern durch eine zu helle Dunkelkammerbeleuchtung oder ein Laborlicht mit einer falschen Wellenlänge, die zu stark von der Empfindlichkeitslücke des verwendeten Fotopapiers abweicht. Das Resultat ist, dass alle Stellen auf dem Papier, die eigentlich weiß sein sollten, mehr oder weniger stark gräulich sind, wodurch das Bild insgesamt kontrastarm und flau wirkt.

SCHLEIERTEST MIT VORBELICHTUNG

Da ein Fotopapier bei praktischer Verarbeitung nicht nur eventuellem Restlicht durch mangelhafte Verdunkelung und dem Dunkelkammerlicht, sondern zusätzlich auch dem Licht aus dem Vergrößerungsgerät ausgesetzt ist, ist es für einen genaueren Schleiertest, der einen sicheren Verarbeitungsablauf gewährleistet, notwendig, das Testpapier diesem Umstand entsprechend ein wenig »vorzubelichten«.

Gehen Sie folgendermaßen vor:

- Bestimmen Sie zunächst den Punkt, ab dem das Papier durch Belichtung ohne Negativ in der Bildbühne ein ganz leichtes Grau erhält. An diesen Wert muss man sich etwas herantasten, er wird aber in der Regel bei kleiner Blende von 11 oder 16 nur wenige Sekunden kurz sein. Die Dunkelkammerbeleuchtung sollte wie bei einer realen Vergrößerung auch angeschaltet bleiben.

- Legen Sie nach der Vorbelichtung eine Münze auf das Papier und lassen Sie es ca. 3 min im Rotlicht liegen.
- Entwickeln Sie das Bild nun wie gewohnt in Entwickler, Stoppbad und Fixierer.

Ist die zuvor von der Münze verdeckte Stelle am Ende heller als der umgebende Bereich, so ist die Dunkelkammerbeleuchtung falsch, zu hell oder zu nah.

Haben Sie eine einheitliche leicht graue Fläche (durch die Vorbelichtung), ist alles in Ordnung.

1.2 LED-ROTLICHTTASCHEN-LAMPEN

LED-Rotlichttaschenlampen sind nützliche kleine Helfer, um im Dunkelkammerrotlicht nach Materialien zu suchen und Bereiche auszuleuchten, die die normale Duka-Lampe vielleicht nicht erreicht.

Solche Taschenlampen gibt es speziell für das Fotolabor von der Firma RH Designs mit deutschem Vertrieb über Heiland electronic oder auch in zweckentfremdeter Form von der Firma Astromedia.

Von der Firma Astromedia als Taschenlampe für nächtliche Sterngucker gedacht (da das rote Licht nicht die Nachtsicht stört), eignet sich diese kleine Rotlicht-LED auch prima als Taschenlampe für die analoge Dunkelkammer oder auch für Lichtmalereien bei Langzeitaufnahmen.

Die Astromedia-Lampe habe ich selbst bei mir im Labor auf Schleiersicherheit getestet und sie funktioniert einwandfrei. Ich empfehle aber, im Zweifel immer einen eigenen kurzen Test mit den von Ihnen verwendeten Materialien vorzunehmen.

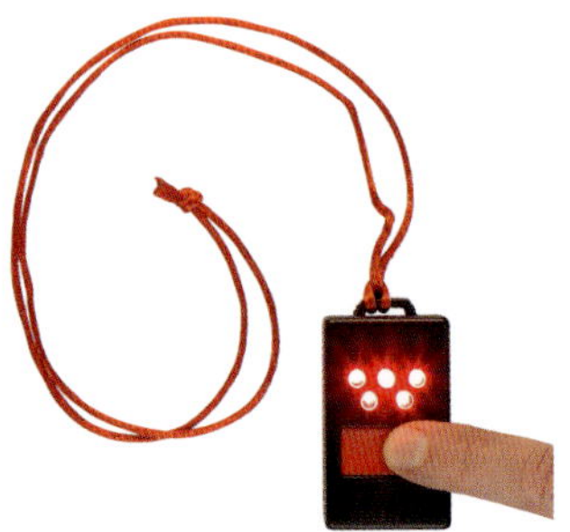

Abbildung 1.4: LED-Rotlicht-Dunkelkammertaschenlampe von RH Designs.

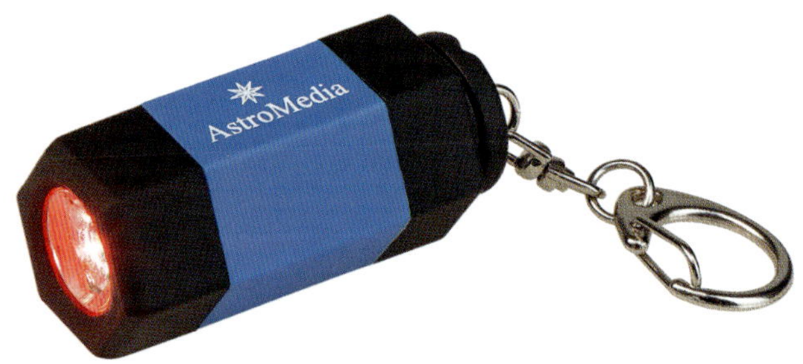

Abbildung 1.5: LED-Rotlichttaschenlampe von Astromedia

1.3 LED-LICHTKÖPFE FÜR VERGRÖSSERER

Nicht nur bei der Dunkelkammerbeleuchtung können moderne LED-Lichtquellen verwendet werden, sondern auch bei den Vergrößerern selbst.

Klassische Kondensorvergrößerer werden mit opalen Glühbirnen und Mischlichtvergrößerer mit Halogenlampen betrieben. Beide Lampensorten funktionieren auf ihre Weise problemlos, weisen aber auch ein paar Nachteile auf, die sich besonders bei häufiger Arbeit in der Dunkelkammer störend bemerkbar machen können.

Nachteile konventioneller Leuchtmittel:

- Verformung des Negativs durch Wärmeeinfluss und dadurch »Springen« der Schärfeebene
- Starke Hitzeentwicklung kann Negative, insbesondere auf Glasplatten, beschädigen.
- Die Auf- und Abglühphase insbesondere bei Opal-Glühbirnen behindert präzise Belichtungssteuerung, vor allem bei kurzen Belichtungszeiten.
- Relativ geringe Lebensdauer, weshalb man bestenfalls immer eine Ersatzlampe in Reserve haben sollte

HEILAND-LED-LICHTQUELLE

Die LED-Lichtköpfe der Firma Heiland gehen insgesamt noch einen guten Schritt weiter und ersetzen nicht nur die reine Lichtquelle, sondern bei Multigradepapieren auch die Notwendigkeit, farbige Filter verwenden zu müssen. Anstelle von weißen LEDs werden rote, grüne und blaue LEDs verwendet.

Durch Zusammenmischen aller RGB-Farben erhält man neutrales Weißlicht, welches z.B. zum Einrichten und Scharfstellen des Bilds verwendet werden kann.

Bei mehrschichtig aufgebautem Multigradepapier gibt es eine für grünes Licht empfindliche weiche Papieremulsion und eine für blaues Licht empfindliche harte Emulsionsschicht. Die grünen und blauen LEDs können diese Schichten sehr präzise ansteuern. Durch Mischen der beiden Farben lassen sich zudem alle Zwischenstufen an Papiergradationen einstellen.

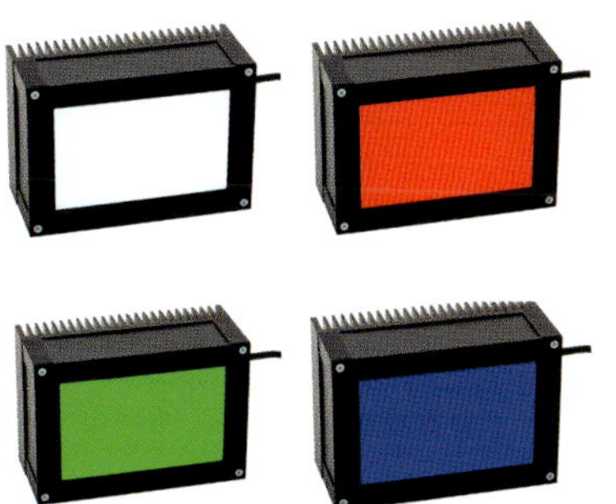

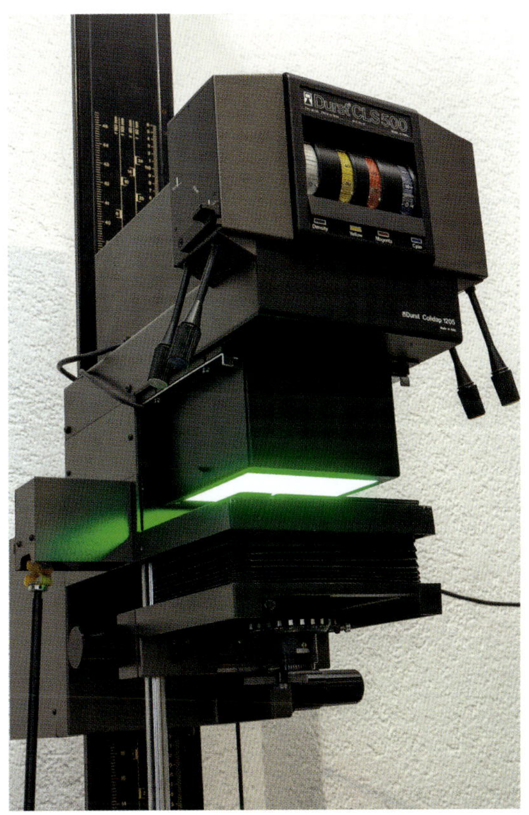

Abbildung 1.7: Vergrößerer mit eingebauter Heiland-LED-Lichtquelle

Hinweis

Von klassischen Vergrößerern ist man häufig eine Gradationssteuerung mit yellow- und magentafarbenen Filtern gewohnt. Im Gegensatz zur additiven Lichtmischung bei RGB-LED-Lichtköpfen wird dabei eine subtraktive Farbmischung angewandt. Mit Hilfe eines magentafarbenen Sperrfilters werden grüne Lichtanteile aus dem Licht herausgefiltert, so dass nur die harte, blauempfindliche Papierschicht angeregt wird. Mit einem gelbfarbenen (yellow) Sperrfilter wird blaues Licht herausgefiltert, so dass die weiche, grünempfindliche Schicht belichtet wird.

Der Vorteil der additiven Farbmischung mit RGB-Farben liegt in der direkteren und dadurch präziseren Ansteuerung der Multigradeschichten sowie einer potenziell höheren Lichtintensität, da hier keine vorgeschobenen Filter die Lichtausbeute reduzieren.

Die für die Gradationssteuerung nicht verwendeten roten LEDs ersetzen als zusätzliches Schmankerl die Rotfilterscheibe, die man ansonsten vor das Objektiv schwenken musste, um die Einstellungen vor der Belichtung noch einmal kontrollieren zu können, wenn man das lichtempfindliche Fotopapier schon unter den Vergrößerer gelegt hat.

Vorteile der Heiland-LED-Lichtquellen in Vergrößerern:

- Geringe Wärmeentwicklung
- Kurze Latenzzeit (keine Auf- und Abglühphase)
- Sehr gleichmäßige Ausleuchtung bis in die Randbereiche
- Sehr lange Lebensdauer, praktisch kein Lampenwechsel mehr notwendig
- Möglichkeit der Gradationssteuerung durch unterschiedlich farbige LEDs
- Sichere Rotlicht-LEDs ersetzen den Rotlichtschwenkfilter.
- Kürzere Belichtungszeiten aufgrund höherer Belichtungsintensität
- Intensität der Lichtquelle über drei Blendenstufen variierbar

Solche LED-Lichtquellen gibt es für eine große Zahl verschiedener Vergrößerermarken und -Modelle. Einige Varianten lassen sich problemlos selbst einbauen, in manchen Fällen werden spezielle Adapter benötigt und in seltenen Fällen ist gar ein Einschicken des Vergrößererkopfs und Einbau durch den Hersteller erforderlich.

Für nähere Informationen empfehle ich einen Blick auf die Herstellerseite *https://heilandelectronic.de/led_kaltlicht*

1.4 MODERNE VERGRÖSSERUNGSGERÄTE

KIENZLE PHOTOTECHNIK

Die Firma Kienzle Phototechnik aus Fockenbrunn im Schwarzwald ist eine der wenigen verbliebenen, aktiven Hersteller von Vergrößerern und allerlei weiteren Laborgeräten am Markt. Hier wird keine alte Lagerware abverkauft, sondern es werden tatsächlich aktiv neue Geräte und individuelle Speziallösungen entwickelt.

Die Herstellung erfolgt dabei in für heutige Zeiten ungewöhnlich hochwertiger und zumeist massiver Metallbauweise.

Über das eigene Produktsortiment hinausgehend ist auch die Reparatur und Ersatzteilbeschaffung für Vergrößerer verschiedenster Marken, wie z.B. Objektivplatinen, Negativbühnen oder auch Anti-Newtongläser, Teil des Angebots.

Vor einigen Jahren habe ich einen Durst-Laborator-1200-Vergrößerer relativ günstig im Internet erworben. Leider stellte ich dann erst nach Rücktransport und Aufbau bei mir im Labor fest, dass die Spannfeder, die den Vergrößererkopf hält, gerissen war. Die Firma Kienzle war auch in diesem Fall ein hervorragender Ansprechpartner. Auch wenn dort keine Durst-Vergrößerer verkauft werden, konnten sie mir durch Einbau einer Ersatz-Spannfeder helfen.

MODULARE VERGRÖSSERER BAUREIHE C

Kienzle Phototechnik bietet eine recht umfangreiche Sortimentsauswahl an Vergrößerern unterschiedlichster Preisklassen vom Kleinbild bis hin zu Großformatnegativen. Exemplarisch möchte ich hier die sehr beliebten Geräte der Baureihe »C« vorstellen.

Diese Vergrößerer überzeugen als sehr robuste, komplett aus Metall gefertigte Arbeitsgeräte bei gleichzeitig sehr kompakter Bauweise.

Ein großer Handarbeitsanteil bei der Herstellung sowie eine modulare Bauweise ermöglichen individuelle Anpassungen an die Wünsche des Kunden. Insbesondere in dieser Flexibilität liegt ein entscheidender Vorteil gegenüber den meisten älteren Gebrauchtgeräten.

Folgende Basisvarianten sind erhältlich:

- C67 für Kleinbild bis Negative 6 x 7 cm
- C69 für Kleinbild bis 6 x 9 cm
- C120 für Kleinbild bis Negative 4 x 5 Inch
- C138 für Kleinbild bis Negative 5 x 7 Inch
- C252 für Kleinbild bis Negative 8 x 10 Inch

Je nach Kundenwunsch können dann folgende Attribute bei der Herstellung angepasst werden:

- Säulenlänge
- Größe des Grundbretts, bis hin zu elektrisch höhenverstellbaren Grundplatten
- Beleuchtungsart (Mischlicht oder Kondensor)
- Filterung (Farbfilter, Multigradefilter)
- Filmbühnen

Durch regen Austausch mit der Firma Heiland electronic sind neben klassischen Beleuchtungslösungen zudem auch moderne automatisierte Filtermodule und LED-Lichtquellen erhältlich.

DIGITALVERGRÖSSERER

Im Produktkatalog der Firma Kienzle findet sich ganz am Ende die etwas kurios anmutende Variante eines Digitalvergrößerers.

Solche Vergrößerer waren in den ersten Jahren nach der Jahrtausendwende ein von verschiedenen Herstellern analoger Vergrößerer unternommener Versuch, die digitale mit der analogen Laborwelt zu verschmelzen und so eine Weiternutzung vorhandener Dunkelkammertechnik zu ermöglichen.

Dieser Vergrößerer ist also keine aktuell neue Entwicklung, sondern stellt eher eine Art Sackgasse dar, die in der Umbruchphase zur Digitalfotografie eine Brücke schlagen sollte zwischen analoger und digitaler Fotografie. Ähnliche Geräte gab es beispielsweise auch von den Firmen Durst, De Vere (De Vere Digital Enlarger 504 DS) und Polycolor in Deutschland (Variochromat).

Anstelle eines Negativs kommt ein LCD-Panel mit, je nach Entwicklungsstand, zwischen 8 bis zu 30 MP Auflösung zum Einsatz. Das digitale Negativbild wird davon ausgehend genau wie bei einem klassischen Vergrößerer durch eine Vergrößerungsoptik auf das zu belichtende Fotopapier projiziert. Angesteuert wird das LCD-Panel durch einen Computer und dazugehörige Software.

Die letzte mir bekannte Variante solch eines Geräts war die 2007 überarbeitete Version des Variochromat-Vergrößerers. Auf der Webseite des Labors Polycolor aus Essen bietet dessen Erfinder Kai Sandner auch aktuell weiterhin die Ausbelichtung digitaler Daten direkt auf klassischem Barytpapier als Service an, so dass sich jeder bei Interesse selbst ein Bild von den Möglichkeiten machen kann. *https://www.polycolor.de/fotolabor/barytpapier.html*

Ihren Weg in die heimischen Dunkelkammern fanden solche Vergrößerer aufgrund der hohen Anschaffungskosten so gut wie nicht. Daher blieb ihr Einsatz in erster Linie auf den Entwicklungsservice professioneller Labore beschränkt.

Die Weiterentwicklung dieser Technik ist bereits vor mehr als zehn Jahren zu einem vorläufigen Stillstand gekommen. Aber die Idee ist, wenn man sich von einem rein analogen Dogma zu lösen vermag, ein interessanter Ansatz, der in der Dunkelkammer neue Möglichkeiten eröffnet. Während in vielen professionellen Fotolaboren digitale Laserbelichter für automatisierte Verarbeitungsschritte im Einsatz sind, lässt sich mit einem Digitalvergrößerer die vorhandene Dunkelkammerinfrastruktur weiter oder auch parallel verwenden und man hat auch für seine digitalen Bilder alle Wahlmöglichkeiten an Papieren, die einem auf rein analogem Weg zur Verfügung stehen.

Wenn die Entwicklungsstufe solcher digitalen Vergrößerer also zunächst eine Sackgasse war, bleibt dennoch die Möglichkeit, dass wir in der Zukunft durch neue technische Ansätze und günstigere Komponenten hier wieder eine Innovation sehen werden.

Ein denkbarer Ansatz wäre z.B. die Verwendung hochauflösender, flacher Displays, möglicherweise sogar von Mobiltelefonen oder Tablets, anstelle von Negativen in der Bildbühne eines ansonsten herkömmlichen Vergrößerers.

MAMONT-HORIZONTALVERGRÖSSERER

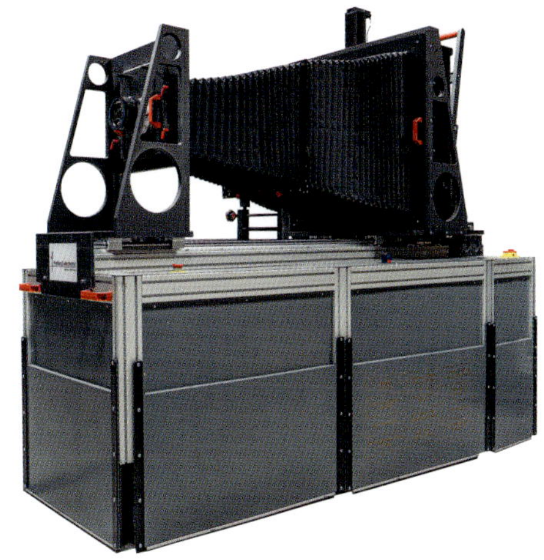

Abbildung 1.8: Mamont-Horizontalvergrößerer von Heiland electronic

Ein erwähnenswertes innovatives Gerät, auch wenn es für die meisten Heimlabore sicherlich viel zu überdimensioniert sein dürfte, ist der neuartige Horizontalvergrößerer »Mamont« von Heiland electronic.

Das erreichbare Bildformat ist bei herkömmlichen Vergrößerern durch den maximal erreichbaren Abstand zwischen Vergrößererkopf und der darunterliegenden Projektionsfläche begrenzt.

Für die Erstellung großformatiger Abzüge mit Bildbreiten bis hin zu mehreren Metern verwendete man im professionellen Laborbereich hierfür sogenannte Horizontalvergrößerer, bei denen das

Lichtbild waagerecht auf eine Wand projiziert wird. Das maximale Bildformat ist im Wesentlichen nur durch die Größe des Raums und die Verfügbarkeit entsprechend großer Fotopapiere beschränkt.

Gleichsam erfordert die Erstellung von Vergrößerungen eines solchen Maßstabs eine sehr präzise Ausrichtung und Kalibrierung. Kleinste Abweichungen in der Parallelität von Negativebene zu Objektivebene und zu Projektionswand führen zu Unschärfe, Lichtabfall und Verzerrungen der Bildlinien. Aus diesem Grund wurden Horizontalvergrößerer der Marken Durst oder Deville früher fest auf Schienen montiert, auf denen sie gerade zur Wand ausgerichtet, je nach benötigtem Vergrößerungsmaßstab, hin und her bewegt werden konnten, ohne dass sich dabei im Idealfall etwas weiter verstellen konnte.

Nach gut 40 Jahren ohne Innovationen in diesem Bereich hat Heiland electronic einen neuartigen Horizontalvergrößerer für alle Negativformate bis hin zu 20 x 24 Inch entwickelt.

Konstruktion und Bau erfolgte hier zunächst speziell für das St. Petersburger Fotolabor »Art of Foto«.

Während die Welt noch auf das autonom fahrende Auto wartet, wurde dieser Traum für die Arbeitswege im Fotolabor hier schon erfüllt:

Drei Laser messen millimetergenau den Abstand zur Projektionswand. Auf Knopfdruck setzt sich das Gerät in Bewegung und richtet sich per integrierter Automatik selbstständig und bis zu ± 1 mm genau zur Projektionswand aus. Zusätzlich ist eine ferngesteuerte Bewegung per Fernbedienung mit Joysticks möglich.

Als Lichtquelle dient eine Heiland-LED-Flächenleuchte mit 15000 LEDs, deren Intensität sich bei Bedarf über fünf Blendenstufen anpassen lässt. Zur Steuerung der Belichtung gibt es eine spezielle App.

NEUES HEILAND-VERGRÖSSERERSYSTEM

Während ich an diesen Zeilen schreibe, arbeitet die Firma Heiland an der Entwicklung eines neuen Vergrößerersystems, wahlweise freistehend mit großem höhenverstellbarem Projektionstisch oder auch für die Wandmontage. Während in der Vergangenheit ein Schwerpunkt darauf lag, eine Vielzahl an älteren, nur noch auf dem Gebrauchtmarkt erhältlichen Vergrößerern durch moderne Beleuchtungstechnik oder computergesteuerte Schaltuhren und Messinstrumente zu modifizieren und auf diese Weise die alte Technik mit modernen Komponenten zu verbinden, werden hier nun neue eigene Wege beschritten. Das Ziel ist es, der Vielzahl an eigens entwickelten technischen Lösungen die bestmögliche Plattform zu geben.

Das erste Modell dieser Baureihe richtet sich mit einer großen Bildbühne für Negative bis zum Format 8 x 10 Inch zunächst eher an professionelle Fachlabore, aber bei entsprechendem Erfolg in der Fertigung gibt es auch Ideen für kleinere Geräte und das ja nicht selten minder professionelle Heimlabor.

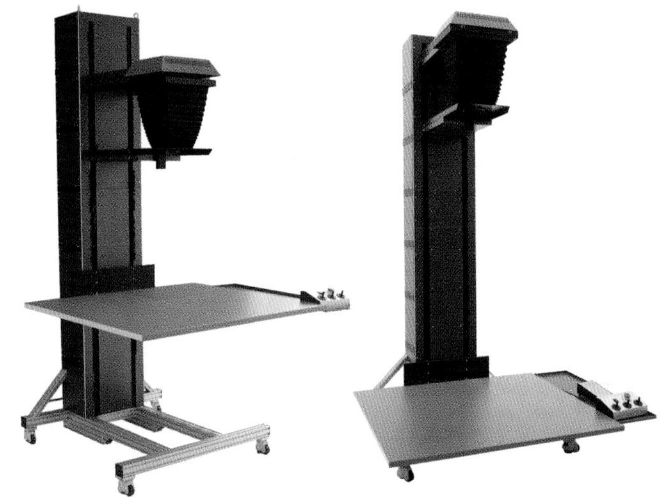

Abbildung 1.9: Neues 8x10 Inch Vergrößerungssystem für Negative bis 8x10 inch von Heiland electronic mit motorischer Steuerung für die Einstellhöhe des Vergrößerungskopfs, der Grundplatte sowie der Schärfeeinstellung
Die Lichtquelle ist eine Heiland-LED-Kaltlichtquelle, nutzbar für Schwarz-Weiß-Multigrade, Splitgrade-Printing und auch Farbvergrößerungen.

1.5 PROZESSKONTROLLE UND LABORCOMPUTER

Die Arbeit in der Dunkelkammer ist ein kreativer handwerklicher Prozess, bei dem man sich in seinem Schaffen nach einiger Zeit auch gerne von Gefühl, Erfahrung und Lust am Experimentieren leiten lässt. Dennoch sind präzise Werkzeuge und Messinstrumente hier kein Widerspruch, sondern eine wichtige Hilfe, auch um eine fundierte Ausgangsbasis für Experimente zu erhalten.

So bieten moderne Hilfsgeräte zur Prozesskontrolle und computergesteuerte Zeitschaltuhren präzise Messergebnisse und intelligente Hilfestellungen, basierend auf den der analogen Fototechnik zugrunde liegenden chemischen und physikalischen Gesetzmäßigkeiten. Gleichzeitig sollten gute Hilfsgeräte aber auch immer die Freiheit bieten, von gemessenen Werten und Standardzeiten abzuweichen, um das Bildergebnis nach seinen subjektiven Vorstellungen verändern zu können.

MODERNE VERGRÖSSERERSCHALTUHREN

Licht an, tick tack, tick tack, Licht aus.

Die klassische Zeitschaltuhr für Vergrößerer funktioniert im Grunde wie eine Art Eieruhr, die – in den Stromkreis zwischen Vergrößerer und Steckdose geschaltet –, die Lampe im Vergrößerer zunächst ein- und nach Ablauf einer vorgewählten Zeit wieder ausschaltet Geräte mit digitaler Sekundenanzeige und programmierbaren Belichtungszeiten bildeten lange Zeit die Krönung technischer Innovation in diesem Bereich.

Im Folgenden möchte ich moderne Geräte vorstellen, die aufgrund einer Vielzahl von Einstell- und Anzeigemöglichkeiten dem simplen Schaltuhrprinzip komplexe, aber sinnvolle Ergänzungen hinzufügen.

Hinweis

Insbesondere für Techniken wie F-Stop-Printing und Splitgrade-Printing, auf die im Kapitel 3 bei den fortgeschrittenen Dunkelkammertechniken noch genauer eingegangen wird, sind diese Geräte eine große Hilfe.

FILMOMAT-F-STOP-DARKROOM-TIMER

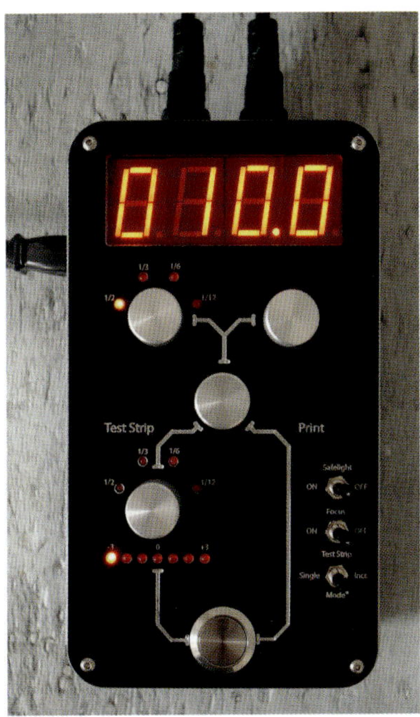

Abbildung 1.10: Filmomat-F-Stop-Darkroom-Timer

Der 2022 neu erschienene F-Stop-Darkroom-Timer von Filmomat ist eine moderne Vergrößererschaltuhr speziell für die Belichtungstechnik »F-Stop-Printing.«

Wichtigste Eigenschaften:

- Die Belichtungszeiten können wahlweise in 1/2, 1/3, 1/6 und 1/12 Blendenstufen eingestellt werden.
- Einstellbare Belichtungszeiten bis 999 s
- Zwei Teststreifenmodi sind wählbar:
  Variante 1: Einer einstellbaren Basiszeit werden darauffolgende Belichtungsstufen in 1/2, 1/3, 1/6 und 1/12 Blendenstufen hinzuaddiert
  oder **Variante 2:** »Single-Mode« mit bis zu 7 einzelnen Testbelichtungen, die jeweils immer die neu berechnete volle Belichtungszeit verwenden.
- Die Display Helligkeit kann über 15 Abstufungen heller oder dunkler gestellt werden.

- Das Rotlicht wird direkt an die Schaltuhr angeschlossen. Dies ermöglicht ein automatisches Ausschalten des Rotlichts während der laufenden Belichtungszeit und auch jederzeit ein einfaches bewusstes Ausschalten über einen Kippschalter, z.B. um die Sicht beim Scharfstellen zu verbessern.
- Optional kann ein Fußschalter angeschlossen werden.

RH DESIGNS STOPCLOCK PROFESSIONAL

Die »Stopclock Professional« des englischen Herstellers RH Designs ist schon etwas länger auf dem Markt und vereint eine große Anzahl nützlicher Einstellmöglichkeiten.

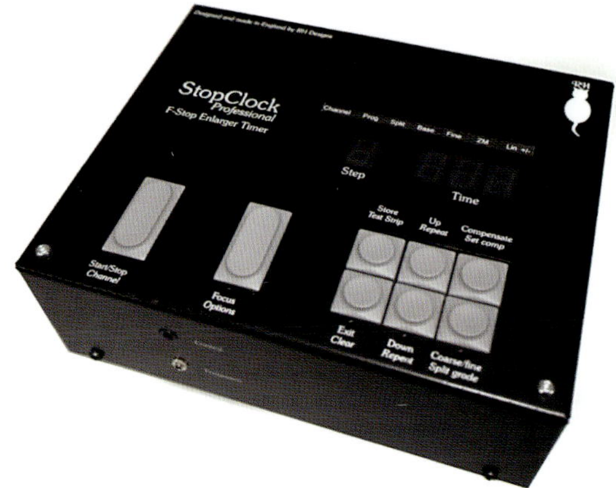

Abbildung 1.11: Stopclock Professional von RH Designs

Wichtigste Eigenschaften:

- Einstellbare Belichtungszeiten von 1–240 s
- Belichtung wahlweise in linearen 0,1 Sekundenschritten oder in 1/24 bis ½ Blendenstufen (F-Stop-Printing)
- 1 Haupt- und 8 weitere aufeinanderfolgende Nachbelichtungszeiten können einprogrammiert werden.
- Nachbelichtungszeiten können dabei in Sekunden oder auch in Blendenstufen relativ zur Hauptbelichtung angegeben werden.
  Wenn die Hauptbelichtungszeit verändert wird, werden die Nachbelichtungszeiten automatisch im gleichen Verhältnis angepasst.
- Splitgrade-Modus (siehe Kapitel 3)
- Kompensation des als Dry-Down-Effekt bekannten Nachdunkelns von Fotopapier nach dem Trocknen.
- Einstellbarere Anpassungen der Belichtungszeit nach Papiersorte von ± 20 %
- Die Dunkelkammerbeleuchtung kann direkt an das Gerät angeschlossen und dadurch während der Belichtungsphasen automatisch ausgeschaltet werden.
- Teststreifen-Modus
- Optionaler Fußschalter für handfreie Bedienung

RH DESIGNS ZONEMASTER II

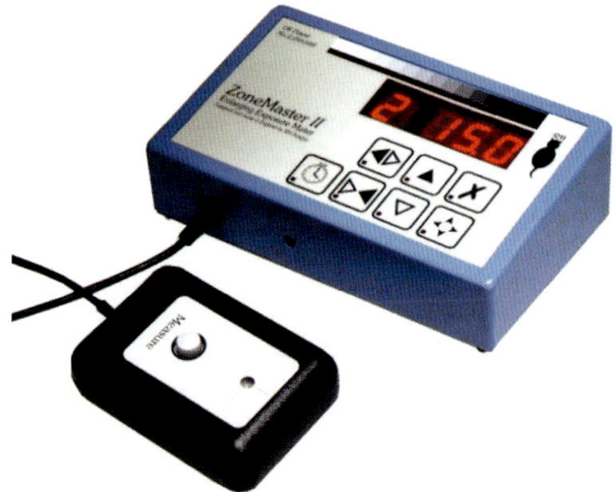

Abbildung 1.12: Zonemaster II von RH Designs

Der Zonemaster II erweitert die Möglichkeiten der Stopclock Professional um die Möglichkeit der Belichtungsmessung. Das Gerät kann ergänzend an die Stopclock Professional oder auch an eine konventionelle Schaltuhr angeschlossen werden.

Mittels einer Messsonde wird das auf die Projektionsfläche treffende Vergrößererlicht gemessen. Nach Anmessung der hellsten und dunkelsten Bereiche im Bild, die noch Zeichnung haben, also nicht rein schwarz oder weiß sein sollen, wird aus der Differenz der Dichtewerte die notwendige Belichtungszeit und Papiergradation errechnet.

Zur optimalen Verwendung ist vom Anwender zuvor eine Kalibrierung des Geräts vorzunehmen, um die Messergebnisse an die Intensität der Lichtquelle und Empfindlichkeit des verwendeten Papiers anzupassen.

Das zu erwartende Ergebnis wird anhand einer Graustufenskala vorab auf dem Display visualisiert, so dass im Idealfall auf das Anfertigen von Teststreifen verzichtet werden kann
Genaue Kalibrierung vorausgesetzt, führt dies in der Praxis sehr schnell zu brauchbaren Ergebnissen, die dann je nach Wunsch in Helligkeit und Kontrast weiter angepasst werden können.

Eigenschaften:

- Alle Schaltuhreigenschaften der Stopclock Professional (siehe oben)
- Belichtungsmessung des projizierten Bilds
- Errechnung der passenden Belichtungszeit, welche dann entsprechend an der Schaltuhr eingestellt wird
- Errechnung der passenden Papiergradation, die dann entsprechend am Vergrößerer durch Einlegefilter oder Drehregler eingestellt wird

Hinweis

Messgeräte sind keine Wundergeräte, die einem alle Arbeit abnehmen, daher sollten die Erwartungen an solche Analyzer nicht astronomische Höhen erreichen. Mit etwas Übung bei der Messung und Grundverständnis für die daraus errechneten Schlüsse beschleunigt ein Analyzer erheblich die Laborarbeit und spart zudem Material, da weniger Teststreifen notwendig werden. Generell würde ich die Verwendung aber erst empfehlen, sobald man auch auf konventionellem Weg zu guten Ergebnissen kommt.

HEILAND-SPLITGRADE-CONTROLLER

Das Heiland-Splitgrade-System geht noch einige Schritte weiter und ist nicht nur eine leistungsfähige Schalteinheit für den Vergrößerer, sondern ein komplettes Mess- und Steuerungssystem, das direkt mit dem Belichtungskopf des Vergrößerers verbunden wird.

Passend für nahezu alle jemals gebauten Vergrößerermodelle gibt es von Heiland electronic adaptierbare Filtergehäuse oder auch LED-Lichtquellen, die per Kabel mit dem Controller verbunden werden und selbst 50 Jahre alte Vergrößerer in die moderne Zeit überführen.

Mittels einer Messsonde wird das projizierte Bild ausgemessen und die Software errechnet anhand der Messwerte die passende Gradation und Belichtungszeit. In einem kostengünstigen Einsteigermodell werden die Filterwerte dann vom Anwender manuell am Vergrößerer eingestellt. In der automatisierten Variante überträgt der Controller diese Werte direkt an das angeschlossene Heiland-Filtermodul und übernimmt die komplette Steuerung des Vergrößerers.

Insbesondere für vollautomatische Splitgrade-Belichtungen ist dies ein überaus wertvolles Werkzeug. Angepasst an die Eigenschaften des jeweils verwendeten Fotopapiers werden die aufeinanderfolgenden Belichtungen mit weicher und harter Gradation berechnet. Im Gerätespeicher sind die für die gängigsten Papiersorten nötigen Kalibrierungen bereits durch den Hersteller hinterlegt. Trotz aller Automatisierungen bleibt die manuelle Kontrolle stets erhalten und die individuelle Einflussnahme wird durch die Vielzahl an Einstellmöglichkeiten im Softwaremenü sogar noch gefördert.

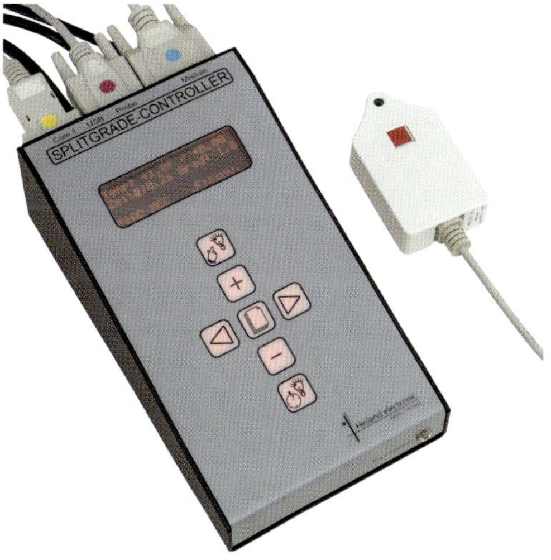

Abbildung 1.13: Heiland-Splitgrade-Controller mit Messsonde

Wichtigste Eigenschaften:

- Zeitsteuerung in Blendenwerten (F-Stop) oder zeitlich linear in Sekundenschritten
- Möglichkeit der Gradationssteuerung von 0,00 bis 5,0 in sehr feinen 0,1er-Abstufungen
- Belichtungsmessung des projizierten Bilds mittels Messsonde zur computergestützten Bestimmung von Gradation und Belichtungszeit angepasst an das jeweils verwendete Papier

- Computergesteuerte Berechnung von Splitgrade-Belichtungszeiten
- Dunkelkammerrotlicht direkt anschließbar. Dies ermöglicht dessen Abschaltung während Belichtung und Messung.
- 7 Nachbelichtungskanäle mit speicherbaren Zeiten und Gradationswerten

PROZESSKONTROLLE BEI FILM- UND PAPIERENTWICKLUNG

RH DESIGNS PROCESSMASTER II

Der Process Master des britischen Herstellers RH Designs ist eine smarte Kombination aus Laborthermometer und Timer. Insgesamt können acht Prozesse mit jeweils bis zu neun einzelnen Zeitstufen einprogrammiert werden.

Mittels eines Messfühlers kontrolliert der Process Master permanent die Temperatur des Filmentwicklers im Inneren der Entwicklungsdose. Die auf dem Display angezeigten Prozesszeiten können bei Temperaturveränderungen automatisch prozentual verlängert (bei sinkender Temperatur) oder verkürzt werden (bei höherer Temperatur), um ein optimales Entwicklungsergebnis zu gewährleisten.

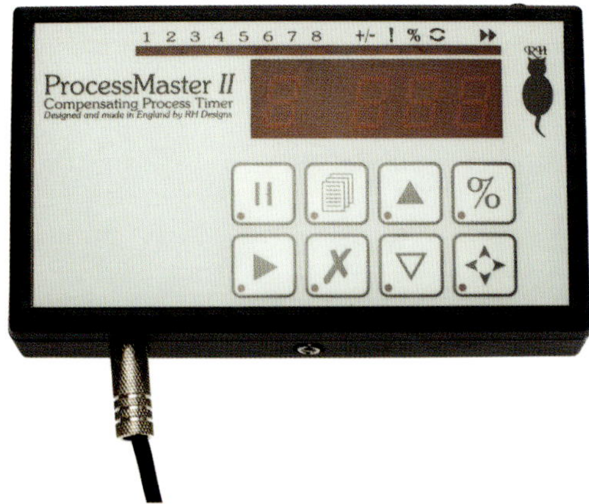

Abbildung 1.14: Process Master II von RH Designs

Auch losgelöst vom laufenden Entwicklungsprozess kann das Gerät die Berechnung angepasster Entwicklungszeiten vereinfachen und fungiert hierbei gewissermaßen als Labortaschenrechner, z.B. zur Verlängerung von Enzwicklungszeiten angepasst an den Verbrauchszustand mehrfach verwendbarer Entwickler.

Entwicklung nach der Faktormethode

Auch bei der Schwarz-Weiß-Papierentwicklung in der Schale kann uns der Process Master II nützliche Hilfestellung geben. Mit dem Process Master II können Sie Bilder nach der Faktormethode entwickeln, bei der die Erschöpfung des Entwicklers durch verlängerte Entwicklungszeit kompensiert wird. Benannt nach seinem Erfinder nennt sich dies auch der »Watkins-Faktor«.

Hierbei wird zunächst die Zeit gestoppt, bis das Bild im Entwickler zum ersten Mal sichtbar wird, die sogenannte Bildspurzeit, und diese Zeit dann mit einem Faktor multipliziert, um die Gesamtentwicklungszeit zu bestimmen. So ist gewährleistet, dass auch bei fortschreitender Erschöpfung des Entwicklerbads das Papierbild immer komplett ausentwickelt wird. Als Faktor wird in der Regel Faktor 5–6 empfohlen.

Beträgt die gestoppte Entwicklungszeit z.B. 15 s, so wird die Gesamtentwicklungszeit mit Faktor 6 schließlich 6 x 15 s (gleich) 90 s betragen.

Das Gerät vereinfacht diesen Ablauf, indem man bei Erreichen der Bildspurzeit einen Drückknopf oder noch besser den optionalen Fußschalter betätigt und es dann umgehend die optimale Entwicklungszeit berechnet.

1.6 RAUMKLIMA UND LUFTREINIGUNG

Ebenso wie das Rotlicht gehören die beißend sauren Gerüche von Stopp- und Fixierbädern für viele Laboranten zur typischen und fast schon romantisch verklärten Atmosphäre einer Dunkelkammer.

Bei langen und häufigen Arbeitsstunden im Labor kann eine solche Nostalgie jedoch zu Reizungen der Atemwege führen oder auch Auslöser für allerlei Allergien werden, die einem das Laborhobby letztlich ganz verleiden.

Abgesehen von den gesundheitlichen Risiken zieht der Geruch zudem schnell in Kleidung und Haare.

Eines meiner ersten Heimlabore war direkt im Dachgeschoss gelegen und insbesondere im Sommer kaum erträglich heiß und stickig. Damals glaubte ich, dass es mir schon nicht schaden könne, Jahre später habe ich nun eine Atemwegsallergie gegen Essigsäuredämpfe von sauren Stopp- und Fixierbädern entwickelt, die die Schleimhäute anschwellen lässt und bewirkt, dass ich nach einem langen Tag in einem ungenügend belüfteten Labor schlecht Luft bekomme.

Professionelle Fotolabore in Schulen, Universitäten, Fotogeschäften und natürlich auch Großlabore verfügen daher in der Regel über Abluft- und Zuluftanlagen, die beständig die belastete Luft absaugen und Frischluft von außen zuführen. In der heimischen Dunkelkammer ist dagegen nicht selten ein Fenster schon ein Luxus.

Da es in meinem derzeitigen Labor auch nicht möglich war, eine Ab- und Frischluftanlage inklusive Durchbruchs durch Außenwand oder Fenster zu installieren, bin ich nach einigen Recherchen auf die Alternative von speziellen Luftreinigungsgeräten gestoßen.

Hersteller wie die Schweizer Firma IQAir (*www.iqair.com*) oder der britische Hersteller IAQ Filtration LTD. mit ihrem Filtersystem Filtaire (*www.filtaire.com*) bieten Filtergeräte, die je nach Anforderung fest installiert oder mobil im Raum aufgestellt werden können.

Die kontaminierte Luft wird angesaugt und durch eine Reihe verschiedener HEPA-Filter geleitet, die Gerüche, schädliche gasförmige Stoffe und praktischerweise auch gleich Staubpartikel aufnehmen und anschließend die gereinigte Luft wieder an den Raum ausgeben.

Die Zielgruppe solcher Luftreinigungsgeräte erstreckt sich je nach Gerätekonfiguration vom privaten bis in den gewerblichen Bereich, von Raucher- und Allergikerhaushalten über Lackiererwerkstätten bis hin zu Arztpraxen, Krankenhäusern und chemischen Laboren.

Hinweis

Die feinen Partikelfilter in Krankenhausqualität der IQ-Air-Filtergeräte sind sogar in der Lage, mit Sars-CoV-2-Viren belastete Aerosole aus der Luft zu filtern und somit zum Schutz vor Ansteckung mit Covid-19 beizutragen. In Pandemie-Situationen, wie wir sie erlebt haben, ist dies insbesondere für Veranstalter von Fotokursen und Laborworkshops ein nützliches Hilfsmittel.

Für Fotolabore können Filterkonfigurationen zur Filterung von sogenannten VOCs, d.h. »flüchtigen organischen Verbindungen«, verwendet werden. Von IQAir eignen sich hier die Luftreinigergeräte »GC VOC« und »GC MultiGas« sowie alle Geräte von Filtaire.

Für eine effektive Reinigung sollte die komplette Raumluft durch solch ein Gerät zweimal pro Stunde gereinigt werden. Achten Sie daher darauf, dass der Luftreiniger für Ihre Raumgröße ausgelegt ist. Im Zweifelsfall sollte die Kapazität ein wenig mehr Kubikmeter betragen, damit der Luftreiniger nicht bei maximaler Stufe laufen muss. Hierdurch erreichen Sie eine geringere Lautstärke, einen niedrigeren Energieverbrauch und eine längere Haltbarkeit der eingebauten Filter. Die Filter reichen bei typischem Dunkelkammergebrauch in der Regel viele Jahre, können aber einfach nachgekauft und ausgetauscht werden.

Da mit solch einem Luftreiniger die Raumluft zwar aufbereitet, aber nicht neu mit Sauerstoff angereichert wird, empfehle ich nach Möglichkeit zusätzliches gelegentliches Lüften während kleiner Arbeitspausen.

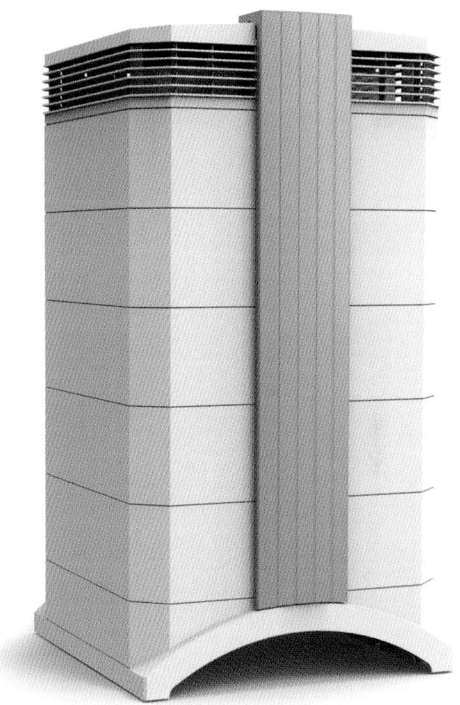

Abbildung 1.15: IQAir-Luftreiniger GC MultiGas

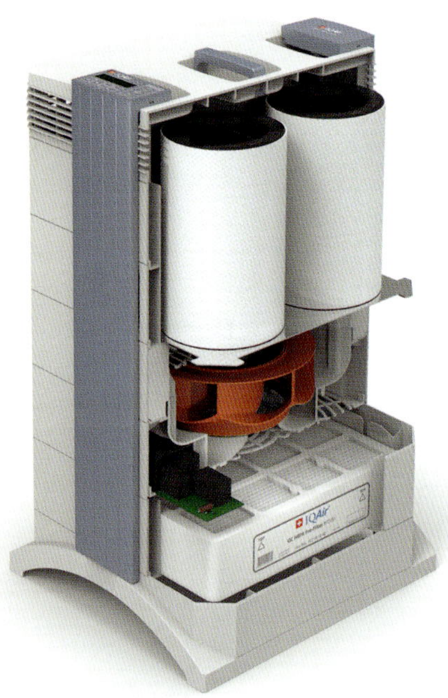

Abbildung 1.16: IQAir-Luftreiniger GC MultiGas, Innenansicht

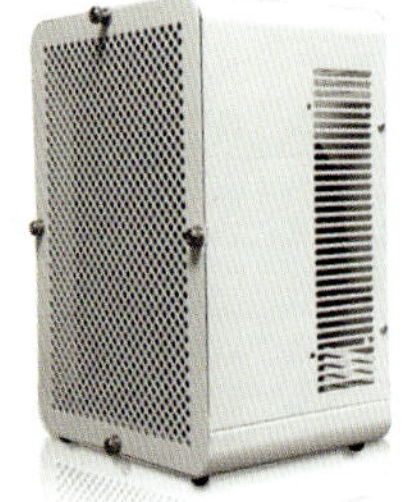

Abbildung 1.17: Kompaktes Standgerät Luftreiniger Filtaire 2000

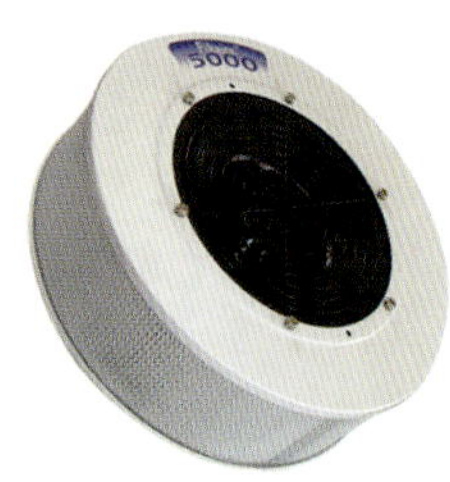

Abbildung 1.18: Filtaire 5000 Luftreiniger für Deckeninstallation

Generelle Tipps zur Verbesserung des Raumklimas:

- Chemikalien nach Arbeitsende wieder in luftdichte Aufbewahrungsflaschen füllen oder Schalen abdecken
- Nach Möglichkeit geruchslose Fotochemikalien verwenden
- Benutzte Messbecher, Trichter, Rührstäbe immer direkt abspülen
- Verschütteten Fixierer nicht eintrocknen lassen, sondern möglichst direkt aufwischen, da der trockene Fixierstaub die Raumluft belastet
- Stark riechende Chemikalien, deren Anwendung keine Arbeit bei Dunkelheit erfordern, bei geöffnetem Fenster verwenden
- Atemschutzmaske verwenden
- Nach Möglichkeit gelegentlich die Arbeit unterbrechen und durch Stoßlüften für Sauerstoffzufuhr sorgen

1.7 WOHLTEMPERIERTES LEITUNGSWASSER

Viele Prozesse im Fotolabor haben vorgegebene Temperaturen, die mit möglichst großer Genauigkeit eingehalten werden sollten, um bestmögliche Ergebnisse zu erreichen.

Hier einige typische Temperaturvorgaben für Entwicklungsprozesse:

- Schwarz-Weiß-Filmentwicklung: 20,0° C
- C-41-Farbnegativentwicklung: 37,8° C
- RA-4-Farbpapierentwicklung: 35,0° C

Innerhalb der jeweiligen Prozesse gibt es unterschiedlich strikte Toleranzen, innerhalb derer Temperaturabweichungen noch zu guten Ergebnissen führen. Teilweise lassen sich negative Effekte bei niedrigeren Temperaturen durch eine Verlängerung oder bei höheren Temperaturen durch eine Verkürzung der Entwicklungszeiten ausgleichen.

Mitunter verändert diese Vorgehensweise aber auch unmittelbar das Bildergebnis. So führen höhere Entwicklungstemperaturen bei der Schwarz-Weiß-Entwicklung in der Regel zu einem gröberen Filmkorn oder man erzielt z.B. bei der Schwefeltonung je nach Chemietemperatur einen entweder gelblicheren oder rötlicheren Braunton.

THERMOMETER

Die Möglichkeit der präzisen Temperaturkontrolle versetzt uns also in die erstrebenswerte Position, ein gewünschtes Bildergebnis möglichst genau und zudem auch noch reproduzierbar zu erzielen.

Aus diesem Grund ist seit jeher ist ein gutes Thermometer ein äußerst wichtiges Grundwerkzeug in der analogen Dunkelkammer.

Mitunter kann man interessante Überraschungen erleben, wenn man das Messergebnis seines Thermometers einmal mit einem weiteren Thermometer vergleicht. Vor fehlerhaften Kalibrierungen sind leider weder günstige Geräte noch die teureren gefeit, daher an dieser Stelle mein Rat, einem Thermometer, insbesondere bei anderweitig nicht erklärbaren Problemen mit den Entwicklungsergebnissen, nicht blind zu vertrauen. Geringe Messwertabweichungen von 0,5–1° C sind bei der Schwarz-Weiß-Entwicklung noch kein Beinbruch, können bei der Farbfilmentwicklung aber schon zu unschönen Farbverschiebungen führen, bei größeren Temperaturschwankungen wird das Ergebnis dann vollends zum Glücksspiel.

PRÄZISIONSTHERMOMETER

Ein empfehlenswertes Thermometer aus meiner eigenen Laborpraxis sind die digitalen Thermometer der Firma Greisinger, wie z.B. das Modell »GTH 175 PT«. Diese Geräte gelten in der professionellen Laborarbeit weithin als Standard und messen mit einer Genauigkeit von ± 0,1° C. Unter der Bezeichnung »Greisinger G1710« ist seit kurzem eine neue Variante mit wasserdichtem Gehäuse erhältlich.

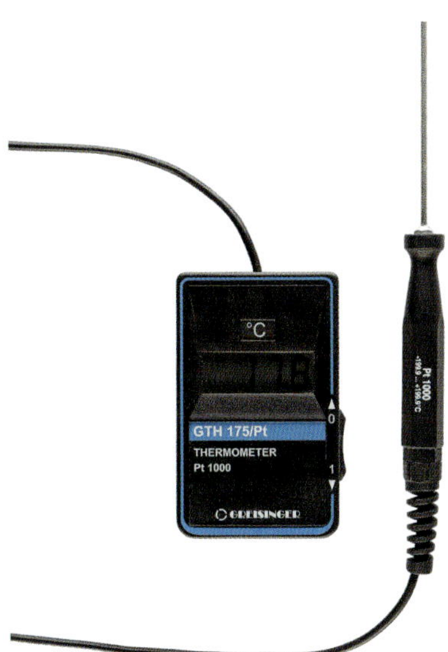

Abbildung 1.19: Digitales Präzisionsthermometer Greisinger GTH 175PT

Es besteht gegen Aufpreis auch die Möglichkeit, ein Gerät samt amtlich beurkundeter Kalibrierung zu erhalten.

Insbesondere auch bei der Prozesskontrolle von Entwicklungsmaschinen wie z.B. einem JOBO-Prozessor oder dem Cinestill TCS ist solch ein Thermometer eine gute Hilfe, sowohl um einmal die Werkseinstellungen zu kontrollieren als auch bei Betrieb die Temperatur an unterschiedlichen Stellen im Wassermantelbad oder auch innerhalb der Chemiekalienflaschen zu messen. Häufig hat das Wassermantelbad die Betriebstemperatur schon erreicht, aber die Flüssigkeit innerhalb der Flaschen, auf die es ja letztendlich ankommt, braucht etwas länger, um sich der Außentemperatur anzugleichen.

DURCHFLUSSTHERMOMETER

Die ständige Temperaturkontrolle des Leitungswassers kann recht zeitraubend werden, in solch einem Fall bietet der Einbau eines Durchflussthermometers Abhilfe.

Die Wassertemperatur wird hierbei direkt beim Durchfluss in der Wasserleitung gemessen. Man kann die entsprechende Temperatur bequem ablesen und mit Hilfe des Warm- und Kaltwasserreglers am Wasserhahn auf seine Wunschtemperatur einstellen.

DUSCHTHERMOMETER

Eine günstige Möglichkeit bieten hier Durchflussthermometer, die eigentlich für die Verwendung in der Dusche oder Badewanne gedacht sind. Solche Thermometer werden meist verwendet, um durch sichtbare Kontrolle Energie zu sparen oder auch beim Baden seines Nachwuchses keine empfindlichen Teile zu verbrühen.

Abweichungen liegen bei diesen Geräten meist bei etwa ± 0,5° C. Solange es in diesem Rahmen bleibt, lassen sie sich im Labor gut verwenden. Zur Sicherheit empfehle ich aber auch hier die Gegenkontrolle mit einem Thermometer Ihres Vertrauens. Viele dieser Thermometer werden eher günstig produziert und da sie auch nicht für hochpräzise Laboranwendungen gedacht sind, ist es nicht auszuschließen, hier einmal an ein etwas ungenau messendes Exemplar zu geraten.

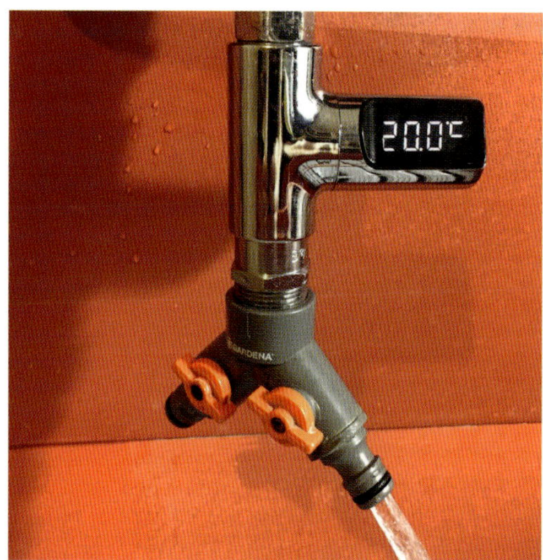

Abbildung 1.20: Durchflussthermometer

PROFESSIONELLE DURCHFLUSSTHERMOMETER

Auf der Suche nach Lösungen für eine professionelle Wassertemperaturkontrolle im Fotolabor bin ich vor allem auf dem amerikanischen Markt fündig geworden.

Firmen wie Delta Photosupplies und Arkay bieten ausgeklügelte Lösungen in verschiedenen Preisklassen, oftmals zusätzlich in Kombination mit einer Wasserfilterung. Die Angebote reichen von Temperaturmessgeräten, die direkt an der Wasserhahnarmatur angeschlossen werden, wie das »Delta 1 Water Temp II« bis hin zu Recht aufwendigen Lösungen, die direkt in die Wasserleitung montiert werden.

Intellifaucet

Die wohl modernsten Geräte bietet eine Firma mit dem etwas abschreckend wirkenden Namen »Hass Manufacturing Company«. (*http://www.hassmfg.com/photog.pl/1590327912-40182*)

Deren »Intellifaucet« genannten Geräte muten an wie aus der Science-Fiction-Version eines Fotolabors. Computergesteuerte Wassermischbatterien ermöglichen umfangeiche Kontrollmöglichkeiten auch für das Heimlabor.

Die in Fotolaboren gebräuchlichsten Geräte sind das Intellifaucet D250 und Intellifaucet K250.

Intellifaucet D250

Das Intellifaucet D250 wird anstelle einer Wasserarmatur an die Warm- und Kaltwasseranschlüsse der Wasserleitung angeschlossen. Zur Kontrolle des Wasserflusses benötig man dann noch einen zusätzlich anzuschließenden Wasserhahn.

15 vorgegebene Temperatureinstellungen sind wählbar, darunter einige direkt für Fotolabore gedachte, wie z.B.:

- 20° C für Schwarz-Weiß-Entwicklung
- 35° C für RA-4-Farbpapierentwicklung
- 37,8° C für C-41-Farbnegativentwicklung

Die ausgewählte Temperatur wird dabei 60-mal pro Sekunde computergesteuert kontrolliert und je nach Bedarf werden passende Mengen Warm- und Kaltwasser aus der Leitung zusammengemischt, um die eingestellte Temperatur mit einer Genauigkeit von ± 0,1° C zu halten.

Beispiel

Jeweils zwei solcher Geräte wurden ihrerzeit in jeder Kodak-K-Lab-Kodachrome-Entwicklungsmaschine verwendet.

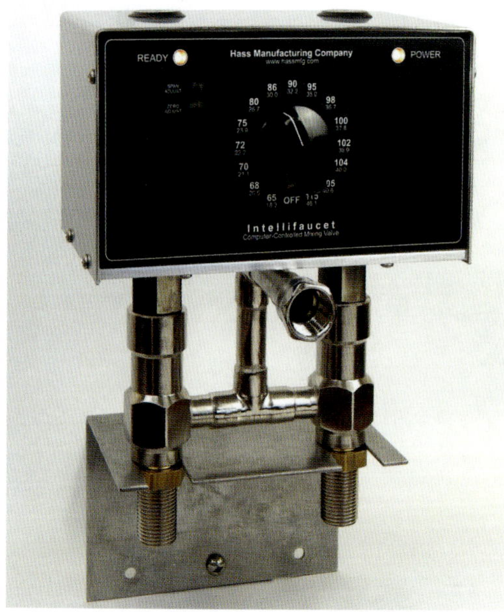

Abbildung 1.21: Intellifaucet Modell D250

Intellifaucet K250

Diese Variante bietet gegenüber dem etwas kostengünstigeren Modell D250 einige nützliche Ergänzungen, wie:

- In 0,1-Grad-Schritten frei verstellbare Temperaturen mit digitaler Anzeige
- Dunkelkammermodus, bei dem die Beleuchtung der Anzeige reduziert wird
- Druckregulierung des Wasserflusses per Tastendruck, ein zusätzlicher Wasserhahn ist also nicht mehr notwendig
- Zeitschaltuhr zur automatischen Abschaltung nach Erreichen einer voreingestellten Wässerungszeit

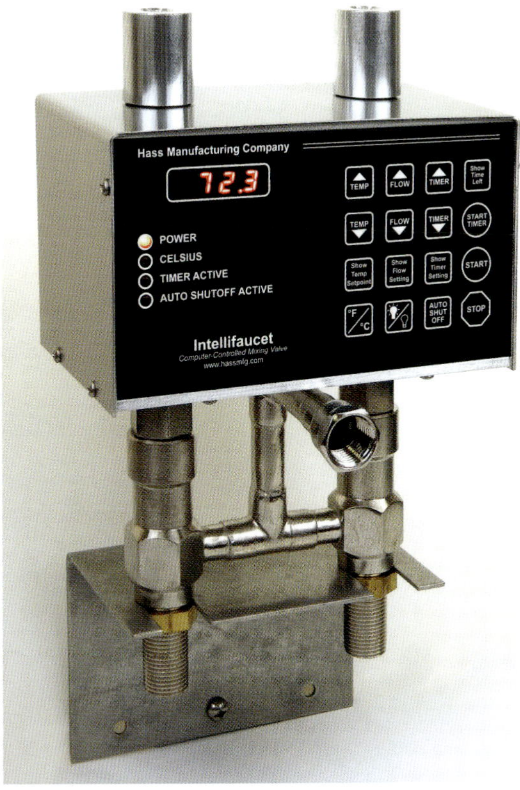

Abbildung 1.22: Intellifaucet Modell K250

1.8 WASSERFILTERUNG

Wasser ist zum Anmischen von Fotochemikalien aus den jeweiligen Konzentraten und zur Auswässerung von Bildern und Filmen ein unabdingbarer Rohstoff in der analogen Dunkelkammer.

Rost, Kalk, Dreck und grobe Schwebstoffe können die Fotochemie verunreinigen und dadurch ihre Haltbarkeit verringern oder sogar Filme und Papiere beschädigen.

Um dem vorzubeugen, mische ich viele Fotochemikalien, insbesondere wenn ich sie über einen längeren Zeitraum wiederverwenden kann, nicht mit einfachem Leitungswasser, sondern mit besonders reinem, destilliertem Wasser an.

Da insbesondere bei der Wässerung von Filmen und Papieren aber eine recht große Menge an Flüssigkeit benötigt wird, ist diese Vorgehensweise nur mit einem unverhältnismäßig großen Vorrat an destilliertem Wasser beizubehalten, weshalb man hierbei dann doch auf Leitungswasser zurückgreift.

Um die Qualität des Leitungswassers zu verbessern, kann man verschiedene Arten der Wasserfilterung verwenden.

KAFFEEFILTER

In meinen frühen Tagen als junge Laborratte habe ich Ansatz- und Waschwasser für die Filmentwicklung mit Hilfe eines Kaffeefilters vorbereitet.

Diese Methode erfordert etwas Geduld, aber Zeit hatte ich damals genug. Dafür ist diese Methode kostensparend.

PATERSON-WASSERFILTER

Eine etwas professionellere, aber dennoch recht günstige Variante ist der auf den Wasserhahn aufsteckbare Wasserfilter von Paterson.

Mittels eines zur Reinigung herausnehmbaren Feinsiebs werden störende Partikel aus dem Leitungswasser gefiltert.

Der Wasserfluss wird durch den Aufsteckfilter leicht reduziert, aber nicht so stark, dass es wie beim Einsatz des Kaffeefilters zum Geduldsspiel wird.

EINBAU-WASSERFILTER

Die professionellste Methode, möglichst reines Leitungswasser für sein Fotolabor zu erhalten, ist der Einbau von fest installierten Filterkartuschen direkt in die Wasserleitung.

Firmen wie Arkay, Delta Photosupplies und Hass Manufacturing bieten passende Filterkartuschen zum Einbau in Kalt- und Warmwasserleitung mit austauschbaren Filtereinsätzen für effektive Filterung.

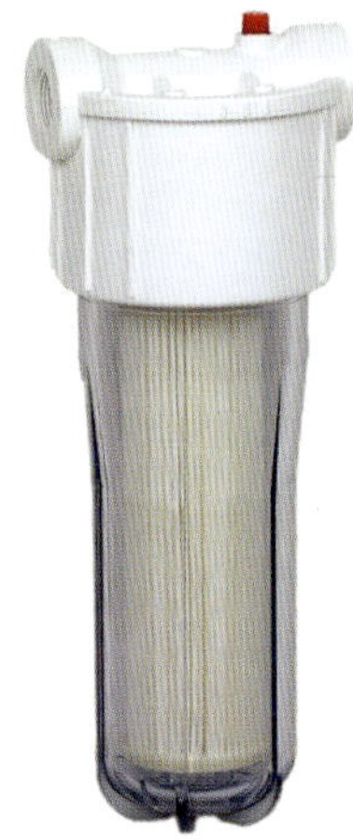

Abbildung 1.23: Intellifaucet-Wasserfilter

> **Tipp**
>
> In Kombination mit einem Durchflussthermometer und einer professionellen Wasserarmatur wie dem Intellifaucet D250 oder K250 erhält man eine äußerst hochwertige Lösung für Wasser- und Temperaturkontrolle.

1.9 AKTUELLE ENTWICKLUNGSMASCHINEN FÜR DAS HEIMLABOR

In professionellen Fotolaboren steht die Wirtschaftlichkeit der Arbeitsprozesse im Vordergrund. Die rein manuelle Filmentwicklung in Dosen oder auch die klassische Papierentwicklung in Schalen mag am meisten Freude und für das einzelne Bild auch die besten Ergebnisse bereiten, ist aber leider sehr zeit- und auch arbeitsaufwendig.

Entwicklungsmaschinen mit ihren Möglichkeiten, Abläufe zu automatisieren, bieten hier enorme Vorteile. Während in großen Laboren in der Regel entsprechend leistungsfähige und kostspielige Maschinen verwendet werden, gibt es für kleinere Fachlabore eine Reihe von hilfreichen Geräten, die, preislich noch erschwinglich, auch Einzug in die Labore von engagierten Hobbylaboranten oder professionellen Analogfotografen gefunden haben.

Automatisierte Abläufe durch Entwicklungsprozessoren bieten folgende Vorteile:

- Exakte Temperaturkontrolle insbesondere bei der Farbfilmentwicklung
- Reproduzierbare Ergebnisse
- Größere Durchsatzmengen
- Schnellere Verarbeitungszeiten
- Wirtschaftlicher Einsatz von Chemie und Material

TEMPERIERHILFEN

Die einfachsten Formen von Entwicklungsprozessoren sind Geräte, die uns Laboranten bei der Temperaturkontrolle unterstützen, indem sie die zu verwendende Chemie auf die notwendige Arbeitstemperatur bringen und auch konstant dort halten. Hierbei endet bei solchen Temperierhilfen die Unterstützung und die weitere Verarbeitungsschritte erfolgen wie gewohnt von Hand ohne weitere Automatisierungen.

NOVA FP FILM PROCESSOR

Die Nova-Film-Prozessoren funktionieren nach dem Prinzip des Wassermantelbads.

Wasser innerhalb eines Behälters wird mittels eines thermostatgesteuerten Heizstabs auf die gewünschte Temperatur gebracht. In dieses Wasserbad hinein stellt man die Chemieaufbewahrungsflaschen, wodurch sich deren Inhalt mit der Zeit der Umgebungstemperatur anpasst und durch stetige Temperaturmessung und Erwärmung des Wasserbads auch möglichst auf dem gleichen Level gehalten wird.

Der Prozessor ist in verschiedenen Ausführungen, je nach verwendeter Größe der Filmentwicklungsdose, erhältlich. Aktuelle

Geräte sind insbesondere für die Verwendung mit Paterson-Entwicklungsdosen optimiert und verfügen über passende Steckhalterungen für Filmentwicklungsdose und Chemieflaschen.

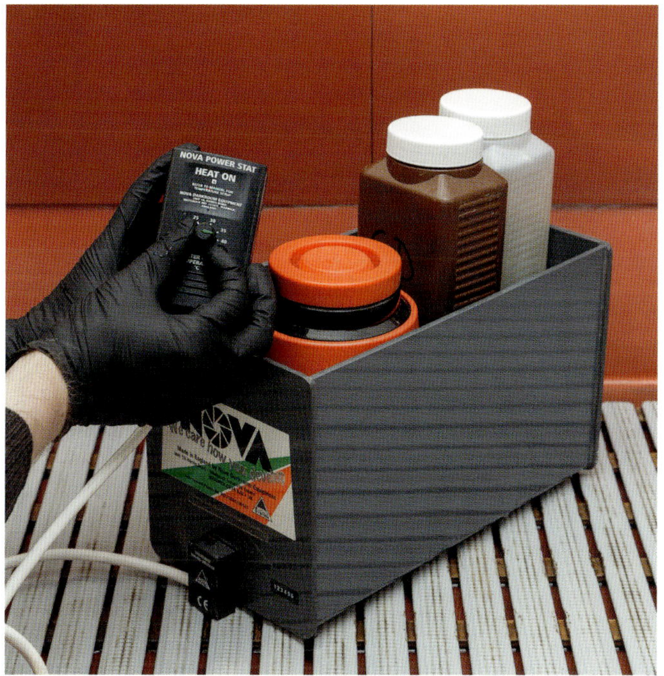

Abbildung 1.24: Temperiergerät von NOVA Darkroom Supplies

NOVA SLOT PROCESSOR

Vom britischen Hersteller Nova Darkroom gibt es beheizbare Tank-Prozessoren, in denen sich Fotopapiere Schwarz-Weiß und Color sowie auch Planfilme entwickeln lassen.

Ähnlich wie die von NOVA hergestellten Wascher für Fotopapiere haben diese Prozessoren mehrere voneinander getrennte Kammern, die sich mit Entwicklungschemie füllen lassen. Mittels eines thermostatgesteuerten Wassermantelbads kann die Chemie im Inneren auf die notwendigen Temperaturen, z.B. für die Farbpapierentwicklung, gebracht werden. Erhältlich sind diese Prozessoren in unterschiedlichen Ausführungen für Formate von 8 x 10 Inch bis 50 x 60 cm.

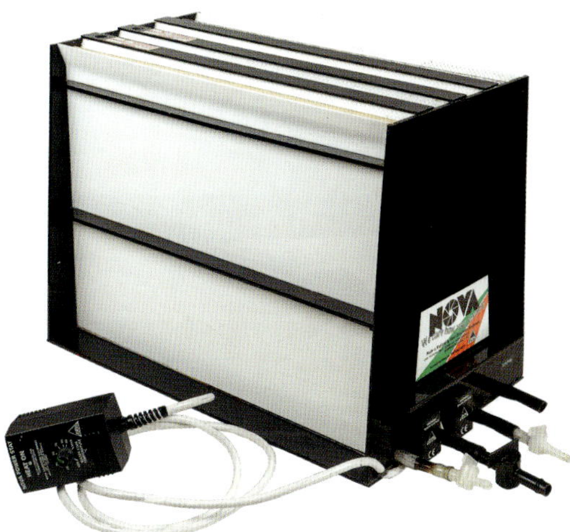

Abbildung 1.25: Der hier abgebildete Nova Slot Processor hat eine unbeheizte vierte Kammer zur direkten Wässerung.

Tipp

Wenn für die heimische Dunkelkammer nur ein kleiner Raum mit wenig Stellfläche für Entwicklungsschalen zur Verfügung steht, ist solch ein Tank-Prozessor eine interessante, da platzsparende Alternative. Die Entwicklung von Schwarz-Weiß-Fotopapieren ist in den Kammern denkbar einfach, auch da in diesem Fall wie gewohnt im Rotlicht und ganz unkompliziert ohne Wassermantelbad und Temperierung gearbeitet werden kann.

NOVA-HEATER-HEIZSTÄBE

Wer keinen kompletten Filmprozessor oder Slot-Prozessor benötigt, kann sich auch deren Kernstück, den temperaturgesteuerten Heizstab, einfach einzeln kaufen.

Die Heizstäbe sind in wasserdichten und chemieresistenten Glaszylindern untergebracht und verfügen über Saugnäpfe, mit deren Hilfe sich die Stäbe recht einfach an vielen Oberflächen befestigen lassen, Die Heiztemperatur lässt sich mittels eines angeschlossenen Steuerungsgeräts im Bereich von 20 bis 42° C stufenlos einstellen und deckt so alle relevanten Fotolaborprozesse, inklusive Farbentwicklungen, ab.

Folgende Gerätevarianten mit unterschiedlichen Heizleistungen sind erhältlich:

- Novatronic Heater 150 W (für Bäder mit bis zu 15 l)
- Protronic Heater 300 W (für Bäder mit bis zu 27 l)

Hinweis

Als günstigere Variante eignen sich evtl. auch für Aquarien gedachte Heizstäbe. Achten Sie hier aber unbedingt auch auf die einstellbaren Temperaturbereiche und ob diese sich mit Fotochemie vertragen.

CINESTILL TCS

Die Firma Cinestill erlangte vor einigen Jahren Bekanntheit in der Analogfotoszene, indem sie für den Kinofilmbereich produzierte Farb- und Schwarz-Weiß-Filme durch eine eigene Konfektionierung auch für den Fotofilmmarkt zugänglich gemacht haben.

Mittlerweile haben sie ihr Angebot um eigene Fotochemie und Laborgeräte erweitert. Darunter findet sich auch eine innovative Lösung zur Temperaturkontrolle für den Farbprozess.

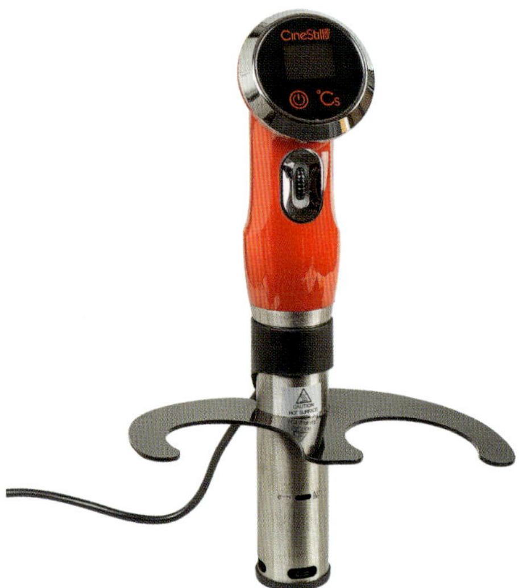

Abbildung 1.26: Temperiergerät TCS-1000 von Cinestill

In den sozialen Medien ist seit einiger Zeit der Trend zu beobachten, allerlei Haushaltsgeräte ihrem Zweck zu entfremden, um damit Fotochemie für die Entwicklung von Farbfilmen auf die passende Arbeitstemperatur von 37,8° C zu erwärmen. Zu den Highlights zählen hier neben Aquariumsheizungen und beheizbaren Fußbädern vor allem diverse aus der Küche entführte Sous-vide-Heizstäbe.

Mit dem Cinestill-Temperature-Control-System, kurz »TCS« präsentierten sie zur Photokina 2018 eine für das Fotolabor optimierte Variante, gewissermaßen die »Sous Vide de Laboratoire«.

Die Möglichkeiten des Cinestill-TCS:

- Temperaturkontrolle von 0 bis 95° C
- Wechsel per Knopfdruck zwischen der °C/°F-Anzeige
- Universalflaschenhalter für die Verwendung zweier 1000-ml-Flaschen (z.B. Weithalsflaschen, Faltflaschen) in einem Gefäß Ihrer Wahl
- Einstellbarer zweistufiger Timer mit einer Minuten- und Sekundenanzeige
- Auch verwendbar als Mixer zum Anmischen und gleichzeitigem Erwärmen von Fotochemie
- Hochwertiges und chemieresistentes Heizelement, das auch für den langfristigen Einsatz mit Fotochemikalien ausgelegt ist
- Display mit vorprogammierter Timerfunktion für typische Laborprozesse (C-41, E-6 etc.)

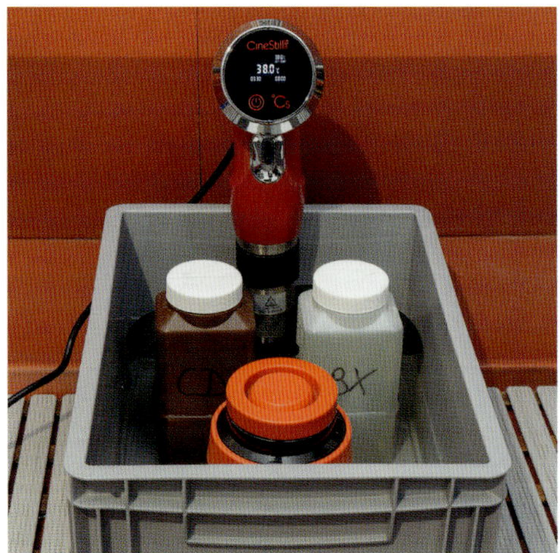

Abbildung 1.27: Setup aus Cinestill-TCS mit Entwicklungschemie und Entwicklungsdose in einer Wanne mit Wasser

KAISER-LABORSCHALENWÄRMER

Bereits seit vielen Jahrzenten gibt es die Laborschalenwärmer der Firma Kaiser Fototechnik.

Hierbei handelt es sich um eine temperaturgesteuerte Heizplatte im Format 30 x 40 cm, mit deren Hilfe sich der Inhalt daraufgestellter Laborschalen auf die gewünschte Temperatur erwärmen lässt.

ALLGEMEINER HINWEIS ZUR TEMPERATURKONTROLLE

Wichtig

Viele der vorgestellten Heizgeräte verfügen über eine mal mehr, mal weniger präzise Temperatursteuerung. Um die Fotochemie innerhalb hineingestellter Aufbewahrungsflaschen oder Entwicklungsdosen auf die nötige Arbeitstemperatur zu bringen, ist es häufig notwendig, die Temperatur des Wassermantelbads ein wenig höher einzustellen.

Geben Sie also den Fotochemikalien in Aufbewahrungsflaschen ausreichend Zeit, um die Temperatur des umgebenden Wasserbads anzunehmen, und kontrollieren Sie die angegebenen Temperaturwerte mit einem zuverlässigen Thermometer nicht im Wassermantelbad, sondern immer direkt in der Entwicklungschemie.

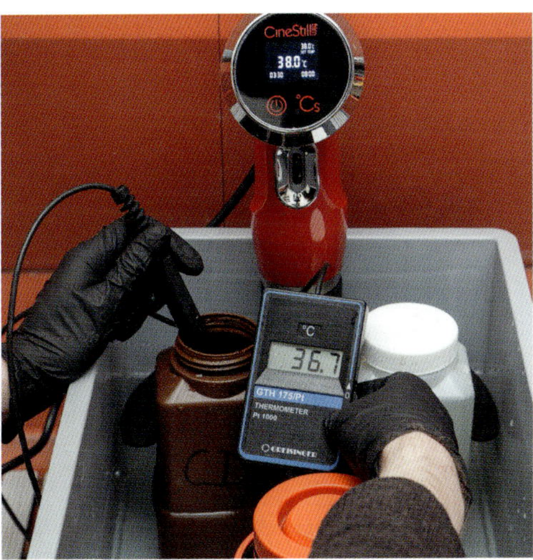

Abbildung 1.28: »Sicher ist sicher«: genaue Temperaturkontrolle direkt in der Fotochemie mit Hilfe eines präzisen Thermometers

AUTOMATISIERTE KIPPENTWICKLUNG

Die manuelle Kippentwicklung, bei der der Entwicklungstank in bestimmtem sich wiederholendem Rhythmus zwischen Bewegung und Standzeit wechselt, zählt zu den gebräuchlichsten Techniken zur Entwicklung von Schwarz-Weiß-Filmen, insbesondere im Heimlabor. Der durch Agitations- und Ruhephasen erreichte Kantenschärfeeffekt, insbesondere mit kornakzentuierenden Entwicklern wie ADOX Rodinal oder FX-39, und die gute Empfindlichkeitsausnutzung sind die Grundlage für die Beliebtheit dieser Methode.

Abweichungen bei Geschwindigkeit, Ablauf und Regelmäßigkeit der Kippbewegungen machen diesen Prozess jedoch nur mit sehr viel Disziplin exakt reproduzierbar.

Für größtmögliche Prozesskontrolle und nicht zuletzt etwas mehr Bequemlichkeit gibt es den Heiland-TAS-Filmprozessor. Entwicklungsdosen aller erhältlichen Marken können mit entsprechenden Halterungen in die Kippvorrichtung des Geräts eingespannt werden.

Während der eingestellten Prozesszeiten wird die Dose in zuvor gewähltem Rhythmus und Geschwindigkeit gekippt. Zusätzlich kann die Dose dabei auf Wunsch auch, für gleichmäßigere Verteilung der Chemie im Inneren, um die eigene Achse gedreht werden.

Die Bewegungsabläufe werden durch dieses Gerät absolut gleichmäßig und wiederholbar. Zusätzlich vermindert es gegenüber der rein manuellen Entwicklung deutlich die aktive Arbeitszeit, die man als Laborant an die Enwicklungsdose gefesselt verbringt und nichts anderes bearbeiten kann, was insbesondere bei großen Filmmengen ein großer Vorteil ist. Auch für die Auftragsarbeit in Fachlaboren wird diese sonst oftmals zu zeitaufwendige und dadurch unwirtschaftliche Entwicklungstechnik auf diese Weise wieder interessant.

Vorteile des Heiland-TAS-Filmprozessors:

- Wiederholbarkeit
- Automatisierte Entwicklung
- Eingebauter Prozesstimer
- Speicher für häufig verwendete Prozesszeiten

Einschränkungen:

- Keine Möglichkeit der Temperierung
- Zum Ein- und Ausfüllen der Flüssigkeiten muss der Entwicklungstank aus dem Gerät gelöst und von Hand entleert und befüllt werden.
- Maximal entwickelbare Menge an Filmen wird durch die Größe der verwendbaren Entwicklungsdose eingeschränkt.

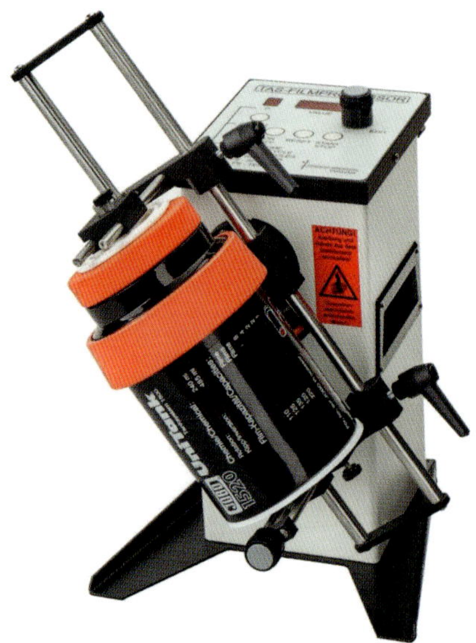

Abbildung 1.29: Der Heiland-TAS-Filmprozessor in Aktion

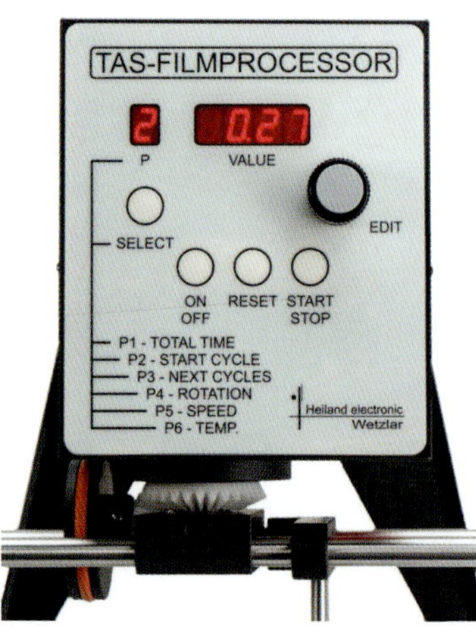

Abbildung 1.30: Im Einstellmenü des TAS-Filmprozessors können Parameter wie Entwicklungszeit, Stopp- und Fixierzeit, Kippgeschwindigkeit und Kippzyklus eingestellt werden.

ROTATIONSENTWICKLUNGSPROZESSOREN

Zu den gebräuchlichsten Entwicklungsmaschinen für das Heimlabor, aber auch in kleineren professionellen Fachlaboren zählen Rotationsentwicklungsprozessoren.

Diese Geräte gibt es sowohl in halb- sowie vollautomatisch arbeitenden Versionen, bei denen einem abgesehen vom Trocknungsvorgang alle Verarbeitungsschritte abgenommen werden.

Die Temperierung übernimmt ein beheizbares Wassermantelbad, das sowohl die Chemievorratsflaschen wie auch die Entwicklungsdose während der Entwicklung umgibt.

Während bei der Kippentwicklung die Entwicklungsdose stets vollständig gefüllt sein muss, ist bei der Rotationsentwicklung auch eine deutlich geringere Füllmenge möglich.

Die Entwicklungsdose liegt bei der Rotationsentwicklung seitlich und wird in regelmäßigen Abständen automatisch rotiert.

Durch die permanente Bewegung wird sichergestellt, dass die Filme im Inneren immer ausreichend mit frischer Chemie in Kontakt kommen.

Für möglichst gleichmäßige Entwicklung wird die Drehrichtung regelmäßig gewechselt. Die Drehgeschwindigkeit ist hierbei abhängig von Art und Größe des verwendeten Entwicklungstanks.

Zu Füllmenge der Dosen sowie Drehgeschwindigkeit gibt es getestete Angaben der Hersteller, nach denen man sich richten kann.

Solche Entwicklungsprozessoren spielen insbesondere bei der Farbfilmentwicklung ihre Stärken aus.

Die Entwicklung von Schwarz-Weiß-Filmen mit Rotation bringt sowohl einige Vorteile, aber auch ein paar Nachteile mit sich.

Vorteile der Rotationsentwicklung im Vergleich zu Kippentwicklung bei Schwarz-Weiß-Filmen:

- Reproduzierbare Ergebnisse
- Geringer Chemieverbrauch
- Homogene Entwicklungsergebnisse auch großer Filmformate (Mittelformat, Planfilm)
- Höhere Wirtschaftlichkeit durch kürzere Entwicklungszeiten und geringeren Chemieverbrauch

Einschränkungen der Rotationsentwicklung im Vergleich zu Kippentwicklung bei Schwarz-Weiß-Filmen:

- Etwas geringere Empfindlichkeitsausnutzung (kann durch eine leichte Überbelichtung ausgeglichen werden)
- Etwas geringere Schärfe
- Erhöhter Kontrast, weniger ausgleichend

Hinweis zu Filmentwicklungszeiten von Schwarz-Weiß-Filmen

In Tabellen zu Entwicklungszeiten und Anleitungen von Filmherstellern beziehen sich die angegebenen Zeiten in der Regel auf die klassische Kippentwicklung.

Durch die stetige Bewegung bei Rotation muss die Entwicklungszeit um etwa 15–20 % zu den angegebenen Entwicklungszeiten der Kippentwicklung reduziert werden.

VORWÄSSERUNG

Eine Vorwässerung der Filme für etwa 3 min bewirkt, dass die Filmgelatine sich mit Wasser vollsaugt. Nachfolgende Entwicklungschemie muss dieses Wasser zunächst aus der Schicht verdrängen. Aus diesem Grund ist die Entwicklungszeit zu verlängern.

Bei Anwendung der Vorwässerung kann somit auf die zuvor beschriebene Reduzierung der Entwicklungszeit verzichtet werden, wodurch man mit den von der Kippentwicklung bekannten Zeiten arbeiten kann.

Insbesondere bei größeren Filmformaten wie Mittelformatfilm und vor allem bei Planfilm fördert eine Vorwässerung eine gleichmäßigere Entwicklung.

Der einzige Nachteil liegt im Verlust des Zeitgewinns als wirtschaftlicher Faktor bei der Rotationsentwicklung.

Hinweis

Bei Angabe dieser Werte habe ich mit der Firma JOBO Rücksprache gehalten. Aber dies sind lediglich Erfahrungswerte. Zur Optimierung Ihrer eigenen Prozesse kann es notwendig sein, hiervon abzuweichen.

Prozesstemperatur bei Schwarz-Weiß-Rotationsentwicklung

Für gleichbleibende Ergebnisse empfiehlt es sich, auch bei der Entwicklung von Schwarz-Weiß-Filmen die Temperierungsmöglichkeit zu verwenden. Im Sommer kann die Raumtemperatur schnell über 20° C steigen und es ist recht umständlich, die Fotochemie wieder herunterzukühlen.

Durch Temperierung auf 22° C oder von mir bevorzugt 24° C kann man unabhängig von der Jahreszeit und Außentemperatur immer mit gleichbleibenden Prozesszeiten arbeiten.

Die Entwicklungszeit ist nach Angabe der Hersteller oder etwa um 10 % je Grad Celsius zu reduzieren.

Zusätzlich zum Zeitgewinn durch Rotation spart man durch die höhere Verarbeitungstemperatur dann noch einmal etwas Zeit. Die Kombination mit reduziertem Chemieverbrauch macht diese Entwicklungsmethode daher sehr wirtschaftlich.

Geeignete Schwarz-Weiß-Entwickler

Die stetige Bewegung während der Entwicklung bewirkt eine schnellere Oxidation des Entwicklers, weshalb sich nicht alle Entwickler gleichsam gut für die Rotation eignen. Insbesondere der ansonsten sehr beliebte und vielseitige Rodinal ist hier eher nicht empfehlenswert.

Für Rotation geeignete Schwarz-Weiß-Entwickler sind z.B.:

- Kodak XTOL
- ADOX XT-3
- Kodak-TMax-Entwickler
- Ilford DDX
- Kodak D76
- Ilford ID-11
- JOBO Alpha

Empfehlung

Der Entwickler meiner Wahl für die Rotation ist Kodak XTOL oder sein moderneres Pendant ADOX XT-3. Von Kodak gibt es ein sehr umfangreiches Datenblatt als PDF, in dem auch Entwicklungszeiten bei Rotation aufgeführt sind.
https://www.editionargentum.de/app/download/19676393225/J-109_Feb_2018.pdf?t=1684421738

Tipp

Seit 2022 neu auf dem Markt ist der Entwickler JOBO Alpha, der in Zusammenarbeit mit dem Schwarz-Weiß-Spezialisten Klaus Wehner aus Paderborn konzipiert wurde und von JOBO ausdrücklich für die Rotation empfohlen wird.

Während viele andere Entwickler durch die ständige Bewegung der Rotationsentwicklung zu einer verringerten Kornschärfe neigen, bewahrt der JOBO-Alpha-Entwickler auch in diesem Prozess eine hervorragende Schärfe und überwindet so eine der wenigen Nachteile der Rotationsentwicklung.

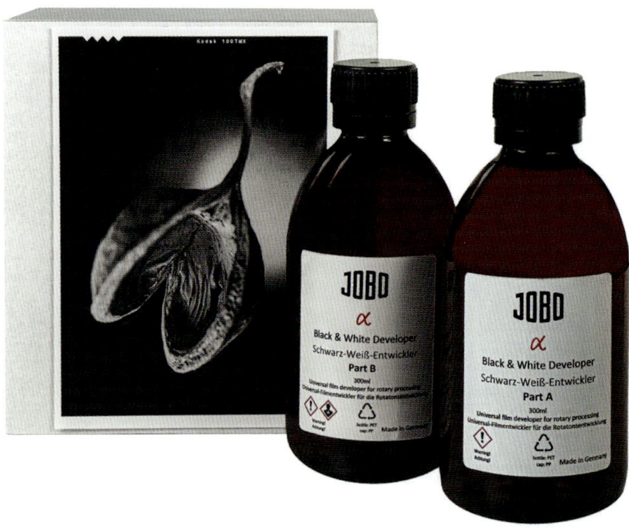

Abbildung 1.31: JOBO Alpha, ein spezieller für die Rotation optimierter Schwarz-Weiß-Filmentwickler.

JOBO

Zu den wohl berühmtesten Rotationsprozessoren, die in der Welt der Fotolabore diese Gattung überhaupt erst salonfähig gemacht haben, zählen die Laborgeräte der Firma JOBO. Das in Gummersbach beheimatete Familienunternehmen stellt diese Prozessoren mittlerweile in dritter Generation her.

Insbesondere die JOBO-CPP2- und ATL-Prozessoren zählten über viele Jahrzehnte zum Standard in professionellen und semiprofessionellen Fotolaboren.

Viele dieser Geräte findet man nach wie vor auf dem Gebrauchtmarkt. Gerade deren gute Haltbarkeit aufgrund hochwertiger Verarbeitung stellte für viele Jahre die größte Konkurrenz für den Verkauf von Neugeräten dar.

Die JOBO-Prozessoren wurden 2013 aber schließlich neu überarbeitet. Das über die Jahre erfolgreiche Grundprinzip dieser Geräte wurde beibehalten.

Entwicklungsdosen

Mit diesen Prozessoren können sowohl die von der manuellen Filmentwicklung bekannten kleineren JOBO-Entwicklungsdosen der Baureihe 1500 als auch die speziell für die Prozessoren konzipierten Tanks der Baureihe 2500 verwendet werden.

Für die Planfilmentwicklung gibt es die speziellen JOBO Expert Drums, die eine besonders gleichmäßige Entwicklung auch bei großen Filmflächen gewährleisten. Diese Drums können aufgrund ihrer Größe allerdings nur mit dem JOBO-CPP-Prozessor und nicht dem kleineren CPA verwendet werden.

Auch die Papierentwicklung ist mit den Prozessoren möglich. Hierzu benötigt man die, leider nur noch gebraucht erhältlichen, JOBO Paper Drums oder die noch produzierte große Multidrum 3063 für Papiere bis 50 x 60 cm.

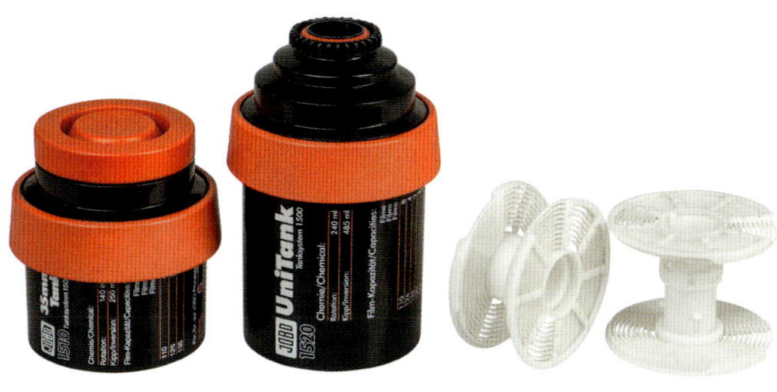

Abbildung 1.32: JOBO-Entwicklungsdosen Typ 15xx, links: mit Stülpdeckel, Mitte: mit Zahnkranzdeckel, rechts daneben: JOBO-Entwicklungsspiralen 1502

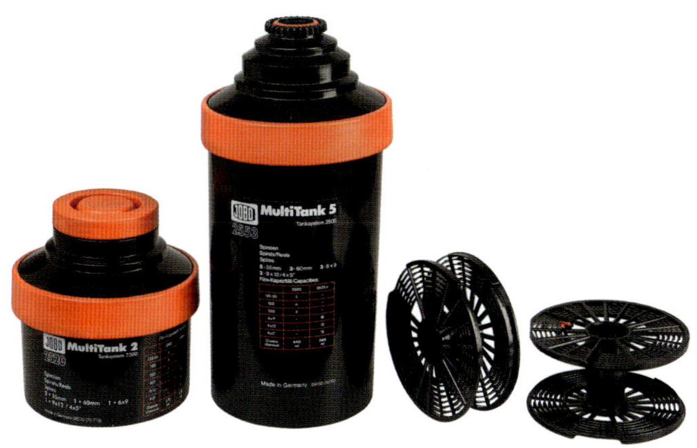

Abbildung 1.33: JOBO-Entwicklungsdosen Typ 25xx, links: mit Stülpdeckel, Mitte: mit Zahnkranzdeckel, rechts daneben: JOBO-Entwicklungsspiralen 2502

In der einfachen Basisvariante werden Entwicklungsdosen mittels eines Magneten an der Dosenunterseite am Prozessor befestigt. Nach Abschluss jedes Prozessschritts wird die Dose entkoppelt, manuell entleert und für den nächsten Entwicklungsschritt neu befüllt.

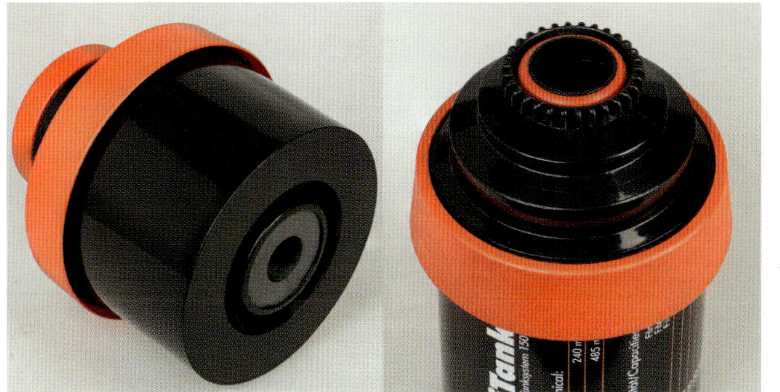

Abbildung 1.34: Links: 2520-Dose mit Stülpdeckel und Magnet, rechts: Entwicklungsdose mit Zahnkranz

Um die Abläufe zu vereinfachen, ist die Verwendung des optional erhältlichen »Lifts« empfehlenswert. Statt eines regulären Deckels benötigen die Entwicklungsdosen hierfür einen speziellen Zahnkranzdeckel. Dafür kann die Entwicklungsdose bis zum Abschluss des Entwicklungsvorgangs am Prozessor gekoppelt bleiben. Mittels Heben des Liftarms wird die Dose entleert und neue Chemie kann direkt ohne Abkoppeln über einen Trichter an der Oberseite des Lifts eingefüllt werden.

Planfilme bis 4 x 5 Inch können mit der Filmspirale 2509n auch in einer 2520-Entwicklungsdose entwickelt werden, für bestmögliche Ergebnisse empfehlen sich aber die größeren Planfilmentwicklungstanks der 3000er-Baureihe.

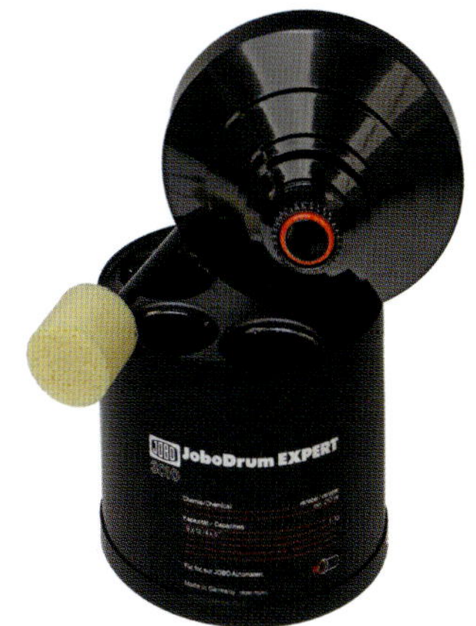

Abbildung 1.35: JOBO Expert Drum 3010 für die Entwicklung von bis zu 10 Planfilmen 9 x 12 cm oder 4 x 5 Inch

Herstellerangaben zu Füllmengen und Rotationsgeschwindigkeit von JOBO-Dosen

Hier einige hilfreiche Angaben zu Füllmengen bei Entwicklung und Wässerung:

Entwicklungs-dose	Rotations-geschwindigkeit	Füllmenge Entwick-lungschemie	Füllmenge Wäs-serung
JOBO 1510	75	140 ml	190 ml
JOBO 1520	75	240 ml	320 ml
JOBO 1540	75	170 ml	230 ml
JOBO 2520	75	270 ml	600 ml
JOBO 2550	75	640 ml	830 ml

Hinweise zur Wässerung

Bei der Verwendung von Entwicklungsdosen mit Magnet und einem Prozessor ohne Lift, kann man die Wässerung der Filme am besten extern mit Hilfe eines Schnellwässerungsschlauchs (z.B. JOBO Cascade) vornehmen.

Wenn Sie über einen Prozessor mit Lift und Dosen mit Zahnkranzdeckel verfügen, empfehle ich die Wässerung im Prozessor.

Das Waschwasser wird dabei über den Trichter des Lifts in die Dose gefüllt und nach 45 s Rotation ausgewechselt.

Für eine gründliche Wässerung empfehle ich 5–7 Wechsel.

Wenn Sie zuvor eine Wässerungshilfe wie ADOX THIO-Clear ECO oder Ilford Washaid verwenden, kann diese Zeit reduziert werden. Ich empfehle dennoch etwa 5 Wasserwechsel.

Wichtig

Die Wässerung innerhalb des Prozessors erfüllt nicht nur die Funktion, die Haltbarkeit der Filme zu gewährleisten, sondern ist in diesem Fall auch wichtig für die Reinigung des Prozessors selbst.

JOBO CPE3

Der Prozessor JOBO CPE3 ist eine etwas verkleinerte Version des CPP3-Prozessors und bietet aufgrund der kleineren Maße und der geringeren Anschaffungskosten ein gutes Einstiegsgerät in die automatisierte Filmentwicklung. Der CPE3 funktioniert wie sein größerer Bruder sowohl mit den 1500er- als auch den 2500er-Entwicklungstanks, mit Magnet und bei Verwendung des Lifts auch mit Zahnkranzdeckeln. Die größeren Expert- und Multidrums können hiermit leider nicht verwendet werden.

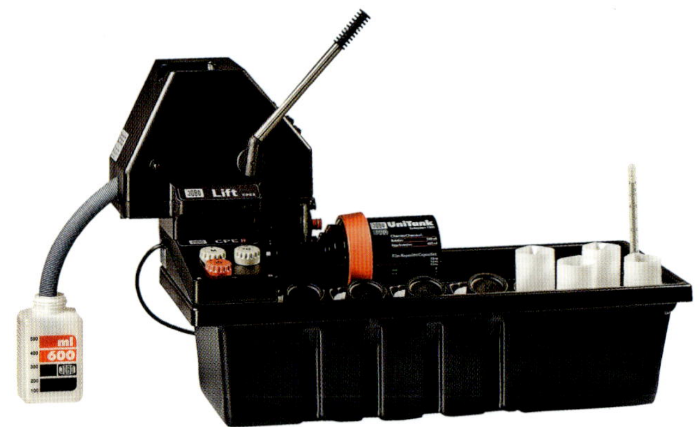

Abbildung 1.36: JOBO-CPE3-Prozessor mit Lift

Wichtigste Eigenschaften:

- Thermostatisch kontrolliertes Wassermantelbad für Entwicklungstrommel und auch die Chemievorratsflaschen
- Die Temperatur kann stufenlos von 20 bis 40° C (± 0,2° C) eingestellt werden.
- Aufbewahrungs- und Temperiermöglichkeit für 4 x 600 ml Vorratsflaschen
- Mit und ohne Lift für vereinfachte Befüllung erhältlich

Film- und Papierkapazität:

- 5 x 135-36
- 6 x 120 (bei 2 Filmen je Spirale)
- 12 x 4 x 5 Inch (bei Verwendung von 2 x JOBO 2509 Spiralen in JOBO-Multitank 5)
- Papiere bis 30 x 40 cm (in Paper Drums)

JOBO CPP3

Der CPP3-Prozessor ist das aktuelle Profimodell von JOBO und bietet halbautomatische Entwicklung von allen Filmtypen und auch Papieren.

»Halbautomatisch«, da hier wie auch beim CPE3-Prozessor die Entwicklungsdosen weiterhin von Hand mit Flüssigkeiten befüllt werden müssen.

Durch den Hersteller sind bereits die Verarbeitungszeiten einer Reihe gängiger Entwicklungsprozesse wie für die C-41-Farbnegativentwicklung oder E-6-Diaentwicklung eingespeichert. Die Werte lassen sich über ein Display einfach nach Bedarf anpassen und es gibt freie Speicherplätze für eigene Prozesse.

Auf dem Display wird die verbliebene Dauer für jeden Prozessschritt angezeigt und auch Hilfestellung zu Füllmengen und Rotationsgeschwindigkeit je nach verwendeter Entwicklungsdose gegeben.

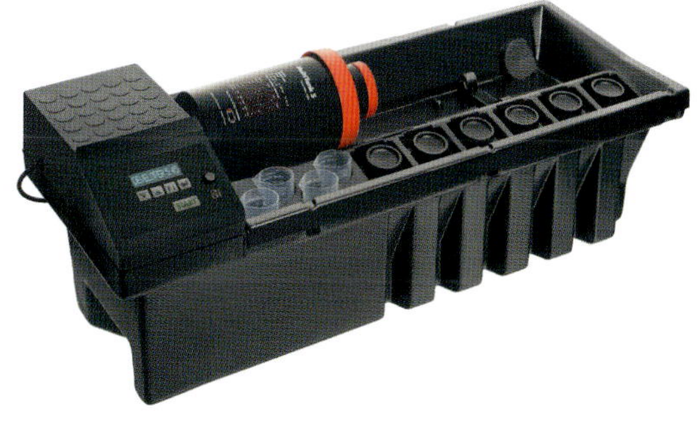

Abbildung 1.37: JOBO-CPP3-Prozessor ohne Lift für Verwendung von Entwicklungsdosen mit Magnet

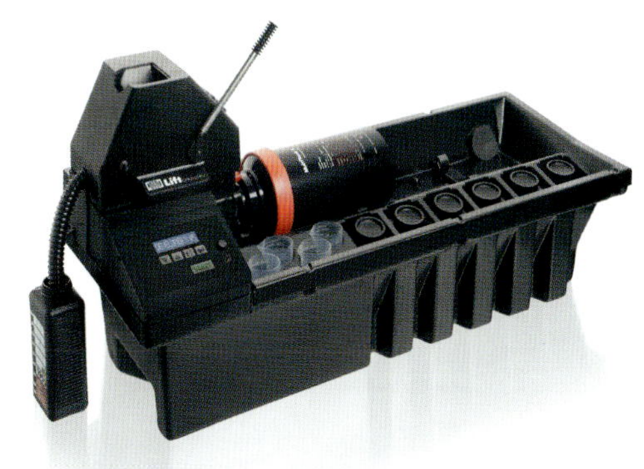

Abbildung 1.38: JOBO-CPP3-Prozessor mit Lift für Verwendung von Entwicklungsdosen mit Zahnkranzdeckel

Wichtigste Eigenschaften:

- Thermostatisch kontrolliertes Wassermantelbad sowohl für die Entwicklungsdose und auch die Chemievorratsflaschen
- Die Temperatur kann stufenlos von 20 bis 40° C (± 0,2° C) eingestellt werden.
- Aufbewahrungs- und Temperiermöglichkeit für 6 x 1000-ml-Vorratsflaschen
- Mit und ohne Lift für vereinfachte Befüllung erhältlich

Film- und Papierkapazität:

- 5 x 135-36
- 6 x 120 (bei 2 Filmen je Spirale)
- 12 x 4 x 5 Inch (bei Verwendung von 2 x JOBO 2509 Spiralen im JOBO-Multitank 5 (2550))
- 10 x 4 x 5 Inch (bei Verwendung von JOBO Expert Drum 3010)
- 6 x 5x7 Inch (in JOBO Expert Drum)
- 5 x 8 x 10 Inch (in JOBO Expert Drum)
- 2 x 40 x 50 oder 1 x 50 x 60 cm (Fotopapier in JOBO Multidrum 3063)

Hinweis

Im Kapitel 3 werde ich am Beispiel einer Schwarz-Weiß-Negativentwicklung die Verwendung eines JOBO-CPP3-Prozessors in der Praxis vorstellen.

FILMOMAT

Der Filmomat-Prozessor ist die Schöpfung von Erfinder und Fotograf Dr. Lukas Fritz und wurde 2015 erstmalig vorgestellt.

Nach wie vor wird jedes Gerät vom Hersteller in Handarbeit und mit persönlicher Endkontrolle hergestellt.

In der aktualisierten Version von 2020 erfolgt die Entwicklung beim Filmomat wie bei JOBO nach dem Prinzip der Rotationsentwicklung.

Im Unterschied zu JOBO-Prozessoren rotiert im Filmomat jedoch nicht die komplette Entwicklungsdose, sondern lediglich das sich im Inneren des Tanks befindliche Achsrohr samt der daraufgesteckten Filmspiralen. Der hierfür benötigte Motor befindet sich im Deckel des Filmomat-Entwicklungstanks.

Für eine möglichst gleichmäßige Entwicklung wechselt die Rotation alle 10 s die Drehrichtung.

Bei den verwendeten Filmspiralen kommen die seit Jahrzenten bewährten professionellen JOBO-Spiralen des Typs 2502 zum Einsatz. Zur Entwicklung von Planfilmen 4 x 5 Inch wird die JOBO-2509n-Spirale verwendet.

Entwicklungschemie sowie Wasser für Zwischen- und Schlusswässerung wird aus beheizbaren Vorratstanks in die Entwicklungsdose hinein- und auch wieder herausgepumpt. Der gesamte Prozessablauf geschieht auf diese Weise vollkommen automatisch.

Mögliche Prozesse:

- Schwarz-Weiß-Film
- C-41-Farbnegativ
- E-6-Farbdia
- Schwarz-Weiß-Umkehrentwicklung

Eigenschaften:

- Temperierung mit 0,1° C Genauigkeit
- Speicherplatz für 19 individuell programmierbare Prozesse
- Maximal 10 programmierbare Prozessschritte
- Tanks für maximal 3 Prozessbäder (z.B. Entwickler, Stoppbad, Fixierer)
- Jeweils benötigte Füllmenge: 500 ml
- Für die Wässerung steht ein 7-l-Wassertank zur Verfügung, es ist kein Festwasseranschluss notwendig.
- Rückführung gebrauchter Arbeitslösung in die Vorratstanks
- Nach Arbeitsende erfolgt der Ablass zur Entsorgung gebrauchter Lösungen sowie die Entleerung des Wassermantelbads über Kugelhähne.

Der Prozessor kontrolliert die Temperatur des Wassermantelbads sowie der Chemie innerhalb der Vorratstanks. Erst wenn die Chemie auch die erforderliche Verarbeitungstemperatur erreicht hat, wird der Entwicklungsprozess gestartet.

Der einzig nicht automatisierte Schritt ist die Verwendung von Stabi-Bad oder Netzmittel. Da diese stark seifigen Lösungen zu Schaumbildung innerhalb des Tanks und Verunreinigen des Prozessors führen können, müssen sie im Anschluss der Wässerung außerhalb des Geräts erfolgen.

Dies kann man entweder in einem extra bereitstehenden Behältnis erledigen oder aber nach Entnahme aus dem Prozessor auch innerhalb der Filmomat-Entwicklungsdose.

Hier ein sehr schönes Video von Dr. Lukas Fritz, dem Erfinder des Filmomats:

https://www.youtube.com/watch?v=3SyPd-UlUC8

Kapazität:

In einem Durchlauf können folgende Filmmengen verarbeitet werden:

- Bis zu 4 x 35-mm-Kleinbildfilme
- Bis zu 4 x 120er-Rollfilme
- Bis zu 6 x Planfilme 4 x 5 Inch

Neben den Vorteilen einer voll automatisierten Filmentwicklung ist eine Besonderheit des Filmomat-Prozessors sicherlich auch die für Filmentwicklungsprozessoren ungewöhnlich kompakte und gestalterisch sehr ästhetische Bauweise.

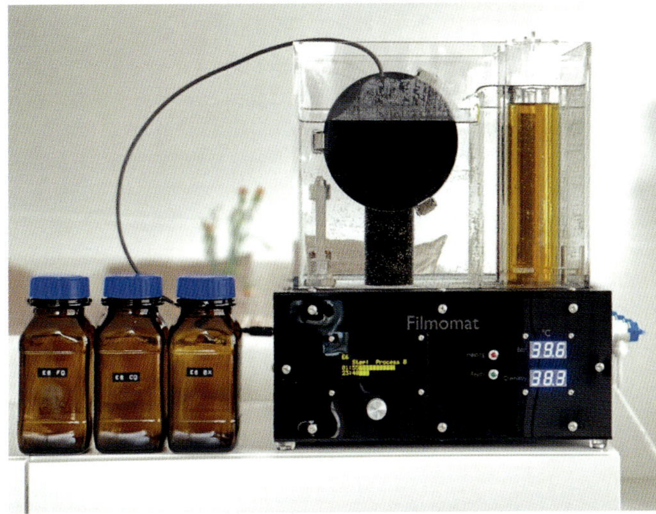

Abbildung 1.39: Filmomat-Rotationsfilmprozessor

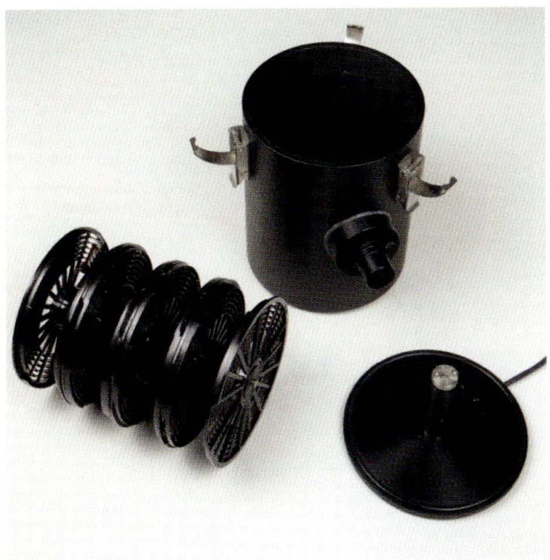

Abbildung 1.40: Filmomat -Entwicklungsdose mit JOBO-2502-Filmspiralen

FILMOMAT LIGHT

Kurz vor Erscheinen dieses Buches erreichte mich noch die Nachricht über einen neuen preisgünstigen Rotationsprozessor von Filmomat, den ich hier gerne vorstellen möchte.

Der Filmomat Light besteht aus einer stabilen Kunststoff-Wanne, in die ein Wassermantelbad zur Temperierung eingefüllt werden kann, sowie einer Vorrichtung zur automatischen Rotation von Entwicklungsdosen. Die Rotationsvorrichtung ist mit einer Vielzahl von Entwicklungsdosen unterschiedlicher Hersteller, wie JOBO, Paterson, AP und Kaiser kompatibel, wodurch der Prozessor eine großartige und relativ preisgünstige Ergänzung zu oftmals bereits vorhandenem Laborequipment darstellt.

Der Prozessor verfügt über keine eigene Temperatursteuerung. Hierzu ist ein zusätzliches Temperiergerät, wie z.B. der Cinestill TCS-1000 oder ein Nova Novatronic Heater erforderlich. Alternativ können Sie auch einen Aquariumheizstab oder einen Sous-Vide-Stab verwenden

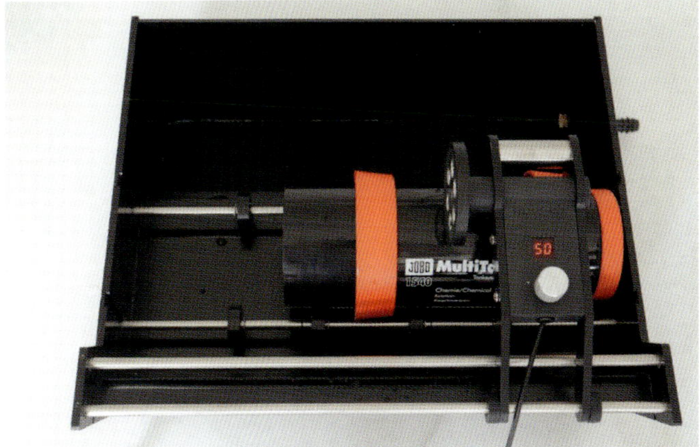

Abbildung 1.41: Filmomat Light Prozessor.

Mögliche Prozesse:

- Schwarz-Weiß-Film
- C-41-Farbnegativ
- E-6-Farbdia
- Schwarz-Weiß-Umkehrentwicklung

Eigenschaften:

- Kompatibel mit JOBO-Dosen 15xx und 25xx, Paterson, AP, Kaiser
- Maximale Größe zu verwendender Entwicklungsdosen (Länge x Durchmesser): 39 cm x 15 cm
- Je nach Durchmesser des verwendeten Entwicklungstanks muss die Rotationsgeschwindigkeit angepasst werden. Es sind Werte zwischen 20 bis 99 Umdrehungen pro Minute einstellbar.

Kapazität:

In einem Durchlauf können folgende Filmmengen verarbeitet werden:

- Bis zu 5 x 35-mm-Kleinbildfilme
- Bis zu 3-6 x 120er-Rollfilme
- Bis zu 12 x Planfilme 4 x 5 Inch

Hinweis

Die maximal möglichen Filmmengen sind stark abhängig von der verwendeten Marke an Entwicklungsdose und entsprechender Filmspiralen. Die aufgeführten Beispiele beziehen sich auf Entwicklungsdosen der Marke JOBO.

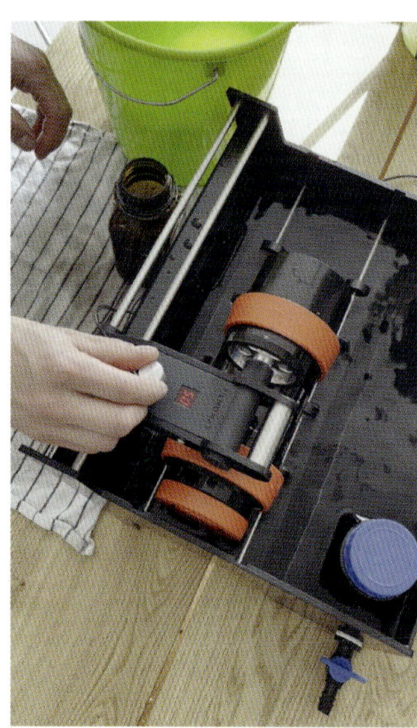

Abbildung 1.42: Filmomat Light in Verwendung.

DEV.A

Ein weiterer noch recht neuer Zuwachs in der Welt der kompakten Filmprozessoren kommt aus Italien.

Der »dev.a« getaufte Prozessor arbeitet ähnlich wie ein JOBO Pozessor, jedoch zusätzlich mit automatischer Befüllung und Entleerung des Entwicklungstanks mit Fotochemikalien.

Das Gerät verfügt über 6 befüllbare Chemietanks, so dass sich entsprechend auch Entwicklungsprozesse mit bis zu 6 Prozessschritten, wie eine E-6-Diafilmentwicklung, durchführen lassen. Der Prozessor verwendet eigens vom Hersteller entwickelte Entwicklungsdosen, die sich sowohl mit Filmspiralen der Marken Paterson, AP und auch JOBO (Typ 1501) verwenden lassen. Für Planfilm-Formate bis 8 x 10 Inch werden eigene Entwicklungsspiralen angeboten.

Durch die Automatisierung wird die Nutzung insbesondere für kleine Fachlabore oder sonstige Anwender mit hohem Filmaufkommen interessant, da hierdurch die Notwendigkeit entfällt, selbst die ganze Zeit neben dem Prozessor zu stehen und Flüssigkeiten ein- und auszufüllen.
Im Vergleich zum ebenfalls automatisch arbeitenden Filmomat verfügt der Dev.a über eine etwas höhere maximale Filmkapazität und mehr nutzbare Chemietanks. Jedoch steigt hierdurch auch der aufzuwendende Kaufpreis.

Mögliche Prozesse:

- Schwarz-Weiß-Film
- C-41-Farbnegativ
- E-6-Farbdia
- Schwarz-Weiß-Umkehrentwicklung

Eigenschaften:

- 6 befüllbare Tanks für 6-Bad-Prozesse
- 7-Zoll-Touchscreen für einfache und intuitive Bedienung
- Die Befüllung mit Wasser für Mantelbad und Filmwässerung erfolgt über einen Druckwasseranschluss oder durch manuelle Befüllung des Wassermantelbads.
- Es können bis zu 100 individuelle Prozesse gespeichert werden mit jeweils bis zu 30 Arbeitsschritten.

Kapazität:

In einem Durchlauf können folgende Filmmengen verarbeitet werden:

- Bis zu 6 x 35-mm-Kleinbildfilme
- Bis zu 3-6 x 120er-Rollfilme
- Bis zu 4 Planfilme 4 x 5 Inch
- 1 x Planfilm 5 x 7 Inch
- 1 x Planfilm 8 x 10 Inch

Hinweis

Die doppelte Menge an 120er-Rollfilmen bezieht sich auf die Verwendung von JOBO-Filmspiralen, mit denen sich jeweils zwei Rollfilme pro Spirale entwickeln lassen.

ROTATIONSENTWICKLUNG MIT HEILAND-TAS-PROZESSOR

Auch mit dem zuvor bereits als automatisierter Kippprozessor vorgestellten TAS von Heiland electronic ist eine Rotationsentwicklung möglich. So kann anstelle einer regelmäßigen Kippbewegung auch eine durchgehende Rotation der Entwicklungsdose eingestellt werden. Die Entwicklungszeiten entsprechen den Zeiten der Rotationsentwicklung. Da die Dose im TAS allerdings aufrecht steht, muss sie stets vollständig mit Chemie gefüllt werden. Es entfallen im direkten Vergleich hier also die Vorteile eines reduzierten Chemieverbrauchs sowie die Möglichkeit einer konstanten Temperatursteuerung.

1.10 PRESSEN FÜR BARYTBILDER

Eine große Herausforderung in vielen Fotolaboren ist die glatte Trocknung von Barytpapieren. Barytbilder liegen nach dem Trocknen leider nicht von allein plan und glatt, sondern trocknen häufig sehr wellig.

Im Folgenden möchte ich ein paar aktuell erhältliche Geräte vorstellen, mit denen man seine Barytpapiere erfolgreich glatt bekommen kann.

KIENZLE-TROCKENPRESSE

Die Firma Kienzle hat eine sehr leistungsfähige Trockenpresse klassischer Bauart mit Heizplatte und Spanntuch im Sortiment.

Besonderheit dieses Modells ist die ausgeklügelte Spannmechanik des Trockentuchs, welche zu einem sehr starken und vor allem sehr gleichmäßigen Anpressdruck führt. Dies ist sonst häufig ein Schwachpunkt ähnlicher Trockenpressen.

Ein weiterer großer Pluspunkt ist die Möglichkeit, die Temperatur sehr präzise einstellen zu können

Diese Presse wird uns auch zu späterem Zeitpunkt wieder begegnen, wenn ich von meinen Experimenten der Hochglanztrocknung berichten werde.

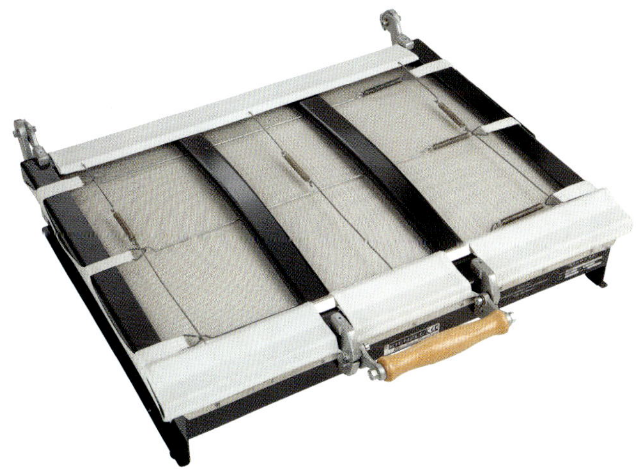

Abbildung 1.43: Kienzle-Trockenpresse

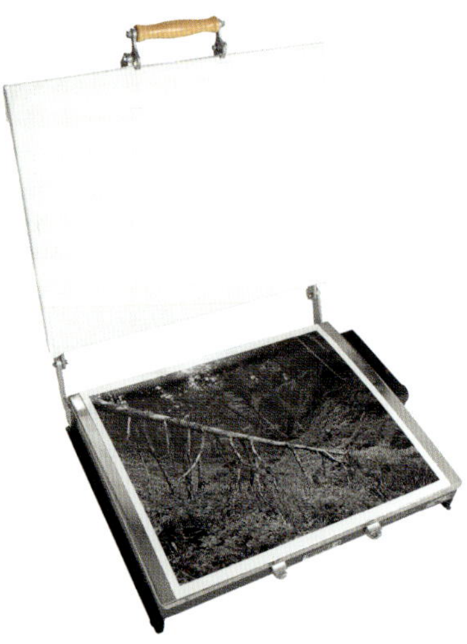

Abbildung 1.44: Kienzle-Trockenpresse mit geöffnetem Spanntuch und eingelegtem Bild

Tipp

Diese Presse lässt sich sowohl zum direkten Trocknen der noch nassen Barytpapiere verwenden, aber aufgrund des gleichmäßigen und starken Anpressdrucks auch für die nachträgliche Glättung vorgetrockneter Bilder, wie im nächsten Abschnitt beschrieben wird.

LUFTTROCKNUNG UND GLÄTTUNG IN THERMOKASCHIERPRESSEN

Schon Anselm Adams beschrieb in seinem Buch »The Print«, wie er Abzüge auf Barytpapier zunächst auf Trockensieben an der Luft trocknete und dann anschließend zwischen zwei Passepartout-Kartons in einer Heißaufziehpresse glatt presste.

Diese Methode praktiziere ich genauso seit vielen Jahren bei mir im Labor und erreiche damit zuverlässig sehr gut geglättete und flach gepresste Bilder ohne wellige Ränder.

Der eigentliche Anwendungszweck solcher Pressen liegt eher im Aufziehen von Bildern und Drucken auf Kartons oder Metallplatten mittels hitzeempfindlicher Klebefolien.

TROCKENSIEBE

Trockensiebe sind im Wesentlichen Rahmengestelle mit einem feinen Siebgewebe, auf das man Barytpapiere nach der Wässerung auslegen kann. Während der Trocknung hat Barytpapier eine starke Neigung, sich in Richtung Emulsion zusammenzurollen. Während PE-Papiere am besten mit der Schichtseite nach oben trocknen, funktioniert das bei Barytpapieren aus diesem Grund am besten mit der Schichtseite nach unten, also zum Sieb gerichtet. Auf diese Weise werden Barytabzüge bereits relativ plan vorgetrocknet. Um sie anschließend vollständig zu glätten, benötigt man idealerweise die Kombination aus Hitze und Anpressdruck einer eingangs erwähnten Heißaufziehpresse.

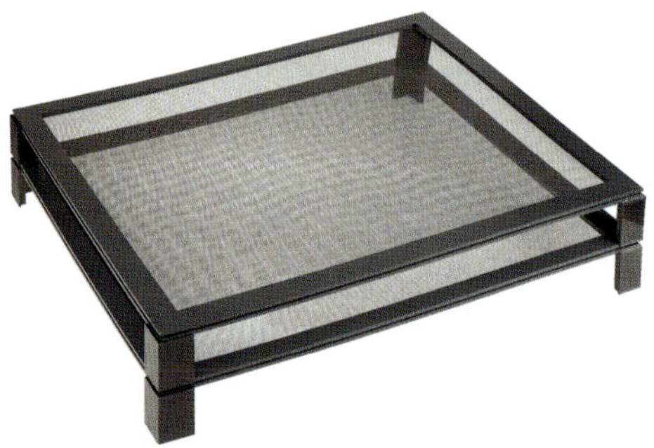

Abbildung 1.45: Trockenrahmen-Set von Edition Argentum. Die Siebe verfügen über Abstandhalter für eine optimale Belüftung während der Trocknung und sind dadurch nach Belieben stapelbar.

SEAL MASTERPIECE

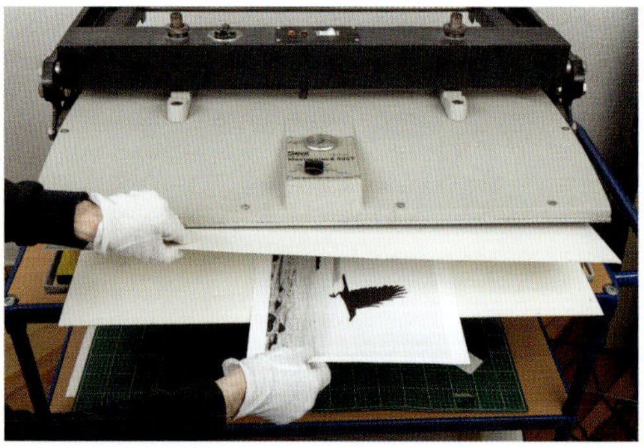

Abbildung 1.46: Einlegen eines Bilds zwischen zwei Lagen Archivkarton in eine Seal-Masterpiece-Kaschierpresse

Einer der wohl bekanntesten Anbieter von Heißpressen, die auch als Thermo-Kaschierpressen bezeichnet werden, ist der amerikanische Hersteller SEAL.

Die Fotos werden hierin auf jeder Seite umgeben von einer schützenden Lage säurefreiem Archivkarton in die Presse gelegt.

Nach etwa 5–7 min Pressen bei 80° C liegen die entnommenen Bilder schön plan. Damit sie sich nicht direkt wieder krümmen und verziehen, lagere ich die Bilder zum Auskühlen danach noch eine Weile zwischen zwei Passepartout-Kartons.

Alternative: T-Shirt-Pressen

Eine Alternative zu den recht kostspieligen Thermopressen zum Veredeln von Bildern sind Thermo-Transferpressen für T-Shirts. Im Prinzip funktionieren diese Pressen genauso wie die Heißpressen von SEAL.

T-Shirts, oder in unseren Fall Bilder, werden geschützt zwischen zwei Archivkartons durch Anpressdruck und Wärme der heizbaren Druckplatte glatt gepresst.

Einschränkung bei diesen Pressen sind die erhältlichen Größen, so dass sie sich meist nur für Papierformate bis etwa 30 x 40 cm verwenden lassen. Da Papierformate von 24 x 30 und 30 x 40 cm aber wohl häufig zu den meistverwendeten Größen zählen, sind solche Pressen kostengünstige Modelle für den Einstieg.

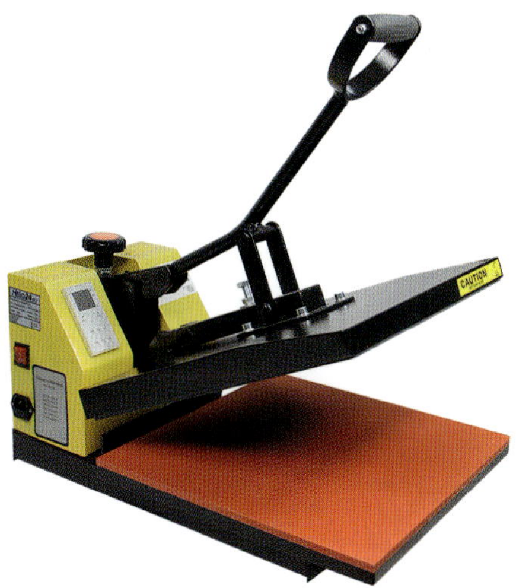

Abbildung 1.47: Beispiel einer Thermo-Transferpresse für den Textildruck

VAKUUM-THERMOPRESSE

Zu den modernsten und leistungsfähigsten Varianten von Thermopressen für die sogenannte »Bildveredelung« zählen Vakuum-Thermopressen. Auch diese Geräte werden eigentlich gebaut, um mit ihrer Hilfe Bilder auf Karton oder Aluplatten aufzukaschieren.

Der Anpressdruck wird erzeugt, indem innerhalb der Presse durch Absaugen der Luft ein Vakuum erzeugt wird. Hierdurch wird das sich im Inneren befindliche Papier unerreicht gleichmäßig über die gesamte Fläche gepresst.

Während bei klassischen Foto-Barytpapierpressen meist 50 x 60 cm die maximal verarbeitbare Bildgröße darstellt, sind solche Vakuumpressen auch für größere Formate mit Papierbreiten bis über 2 m erhältlich.

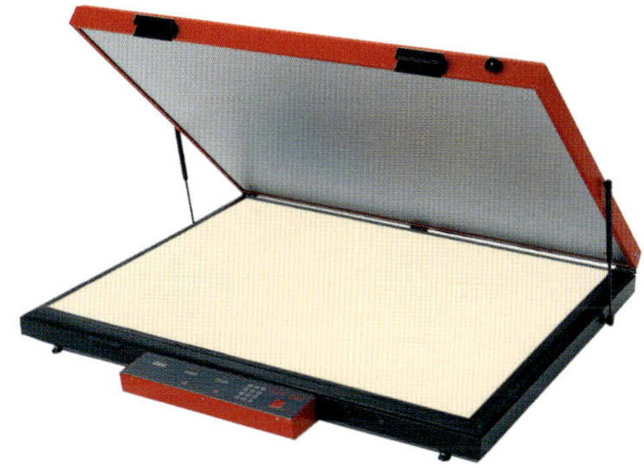

Abbildung 1.48: Biedermann-Vakuum-Thermopresse

Hinweis

Im Kapitel 4 finden Sie noch einen Abschnitt zum Hochglanzpressen von Barytpapieren.

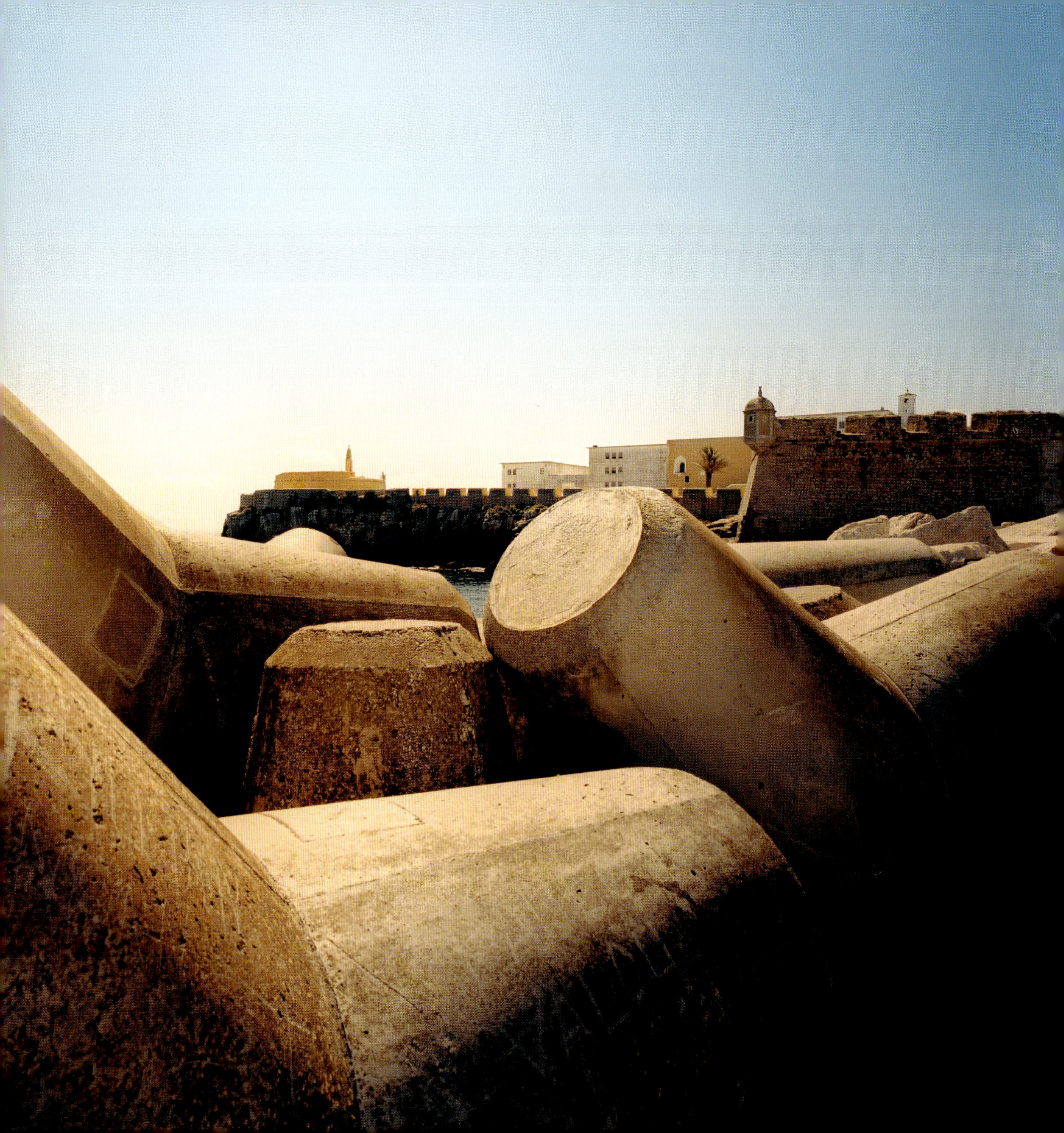

2 Sicherheitshinweise bei der Arbeit mit Fotochemikalien

Bevor wir in den folgenden Kapiteln tiefer in die praktische Laborarbeit und damit in die Fotochemie eintauchen, möchte ich an dieser Stelle einmal auf notwendige Sicherheitsvorkehrungen beim Umgang mit Fotochemikalien aufmerksam machen.

Lesern meines Einsteigerbuchs »Analog fotografieren und entwickeln: Die eigene Dunkelkammer« wird dieser Abschnitt vielleicht bekannt vorkommen. Dennoch empfehle ich, dieses Kapitel nicht einfach zu überlesen. Es kann nie schaden, sich die Sicherheitshinweise erneut ins Gedächtnis zu rufen, zumal sie hier auch um Hinweise für die Arbeit im Farblabor ergänzt wurden.

Das Fotolabor ist letztendlich immer auch ein Chemielabor, in dem wir mit mehr oder minder gefährlichen Stoffen in Kontakt kommen können. Damit Ihnen die Freude an diesem spannenden Hobby ohne Gefahr für Umwelt und Gesundheit lange Zeit erhalten bleibt, habe ich hier die grundlegenden Sicherheitshinweise aufgeführt.

2.1 SICHERHEITS- UND WARNHINWEISE

Hersteller von Fotochemikalien sind gesetzlich dazu verpflichtet, ihre Flaschen und Verpackungen mit den produktspezifischen Gefahrenhinweisen zu versehen, um Schaden vom Anwender und auch der Umwelt abzuwenden.

Hier sind die am häufigsten bei Fotochemikalien zu findenden Gefahrensymbole und ihre Bedeutung:

GESUNDHEITSSCHÄDLICHE UND REIZENDE STOFFE

Abbildung 2.1: Gefahrstoffsymbol GHS07

So gekennzeichnete Stoffe können Atemwegsreizungen oder eine narkotisierende Wirkung verursachen sowie allergische Hautreaktionen oder Augenreizungen bewirken.

STOFFE MIT ÄTZWIRKUNG

Abbildung 2.2: Gefahrstoffsymbol GHS05

Dies sind Stoffe, die auf Metalle chemisch einwirken und sie beschädigen, sowie Stoffe, die dauerhafte Haut- oder Augenschäden hervorrufen können.

GEFAHR FÜR DIE GESUNDHEIT

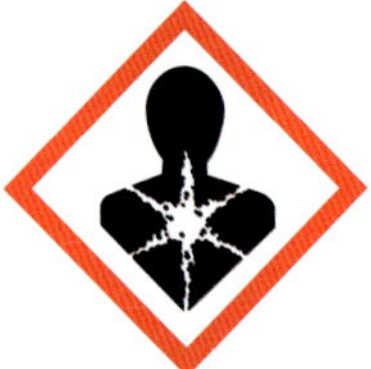

Abbildung 2.3: Gefahrstoffsymbol GHS08

Dies betrifft Stoffe, die in der Lage sind, das menschliche Erbgut zu verändern, Krebs zu erzeugen, frucht- und fortpflanzungsschädigend zu wirken oder das Kind im Mutterleib schädigen können.

UMWELTGEFÄHRDENDE STOFFE

Abbildung 2.4: Gefahrstoffsymbol GHS09

Stoffe mit dieser Kennzeichnung sind in der Lage, die Umwelt entweder akut oder langfristig zu verunreinigen, so dass biologische Organismen gefährdet sind.

GIFTIGE STOFFE

Abbildung 2.5: Gefahrstoffsymbol GHS06

Stoffe, die bei Aufnahme über Mund, Haut oder Atemwege zur Vergiftung des Menschen führen können, tragen diese Kennzeichnung.

ENTZÜNDBARE STOFFE

Abbildung 2.6: Gefahrstoffsymbol GHS02.

Entzündbare Gase und Aerosole, Flüssigkeiten mit einem Flammpunkt unter 60° C sowie Feststoffe, die leicht brennbar sind oder durch Reibung Brand verursachen.

Hinweis

Detaillierte Angaben zu den Inhaltsstoffen der jeweiligen Fotochemie sowie Hinweise zu Sicherheitsmaßnahmen, möglichen Gefahren und auch zur Entsorgung finden sich in den Sicherheitsdatenblättern der Hersteller. Diese findet man in der Regel am einfachsten direkt auf deren Webseite oder auch auf den Seiten des Fotohändlers.

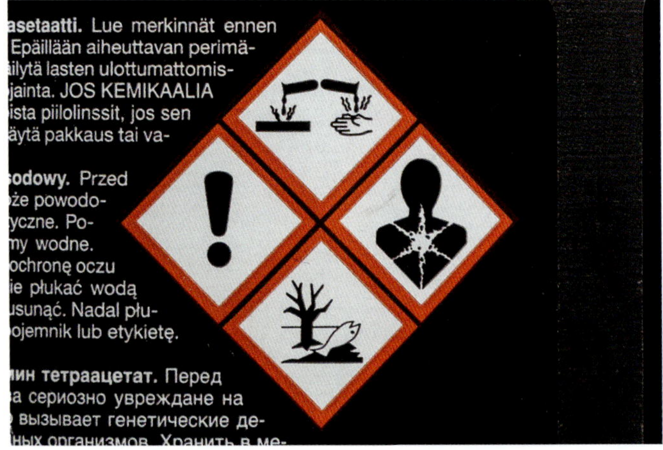

Abbildung 2.7: Gleich vier verschiedene Gefahrensymbole auf einer Flasche Fotochemie. Von links weiter im Uhrzeigersinn: 1. Gefahr von Reizungen, 2. Gefahr von Verätzungen, 3. möglicherweise krebserregend und erbgutschädigend, 4. umweltgefährdend

Hinweis

Die Gefahrenhinweise beziehen sich stets auf die konzentrierte flüssige oder pulverförmige Fotochemie. In den meisten Fällen wird das Konzentrat für die eigentliche Verwendung zuvor mit einer vorgegebenen Menge Wasser verdünnt. Oder bei manchen mehrkomponentigen Entwicklerlösungen neutralisieren sich saure und alkalische Einzellösungen.
So entstehende Arbeitslösungen sind dann weit weniger gefährlich als die Konzentrate.
Dennoch empfehle ich zur Vorsicht insbesondere beim Anmischen stets die Verwendung von Schutzhandschuhen sowie bei besonders aggressiven Chemikalien zusätzlich auch einer Schutzbrille.

2.2 INHALTSSTOFFE FOTOGRAFISCHER BÄDER

FOTOCHEMIE FÜR SCHWARZ-WEISS-PROZESSE

ENTWICKLERLÖSUNGEN

Schwarz-Weiß-Entwickler sind alkalische Lösungen mit einem pH-Wert zwischen 8 und 11. Sie bestehen je nach Rezeptur aus einer Vielzahl alkalischer Substanzen wie z.B. Karbonate, Phosphate, Borate, Natriumsulfit, Kaliumsulfit, Soda. Neben Hydrochinon als Hauptentwicklersubstanz enthalten sie in schwächerer Konzentration oft noch weitere Entwicklungssubstanzen wie Phenidon und Hilfsstoffe wie Kalkschutz- und Antischleiermittel.

Hydrochinon

Eine Grundsubstanz vieler Entwickler ist Hydrochinon. Dieser Stoff ist verstärkt in den Fokus geraten, da er unter Verdacht steht, krebserregend zu sein. Hier ist es auf jeden Fall ratsam, Hautkontakt zu vermeiden.

Es gibt eine Reihe Entwickler, die ohne Hydrochinon auskommen, wie z.B. ADOX Neutol ECO, Moersch ECO 4812, Moersch EFD, Rollei Print Neutral ECO, Spur Paper Dur Green, Kodak XTOL.

STOPPBÄDER

Stoppbäder sind in Wasser verdünnte Lösungen von Essigsäure oder Zitronensäure.

Insbesondere das Konzentrat ist sehr sauer und kann neben Hautirritationen insbesondere im Fall von Essigsäure auch zu Verätzungen führen. Die 1+20 oder 1+40 mit Wasser verdünnten Arbeitslösungen sind dann weit weniger schädlich.

Zusätzlich enthalten manche Stoppbäder, wie z.B. Tetenal Indicet, ADOX Adostop ECO oder Rollei RCS, Indikatorfarbstoffe, die bei erschöpfter Kapazität und gestiegenem pH-Wert des Stoppbad-Ansatzes mit einem Farbumschlag meist nach Blau hin reagieren und so anzeigen, wann das Stoppbad spätestens erneuert werden sollte.

Essigsäurestoppbäder haben einen unverwechselbar sauren Geruch, geruchlose Stoppbäder basieren daher meist auf Zitronensäurebasis. Hierbei ist anzumerken, dass meist auch als geruchlos ausgegebene Stoppbäder bei zunehmender und unvermeidlicher Verunreinigung durch eingeschleppten Entwickler Gerüche entwickeln, die durch den Kontakt der Stoppbadsäure mit dem alkalischen Entwickler verursacht werden.

Hinweis

Die Ergiebigkeit von Zitronensäurestoppbädern ist meist geringer als jene von Essigsäurestoppbädern.

FIXIERBÄDER

Früher bevorzugte man langsam arbeitende und stärker saure Fixierer auf der Basis von Natriumthiosulfat. Die meisten heutigen Fixierer sind Expressfixierer aus Ammoniumthiosulfat.

Der Säuregehalt, insbesondere des Konzentrats, kann zu Hautirritationen und Sensibilisierungen führen. Eine größere Gefahr für Umwelt und Gesundheit stellt aber das in gebrauchtem Fixierer gelöste Silber dar. Daher darf alter Fixierer nicht einfach weggekippt werden, sondern muss zur späteren fachgerechten Entsorgung, wie im Abschnitt 2.4 »Entsorgung von Fotochemie« beschrieben, gesammelt werden.

Neben dem Stoppbad ist Fixierer meist die zweite Hauptquelle für den typisch sauren, leicht beißenden Geruch in der Dunkelkammer.

TONER

In Tonern enthaltene Metallsalze oder organische Farbstoffe reagieren mit dem Bildsilber und erzeugen so eingefärbte Bilder. Typische Toner sind z.B. Schwefeltoner, Goldtoner, Eisenblautoner.

BLEICHER

Zum Bleichen oder Abschwächen von Papierbildern oder Negativen verwendete man früher oft Bleicher auf Basis von Kaliumdichromat. Da dieser Einsatzstoff aber hochgradig gesundheitsschädlich ist, sollte er in heutiger Fotochemie nicht mehr zu finden sein. Seien Sie also hier besonders vorsichtig, auch wenn Sie beispielsweise bei Gebrauchtkauf einer kompletten Dunkelkammer entsprechende Chemie entdecken und Ihnen der Verkäufer versichert, es würde alles noch bedenkenlos funktionieren.

In aktuellen Bleichbädern kommen Eisensalze als Wirksubstanz zum Einsatz.

NETZMITTEL

Netzmittelbäder sind ähnlich einer hochkonzentrierten Seifenlösung, die zur Verwendung mit Fotomaterialien jedoch frei von Weichmachern, Duft- und Farbstoffen sind. Die enthaltenen Tenside bewirken ein streifenfreies und schnelles Abfließen von Wasser bei der Trocknung und haben zudem eine antistatische Wirkung, wodurch die Filme während der Trocknung weniger anfällig für Staub aus der Umgebungsluft werden.

HÄRTER

Härter machen fotografische Emulsionen unempfindlicher gegen Kratzer, indem sie die Gelatine an der Oberfläche härten und Filme und Papiere so mit einer verbesserten Schutzschicht versehen. Solche Härter gibt es als Zusätze für Entwickler und Fixierbäder, können aber auch als eigenständige Härtebäder verwendet werden.

Vorsicht

Leider hat so ein Härtebad zusätzlich zum sehr sauren pH-Wert auch die unangenehme Eigenschaft, härtend auf Hautgewebe einzuwirken. Durch direkten Kontakt wird die Haut trocken und rissig. Daher unbedingt Handschuhe verwenden.

2.3 FOTOCHEMIE FÜR FARBPROZESSE

Fotochemie für Farbprozesse enthalten in vielen Fällen sehr ähnliche Inhaltsstoffe wie im Schwarz-Weiß-Bereich, weisen bisweilen aber einige Besonderheiten auf und sind daher hier extra aufgeführt.

FARBENTWICKLER

Colorentwickler sind, wie auch ihre monochromen Verwandten, alkalische Lösungen, die Karbonate und Phosphate enthalten. Die Rezepturen sind so abgestimmt, dass die während der Entwicklung entstehenden Oxidationsprodukte zusammen mit den Farbkupplern der Filmemulsion die gewünschten Farbstoffe erzeugen.

ERSTENTWICKLER IM UMKEHRPROZESS

Sie entsprechen im Wesentlichen Schwarz-Weiß-Entwicklern.

BLEICHBÄDER

Die Bleichbäder enthalten eine Kombination aus Eisensalzen und oxidieren das Silberbild des Farbfilms- oder Papiers zu Silberhalogenid, das im Fixierprozess herausgelöst wird.

FIXIERBÄDER

Sie enthalten Ammoniumthiosulfate und entsprechen den Inhaltsstoffen der Schwarz-Weiß-Fixierbäder. Der pH-Wert ist für Farbprozesse allerdings pH-neutral.

BLEICHFIXIERBÄDER

Dies sind kombinierte Bäder aus Bleicher und Fixierer enthalten wie zu erwarten die Inhaltsstoffe der Bleich- und Fixierbäder.

STABILISIERUNGSBÄDER

Sind den Netzmittelbädern für Schwarz-Weiß-Entwicklung sehr ähnlich, enthalten aber zusätzlich Inhaltsstoffe zur Stabilisierung der Farbkuppler. Früher wurde hier auch Formaldehyd eingesetzt, dies ist in modernen Stabilisierungsbädern aber nicht mehr zu finden.

2.4 ENTSORGUNG VON FOTO-CHEMIE

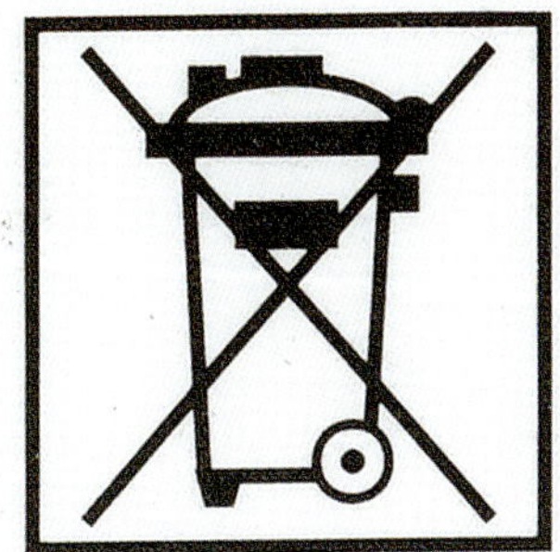
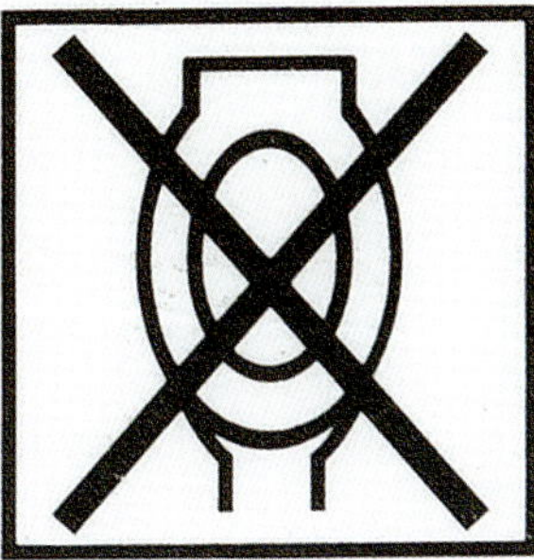

Abbildung 2.8: Gebrauchte Entwickler und Fixierlösungen gehören nicht in den Abfall oder den Ausguss.

Nicht umsonst ziert viele Chemieflaschen das aufmunternde Bild des verendenden Fischs in apokalyptischer Landschaft. Insbesondere das in altem Fixierer gelöste Silber ist schädlich für die Umwelt und Wasserorganismen.

Alte Fotochemie sollte daher am besten in dafür vorgesehenen Chemiekanistern gesammelt werden.

Zur Entsorgung kann man in der Regel die Altchemie bei den Schadstoffhöfen der örtlichen Stadtreinigungsunternehmen abgeben. Konkrete Auskunft, wie die Entsorgung in der jeweiligen Gemeinde gehandhabt wird, erhält man meist über die örtliche Stadtreinigung oder das entsprechende Umweltamt. Für private Anwender und eher kleine Mengen bis ca. 20 l ist die Abgabe von Altchemie in der Regel kostenfrei. Lediglich die abgegebenen Kanister wird man nicht mehr mit zurücknehmen können. Eine günstige Lösung, um an 5-l-Kanister zu kommen, sind die in Drogerien oder Baumärkten erhältlichen Kanister mit destilliertem Wasser. Dieses Wasser lässt sich hervorragend zum Ansetzen von Fotochemie verwenden und die leeren Kanister können so weiter genutzt werden.

Folgende Fotochemikalien sollten unbedingt fachgerecht entsorgt werden:

- Entwicklerbäder
- Fixierbäder und Bleichfixierbäder
- Bleichbäder
- Toner

Folgende Fotochemikalien können, sofern durch den Hersteller nicht anders angegeben, im Abwasser entsorgt werden:

- Stoppbäder (Stoppbäder müssen nicht zur speziellen Entsorgung gesammelt werden, sondern können tatsächlich, wie haushaltsübliche Essig- oder Zitronensäurereiniger, über den Ausguss weggeschüttet werden.)
- Netzmittel und Stabilisierungsbäder

Folgende Fotochemikalien können Sie aufgrund ähnlicher Inhaltsstoffe, sofern nicht anders angegeben, auch gemeinsam sammeln und so Flaschen zum Aufbewahren sparen:

- Entwicklerbäder für Schwarz-Weiß- und Color-Prozesse
- Fixierbäder und Bleichfixierbäder

2.5 ALLERGIEN/SENSIBILISIERUNGEN

Es besteht die Gefahr, dass Chemikalien durch Hautkontakt oder über die Atemwege Allergien gegen die enthaltenen Stoffe auslösen können. Solch eine Sensibilisierung könnte das Ende des Dunkelkammerhobbys bedeuten und die allgemeine Gesundheit beeinträchtigen. Schon einige Male habe ich von älteren Fotografen und vormals professionellen Laboranten gehört, dass ihnen die Arbeit in der Dunkelkammer so fast unmöglich geworden ist.

Hierbei ist allerdings auch anzumerken, dass viele Fotochemikalien früher giftiger waren als heutzutage und man früher auch weniger auf mögliche Gefahren geachtet hat. So war es z.B. weitverbreitet, direkt mit den Händen in den fotochemischen Bädern zu hantieren, was wir natürlich immer vermeiden.

2.6 SCHUTZKLEIDUNG

SCHUTZHANDSCHUHE

Um direkten Hautkontakt mit Chemikalien zu vermeiden, empfiehlt es sich, Schutzhandschuhe aus chemiebeständigem Nitril-Kunststoff zu tragen. Die Handschuhe schützen auch die Materialien vor Verunreinigungen, aber dienen in erster Linie zum Schutz vor Hautkontakt mit gesundheitsschädlichen oder möglicherweise Allergien auslösenden Substanzen.

Es eignen sich sowohl dickere, mehrfach verwendbare Handschuhe als auch die dünneren Einmalhandschuhe. Letztere ermöglichen meist eine bessere Fingerfertigkeit. Handschuhe aus Nitril sind fotochemiebeständiger als jene aus Latex.

Auch bei der Handhabung großformatiger Papiere in Laborschalen, bei denen die Verwendung von Papierzangen oft zu Knicken führt, sind solche Handschuhe äußerst praktisch.

Tipp

Um nicht riesige Müllberge an Wegwerfhandschuhen zu erzeugen, ist es sinnvoll, moderne Nitril-Handschuhe aus biologisch abbaubaren Materialien zu verwenden.

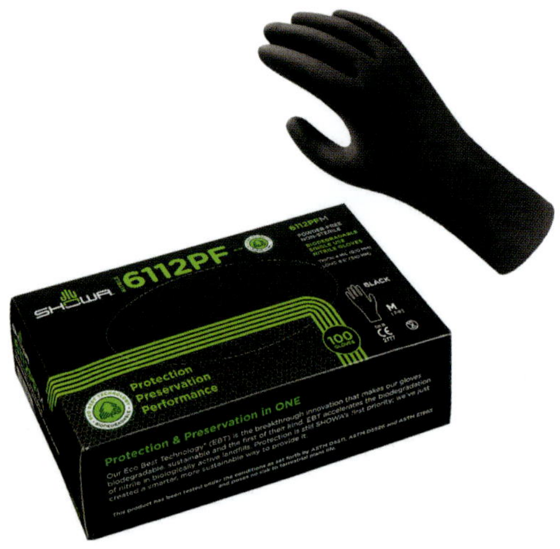

Abbildung 2.9: In stilvollem Schwarz: Einweg-Schutzhandschuhe SHOWA 6112PF aus biologisch abbaubarem und chemieresistentem Nitril

Wichtig

Achten Sie auch darauf, puderfreie Handschuhe zu kaufen, um unnötige Verunreinigungen durch feinen Puderstaub zu vermeiden.

SCHUTZBRILLEN

Labor-Schutzbrillen zählen im privaten Fotolabor sicherlich nicht sehr häufig zur Standardausrüstung. Im Laufe der Jahre hat mich meine normale Sehbrille einige Male davor bewahrt, eine Ladung Fixierbadspritzer oder Entwickler ins Auge zu bekommen, weswegen ich hier mittlerweile nicht mehr ganz so unbedarft herangehe. Wie im Allgemeinen für die meisten Menschen und Fotografen noch einmal im Besonderen sind die Augen eines der wichtigsten Sinnesorgane, das es unbedingt zu schützen gilt.

Gerade bei der Handhabung besonders schädlicher Chemikalien, wie manche Toner, bieten Schutzbrillen einen optimalen Schutz für die Augen und eine erhöhte Sicherheit.

LUFT- UND RAUMKLIMA

Die wenigsten Hobbydunkelkammern werden über eine professionelle Luftfilterung oder Abluft/Zuluftanlage verfügen, aber es sollte möglich sein, zumindest ein Fenster öffnen zu können, um den Raum bei Bedarf zu belüften. Dies beugt der Schimmelbildung durch zu hohe Luftfeuchtigkeit vor, ist aber auch ein wichtiger Schutz der eigenen Gesundheit. Viele Fotochemikalien, insbesondere Fixierer und Essigsäurestoppbäder sowie z.B. Selen- oder Schwefeltoner sind sehr geruchsintensiv. Der Geruch zieht zudem schnell in Kleidung und Haare.

Zur Bewahrung des Raumklimas sollten alle Chemikalien nach Arbeitsende wieder in luftdichte Aufbewahrungsflaschen gefüllt oder die Schalen luftdicht abgedeckt werden.

GERUCHLOSE FOTOCHEMIE

Um die Geruchsbelastung zu verringern, gibt es auch geruchlose Stopp- und Fixierbäder. Bei geruchlosen Stoppbädern wird in der Regel die stark riechende Essigsäure durch Zitronensäure ersetzt.

Die meisten geruchlosen Fixierbäder haben nicht einen sauren, sondern einen alkalischen pH-Wert. Bei der Verwendung von alkalischen Fixierbädern ist unbedingt auf die Kapazität des Stoppbads zu achten, damit der Entwicklungsprozess vor dem Fixierbad richtig unterbrochen wurde.

Eine gute Ausnahme bildet der, neben einer als alkalische Variante erhältliche, schwach saure und dennoch geruchlose Fixierer »ATS sauer« von Moersch.

Vorsicht

Farbchemie riecht deutlich stärker und unangenehmer als die typische Schwarz-Weiß-Chemie. Noch verstärkt wird die Geruchsentwicklung durch die höheren Verarbeitungstemperaturen.

Erfolgt die Verarbeitung in geschlossenen Tanks oder Prozessoren, hält sich dies noch im Rahmen, aber insbesondere bei Verwendung in offenen Schalen kann dies zu einer deutlichen Verschlechterung des Raumklimas führen. Hier unbedingt für ausreichend Belüftung sorgen.

ATEMSCHUTZMASKEN

Das Tragen von Atemschutzmasken ist im normalen Fotolaboralltag bei ausreichender wie oben beschriebener Lüftung in der Regel nicht erforderlich.

Bei besonderer Empfindlichkeit der Atemwege sowie generell bei folgenden Tätigkeiten empfehle ich jedoch die Verwendung einer Schutzmaske:

- Bei der Arbeit mit stark reizenden und stark riechenden Chemikalien
- Verwendung von Tonern (Selen, Schwefel etc.)
- Arbeit mit Farbchemie in offenen Entwicklungsschalen
- Ansetzen von Fotochemie aus evtl. staubenden Pulverkonzentraten

Als Schutzmasken eignen sich die in Coronazeiten allgegenwärtigen FFP2-Masken oder spezielle wiederverwendbare Halbmasken mit auswechselbaren Filtern gegen Partikel, Gase und Dämpfe.

Tipp

Die Firma ADOX hat einen neuartigen Zusatz zu ihrer Pulverchemie entwickelt. Die sogenannte CAPTURA-Technologie verbessert die Löslichkeit in Wasser, verhindert Klümpchenbildung innerhalb der Packung und bewirkt, dass die Pulverchemie beim Ansatz weder riecht noch staubt. Dieser Zusatzstoff ist wasserlöslich, ungiftig und biologisch abbaubar und hat über die beschriebenen Vorteile hinaus keinen Einfluss auf die eigentliche Fotochemie.

LABORSCHÜRZE

Eine Laborschürze, insbesondere in Kombination mit Schutzbrille und Handschuhen, sieht zugegebenermaßen etwas eigenartig aus, und man ist versucht, alles schnell von sich zu reißen, wenn unerwarteter Besuch vor der Tür steht. Kann man sich aber modetechnisch dazu überwinden, bewahrt so eine Schürze die Kleidung vor allerlei Flecken durch Fotochemiespritzer.

Statt spezieller Laborschürzen, meist aus Kunststoff, kann man auch sehr gut Arbeitskittel oder Gärtnerschürzen aus Stoff verwenden.

2.7 ORDNUNG UND SAUBERKEIT

Als Schlusswort dieses Kapitels ein paar penible Worte zu Ordnung und Sauberkeit im Fotolabor.

Nach jedem Arbeitsgang sollten Messbecher, Arbeitsfläche etc. gründlich gereinigt werden. Auch vor dem Einfüllen von Fotochemie in Behältnisse kann ein vorsorgliches Durchspülen mit Wasser nicht schaden und wenn es nur in der Zwischenzeit angesammelten Staub herauswäscht.

Insbesondere eingetrocknete Fixierbadreste bilden einen feinen weißen Staub, der sich dann leicht im Raum verteilt und eingeatmet werden kann. Daher verschütteten Fixierer am besten immer sofort aufwischen oder abspülen.

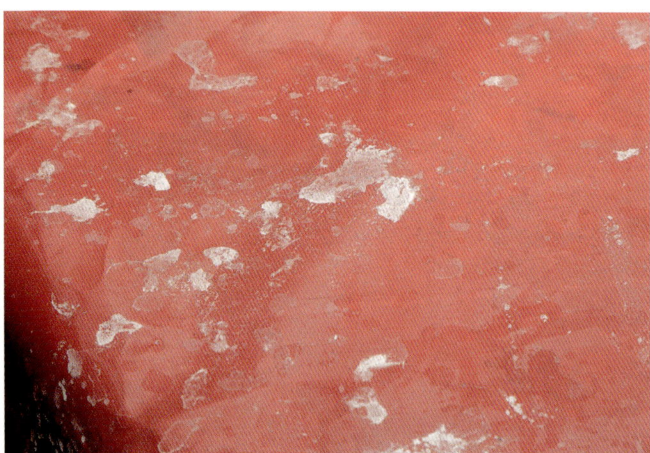

Abbildung 2.10: Eingetrocknete und staubende Fixierbadreste

Vorsicht

Auch wenn es manchmal schwerfällt: Versuchen Sie, Essen und Getränke aus dem Labor fernzuhalten.

Verwenden Sie zur Aufbewahrung angemischter Fotochemie keine alten Getränkeflaschen, sondern gut beschriftete Chemieaufbewahrungsflaschen.

Diese verbessern zum einen die Haltbarkeit Ihrer Chemikalien durch bessere Luftundurchlässigkeit und erleichtern im Fall von Weithalsflaschen durch große Öffnungen das Ein- und Ausgießen.

Die Verwendung zweckentfremdeter und schlecht gekennzeichneter Aufbewahrungsflaschen ist zudem eine vermeidbare Gefahrenquelle. Insbesondere wenn Sie das Labor mit anderen teilen, kann es zu unschönen Verwechslungen kommen. Vergleichen Sie z.B. einmal eine Flasche mit altem Entwickler mit dem Inhalt einer Colaflasche.

2.8 NOTFALLVORSORGE UND ERSTE HILFE IM FOTOLABOR

Sollte trotz aller Vorsicht einmal etwas schiefgelaufen sein, ist schnelles Handeln gefragt und folgende Maßnahmen können schlimmere Folgen vermeiden:

- Bei Haut- oder Augenkontakt mit reizenden Flüssigkeiten die betroffene Stelle sofort mit viel Wasser spülen
- In großen Laboren sind fest installierte Augenduschen Vorschrift. Wer sich für das Hobbylabor so etwas zulegen möchte, kann kleine kompakte Augenduschen mit in sterilen Flaschen abgefüllter Reinigungslösung kaufen.
- Hautverätzungen sollten ärztlich untersucht werden.
- Durch Einatmen giftiger Dämpfe verletzte Personen müssen zunächst an die frische Luft und dann direkt zum Arzt gebracht werden.
- Wurden ätzende Flüssigkeiten verschluckt, empfiehlt sich das Ausspülen des Munds und das Trinken einer größeren Menge Wasser, falls vorhanden mit Aktivkohlepulver versetzt.
- Erbrechen sollte vermieden werden. Unbedingt auch einen Arzt aufsuchen.
- Nehmen Sie am besten die Originalverpackung mit den aufgedruckten Gefahrenhinweisen und Inhaltsstoffen mit zum Arzt.

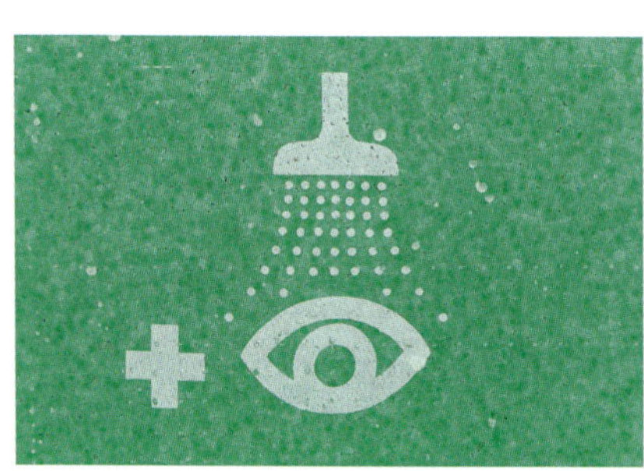

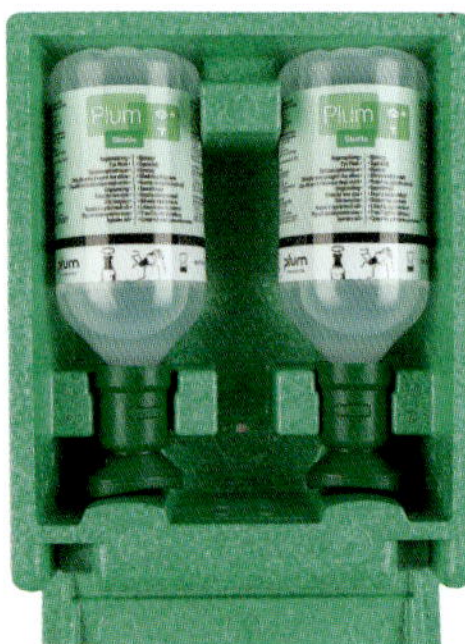

Abbildung 2.11: »Better safe than sorry«: Kompakte Augendusche mit zwei versiegelten Flaschen steriler Reinigungslösung

2.9 SICHERHEITSREGELN IM FOTOLABOR

Abschließend eine Zusammenfassung von Sicherheitsregeln, deren Befolgen zur Sicherheit im Labor beitragen:

- Nicht essen und trinken im Laborraum
- Nicht rauchen
- Leere Flaschen vor der Entsorgung ausspülen
- Keine Getränkeflaschen zur Aufbewahrung von Chemie verwenden
- Aufbewahrungsflaschen deutlich kennzeichnen
- Bei der Arbeit mit Chemikalien und unvermeidlichem Hautkontakt immer Schutzhandschuhe tragen
- Für ausreichende Belüftung sorgen
- Beim Einfüllen Abstand zu Augen und Gesicht halten
- Verschüttete Chemie sofort aufwischen oder abspülen
- Kinder nicht unbeaufsichtigt ins Labor lassen
- Haustiere nicht unbeaufsichtigt ins Labor lassen
- Laborpause während Schwangerschaft und Stillzeit

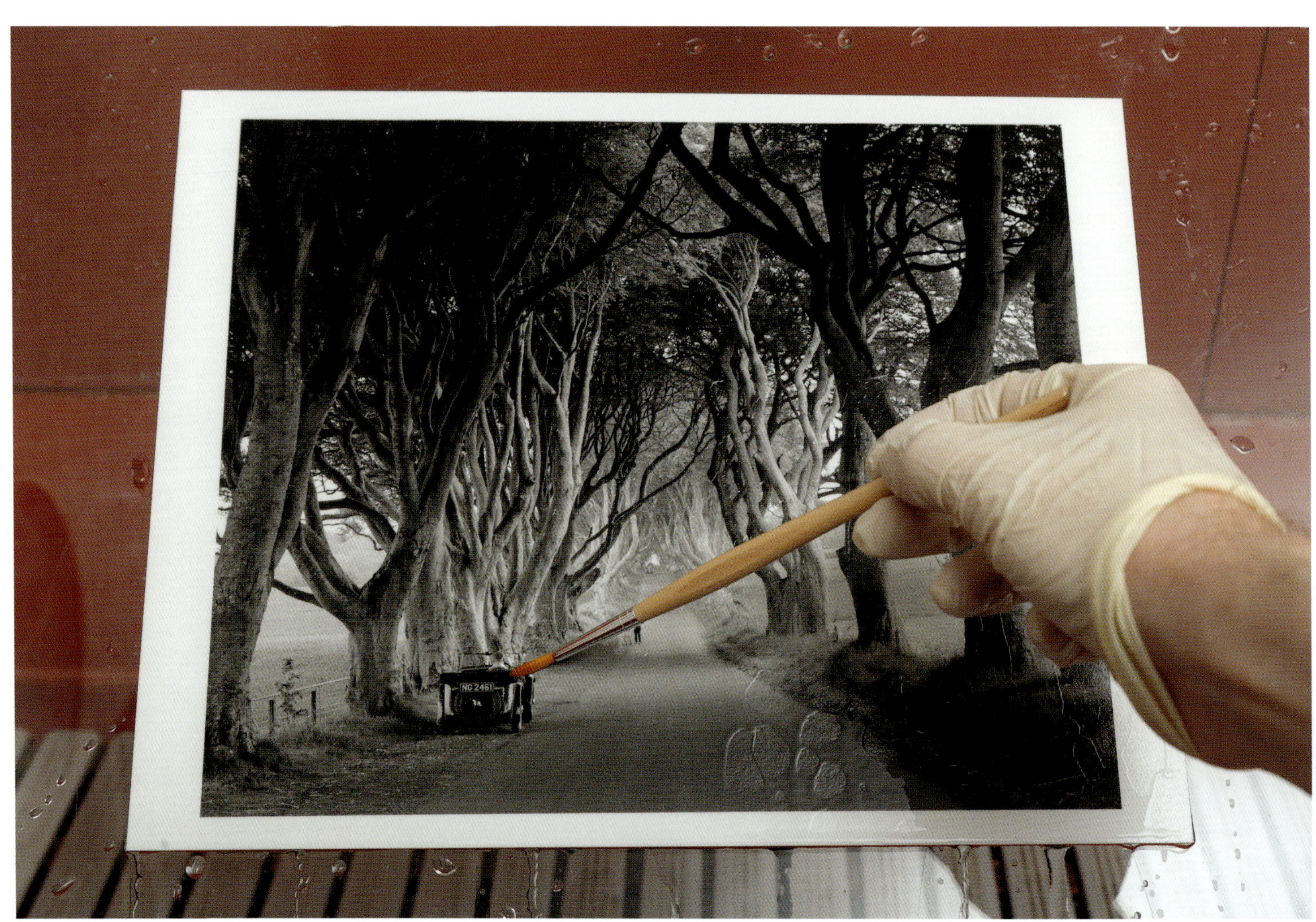
NG 2461

3 Fortgeschrittene Techniken für die Schwarz-Weiß-Dunkelkammer

In dem nun folgenden Kapitel möchte ich einige Dunkelkammertechniken vorstellen, die über die einfachen Arbeitstechniken für Einsteiger hinausgehen, wie ich sie in meinem Buch »Analog Fotografieren und Entwickeln: Die eigene Dunkelkammer« beschrieben habe.

Die hier vorgestellten Techniken können helfen, Arbeitsabläufe und immer wiederkehrende Problemstellungen in der Dunkelkammer zu vereinfachen, und bieten dabei auch neue kreative Möglichkeiten zur Beeinflussung Ihrer Bildergebnisse.

3.1 F-STOP-PRINTING

Die typische Vorgehensweise bei der Ermittlung von Belichtungszeiten für Papierabzüge ist die Erstellung von Probestreifen.

Hierbei werden auf kleinen Streifen Fotopapier-Testbelichtungen mit unterschiedlichen Zeiten erzeugt, um letztlich die für das Bild notwendige Belichtungszeit zu ermitteln.

Bei der weitverbreiteten herkömmlichen Methode werden diese einzelnen Testbelichtungen immer mit dem gleichen Zeitwert ausgeführt, also z.B. mit Zeitstufen von jeweils 3 s. Hierdurch wird das Fotopapier bei jeder Abstufung ein wenig länger belichtet, aufbauend auf die vorhergehende Belichtungszeit. Der Zuwachs an Belichtung von 3 auf 6 s entspricht dabei auf der ersten Stufe einer Verdopplung.

Wenn wir nun weiter fortlaufend um den gleichen Wert von 3 s erhöhen, wird die verhältnismäßige Erhöhung der Belichtung pro Stufe aber immer kleiner.

3 s – 6 s – 9 s – 12 s – 15 s

Im Jahr 1987 publizierte der Fotograf Gene Nocon erstmalig eine Variante zur Belichtungssteuerung beim Vergrößern, die mit Blendenstufen arbeitet.

Eine Blendenstufe, 1 F-Stop, wird hierbei gewissermaßen als Einheit der Belichtung verwendet.

Diese Herangehensweise ist fotografisch gesehen sehr naheliegend, da auch schon die Belichtung bei der Aufnahme mit der Kamera auf gleiche Weise funktioniert.

Eine Erhöhung um einen ganzen Blendenwert entspricht einer Verdopplung der Belichtung, eine Reduzierung um eine volle Blendenstufe einer Halbierung der Belichtung.

Da eine ganze Blendenstufe noch eine recht grobe Zeiteinteilung ist, wird dies weiter unterteilt in halbe, viertel, drittel, zehntel oder sogar vierundzwanzigstel Blendenstufen.

An dieser Stelle etwas Mathematik:

Die Verdopplung der Belichtung durch 1 Blendenstufe entspricht dem Faktor 2. Bei einer halben Blendenstufe kommt etwas Wurzelrechnung zum Einsatz und ergibt den Faktor x 1,41 (√2), hier noch einmal die Wurzel gezogen: Wir erhalten 1,19 als gerundeten Wert für ¼ Blendenstufe.

Blendenwert	Berechnung	Faktor
1 F-Stop	Verdopplung	2
1/2 F-Stop	√2	1,41
1/4 F-Stop	4. √2	1,19
1/3 F-Stop	3. √2	1,26
1/6 F-Stop	6. √2	1,12
1/10 F-Stop	10. √2	1,07
1 / 20 F-Stop	20. √2	1,035
1/24 F-Stop	24.√2	1,03

Bei einem Probestreifen nach der F-Stop-Methode wird die Belichtungszeit in Abstufungen von z.B. viertel, halben oder ganzen Blendenstufen erhöht, die sich jeweils ausgehend von der vorangegangen Belichtungszeit berechnen.

Die Belichtungsabstufungen sind auf diese Weise exakt gleichmäßig.

Beispiel

Hier ein Beilspiel mit Werten in Viertel Blendenstufen (Rundung auf eine Stelle hinter dem Komma):

3 s – 4,2 s – 6 s – 8,5 s – 12 s

Ich habe in der folgenden Tabelle einige gängige Zeiten zum Erstellen von Probestreifen angegeben. Für weitere Werte empfehle ich die APP »F-Stop Printing Calculator« von Bruce Tanner (*https://www.digitaltruth.com/apps/f-stop/*).

Mit Hilfe dieser Tabelle können Sie für die gängigsten Startwerte von 2, 3, 4 und 5 s die dazugehörigen Belichtungszeiten je 1/4, 1/2 oder voller Blendenstufe ablesen.

Die Werte sind auf eine Stelle hinter dem Komma gerundet. Je nachdem wie genau sich Ihre Belichtungsschaltuhr einstellen lässt, muss gegebenenfalls etwas stärker zum nächstmöglich einstellbaren Wert auf- oder abgerundet werden.

Im oberen Tabellenbereich habe ich die Faktoren zur Berechnung der Belichtungszeit von einer Stufe zur nächsten angegeben.

Gelb hinterlegte Werte:

Hier finden Sie die Gesamtbelichtungszeiten je Stufe. Die Werte sind auf eine Stelle hinter dem Komma gerundet.

Blau hinterlegte Werte:

Bei einem Probestreifen wird ausgehend von einer Startzeit der Papierstreifen durch Verschieben einer Abdeckung immer ein wenig weiterbelichtet. Die hinterlegten Werte geben den Zuwachs an Belichtungszeit von einer Stufe zur nächsten an.

Beispiel 1

Nehmen wir an, wir möchten einen Probestreifen ausgehend von 3 s in ½ Blendenstufen erstellen:

1. Belichtung (ganzes Papier): 3 s
2. Belichtung (Papier etwas abdecken): 1,2 s
3. Belichtung (Papier etwas weiter abdecken): 1,8 s
4. Belichtung (Papier etwas weiter abdecken): 2,5 s
5. Belichtung (Papier etwas weiter abdecken): 3,5 s

Hierdurch erhalten wir einen Probestreifen mit 5 Abstufungen in ½ Blendenstufen und folgenden 5 Belichtungszeiten:

3 s – 4,2 s – 6 s – 8,5 s – 12 s

Probestreifen Belichtungszeit nach f-stop Methode																
Faktor je 1/4f	x 1,19	x 1,19	x 1,19	x 1,19	x 1,19	x 1,19	x 1,19	x 1,19	x 1,19	x 1,19	x 1,19	x 1,19	x 1,19	x 1,19	x 1,19	x 1,19
Faktor je 1/2f		x 1,41		x 1,41		x 1,41		x 1,41		x 1,41		x 1,41		x 1,41		x 1,41
Faktor je 1 f				x 2				x 2				x 2				x 2
Startwert	+ ¼f	+ ½f	+ ¾f	**+ 1f**	+ 1¼f	+ 1½f	+ 1¾f	**+ 2f**	+2¼f	+2 f	+ 2¾f	**+ 3f**	+ 3¼f	+ 3½f	+ 3¾f	**+ 4f**
2s	2,4s	2,8s	3,4s	**4s**	4,8s	5,7s	6,7s	**8s**	9,5s	11,3s	13,4s	**16s**	19s	22,6s	26,9s	**32s**
addierte Zeit je 1/4 f	0,4s	0,4s	0,6s	0,6s	0,8s	0,9s	1s	1,3s	1,5s	1,8s	2,1s	2,6s	3s	3,6s	4,3s	5,1s
addierte Zeit je 1/2f		0,8s		1,2s		1,7s		2,3s		3,3s		4,7s		6,6s		9,4s
addierte Zeit je 1 f				2s				4s				8s				16s
3s	3,5s	4,2s	5	**6s**	7,1s	8,5s	10,1s	**12s**	14,3	16,9s	20,2s	**24s**	28,6s	33,8s	40,3s	**48s**
addierte Zeit je 1/4 f	0,5s	0,7s	0,8s	1s	1,1s	1,4s	1,6s	1,9s	2,3s	2,6s	3,3s	3,8s	4,6s	5,2s	6,5s	7,7s
addierte Zeit je 1/2f		1,2s		1,8s		2,5s		3,5s		4,9s		7,1s		9,8s		14,2s
addierte Zeit je 1 f				3s				6s				12s				24s
4s	4,8s	5,6s	6,7s	**8s**	9,5s	11,3s	13,4s	**16s**	19s	22,6s	26,9s	**32s**	38,1s	45,1s	53,8s	**64s**
addierte Zeit je 1/4 f	0,8s	0,8s	1,1s	1,3s	1,5s	1,8s	2,1s	2,6s	3s	3,6s	4,3s	5,1s	6,1s	7s	8,7s	10,2s
addierte Zeit je 1/2f		1,6s		2,4s		3,3s		5,7s		6,6s		7,4s		13,1		18,9
addierte Zeit je 1 f				4s				8s				16s				32s
5s	6s	7,1	8,4	**10s**	11,9s	14,1s	16,8s	**20s**	23,8s	28,2s	33,6s	**40s**	47,6s	56,4s	67,2s	**80s**
addierte Zeit je 1/4 f	1s	1,1s	1,3s	1,6s	1,9s	2,2s	2,7s	3,2s	3,8s	4,4s	5,4s	6,4s	7,6s	8,8s	10,8s	12,8s
addierte Zeit je 1/2f		2,1s		2,9s		4,1s		5,9s		8,2s		11,8s		16,4s		23,6s
addierte Zeit je 1 f				5s				10s				20s				40s

Beispiel 2

Nehmen wir an, wir möchten einen Probestreifen ausgehend von 4 s in ¼ Blendenstufen erstellen:

1. Belichtung (ganzes Papier): 4 s

2. Belichtung (Papier etwas abdecken): 0,8 s

3. Belichtung (Papier etwas weiter abdecken): 0,8 s

4. Belichtung (Papier etwas weiter abdecken 1,1 s

5. Belichtung (Papier etwas weiter abdecken): 1,3 s

Hierdurch erhalten wir einen Probestreifen mit 5 Abstufungen in ¼ Blendenstufen und folgenden 5 Belichtungszeiten:

4 s – 4,8 s – 5,6 s – 6,7 s – 8 s

Beispiel 3

Nehmen wir an, wir möchten einen Probestreifen ausgehend von 5 s in ganzen Blendenstufen erstellen:

1. Belichtung (ganzes Papier): 5 s
2. Belichtung (Papier etwas abdecken): 5 s
3. Belichtung (Papier etwas weiter abdecken): 10 s
4. Belichtung (Papier etwas weiter abdecken 20 s
5. Belichtung (Papier etwas weiter abdecken): 40 s

Hierdurch erhalten wir einen Probestreifen mit 5 Abstufungen in vollen Blendenstufen und folgenden 5 Belichtungszeiten:

5 s – 10 s – 20 s – 40 s – 80 s

Hinweis

Eine digitale Belichtungsschaltuhr ist für möglichst präzise Zeiteinstellungen sicherlich hilfreich.

Wenn Sie nur über einen analogen Timer mit manuell einstellbarer Zeit verfügen, empfehle ich, die Belichtungsstufen nicht kleiner als in halben Blendenwerten zu verwenden und wenn nötig auf volle Sekunden zu runden.

F-STOP DODGE & BURN

Einen weiteren großen Vorteil ergibt die F-Stop-Methode beim Abwedeln und Nachbelichten einzelner Bildstellen, auf Englisch »Dodge & Burn«.

Wenn Sie die Zeiten hierfür mittels Blendenstufen anstelle von Sekunden angeben und für spätere Laborsessions notieren, hat dies den Vorteil, dass auch bei Veränderung der Hauptbelichtungszeit, z.B. durch Veränderung des Vergrößerungsmaßstabs oder Wechsel hin zu einem anderen Papier, die notierten Blendenwerte gleich bleiben, die daraus errechnete Zeit sich aber relativ zur neuen Hauptbelichtungszeit verändert.

Beispiel

Wenn beispielsweise die Nachbelichtungszeit des Himmels bei einer Hauptbelichtungszeit (B) von 5 s = +½ Blendestufe ist, entspricht das umgerechnet in Sekunden einer Nachbelichtung von 2,1 s. Jetzt wechseln wir zu einem unempfindlicheren Papier, das eine Hauptbelichtungszeit von 10 s benötigt und die ½ Blende Nachbelichtung entspricht dann einer Zeit von 4,1 s.

In der folgenden Tabelle sehen Sie einige berechnete Beispielwerte, die beim Abwedeln von der Hauptbelichtungszeit (B) abgezogen werden bzw. beim Nachbelichten hinzugefügt werden.

B = Basiswert (die Hauptbelichtungszeit des Bilds)

Ich habe die Werte für eine bessere praktische Anwendung auf eine Stelle hinter dem Komma gerundet.

Dodge & Burn

	Abwedel Zeit				B	Nachbelichtungszeit											
f	-1	- ¾	- ½	-¼		+ ¼	+ ½	+ ¾	**+1**	+ 1¼	+ 1½	+1¾	**+2**	+ 2¼	+ 2½	+2¾	**+3**
Formel	B/2-B	B/2*1,19-B	B/2*1,41-B	B/2*1,68-B		B*1,19-B	B*1,41-B	B*1,68-B	**B*2-B**	B*2,38-B	B*2,82-B	B*3,36-B	**B*4-B**	B*4,76-B	B*5,64-B	B*6,72-B	**B*8-B**
Zeit in s	2,5	2	1,5	0,8	5	1	2,1	3,4	**5**	6,9	9,1	11,8	**15**	18,8	23,2	28,6	**35**
	4	3,2	2,4	1,3	8	1,5	3,3	5,4	**8**	11	14,6	18,9	**24**	30,1	37,1	45,8	**56**
	5	4,1	3	8,4	10	1,9	4,1	6,8	**10**	13,8	18,2	23,6	**30**	37,6	46,4	57,2	**70**
	6	4,9	3,5	1,9	12	2,3	4,9	8,2	**12**	16,6	21,8	28,3	**36**	45,1	55,7	68,6	**84**
	8	6,5	4,7	2,6	16	3	6,6	10,9	**16**	22,1	29,1	37,8	**48**	60,2	74,2	91,5	**112**
	10	8,1	5,9	3,2	20	3,8	8,2	13,6	**20**	27,6	36,4	47,2	**60**	75,2	92,8	114,4	**140**

Je nachdem, wie genau sich Ihre Belichtungsschaltuhr einstellen lässt, muss gegebenenfalls etwas stärker zum nächstmöglich einstellbaren Wert auf- oder abgerundet werden.

SCHALTUHREN MIT F-STOP-TIMER:

Neben der Möglichkeit, die F-Stop-Belichtungswerte in Tabellen abzulesen, selbst zu errechnen oder eine App zu verwenden, gibt es auch eine Reihe moderner Belichtungsschaltuhren, die diese Methode als Alternative zur herkömmlichen Zeitsteuerung direkt integriert haben.

Die Zeit lässt sich dabei auf Wunsch auch in sehr kleinen, bis auf zwei Stellen hinter dem Komma genauen Einheiten in Zehntel oder bei der Stopclock Professional sogar vierundzwanzigstel Blendenstufen angeben. Dies ermöglicht ein sehr präzises Arbeiten.

Hier einige aktuell erhältliche F-Stop-Timer:

- Filmomat-F-Stop-Darkroom-Timer
- Heiland-Splitgrade-Controller
- Maya (in Entwicklung befindliches Crowdfunding-Projekt)
- RH Designs Stopclock Professional

Ganz neu erhältlich ist der F-Stop-Darkroom-Timer von Filmomat. Das Gerät verfügt neben der Möglichkeit der Belichtungssteuerung in Blendenstufen auch über eine Funktion zur einfachen Erstellung von Probestreifen. Die zeitlichen Intervalle können dabei jeweils in 1/2, 1/3, 1/6 und 1/12 Blendenstufen eingestellt werden.

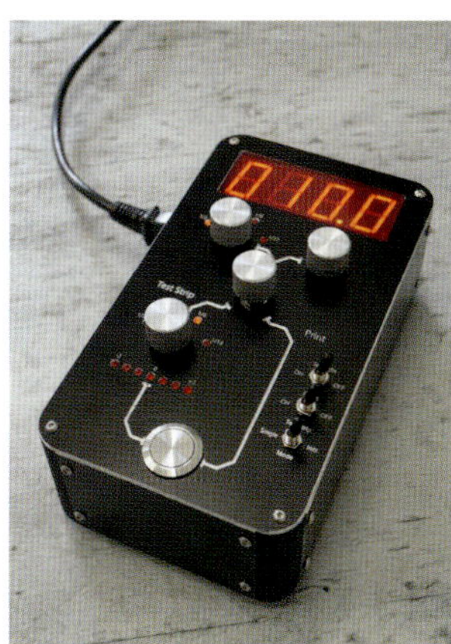

Abbildung 3.1:
Der F-Stop-Darkroom-Timer von Filmomat. Sowohl im Design, aber auch im Hinblick auf Bedienungslogik ein gut durchdachtes und hochwertig produziertes Gerät.

3.2 SPLITGRADE-PRINTING

Die Technik des Splitgrade-Printing ist keine gänzlich neue Erfindung, sondern im Prinzip so alt wie die Erfindung des Multigrade-Papiers.

Bevor Multigrade-Papiere den analogen Fotomarkt eroberten, gab es ausschließlich Fotopapier mit festen Papiergradationen, also Papiere mit den Gradationen:

- Extraweich
- Weich
- Normal
- Hart
- Extrahart

Weiche Papiere zeichnen sich durch einen sehr niedrigen Bildkontrast aus, mit guter Zeichnung in den Lichterpartien, aber »flauen« Schattenpartien ohne tiefes Schwarz.

Harte Papiere bewirken sehr hohe Bildkontraste, im Extremfall bis hin zu einer rein grafischen Schwarz-Weiß-Darstellung ohne nennenswerte Grauwerte in den Mitteltönen. Während Schattenbereiche ein tiefes Schwarz aufweisen, verlieren die Lichterpartien hier stark an Zeichnung und »brennen aus«.

Die Wahl des passenden Festgradationspapiers war zum einen abhängig von der Qualität des verwendeten Negativs und zum anderen vom künstlerisch gewünschten Bildergebnis.

Im Allgemeinen erfordern dünne, unterbelichtete Negative eine eher harte Gradation, sehr dichte, kontrastreiche Negative dagegen eine weiche Gradation.

Multigrade-Papiere waren ihrerzeit eine kleine Revolution auf dem Fotopapiermarkt, da sie alle möglichen Papiergradationen in einem einzelnen Papier vereinen. Dies funktionierte durch einen Papieraufbau mit unterschiedlichen Emulsionsschichten für weiche und harte Kontrastdarstellung.

Die Emulsionsschicht mit weichem Kontrast ist für grünes Licht empfindlich, die harte Emulsionsschicht für blaues Licht. Durch entsprechende Anpassung der Lichtfarbe beim Vergrößern lässt sich die Papiergradation von 00 (ganz weich) bis 5 (ganz hart) gezielt ansteuern.
Bei der klassischen Multigrade-Steuerung wird dies mit Hilfe von Einlegefiltern und der subtraktiven Farbmischung gemacht.

Die in den Strahlengang der Lichtquelle gelegten Filterfolien sperren jeweils die im Farbspektrum komplementären Farben aus.

Ein Filter in der Farbe Yellow lässt alles Licht hindurch mit Ausnahme von Blau, wodurch die für grünes Licht empfindliche, weiche Emulsionsschicht erreicht wird.

Ein Filter in der Farbe Magenta lässt alles Licht hindurch mit Ausnahme von Grün, wodurch die für blaues Licht empfindliche, harte Emulsionsschicht erreicht wird.

Zwischenstufen werden durch Mischungen dieser Farben erzeugt. Hierfür gibt es zum einen Filterfolien, die in eine kleine Schublade des Vergrößererkopfs eingelegt werden, oder aber auch direkt in den Beleuchtungskopf integrierte Filter, die mittels Drehregler stufenlos eingestellt werden können.

Moderne LED-Lichtquellen für Vergrößerer bieten die Möglichkeit, dass die harte und weiche Papieremulsion durch verschiedenfarbige LEDs in Grün und Blau direkt angesteuert werden können. Hier spricht man von additiver Farbmischung (RGB). Durch den Verzicht auf Filter vor der Lichtquelle ist die Lichtausbeute der LED-Belichtung intensiver als bei den herkömmlichen Halogen- oder Opallampen.

So funktioniert Splitgrade-Printing:

Beim Splitgrade-Printing werden, anstelle einer einzelnen Belichtung mit einem Multigrade-Filter, zwei aufeinander folgende Belichtungen mit den beiden Extremfiltern für Gradation 0,00 (extra weich) und Gradation 5 (extra hart) durchgeführt. Je nach Dauer der einzelnen Belichtungen ergibt sich in Summe eine unterschiedliche Gesamtgradation.

An dieser Stelle möchte ich anmerken, dass die erreichbaren Bildergebnisse mit der Splitgrade-Methode oder der herkömmlichen Filterung mit einzelnem Mischfilter in der Theorie identisch sein sollten.

Der große Vorteil der Splitgrade-Methode ist eine andere Herangehensweise, durch die man sehr präzise die für die jeweiligen Bildbereiche benötigten Kontraste steuern kann.

So ist es z.B. auch möglich, ganz gezielt nur während der weichen oder der harten Belichtung Bildpartien durch Abwedeln aufzuhellen.

Insbesondere bei schwierigen Negativen mit hohen Kontrastunterschieden kommt man so, etwas Übung vorausgesetzt, schneller zu guten Ergebnissen.

MANUELLES SPLITGRADE-PRINTING

In der Praxis wird zur Ermittlung der Belichtungszeiten zuerst ein Teststreifen für die Belichtung mit weichem Licht (Gradation 0) erstellt. Die ermittelte Belichtungszeit des weichen Teststreifens sollte in den Bildweißen feine Details sichtbar werden lassen, ohne diese zu stark zu vergrauen.

Die Schatten und Schwärzen werden durch die weiche Belichtung nicht ausreichend erreicht und sind noch flau und kontrastarm. Nun kommt die zweite Belichtung mit Gradation 5 ins Spiel.

Belichten Sie hierzu den kompletten Probestreifen zunächst mit der zuvor ermittelten Belichtungszeit für Gradation 0.

Anschließend belichten Sie den Teststreifen wie gewohnt in mehreren Belichtungsstufen, allerdings mit Gradation 5.

Die zweite Belichtung mit Gradation 5 beeinflusst die Lichterpartien kaum und bewirkt vor allem eine Schwärzung der Schatten, wodurch der Kontrasteindruck verstärkt wird. Die richtige Probebelichtung zeigt idealerweise ein tiefes Schwarz und Schattenpartien mit noch sichtbaren Details.

DAS HEILAND-SPLITGRADE-SYSTEM

Den Heiland-Splitgrade-Controller haben wir als moderne Schaltuhr mit integrierter Belichtungsmessung schon im vorangegangenen Kapitel kennengelernt. Das errechnete Ergebnis der Belichtungsmessung spart so einige Probestreifen. Nach Messung mittels der angeschlossenen Messsonde wird eine passende Belichtungszeit und Gradation vorgeschlagen. Ich schreibe bewusst vorgeschlagen, da man natürlich je nach persönlichem Geschmack auch von diesen Werten abweichen kann. In vielen Fällen ist dieser Wert aber schon direkt für einen guten Abzug verwendbar.

Aber das Gerät kann noch mehr. Wie der Namensbestandteil »Splitgrade« vermuten lässt, ist die große Stärke des Controllers eine automatisierte Splitgrade-Filtersteuerung.

Im Menü des Controllers können wir vorab auswählen, ob die Belichtung mit einem Mischfilterwert, also z.B. eine einzelne Belichtung mit Gradation 3, durchgeführt werden soll, oder ob eine

Splitgrade-Belichtung gewünscht ist. Ist dies der Fall, berechnet das Gerät automatisch die passende Kombination aus Belichtungszeit mit Gradation 0,00 und Belichtungszeit mit Gradation 5.

In der einfachsten Basisversion (Splitgrade Manuell) müssen die entsprechenden Filter auf Anweisung des Controllers durch den Anwender manuell in die Schublade eines Kondensorvergrößerers eingelegt bzw. am Drehregler eines Farb- oder Multigrade-Mischkopfs eingestellt werden.

Seine eigentlichen Vorteile spielt das System aber in der voll automatischen Variante aus. Hierzu ist ein Umbau des Vergrößererkopfs notwendig, der je nach Modell vom Anwender selbst durchgeführt werden kann oder nach Einsenden in der Werkstatt von Heiland electronics durchgeführt wird.

Mittlerweile gibt es parallel existierend die zwei folgenden technischen Varianten:

Mechanische Splitgrade-Filtersteuerung

Bei der ursprünglich eingeführten Variante wird eine mechanische Filtersteuerung eingebaut, die angesteuert vom Splitgrade-Controller Farbfilter in Yellow und Magenta in den Strahlengang der Lichtquelle schwenkt. Zusätzlich verfügt diese Variante über einen eingebauten Verschluss, der sich erst öffnet, wenn die Halogen- oder Opallampe nach ausreichender Vorwärmphase auf voller Leistung ist. Hierdurch ist die Lichtintensität auch bei kurzen Belichtungszeiten stets konstant und reproduzierbar.

Splitgrade mit LED-Kaltlichtquelle

Mit dem technologischen Fortschritt in der LED-Technologie finden auch zunehmend LEDs als Lichtquelle für Vergrößerer Anwendung. Von Heiland electronic gibt es an verschiedenste Vergrößerermodelle angepasste LED-Lichtquellen. Auch diese können genau wie bei den mechanischen Varianten entweder durch den Anwender selbst oder durch den Hersteller eingebaut werden.

Der Splitgrade-Controller steuert die angeschlossene LED-Lichtquelle an und erzeugt aufeinanderfolgende Belichtungen mit grünem und blauem Licht. Ein Verschlussmechanismus vor der Lichtquelle, wie bei der mechanischen Variante für Opal- und Halogenlampen notwendig, wird nicht gebraucht, da die LEDs unmittelbar auf voller Leistung sind.

Preislich ist die LED-Variante leider etwas teurer. Die Vorteile wie unter anderem kurze Belichtungszeiten, sehr geringe Wärmeentwicklung, Veränderbarkeit der Lichtintensität über vier Blendenstufen sowie einem eingebauten Rotlichtmodus (mit roten LEDs) bewirken jedoch einen spürbaren Komfortgewinn, insbesondere bei sehr regelmäßiger Arbeit in der Dunkelkammer.

Comfort-Modul

Den Splitgrade-Controller gibt es mit kleineren technischen und optischen Updates schon seit Ender der 1990er-Jahre.
Der Funktionsumfang wurde dabei softwareseitig stets dem aktuellen Stand angepasst. Das Display zeigt alle relevanten Daten an und die Einstellungen können mittels verschiedener druckempfindlicher mechanischer Schaltflächen vorgenommen werden.
Während also alle Funktionen steuerbar sind, ist die schnelle, praktische Bedienung des Controllers mit seinen kleinen Druckknöpfen und dem auch recht kleinen Display manchmal etwas umständlich.

Um die Bedienung auch im Rotlicht deutlich einfacher und intuitiver zu gestalten, gibt es optional das sogenannte Comfort-Modul. Dieses wird als Ergänzung an den Splitgrade-Controller angeschlossen und bietet folgende Vorteile:

- Steuerung über große Drehregler
- Doppelfunktion als Schalter:
  Start und Stopp der Belichtung durch einfaches Herunterdrücken der Drehregler
- Gut ablesbare Anzeigen für Zeit und Gradationswert
- Vorabvisualisierung des Kontrastumfangs mittels einer beleuchteten Grauwertskala: Rote LED-Lämpchen geben an, bei welchen Grauwerten der dunkelste Punkt sowie der hellste Punkt im Abzug liegen werden. Wird die Messsonde über das projizierte Bild geführt, gibt ein weiteres kleines Lämpchen den Grauwert an der aktuell angemessenen Stelle an. So lassen sich auch vor dem ersten Probeprint schon Anpassungen an Belichtungszeit und Gradation vornehmen, sollte einem das in der Skala abgelesene Ergebnis nicht zusagen.
  Hierdurch werden im Idealfall noch mehr Papier und Arbeitszeit gespart.

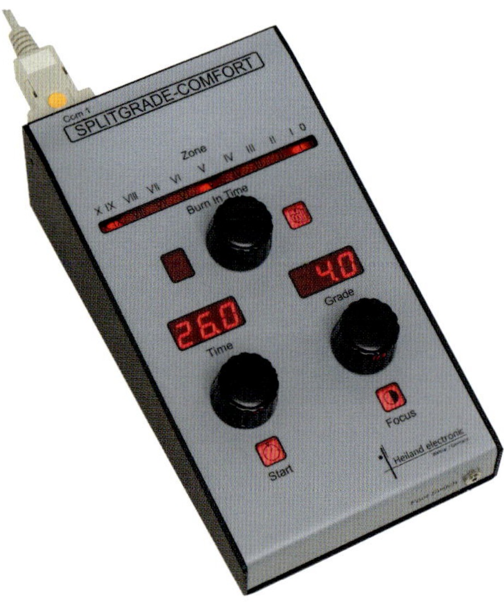

Abbildung 3.2: Splitgrade-Comfort-Modul als Ergänzung zum Splitgrade-Controller von Heiland electronic

Tipp

Eine weitere Erleichterung der Bedienung ermöglicht der mitgelieferte Fußschalter. Dieser ist bereits beim Controller mit enthalten und lässt sich sowohl an diesem wie auch dem Comfort-Modul anschließen. Hierdurch haben Sie auch beim Abwedeln und Nachbelichten immer beide Hände frei.

Software-Aktualisierungen

Wesentliches Kernstück des Heiland-Splitgrade-Systems ist die Software und die hierin hinterlegten Papierkalibrierungen seitens des Herstellers.
Da sich die Eigenschaften von Papieremulsionen durch kleine Änderungen in der Herstellung verändern können, werden die Werte regelmäßig überprüft und können bei Bedarf durch ein Softwareupdate auf den neuesten Stand gebracht werden.

Kleinere Abweichungen können zudem durch den Anwender selbst in den jeweiligen Papierkanälen eingestellt und gespeichert werden.

So ist älteres Fotopapier oftmals etwas weicher als frisches Papier und muss daher etwas härter belichtet werden.

3.3 PREFLASH – VORBELICHTEN VON FOTOPAPIER

Während Negativfilme einen sehr hohen Dynamikumfang aufweisen, ist der unmittelbar darstellbare Motivkontrast von Schwarz-Weiß-Fotopapier leider verhältnismäßig eingeschränkt. Oftmals kann man sich in solchen Fällen durch die Technik des Abwedelns und Nachbelichtens behelfen. Hierbei können mittels partiellen Abschattens von Licht während der Papierbelichtung Teile des Bilds aufgehellt bzw. einzelne Teile des Bilds durch Hinzufügen von Licht nach der ersten Belichtung abgedunkelt werden. So lassen sich mit etwas handwerklicher Mühe und Geschick Details in die Schattenpartien und Zeichnung in ansonsten ausgebrannte Lichter zaubern.

Bisweilen aber hat man im Labor mit Negativen zu kämpfen, die sich durch besonders hohe Kontrastunterschiede hervortun, wie es oftmals bei Gegenlichtaufnahmen der Fall ist.

Oder Bildbereiche, die zu filigran sind, um sie bei einer Nachbelichtung mittels Masken und Belichtungsschablonen punktgenau treffen zu können, ohne dabei auch die umliegenden Bereiche abzudunkeln. Ein Beispiel wären hier bei einem Waldbild die Himmelbereiche zwischen Ästen oder Blättern.

In solchen Fällen bietet das Vorbelichten von Fotopapier eine Möglichkeit zur Bewältigung hoher Motivkontraste.

Das Fotopapier wird zu diesem Zweck noch vor der eigentlichen Bildbelichtung unterschwellig belichtet. Unterschwellig heißt hier, dass bei einer Entwicklung noch keine Belichtung in Form eines Grauschleiers sichtbar wird, sondern das Papier weiterhin weiß ist.

Die lichtempfindliche Emulsion wird hierdurch aber so weit angeregt, dass es bei folgender Bildbelichtung auch in sonst ausgebrannten Lichterpartien deutlich schneller reagiert. Der Papierkontrast wird hierdurch deutlich abgesenkt

BENÖTIGTE HILFSMITTEL

Zum Vorbelichten von Fotomaterial benötigt man eine entsprechende Lichtquelle.

Prinzipiell ist diese Technik auch ohne weitere Hilfsgeräte, z.B. mit der normalen Zimmerlampe, durchführbar.

Für präzise und reproduzierbare Ergebnisse ist es aber natürlich von Vorteil, wenn die verwendete Lichtquelle in Intensität und Belichtungszeit möglichst genau kontrollierbar ist.

VORBELICHTEN MIT DEM VERGRÖSSERER

Wenn man an eine in Zeit und Intensität kontrollierbare Lichtquelle denkt, bietet sich natürlich auch der Vergrößerer an.

An manchen Vergrößerern findet sich zu diesem Zweck neben dem einschwenkbaren Rotfilter auch ein weißer Diffusionsfilter.

Wird dieser bei Belichtung in den Strahlengang geschwenkt, wird trotz eingelegtem Negativ kein sichtbares Bildmotiv, sondern lediglich ein diffuses Licht auf das Papier projiziert.

Wenn solch ein Filter nicht vorhanden ist, sollten Sie das Negativ zur Vorbelichtung entfernen und z.B. eine halbtransparente Folie oder ein Papier in die Bildbühne einlegen und auf unscharf fokussieren. Da nur eine sehr geringe Lichtmenge benötigt wird, ist es ratsam, das Vergrößerungsobjektiv zusätzlich möglichst weit abzublenden.

VORBELICHTEN MIT PAPERFLASHER-GERÄT

Speziell für solche Vorbelichtungen gibt es ein kleines Gerät mit dem Namen Paperflasher II. Dabei handelt es sich im Wesentlichem um eine LED-Lampe mit angeschlossenem Timer. Die kleine Leuchte verfügt über eine Diffusorscheibe, unter die sich praktischerweise auch ein weicher Multigrade-Filter einlegen lässt. Dieses Gerät wird in England von der Firma RH Designs hergestellt und in Deutschland von Heiland electronic vertrieben.

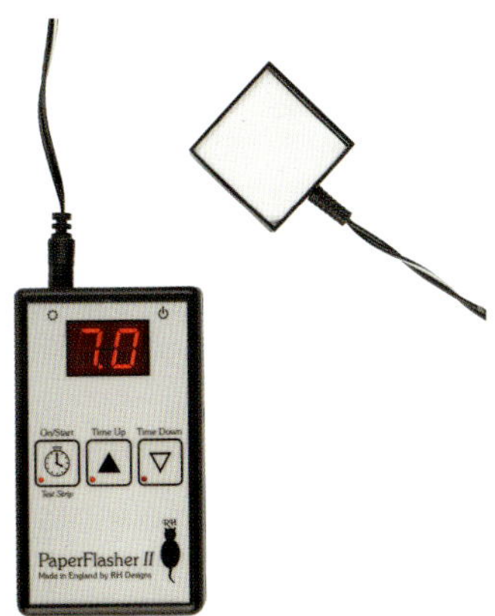

Abbildung 3.3: Paperflasher II von RH Designs

Tipp

Seit Kurzem gibt es auch von Heiland electronic selbst ein Paperflasher-Gerät, das sich direkt an den Heiland-Splitgrade-Controller anschließen lässt und auch über diesen mit Strom versorgt wird. Dieses verfügt über 4 grüne LEDs für Vorbelichtung mit weichem Licht, ohne dass weitere Filterfolien notwendig wären.

PRAKTISCHER ABLAUF

Die Vorbelichtung erfolgt unmittelbar vor der eigentlichen Belichtung.

Ziel ist es, das Papier so weit unterschwellig zu belichten, dass es kurz vor dem Punkt ist, bevor in der Entwicklung ein Grauschleier sichtbar wäre.

Um die nötige Zeit zu bestimmen, muss zunächst ein Probestreifen erstellt werden.

Da die Belichtungsstufen nicht wie bei einem klassischen Probestreifen unmittelbar sichtbar sind, empfehle ich, die einzelnen Belichtungsstufen auf dem Testreifen vorab zu markieren.

Gehen Sie wie folgt vor:

- Schneiden Sie dazu mit einer Schere in regelmäßigen Abständen Einkerbungen in das Probestreifenpapier.
- Belichten Sie anschließend die Abschnitte des Probestreifens in kurzen aufeinander aufbauendenden Zeitabständen von z.B. je 2 s.
- Entwickeln Sie nun den Probestreifen wie gewohnt.
- Viele Papiere dunkeln beim Trocken ein wenig nach.
- Für möglichst genaue Ergebnisse empfehle ich daher, den fertigen Teststreifen z.B. mit einem Fön vorzutrocknen.
- Ermitteln Sie zur Orientierung auf dem Probestreifen die erste Belichtungszeit mit erstmals leicht sichtbarem Grau.
- Die richtige Belichtungszeit für die Vorbelichtung liegt genau eine Stufe darunter. Es darf noch keine Belichtung sichtbar sein.

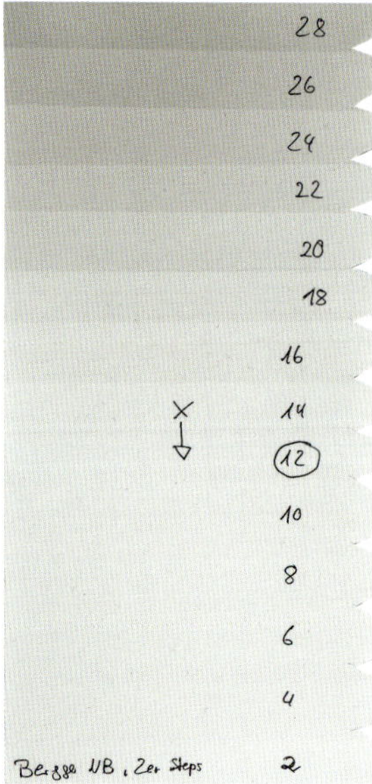

Abbildung 3.4: Barytpapier-Teststreifen BERGGER Prestige NB mit Vorbelichtungen in 2-Sekunden-Schritten. An der rechten Seite sehen Sie die eingeschnittenen Einkerbungen.
Selbst auf dem Fotopapier nur schwer erkennbar und hier im Druck noch schwieriger: Ein erstes leichtes Grau ist bei 14 s zu sehen. Wie zuvor beschrieben, wähle ich als Vorbelichtungszeit einen Wert knapp darunter mit 12 s.

Tipp

Da das Ziel dieser Technik ist, Zeichnung in ausgebrannte Lichterpartien zu bekommen, empfiehlt sich für optimale Ergebnisse die Vorbelichtung mit einer weichen Multigrade-Filterung, welche vor allem die Lichterpartien am intensivsten aktiviert und die Schatten weitgehend unbeeinflusst lässt. Wenn eine externe Lichtquelle, wie beim Paper Flasher, verwendet wird, können Sie eine zugeschnittene Folie aus einem Multigrade-Filtersatz mit der Gradation 00 oder 0 über die Lichtquelle befestigen.

Wenn Sie die passende Zeit ermittelt haben, empfehle ich, diesen Wert mit ergänzenden Angaben zu Papiersorte und Belichtungsabstand zu notieren. In zukünftigen Einsatzfällen mit gleichem Papier können Sie diesen ohne weitere Tests für eine Vorbelichtung erneut verwenden, gleichbleibende Eigenschaften der Papierchargen vorausgesetzt.

ANPASSUNG DER HAUPTBELICHTUNG

Da das Fotopapier wie eingangs beschrieben durch die Vorbelichtung weicher wird, muss die folgende Hauptbelichtung mit dem Negativ mit einem härteren Gradationsfilter und zeitlich etwas reduziert erfolgen.

Es ist also sinnvoll, die Belichtungszeit hierfür erst nach der Vorbelichtung zu ermitteln.

Im Folgenden ein paar Bildbeispiele von mit Vorbelichtung vergrößerten Abzügen.

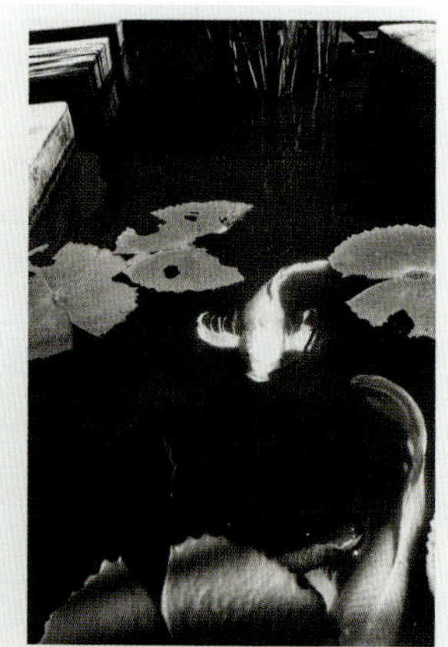

Abbildung 3.5: Dieses Foto wurde bei starkem, hartem Sonnenlicht fotografiert. Im Bereich der nassen Steine und vor allem beim aus dem Wasser schauenden Fisch bewirkt das auf Wasser fallende Licht hier ausgebrannte Lichter. Die entsprechenden Stellen sind im Negativ sehr dicht und auch mit langen Nachbelichtungszeiten lässt sich hier kaum Zeichnung hereinkitzeln.

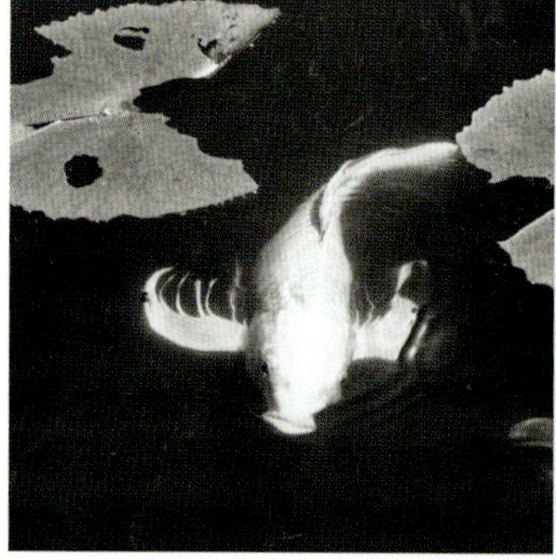

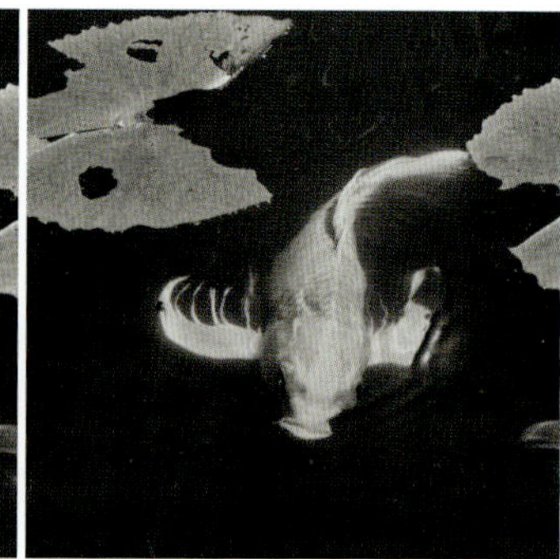

Abbildung 3.6: Links: Detailausschnitt ohne Vorbelichtung. Abzug mit relativ weichem Kontrast und dennoch ausgebrannten Lichtern. Rechts: vorbelichtetes Bild. Der Gesamtkontrast wurde dann bei der Bildbelichtung etwas erhöht und zusätzlich nochmals kurz in den Lichterpartien des Fischs nachbelichtet.

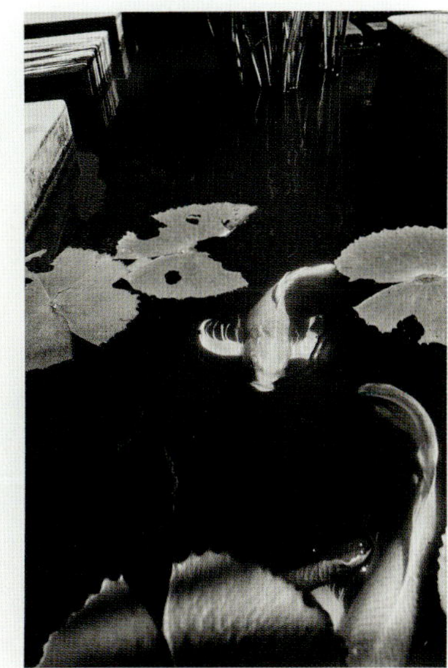

Abbildung 3.7: Das fertige Bild mit Zeichnung in den Steinen und vor allem sehr deutlich im Fisch (Aufnahme: Marc Stache, Bali, 2012)

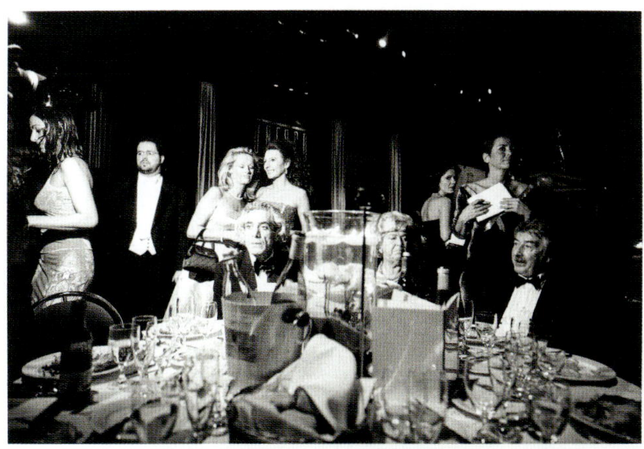

Abbildung 3.8: Bei diesem Bild des Fotografen Edgar Herbst weist das Negativ in den Lichtern eine sehr hohe Dichte auf, da bei der Aufnahme ein zusätzlicher Blitz eines weiteren Fotografen die Belichtung störte. Eine Nachbelichtung aller einzelner Lichterpartien ist sehr komplex und zeitaufwendig, daher ist eine allgemeine Vorbelichtung auch hier eine gute Lösung.

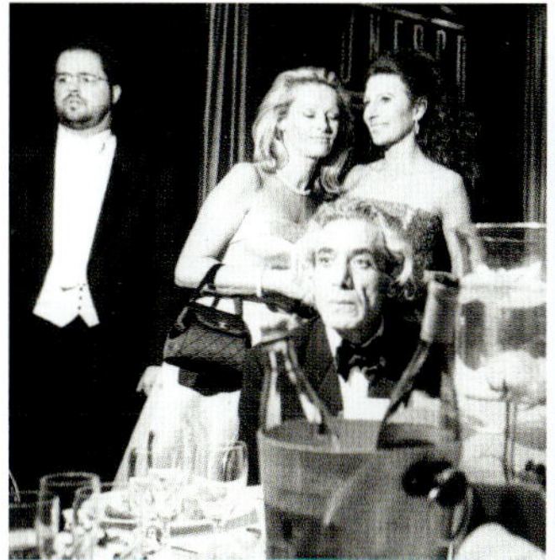

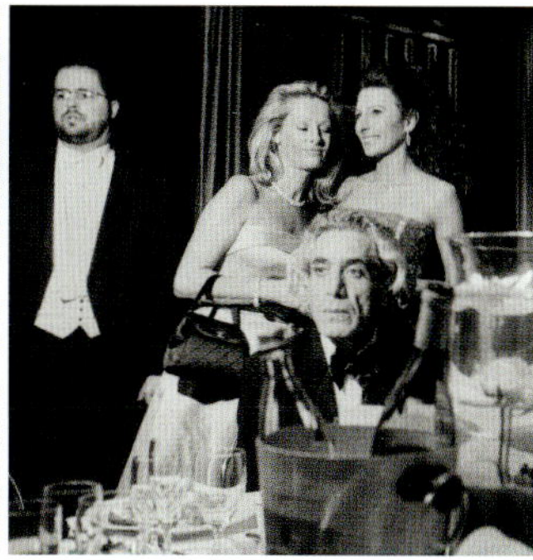

Abbildung 3.9: Links: Detailausschnitt ohne Vorbelichtung. Abzug mit relativ weichem Kontrast und dennoch ausgebrannten Lichtern. Rechts: Ergebnis nach Vorbelichtung und Zeichnung in den Lichterpartien.

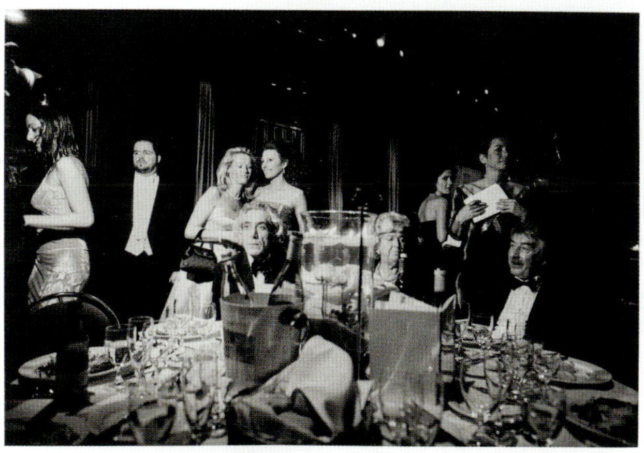

Abbildung 3.10: Das fertige Bild als Ganzes mit Zeichnung in den Lichterpartien (Aufnahme: Edgar Herbst »Unesco Gala«, Neuss, 2000, www.re-vue.org)

3.4 WASSERBADENTWICKLUNG

Eine weitere Methode, um auch noch die letzten Details aus den Lichterpartien herauszukitzeln, ist die Wasserbadentwicklung.

Das Fotopapier wird zunächst normal in der Entwicklerschale ausentwickelt. Doch bevor es dann weiter in das Stoppbad wandert, macht es eine Zwischenstation in einer Schale mit 30–40° C warmem Wasser. Durch die erhöhte Temperatur werden die Entwicklerreste in der Fotogelatine aktiviert und bewirken eine verstärke Ausentwicklung in den Lichterpartien.

Danach wird der Abzug normal gestoppt, fixiert und gewässert.

Tipp

Vorbelichten und Wasserbadentwicklung können auch kombiniert eingesetzt werden.

Wichtig

Da Fotopapier nach dem Trocknen oftmals ein wenig nachdunkelt, sollten Sie Testentwicklungen immer anhand vorgetrockneter Abzüge beurteilen. Zur schnellen Trocknung eignet sich beispielsweise ein Fön.

3.5 LIQUID LIGHT – ARBEITEN MIT FARMER'SCHEM ABSCHWÄCHER

Wenn ein Abzug oder einzelne Bildbereiche zu dunkel geraten sind, ist es die naheliegende Vorgehensweise, einen neuen Abzug mit kürzerer Belichtungszeit zu erstellen oder dabei Bildbereiche durch Abwedeln aufzuhellen.

Eine alternative Methode ist eine Aufhellung auf chemischem Wege.

Richtig eingesetzt kann dies ein sehr wertvolles Hilfsmittel sein und bietet auch in verzweifelten Momenten, z.B. wenn man gerade sein letztes Blatt Fotopapier aus der Packung verbraucht hat, eine Möglichkeit, das Ergebnis noch zu retten.

Das hierzu verwendete Mittel nennt sich Farmer'scher Abschwächer.

Der Farmer'sche Abschwächer ist chemisch gesehen eine Kombination aus Bleicher und Fixierer genauer Kaliumhexacyanoferrat (III) (rotes Blutlaugensalz) und Natriumthiosulfat (Fixiernatron) und war ursprünglich für das Abschwächen von Negativmaterial gedacht, erreichte dann aber zunehmend Popularität bei der Aufhellung von Abzügen.

Der Abschwächer erreicht je nach Länge der Einwirkzeit zunächst die Lichter-, bei längerer Einwirkzeit dann die Mittenpartien des Bildes und schließlich auch die Schatten und Schwärzen. Das durch den Bleicher zurückentwickelte Silber wird durch den enthaltenen Fixierer direkt entfernt. Da der Effekt also nicht rückgängig gemacht werden kann, sollte sehr vorsichtig gearbeitet werden.

Angemischt in einer Laborschale lässt sich ein kompletter Abzug behandeln oder mittels Pinsel und Schwämmen aufgetragen auch nur einzeln ausgewählte Bildbereiche.

Derzeit im deutschsprachigen Fotohandel gut erhältlich sind z.B. eine klassische pulverförmige Rezeptur von Fotospeed, (»Farmers Reducer«) sowie eine in bereits flüssiger Form ausgelieferte Variante mit dem Namen »Liquid Farmer« von der Firma SPUR.

Wichtig

Durch die Trennung in die Konzentrate A und B, sei es flüssig oder pulverförmig, ist diese Chemie sehr lange haltbar. Die zusammengemischte Arbeitslösung behält ihre Wirkung jedoch nur für etwa 10–15 min.

Hinweis

Welche Verdünnung jeweils zu verwenden ist, ist stark abhängig von der gewünschten Bleichwirkung.
Auch um den Prozess kontrollierbar zu halten, empfehle ich, es zunächst mit der stärksten vom Hersteller angegebenen Verdünnung zu probieren und unbedingt mit einem Ausschussprint zu testen.

Generell kann der Abschwächer auf zwei verschiedene Weisen verwendet werden:

Variante 1:

Die beiden Komponenten werden zur Anwendung nicht vermischt, sondern einzeln nacheinander aufgetragen.

Dies hat den Vorteil, dass die unvermischten Chemikalien praktisch unbegrenzt lange haltbar bleiben. Jedoch wird die Wirkung der Bleicherlösung erst nach Einsatz des Fixierers sichtbar. Dadurch kann es sehr schnell passieren, dass man sich vertut und etwas zu viel wegbleicht. Und was weg ist, ist in diesem Fall dann auch weg.

Variante 2:

Part A (Bleicher) und Part B (Fixierer) werden vor der Anwendung miteinander vermischt.

Die zusammengemischte Arbeitslösung behält ihre Wirkung nur für etwa 10–15 min. Die Bleichwirkung ist direkt nach Auftragen sichtbar und wird durch Abspülen unterbrochen.

Damit die Bleichwirkung nicht zu schnell erfolgt und kontrollierbar bleibt, ist es ratsam, phasenweise zu arbeiten: jeweils nur kurz bleichen und das Ergebnis nach Abspülen mit Wasser kontrollieren.

EIN GANZES FOTO AUFHELLEN

Baden Sie den kompletten Abzug kurz, für etwa 10–15 s, in einem möglichst schwach angesetzten Abschwächerbad, um alle Lichterpartien des Bilds erstrahlen zu lassen und den Kontrast zu erhöhen. Sie können dies auch sehr gut mit einem bereits fertigen und trockenen Abzug durchführen.

Die trockene Oberfläche ist in diesem Fall sogar förderlich, da der Abschwächer auf diese Weise nicht allzu tief eindringt und zunächst nur die Papieroberfläche erreicht. Hierdurch konzentriert sich die Bleichwirkung noch stärker auf die Lichterpartien, ohne die Schatten aufzuhellen.

Tipp

Auf diese Weise lässt sich auch altes, verschleiertes Fotopapier etwas entgrauen.

PRAKTISCHER ABLAUF:

- Zu behandelndes Bild entwickeln, stoppen und fixeren, danach kurz wässern
- Arbeitslösung anmischen
- Den Abzug in eine Schale mit Abschwächer gleiten lassen
- Nach 10–15 s das Bild herausnehmen und gründlich abspülen, um den Prozess zu unterbrechen
- Bei Bedarf das Bild erneut mit dem Abschwächer behandeln
- Ist man mit dem Ergebnis zufrieden, das Bild erneut kurz fixieren, um sicherzugehen, dass das gebleichte Silber vollständig entfernt wurde. Dies verhindert, dass sich mit der Zeit Verfärbungen an den behandelten Stellen bilden können.
- Abschließend archivfest wässern

SELEKTIV BILDBEREICHE ABSCHWÄCHEN:

Viele Laboranten verwenden Farmer'schen Abschwächer ganz gezielt, um leuchtendes Funkeln in zu grau geratene Augen zu zaubern, Hauttöne bei Porträts aufzuhellen und weicher zu zeichnen oder allgemein helle Akzente an Kanten und Strukturen zu setzen.

Die Aufhellwirkung, die der Abschwächer beim Auftragen auf einen Fotoabzug bewirkt, wird insbesondere bei Verwendung eines Pinsels mit dem »Malen mit flüssigem Licht« verglichen. Hierin liegt auch der Ursprung für die oftmals verwendeten Bezeichnungen »Liquid Light« oder »Liquid Sunshine« für den Farmer'schen Abschwächer.

Für bessere Kontrollierbarkeit verwende ich die obig vorgestellte Anwendungsvariante 2 und mische die beiden Stammlösungen aus Bleicher und Fixierer vor Anwendung zu einer Arbeitslösung zusammen.

PRAKTISCHER ABLAUF:

- Zu behandelndes Bild entwickeln, stoppen und fixeren, danach kurz wässern
- Arbeitslösung anmischen
- Zur einfachen Handhabung den nassen Abzug auf eine leicht schräg gestellte Plexiglasplatte legen
- Da das Bild zuvor fertig entwickelt und fixiert wurde, kann der Bleichvorgang bei normalem Raumlicht erfolgen.
- Wasser abtupfen oder mit Schwammtuch abstreifen
- Den Abschwächer auf zu dunkel geratene Lichter und Mitten mit Hilfe eines Wattebauschs, Pinsels oder Schwammpinsels auftragen

- Der Prozess kann durch Abspülen mit Wasser unterbrochen werden.
- Phasenweise arbeiten, zu bearbeitende Bildstelle etwas trocknen und Lösung erneut auftragen. Dies so lange wiederholen, bis das gewünschte Ergebnis erreicht ist.
- Den Abschwächer abschließend gründlich abspülen
- Das Bild erneut kurz fixieren, um sicherzugehen, dass das gebleichte Silber vollständig entfernt wurde. Dies verhindert, dass sich mit der Zeit Verfärbungen an den behandelten Stellen bilden können.
- Abschließend archivfest wässern

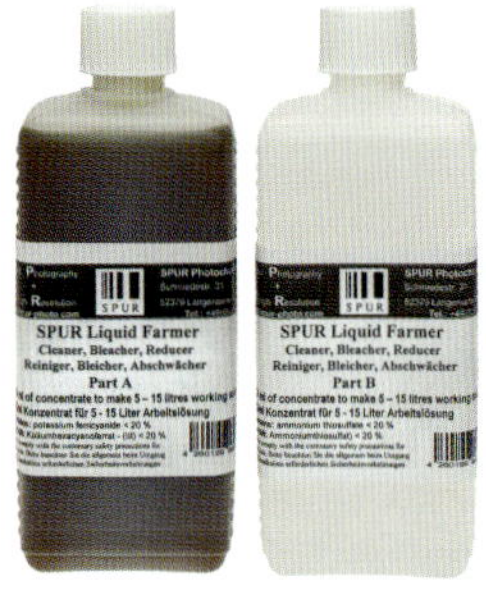

Abbildung 3.11: *SPUR Liquid Farmer*

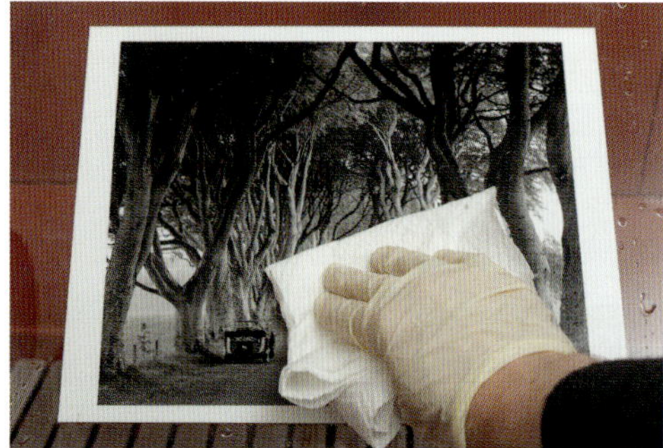

Abbildung 3.12: Das zu behandelnde Bild aus dem Wasser nehmen und auf eine schräg stehende Plexiglasscheibe auflegen. Überschüssiges Wasser mit einem Schwammtuch aufnehmen

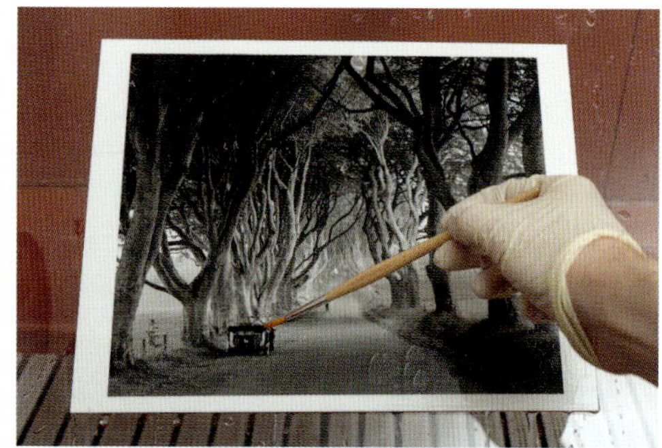

Abbildung 3.13: Die angemischte Lösung mit einem Pinsel oder Wattebausch auftragen. In diesem Beispiel wurden die Lichterpartien des Oldtimers sowie die Rückenpartie des Fahrers aufgehellt, um ihn stärker vom Hintergrund hervorzuheben.

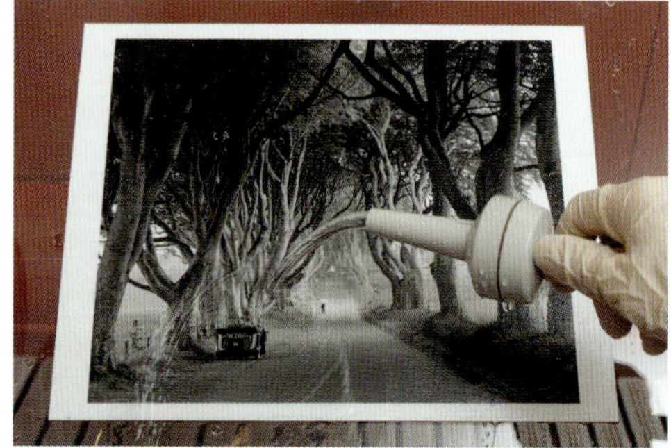

Abbildung 3.14: Nach ein paar Sekunden Einwirkzeit sofort mit fließendem Wasser abspülen. Lieber zunächst zu kurz bleichen und dann später noch einmal wiederholen als zu viel und dann nicht mehr korrigierbar.

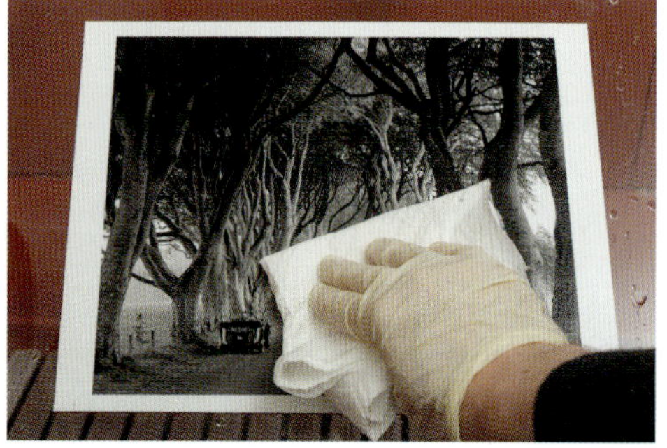

Abbildung 3.15: Überschüssiges Wasser nach dem Abspülen erneut abwischen

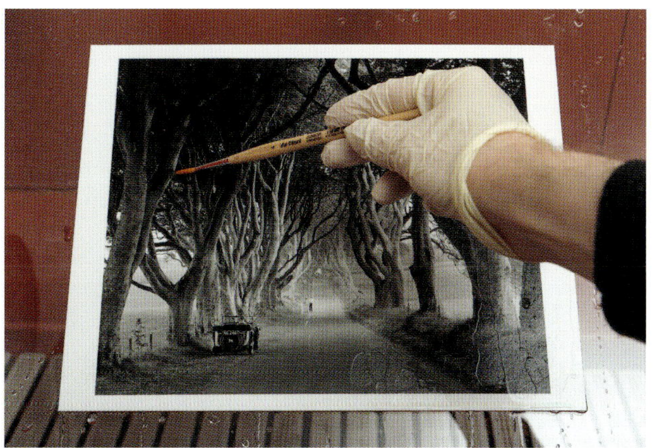

Abbildung 3.16: In diesem Beispiel ist es das Ziel, die etwas zu grauen Lichterpartien an den Ästen aufzuhellen, um der räumlichen Wirkung mehr Tiefe zu geben.

Nach zufriedenstellendem Abschluss das Bild einmal kurz in ein bereitstehendes Fixierbad geben und kurz fixieren, um sicherzugehen, dass alles gebleichte Silber vollständig entfernt wurde. Danach das Bild in die Wässerung geben und archivfest auswässern.

Tipp

Farmer'scher Abschwächer kann in stärker konzentriertem Ansatz auch zur Reinigung von Silberrückständen in Entwicklungsspiralen oder Fotoschalen verwendet werden.

Vorsicht

Abschwächer plus Essigsäure bildet Blausäure. Halten Sie die Lösung immer weit genug von einem Essigsäure-Stoppbad entfernt, arbeiten Sie in einem gut belüfteten Raum und verwenden Sie Schutzhandschuhe.

3.6 PYROGALLOL-FILMENTWICKLER MIT STAIN

Heutige Entwickler verwenden in erster Linie Hydrochinon und Metol als Grundbausteine. In der Frühzeit der Fotografie des 19. Jahrhunderts waren Rezepturen mit Pyrogallol weitverbreitet.

Pyrogallol ist aufgrund seiner vergleichsweisen hohen Giftigkeit, schwierigerer Anwendbarkeit und zudem niedrigen Empfindlichkeitsausnutzung mit der Zeit in den Hintergrund geraten und erst ab den 1980er- und 1990er-Jahren gewissermaßen neu entdeckt und an moderne Filmemulsionen angepasst worden.

Die Besonderheit von Pyrogallol-Entwicklern, von Anwendern liebevoll »Pyro« genannt, liegt in ihrer färbenden und gerbenden Wirkung.

Bei der Entwicklung werden Farbstoffe, der sogenannte »Stain«, in der Emulsionsschicht eingelagert, die sich gewissermaßen in die Leerstellen zwischen den Silberkristallen legen und dadurch zu sehr dichten und homogenen Flächen führen. Je nach verwendeter Entwicklerrezeptur und Filmsorte ist der Farbton leicht unterschiedlich gelb, gelbgrün bis bräunlich.

Darüber hinaus hat Pyrogallol eine gerbende Wirkung auf die Gelatineschicht.

Betrachtet man die Schichtseite hiermit entwickelter Schwarz-Weiß-Filme leicht schräg gegen das Licht gehalten, erkennt man reliefartige Strukturen an den Übergangskanten von dunklen zu hellen Negativbereichen. Hierdurch erhält man einen verstärkten Kantenschärfeeffekt.

Die bekanntesten modernen Vertreter dieser Entwickler sind PMK (Pyro-Metol-Kodalk) von Gordon Hutchins, Pyrocat-HD von Sandy King (*https://www.pyrocathd.5x4.co.uk/*) und 510 Pyro von Zone Imaging.

Wer sich vertiefender mit diesen speziellen Entwicklern befassen möchte, dem empfehle ich das l992 erstmalig erschienene, leider nur noch antiquarisch erhältliche Buch »The Book of Pyro and the PMK Formula« von Gordon Hutchins.

Während viele Pyro-Entwickler oftmals nur auf dem britischen oder amerikanischen Markt erhältlich sind, hat der deutsche Fotochemiehersteller Wolfgang Moersch mit Tanol, Tanol Speed, Finol und Pyro 48 vier verschiedene Varianten an stainenden Entwicklern im Angebot. Unterschiede finden sich in den als geeignet empfohlenen Filmsorten, der Stain-Dichte und -Farbigkeit sowie der zu erreichenden Filmempfindlichkeiten.

Für die von mir in den Bildbeispielen durchgeführten Tests habe ich den Moersch Pyro 48 gewählt, da dieser mit den häufig von mir verwendeten Delta-100- und Tri-X-Filmen die volle Empfindlichkeit von ISO 100 bzw. ISO 400 erreicht.

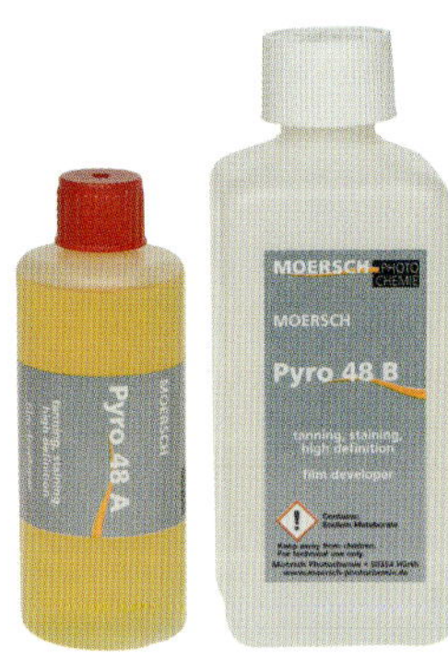

Abbildung 3.17: Moersch-Pyro-48-Entwickler

Wichtig

Unbedingt destilliertes Wasser zum Ansetzen der Lösungen verwenden. Verunreinigungen, insbesondere durch Metallpartikel im Leitungswasser, können zu Entwicklungsproblemen wie schwarzen Punkten in der Filmemulsion führen.

Vorteile:

- Sehr feines Korn und hohe Schärfe, was sich bei anderen Entwicklern sonst eigentlich gegenseitig ausschließt
- Sehr homogene Bildflächen, besonders sichtbar in Bildbereichen ohne viel Motivdetails, wie z.B. Himmelbereiche
- Detaillierte Lichterzeichnung
- Durch die erhöhte Dichte eignen sich die Negative sehr gut als Vorlagen für alternative Edeldruckverfahren.

Nachteile:

- Längere Belichtungszeiten bei Erstellen von Abzügen aufgrund der hohen Negativdichte
- Pyrogallol ist verhältnismäßig giftig und sollte mit der entsprechenden Vorsicht gehandhabt werden, insbesondere in Pulverform.
- Der eingelagerte Farbstoff kann die Multigradefilterung beeinflussen. Der Heiland-Splitgrade-Controller hat, um dies zu kompensieren, extra hierfür einen speziellen Modus für Filme mit Stain. Da die Farbigkeit aber je nach Entwickler und Filmtyp unterschiedlich ausfallen kann, ist dieser Modus nicht sehr präzise.
- Als Faustregel sollte man bei einem gelblichen Stain etwa 0,5–1 Gradation härter filtern als gemessen.
- Die meisten Filme erreichen in dieser Entwicklung nicht die volle Empfindlichkeit. Unbedingt die Herstellerangaben des Chemieherstellers beachten, damit die Filme bei der Aufnahme entsprechend angepasst belichtet werden können.
- Verhältnismäßig lange Filmentwicklungszeiten

Wichtig

Zur Fixage am besten einen neutralen Fixierer wie Rollei RXN oder alkalische Fixierer wie Moersch ATS alkalisch oder SPUR Ultrafix A verwenden, da regulärer saurer Fixierer den Stain-Effekt vermindern kann.

Möchte man die Färbung bewusst nachträglich verringern, ist auch ein nachträgliches Bad in saurem Fixerer möglich. Danach muss erneut gewässert werden.

Hinweis

Lassen Sie sich nach der Entwicklung nicht von rötlichen oder gelben Verfärbungen des Stopp- und Fixierbads verunsichern. Diese werden durch die Farbe nicht in ihrer Wirksamkeit beeinflusst und können bedenkenlos weiterverwendet werden.

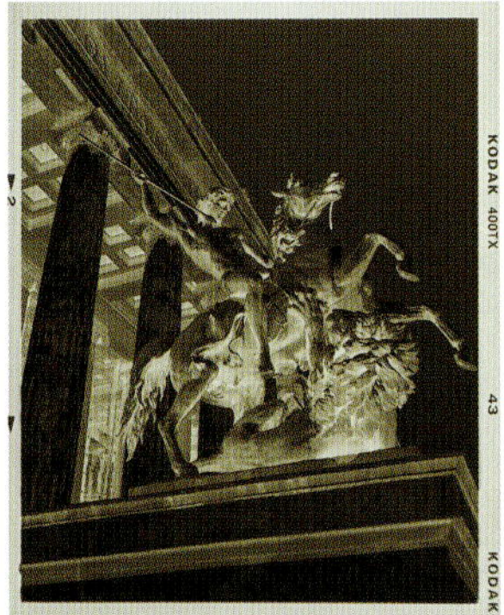

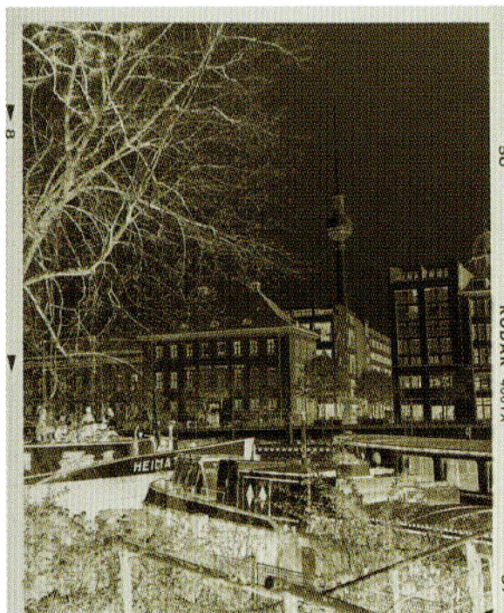

Abbildung 3.18: Kodak Tri-X 400 entwickelt in Moersch Pyro 48. Der Stain hat eine rötlich gelbe Farbe.

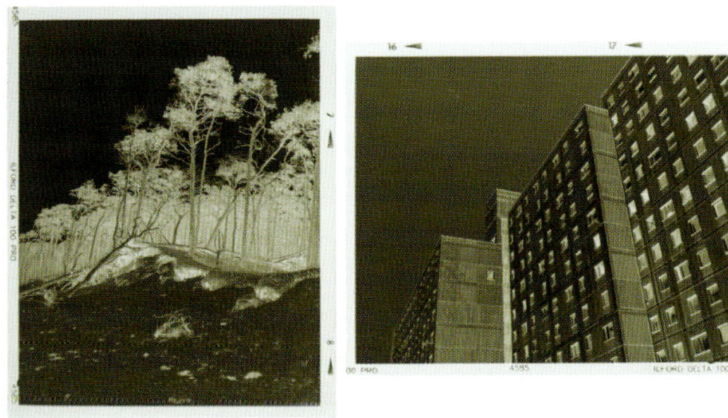

Abbildung 3.19: Ilford Delta 400 entwickelt in Moersch Pyro 48. Der Stain hat eine grünlich gelbe Farbe.

3.7 HOCHGLANZPRESSEN VON BARYTPAPIER

Auch wenn diese Technik heutzutage eher seltener zur Anwendung kommt, sollte es kein Buch über fortgeschrittene Labortechniken geben ohne ein Kapitel zur Hochglanztrocknung von Barytpapieren.

Im Handel sind sowohl matte, halbmatte und auch glänzende Barytpapiere erhältlich.

Der analogen Silbergelatine-Abzügen zugeschriebene Eindruck von besonders tiefen Schwärzen und die Anmutung von Räumlichkeit nimmt ab, je matter und reflektionsärmer die Papieroberfläche ist. Ein matter Abzug wirkt immer weicher und kontrastärmer als ein glänzender Abzug.

Während das glänzende Barytpapier heutzutage sicherlich das meistverwendete Barytpapier ist, so ist dessen Glanz nicht gleichbedeutend mit Hochglanz.
Am leichtesten fällt dies auf, wenn wir als Vergleich einmal ein glänzendes PE-Fotopapier heranziehen.

Das glänzende PE-Papier hat eine deutlich spiegelndere Oberfläche als das glänzende Barytpapier.

Dies liegt daran, dass Barytpapiere heutzutage in der Regel schonend auf Trockensieben oder mit der Nassklebeband-Methode an der Luft getrocknet werden. Der hierbei entstehende seidige Glanz wird als »Naturglanz« bezeichnet.

Erst durch spezielles Heißpressen mit einer entsprechenden Barytpresse kann aus einem naturglänzenden ein hochglänzender Abzug werden.

Das Bild wird hierbei zuvor mit der Schichtseite auf eine Chromplatte aufgequetscht. Durch Hitze und gleichmäßigem Anpressdruck schmilzt die oberste Gelatineschutzschicht in Kontakt mit der Chromplatte und bildet eine hochglänzende, spiegelnde Oberfläche.

Soweit zur Theorie. In der Praxis ist dies oft ein steiniger und langwieriger Weg mit vielen Fehlschlägen. Hat man einmal einen für sich funktionierenden Prozess herausgefunden, kann man sich glücklich schätzen. Kleinste Änderungen oder Abweichungen können jedoch schon wieder zu Problemen führen und das Experimentieren beginnt von Neuem.

Während hochglänzende Abzüge auf PE-Papieren einfach herzustellen sind, da der Spiegelglanz hier schon ohne weiteres Zutun durch das Material selbst erzeugt wird, ist die Erzeugung eines Hochglanzes bei Barytpapieren eine deutlich größere Herausforderung. Das Ergebnis überzeugt aber durch einen dem PE-Papier nochmals überlegenen Spiegelglanz, der die Wertigkeit und Haptik eines Barytabzugs noch einmal auf eine andere Stufe hebt.

Während der spiegelnde Barythochglanz früher zum Goldstandard analoger Abzüge zählte, wurde er im Laufe der Jahre aufgrund des technischen Aufwands, aber auch der Popularität der seidigen naturglänzenden Oberfläche von Barytpapier immer unbedeutender.

Der Mangel an Nachfrage führte dazu, dass im Laufe der Jahre die Hersteller selbst auch keine Notwendigkeit mehr darin sahen, in aufwendigen Tests zu überprüfen, ob sich ihre aktuellen Fotopapiere für das Hochglanzpressen eignen.

Heutige Papieremulsionen sind viel schwächer gehärtet, so dass eine Hochglanzpressung nicht mehr ohne Weiteres funktioniert. Durch einen verkleinerten Fotopapiermarkt werden zudem auch kleinere Chargen an Papier gegossen, damit nicht zu viel Papier auf Lager liegen bleibt.

Frische Fotopapiere haben aber eine nochmals weichere und empfindlichere Oberfläche als etwas länger gelagerte Papiere.

All diese Faktoren machen das Hochglanzpressen heutzutage nicht gerade einfacher und befördern leider nicht gerade dessen Popularität.

Wer jedoch einmal einen Hochglanz Barytpapierabzug in Händen gehalten hat, ist oft fasziniert von diesem Anblick.

Daher macht es meiner Meinung nach Sinn, sich zumindest einmal im Fotolaborantenleben der Herausforderung zu stellen.

Erwarten Sie nicht, dass es auf Anhieb funktioniert, sondern betrachten Sie es eher als interessantes Langzeitprojekt. Um die ersten Fehlschläge zu vermeiden, habe ich im Folgenden einige Tipps zusammengefasst, die in meinen Versuchen zum Erfolg führten.

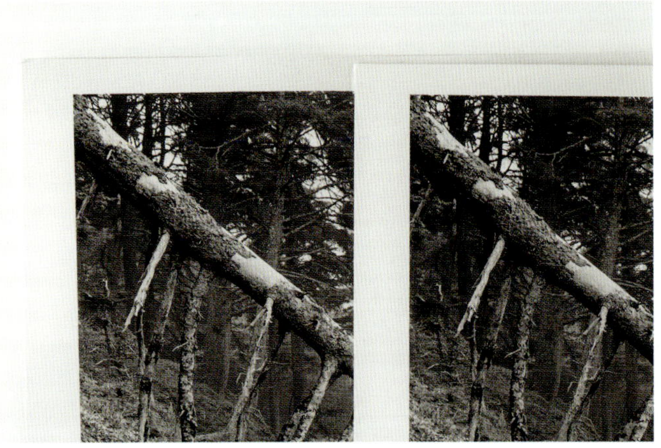

Abbildung 3.20: Links Barytpapier Naturglanz, rechts Barytpapier Hochglanz. Hoffentlich im Druck zu erkennen sind die etwas tieferen Schwärzen im Hochglanzabzug.

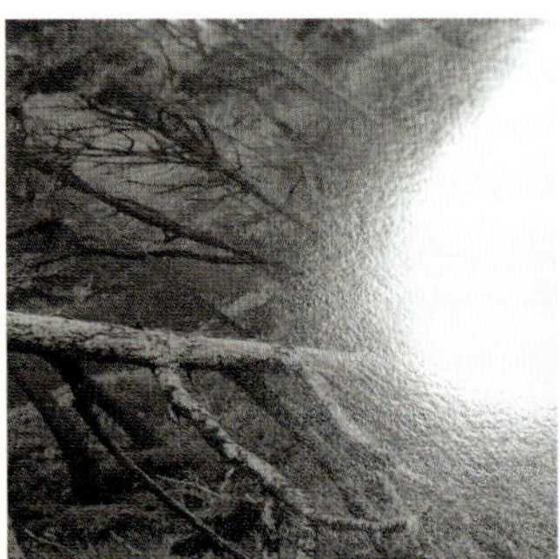

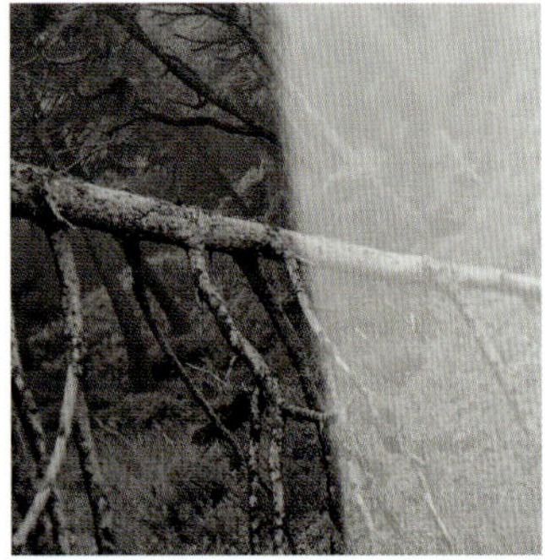

Abbildung 3.21: Links Barytpapier Naturglanz, rechts Barytpapier Hochglanz. Die Oberflächenstruktur beim Naturglanzbild ist leicht strukturiert gekörnt, beim Hochglanzbild dagegen völlig glatt.

BENÖTIGTE HILFSMITTEL UND GERÄTE

HÄRTER

Da moderne Barytpapiere nur noch über schwach gehärtete Emulsionen verfügen, muss vor der Hochglanzpressung ein wenig nachgeholfen werden.

Es gibt Härterzusätze, die man dem Entwickler oder dem Fixierbad hinzugeben kann. Diese haben jedoch den Nachteil, dass die Zeit für eine archivfeste Auswässerung hierdurch verdoppelt werden muss.

Sehr gut eignet sich daher ein nachträgliches Einzelbad, das erst nach der Fixage und einer Vorwässerung von etwa 10 min zum Einsatz kommt. Für den Härter von Moersch Photochemie wird eigens zu diesem Zweck ein Mischungsverhältnis von 1+5 mit destilliertem Wasser angegeben. Hiermit habe ich in meinen Versuchen die besten Erfahrungen gemacht.

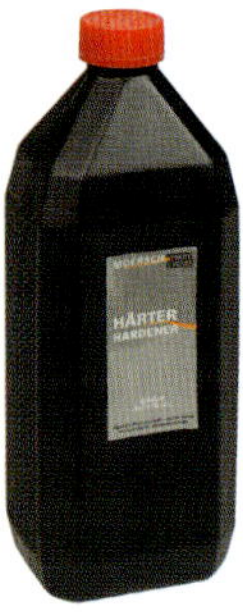

Abbildung 3.22: Härter von Moersch Photochemie

HOCHGLANZNETZMITTEL

In früheren Zeiten gab es speziell für die Hochglanzpressung ein Mittel mit dem Namen Glanzol zu kaufen.

Dieses gibt es leider nicht mehr, aber da es sich hierbei im Wesentlichen um ein stark konzentriertes Netzmittel handelte, lassen sich ebendiese in hoher Konzentration auch als Hochglanzhilfe verwenden.

Hierzu eignen sich die bekannten Netzmittel wie ADOX Adoflo, Rollei RWA, Ilford Ilfotol oder TETENAL Mirasol, ebenso wie ähnliche Hilfsmittel aus dem Künstlerbedarf wie Ochsengalle.

Bei TETENAL Mirasol und ADOX Adoflo findet man speziell zu diesem Zweck passende Angaben auf dem Flaschenetikett. 1+40 ist das Mischungsverhältnis bei TETENAL bzw. 1+20 bei ADOX.

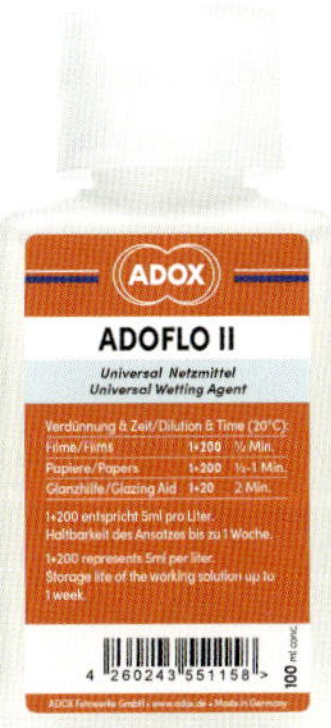

Abbildung 3.23: ADOX-Adoflo-Netzmittel

Wichtig

Setzen Sie das Netzmittel stets mit destilliertem Wasser an, um Kalk und Verunreinigungen aus dem Leitungswasser zu vermeiden.

Tipp

Als Alternative zu einem Hochglanznetzmittel kann man den Abzug auch in einem Bad aus Coating-Gelatine vorbehandeln. Hierbei ist allerdings wichtig, dass die Gelatine durch vorangegangenes Erwärmen ausreichend verflüssigt wurde und keine Klümpchen bildet.

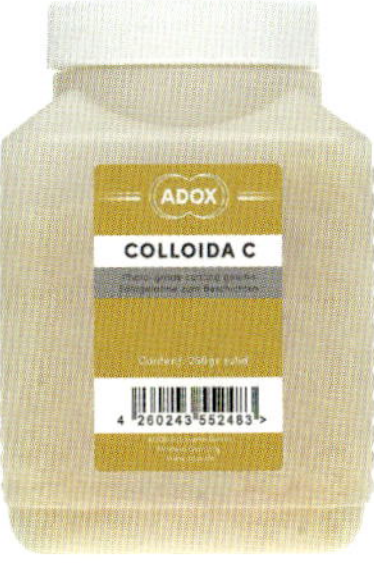

Abbildung 3.24: Coating-Gelatine von ADOX

CHROMHOCHGLANZPLATTE

Kernstück der Hochglanzpresse ist eine absolut kratzfreie, saubere und glatte Chromplatte. Kleinste Verunreinigungen, wie z.B. eingetrocknete Kalkreste vom Abspülen mit Leitungswasser, oder Staubkörnchen können zu Problemen führen.

Wichtig

Verwechseln Sie nicht die eingebaute Metallplatte der Presse mit einer Hochglanzplatte. Dies ist lediglich die Heizplatte der Trockenpresse und eignet sich höchstens zur normalen Matt- bzw. Naturglanztrocknung mit der Bildseite gegen das Trockentuch. Die Hochglanzchromplatte wird als Zusatz auf die Heizplatte gelegt.

REINIGUNGSALKOHOL

Spiritus oder Isopropanol-Reinigungsalkohol wird benötigt, um die Chromplatte zu entfetten und so glatt und sauber wie möglich zu bekommen. Hierbei kann man gar nicht gründlich genug sein.

ROLLENQUETSCHER

Ein Rollenquetscher ist ein hilfreiches Werkzeug zum gleichmäßigen Anpressen des nassen Fotopapiers auf die Chromplatte.

Laut meiner Recherche werden diese leider nicht mehr neu für den Fotomarkt hergestellt. Neben noch zahlreichen Geräten auf dem Gebrauchtmarkt eignen sich als Alternative aber auch Gummiandruckwalzen, die z.B. für den Linolschnitt oder andere Drucktechniken verwendet werden und über den Künstlerbedarf zu beziehen sind.

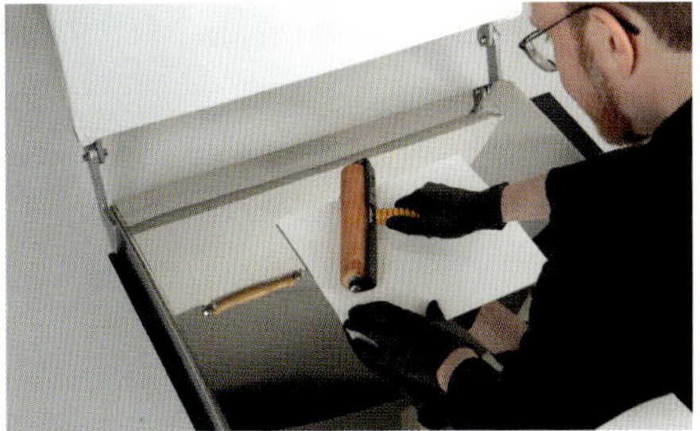

Abbildung 3.25: Das Bild wird mit Hilfe eines Rollenquetschers auf die Chromplatte angepresst. So wird es gleichmäßig angedrückt und Luftblasen sowie überschüssiges Wasser werden herausgequetscht.

MODELLBEISPIELE VON HOCHGLANZPRESSEN

Pressen mit Spanntuch

Wichtigstes Arbeitsgerät zum Erstellen von Hochglanzbarytbildern ist eine Hochglanzpresse.

Viele bekannte Marken, wie die Barytpressen von Büscher, werden leider nicht mehr hergestellt. Auf dem Gebrauchtmarkt finden sich recht viele Barytpressen unterschiedlichster Hersteller aus den verschiedensten Jahrzenten. Bei vielen dieser Pressen besteht jedoch das Problem, dass diese über keine kontrollierbare Temperatursteuerung verfügen und der Anpressdruck der Spanntücher recht ungleichmäßig über die Fläche verteilt ist.

Auch ist der Zustand der Chromplatte, sofern überhaupt noch vorhanden, nach Jahren des Gebrauchs oder Lagerns auf Dachboden oder Keller häufig fraglich.

Kienzle P 5065

Neu erhältlich sind die Barytpressen der Firma Kienzle Phototechnik, die ich schon einmal in Kapitel 1 vorgestellt habe.

Diese Barytpresse verfügt dank einer ausgeklügelten Anordnung der Spannfedern über einen sehr starken und gleichmäßigen Anpressdruck sowie über einen präzisen steuerbareren Temperaturregler.

Auch Hochglanzchromplatten sind hier neu erhältlich.

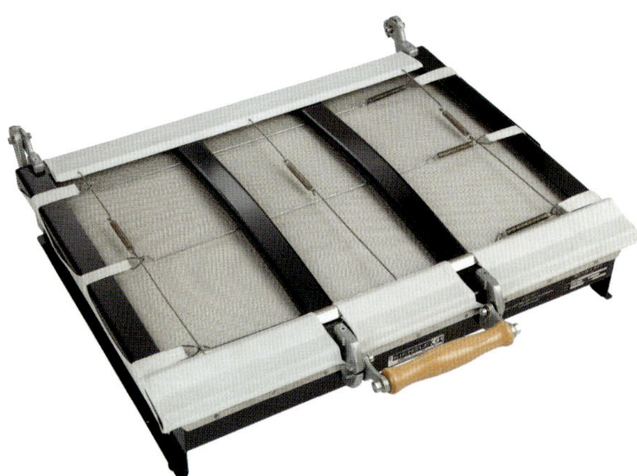

Abbildung 3.26: Trockenpresse von Kienzle Phototechnik

Trommelpressen

In früheren Zeiten, als die Barytpapierverarbeitung in Hochglanz noch zum Standardrepertoire vieler Fachlabore gehörte, verwendeten professionelle Anwender sogenannte Trommelpressen.
Die Bilder werden hier auf einem umlaufenden Trockentuch, wie auf einer Art Förderband, an die Heiztrommel angepresst und langsam herumgeführt.

Die verchromten Trommeln waren für gleichmäßige Wärmeverteilung im Inneren mit Öl gefüllt. Je nach Format sind diese Pressen daher groß und schwer und benötigen in etwa den Platz eines mittelgroßen Kühlschranks.

Einmal in Umdrehungsgeschwindigkeit und Temperatur richtig eingestellt, lieferten diese Pressen Hochglanzbilder am Fließband.

Die Beschaffenheit heutiger Papiere erschwert jedoch auch hier ein schnelles Erfolgserlebnis, ohne die weiter oben beschriebenen Vorbereitungsschritte.

Wenn Sie eine funktionstüchtige Trommelpresse in gutem Zustand finden und den Platz dafür entbehren können, ist dies sicherlich eine gute Investition.

Denn mit der Bildseite zum Trocknungstuch kann diese Presse auch für die verhältnismäßig schnelle Standardtrocknung von Barytpapieren ohne Hochglanz verwendet werden.

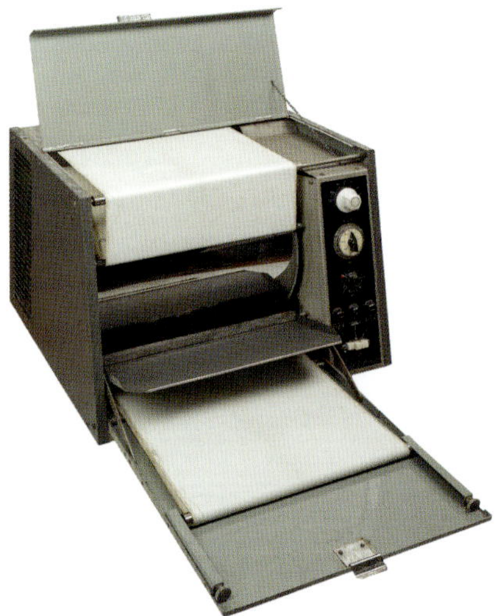

Abbildung 3.27: Alte Trommelpresse für Barytpapier der Marke Kindermann

PRAKTISCHER ARBEITSABLAUF

Folgend möchte ich einmal einen praktischen Ablauf vorstellen, der in meinen Versuchen zum Erfolg führte. Verwendet hierzu habe ich die Trockenpresse der Marke Kienzle.

- Geben Sie das Fotopapier nach Fixage und etwa 10-minütiger Anwässerung in ein Härtebad, z.B. 1 min in Moersch-Härter angemischt mit destilliertem Wasser im Verhältnis 1+5.
- Anschließend folgt die archivfeste Schlusswässerung.
- Die Heißpresse mit 100° C vorheizen und dann auf 75° C einstellen. Dadurch wird eine Arbeitstemperatur erreicht, die mit etwa 60° C auf die Fotogelatine einwirken kann.
- Bad in Hochglanzmittel (hoch dosiertes Netzmittel, z.B. Adoflo 1+20, Tetenal Mirasol 1+40)
- Reinigung der Hochglanzplatte mit Spiritus
- Danach Chromplatte mit Netzmittel fluten
- Der nasse Netzmittel-Print wird auf die Chromplatte mit der Bildseite nach unten aufgelegt und mit Hilfe eines Rollenquetschers angepresst.
  Nicht zu stark, aber auch nicht zu schwach. Hier braucht es etwas Gefühl und Erfahrung. Wichtig ist, dass es gleichmäßig angedrückt wird und alle Luftblasen verschwinden.
- Presse verschließen und Spanntuch festklemmen
- Nach einiger Zeit fängt es an zu knistern, wenn die Gelatine des Fotopapiers sich an der Chromplatte erhitzt und anschmilzt.
- Der Pressvorgang ist abgeschlossen, wenn die Knistergeräusche weniger werden und letztlich verstummen.
- Nun kann die Presse vorsichtig geöffnet werden. Passen Sie auf, dass Sie sich nicht die Finger an der heißen Presse verbrennen.
- Wenn alles nach Plan verlaufen ist, sollte sich das Papier ohne Krafteinwirkung von der Platte lösen und die Oberfläche einen vollständigen spiegelnden Glanz offenbaren.

Gute Ergebnisse konnte ich auf diese Weise mit Barytpapieren von Ilford und ADOX erzielen. Das FOMA-Barytpapier ließ sich bislang nicht vom Hochglanz überzeugen. Aber hier wird in der Anleitung des Herstellers ja auch generell von einer Heißtrocknung abgeraten, da die Papieremulsion nur sehr schwach gehärtet ist. Auch mein zusätzliches Härtebad konnte hieran nichts ändern.

PROBLEME UND MÖGLICHE URSACHEN

Typische Probleme	Mögliche Ursachen
Das Bild klebt an der Chromplatte fest und lässt sich nur mit Gewalt wieder lösen. Das Foto wird hierbei oft zerstört.	Die Temperatur der Presse ist zu heiß. Es wurde zu lange gepresst. Das Papier ist nicht ausreichend gehärtet.
Das Bild lässt sich lösen, aber es ist kein Hochglanzeffekt sichtbar.	Die Temperatur war zu niedrig. Zu wenig Anpressdruck beim Aufquetschen auf die Chromplatte Zu wenig Anpressdruck durch das Spanntuch der Presse Es wurde zu kurz gepresst.
Der Hochglanzeffekt ist nicht durchgängig, es verbleiben matte Stellen oder matte Punkte, genannt »Stippchen«.	Die Chromplatte war nicht vollständig sauber und glatt. Zu wenig oder zu niedrig konzentriertes Netzmittelbad Ungleichmäßiger Anpressdruck
Es gibt wellenförmige Risse in der glänzenden Schicht, sogenannter Muschelbruch.	Die Temperatur der Presse ist zu heiß.

Tipp

Ein nervenschonender Tipp zum Schluss: Wenn der Hochglanzeffekt nicht vollständig funktioniert hat, das Papier sich aber zumindest heile von der Chromplatte lösen ließ, können Sie einen erneuten Versuch starten, ohne ein neues Bild anfertigen zu müssen. Legen Sie den Abzug dazu eine Weile in ein Wasserbad.
Durch das Wasser quillt die Gelatine wieder auf, verliert den Hochglanzeffekt und die Oberfläche wird empfänglich für einen erneuten Versuch.

3.8 ROTATIONSENTWICKLUNG

Bei der klassischen Kippentwicklung lässt sich bisweilen beobachten, dass die Randbereiche der entwickelten Filmfläche eine größere Dichte aufweisen als die mittleren Bereiche. Bei Kleinbildfilmen ist dies meist unerheblich, aber bei Filmformaten mit größerer Oberfläche, also alles ab Mittelformatfilm und vor allem bei Planfilmen, wird dieser Effekt zunehmend stärker. Hier kann die Entwicklungstechnik der Rotationsentwicklung Abhilfe schaffen und zu besserer Gleichmäßigkeit des Entwicklungsergebnisses über die ganze Filmfläche hinweg beitragen.

ROTATIONSENTWICKLUNG MIT JOBO CPP3

In Kapitel 1 habe ich bereits einige aktuell erhältliche Geräte zur Rotationsentwicklung vorgestellt.

Im Folgenden möchte ich einmal beispielhaft den praktischen Ablauf einer Schwarz-Weiß-Filmentwicklung mit Rotation vorstellen. Hierzu verwenden wir einen JOBO-CPP3-Filmprozessor mit angeschlossenem Lift.

Der Prozessor hat verschiedene Möglichkeiten der Verwendung: eine komplett manuelle Prozesssteuerung wie bei dem Vorgängermodell CPP2 oder einen »Auto-Mode«, bei dem sich Zeiten für verschiedene Prozessschritte einprogrammieren lassen und das Gerät dann neben einem ablaufenden Timer auch immer optisch und akustisch signalisiert, wann der nächste Schritt zu erfolgen hat und unterstützende Anweisungen zu den benötigten Füllmengen gibt. Um das arbeitserleichternde Potenzial voll auszuschöpfen, ist die Verwendung des Auto-Modes die sinnvollste Lösung, vor allem, da weiterhin die volle Kontrolle gewahrt bleibt, da alle Prozessschritte selbst vorgegeben werden können.

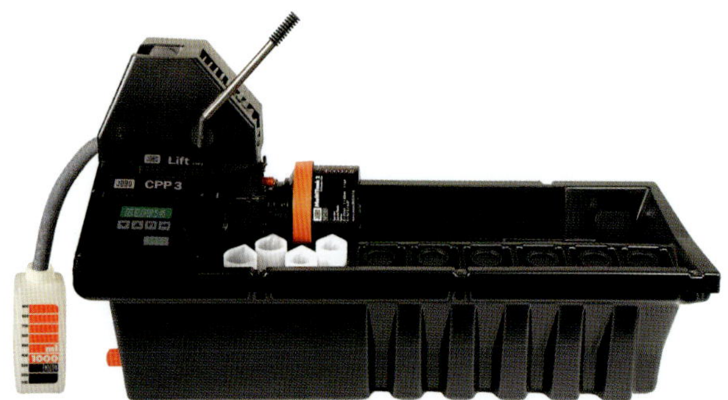

Abbildung 3.28: JOBO-CPP3-Prozessor mit Lift

VORBEREITUNGEN

Zu Beginn gilt es, ein paar Vorbereitungen zu treffen, damit die weitere Entwicklung ohne Unterbrechungen und Stress ablaufen kann.

Befüllen des Geräts und Temperierung

Als erstes sollte der Prozessor mit etwa 9 l Wasser befüllt werden. Über ein Überlaufventil wird zu viel eingefülltes Wasser automatisch abgelassen.

Damit die Temperierung auf den gewünschten Wert später möglichst zügig funktioniert, ist es hilfreich, kein eiskaltes Wasser einzufüllen, sondern eine Wassertemperatur nah am späteren Wunschwert zu wählen.

Der CPP3-Prozessor verfügt über eine Pumpe zum Umwälzen des temperierten Wassers innerhalb des Prozessors.

Wichtig

Wenn Sie im Menü die Temperierung aktivieren, wird automatisch auch die Umwälzpumpe gestartet. Um ein Überhitzen des Geräts zu verhindern, ist es unbedingt erforderlich, dass sich zu diesem Zeitpunkt tatsächlich auch ausreichend Wasser im Prozessor befindet. Daher niemals die Temperierung ohne Wasser im Tank starten.

Alle für den Entwicklungsprozess benötigten Flüssigkeiten, sprich Filmentwickler, Stoppbad, Fixierer, Waschwasser, werden in die JOBO-Vorratsflaschen gefüllt und diese dann zur Temperierung in die vorgesehenen Halterungen des Wassermantelbads des Prozessors gestellt.

Die typische Temperatur für Schwarz-Weiß-Filmentwicklungen ist 20° C. Sie können den Prozessor auch auf diesen Temperaturwert einstellen. Da aber z.B. im Sommer die Raumtemperatur auch durchaus wärmer als 20° C werden kann und eine beständige Herunterkühlung des Wassermantelbads im Prozessor recht umständlich ist, empfiehlt es sich, eine wärmere Verarbeitungstemperatur von 22 oder 24° C zu verwenden, die man gleichbleibend das ganze Jahr über verwenden kann. Meine Standard-Temperatur für Schwarz-Weiß-Entwicklungen mit Prozessor ist 24° C. Die Erhöhung der Entwicklungstemperatur führt zudem zu einer Verkürzung der Entwicklungszeit und macht den Prozessor dann zusammen mit dem geringeren Chemikalienbedarf zu einem sehr wirtschaftlichen Gerät, was insbesondere im professionellen Gebrauch nicht unwichtig ist.

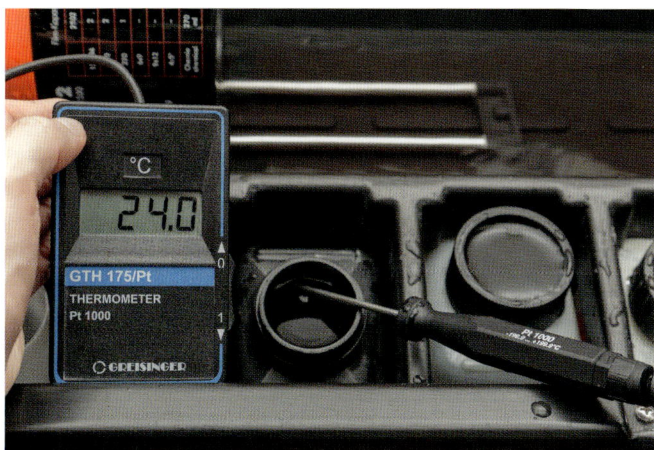

Abbildung 3.29: Die angepeilte Temperatur ist für das Wassermantelbad schnell erreicht. Bis allerdings auch die Chemikalie im Inneren der Vorratsflaschen diese Temperatur angenommen hat, kann es etwas länger dauern. Geben Sie dem Prozessor daher hierfür ausreichend Zeit und kontrollieren Sie die Zieltemperatur immer mit einem vertrauenswürdigen Thermometer und direkt in der Chemikalie und nicht im Wassermantelbad.

Tipp

Sollte es starke Abweichungen zwischen der eingestellten und der tatsächlich gemessenen Temperatur geben, so lässt sich die Temperierung im Menü des Prozessors kalibrieren.

Entwicklungszeit ermitteln

In meinem Beispiel verwende ich den Entwickler ADOX XT-3, bei dem es sich um eine modernisierte Variante von Kodak XTOL handelt. Die Entwicklungszeiten von Kodak XTOL können übernommen werden.

Bei den meisten Entwicklern werden von Seiten der Hersteller lediglich Zeiten für eine Kippentwicklung angegeben. Diese lassen sich aber nicht uneingeschränkt auf die Rotationsentwicklung übertragen.

Folgendes ist bei der Ermittlung der Entwicklungszeiten für Rotation zu beachten:

- Die Entwicklungszeit der Rotationsentwicklung ist durch die beständige Bewegung etwa 15-20 % kürzer als bei der Kippentwicklung.
- Durch Vorwässerung von 3–5 min vor der Entwicklung verlängert sich wiederum die Entwicklungszeit und es kann die von der Kippentwicklung gewohnte Zeit verwendet werden.
- Wenn Sie eine Zeitentabelle für die Kippentwicklung zur Umrechnung verwenden, achten Sie auch darauf, dass die angegebenen Werte in der Regel für 20° C Entwicklungstemperatur gelten. Wenn Sie, so wie ich, in der Rotationsentwicklung eine wärmere Temperatur verwenden, muss die Zeit reduziert werden. Wenn sich im Datenblatt des Herstellers keine genauen Angaben zur Temperaturanpassung finden, verwende ich als Richtwert eine Zeitreduzierung von 10 % je Grad Celsius, bei 24° C Prozesstemperatur also eine Zeitreduzierung von 40 %.

Von Kodak Alaris wird hier ein Datenblatt für Kodak XTOL zum Download bereitgestellt, das netterweise auch Zeiten für die Rotationsentwicklung beinhaltet:

https://imaging.kodakalaris.com/sites/default/files/wysiwyg/pro/chemistry/J-109_Feb_2018.pdf

Der zu entwickelnde Film war ein Ilford Hp5+. Laut Kodak-Tabelle ist die Entwicklungszeit bei Rotation (»Processing Roll Films in Rotary Tubes«), einer Temperatur von 24° C und einem Mischungsverhältnis des Entwicklers mit Wasser von 1+1: 5:15 min.

MEIN PROZESSSCHRITT 1: START UND VORWÄRMEN

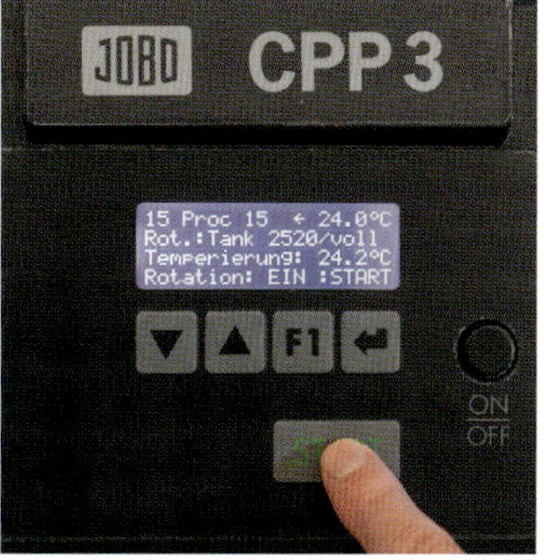

Abbildung 3.30: Wenn die Zieltemperatur erreicht ist, kann es losgehen und der Prozess wird über die Starttaste gestartet.

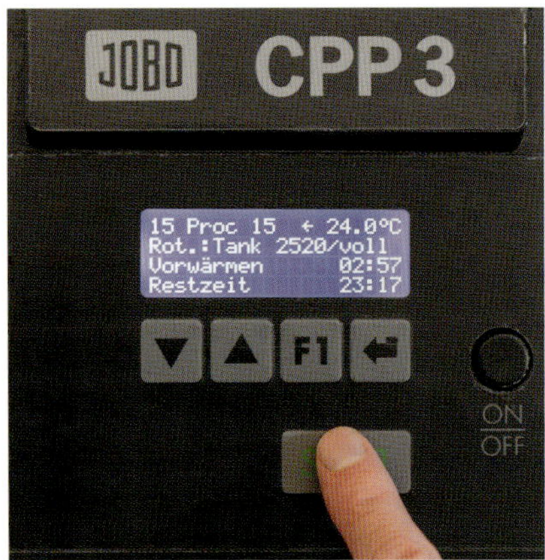

Abbildung 3.31: Der erste Prozessschritt beinhaltet ein 3-minütiges Vorwärmen. Die an den Zahnkranz des Prozessorlifts angeschlossene Entwicklungsdose wird hierbei im temperierten Wasserbad des Prozessors rotiert. Die Filme im Inneren können sich dann schon einmal an die 24° C der in Kürze eingefüllten Chemikalie gewöhnen. Dieser Punkt ist bei Schwarz-Weiß-Entwicklung noch nicht so kritisch, aber im Fall einer C-41-Farbfilmentwicklung, die bei 37,8° C abläuft, schon deutlich wichtiger.

VORWÄSSERUNG (OPTIONAL)

In meinem Prozessablauf habe ich auf eine Vorwässerung als Prozessschritt verzichtet.

Aus folgenden Gründen kann eine Vorwässerung von etwa 3-5 min hilfreich sein:

- Anpassung der Entwicklungszeiten an bekannte Werte aus der Kippentwicklung
- Verbesserung einer gleichmäßig über die Filmfläche verteilten Dichte bei der Entwicklung von großen Filmformaten. Bei Planfilmen unbedingt empfohlen, bei Mittelformatfilmen nur notwendig, sollten Sie hier auftretende Probleme feststellen.

MEIN PROZESSSCHRITT 2: ENTWICKLUNG

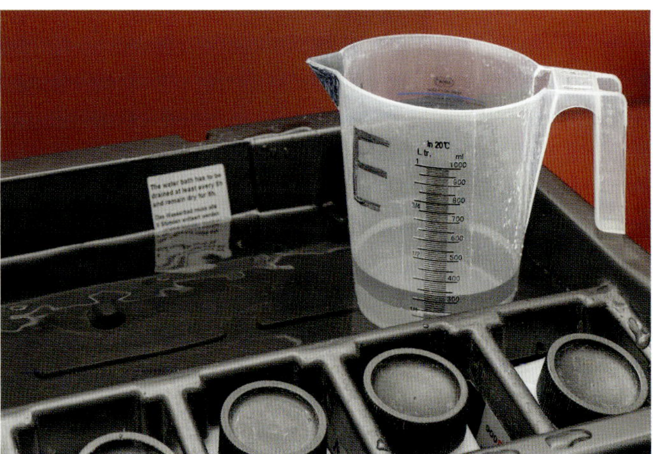

Abbildung 3.32: Ich verwende den Entwickler ADOX XT-3 in einem Ansatz von 1+1 und mische diesen aus den vortemperierten Vorratsflaschen mit Entwickler und Wasser direkt vor Prozessstart in einem Messbecher zusammen. Damit der Ansatz bis zu seinem Einsatz nicht abkühlt, stelle ich den Messbecher solange in das obere Wasserbad.
Auf gleiche Weise handhabe ich auch die Vorbereitung aller weiteren abzumessenden Füllmengen in den folgenden Prozessschritten. Für alle unterschiedlichen Chemikalien (Entwickler, Stopp, Fix etc.) verwende ich dabei auch unterschiedliche Messbecher.

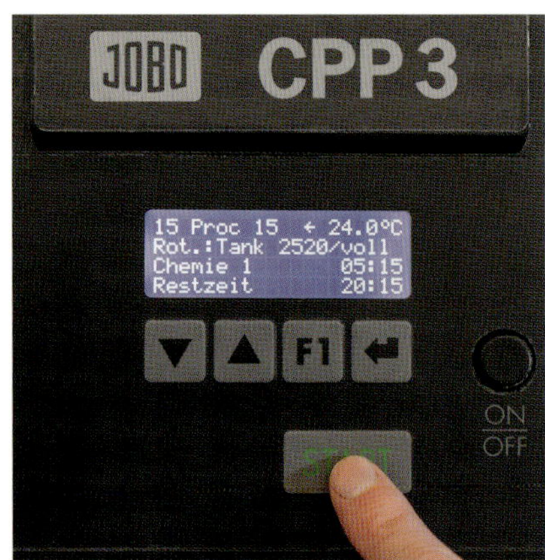

Abbildung 3.33: Ich halte den Entwickler zum Einfüllen bereit und starte die für den Film gewählte Entwicklungszeit von 5:15 min per Knopfdruck und der Prozessor beginnt mit der Rotation des Tanks.

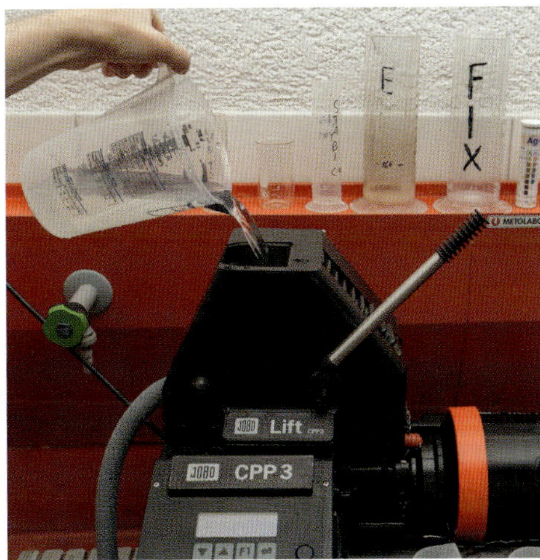

Abbildung 3.34: Direkt bei Start der Rotation fülle ich den Entwickler über den Trichter des Lifts in die Entwicklungsdose ein.

Wichtig

Zum Einfüllen von Flüssigkeiten muss die Rotation unbedingt aktiviert sein, so dass sich die Flüssigkeit gut in der Entwicklungsdose verteilen kann. Ansonsten kann es schnell zum Über- und Auslaufen aus der Dose kommen.

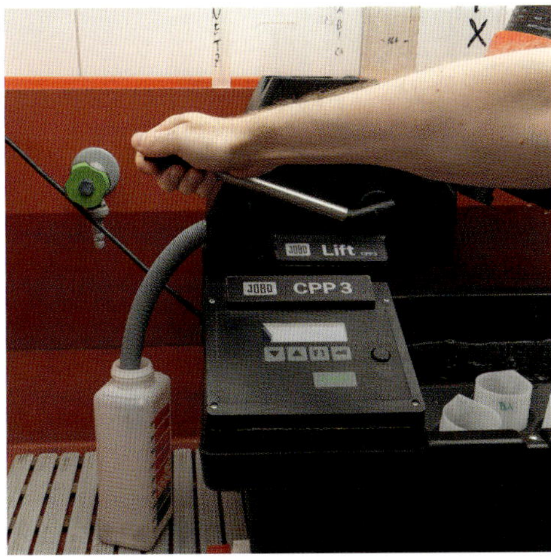

Abbildung 3.35: Nach Ablauf der Entwicklungszeit wird die Rotation per Knopfdruck unterbrochen und der verbrauchte Entwickler wird über den Lift in eine bereitgestellte Weithalsflasche ausgegossen.

Hinweis

Die Vorgänge des Ein- und Ausgießens wiederholen sich dann stets bei den folgenden Prozessschritten, diese werde ich daher nicht wiederholend darstellen.

MEIN PROZESSSCHRITT 3: STOPPBAD

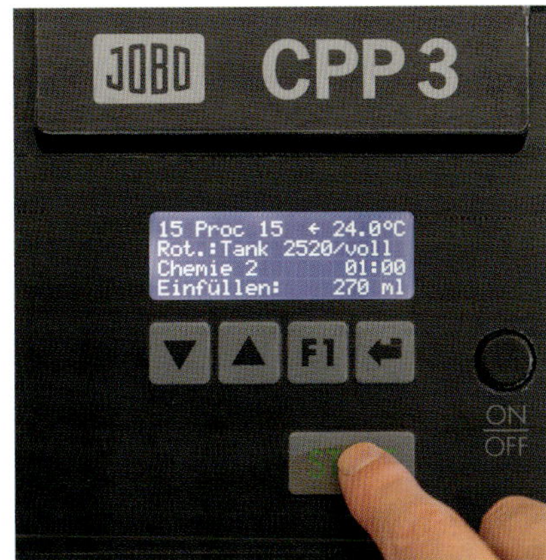

Abbildung 3.36: Während ich bei der manuellen Kippentwicklung in der Regel auf ein Stoppbad verzichte und zur Unterbrechung der Entwicklung die Entwicklungsdose lediglich mehrfach mit Wasser durchspüle, verwende ich im JOBO-Prozessor schon ein richtiges Stoppbad. Alle Chemikalien werden über den Trichter des Lifts eingefüllt und die Verwendung eines Stoppbads macht es nach meiner Meinung etwas sicherer, Reste von Entwickler im Prozessor zu neutralisieren. Ein Grund, bei der Entwicklung auf Stoppbad zu verzichten, liegt in der Gefahr von Schichtablösungen durch einen zu starken Sprung vom basischen pH-Wert des Entwicklers zum sauren pH-Wert des Stoppbads. Um diesem Problem ein wenig entgegenzuwirken, verwende ich hierbei ein schwach angemischtes Stoppbad in der Verdünnung 1+40 für 1:00 min.

MEIN PROZESSSCHRITT 4: FIXIERUNG

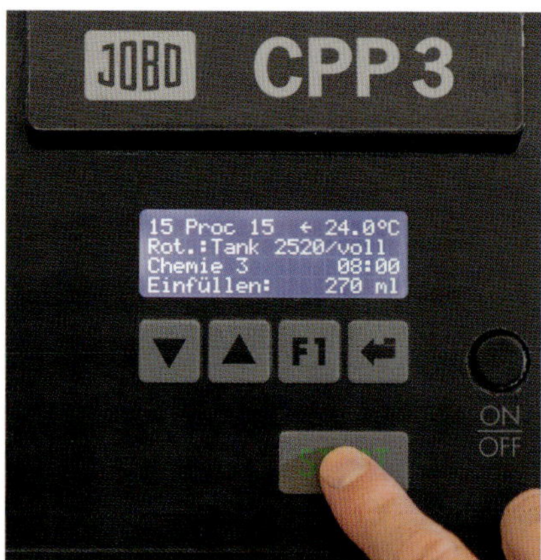

Abbildung 3.37: Für die Fixierung verwende ich eine Standardzeit von 8 min mit einem stark angesetzten Expressfixierer (je nach Herstellerangabe 1+4 oder 1+5).

MEIN PROZESSSCHRITT 5: WÄSSERUNGSHILFE (OPTIONAL)

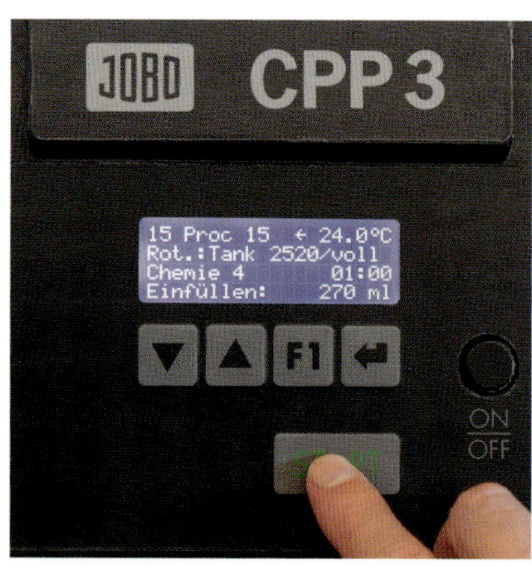

Abbildung 3.38: Dieser Prozessschritt ist optional. Vor der Wässerung kann ein Wässerungsbeschleuniger wie ADOX Thio-Clear oder Ilford Washaid verwendet werden. Der Einsatz solch eines Mittels reduziert die anschließend benötigte Wässerungszeit um bis 50 %.

PROZESSSCHRITT 6: WÄSSERUNG

Auch wenn eine externe Wässerung außerhalb des Prozessors für den Film ohne weiteres möglich ist, empfehle ich, die Wässerung auch direkt über das Gerät vorzunehmen. Das verwendete Wasser reinigt beim Befüllen dabei auch stets den Prozessorlift selbst.

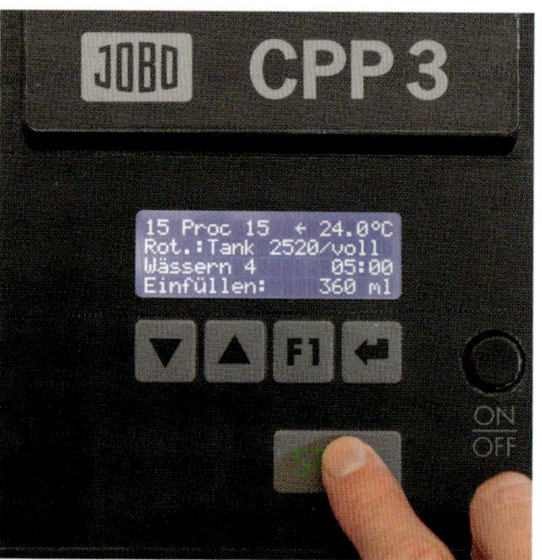

Abbildung 3.39: Nach der Fixage erfolgt die Wässerung. Die Zeit hierfür habe ich auf 5 min eingestellt. Der vom Prozessor vorgegebene Wässerungsmodus sieht eine Kaskadenwässerung mit regelmäßigem Wechsel des Waschwassers vor. Die von JOBO vorgegebene Füllmenge für die 2520-Entwicklungsdose beträgt bei der Wässerung 360 ml.

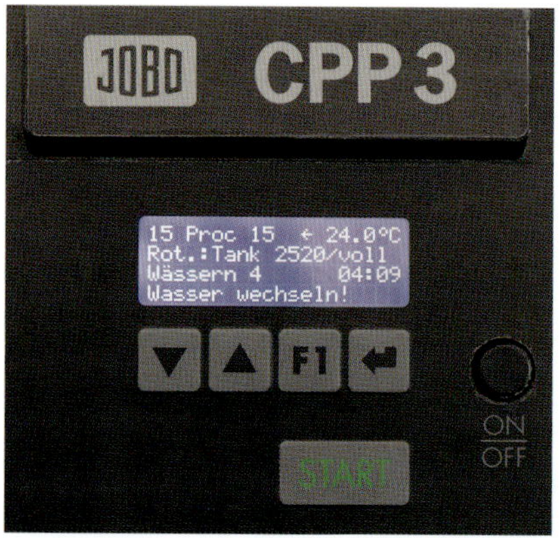

Abbildung 3.40: Alle 45 s erfolgt über das Display und auch mittels akustischen Signals ein Hinweis, das verbrauchte Waschwasser auszugießen und frisches einzufüllen. Die vorgewählte Gesamtzeit von 5 min sollte für etwa 6 Wasserwechsel reichen, je nachdem wie schnell Sie einfüllen und ausgießen.

PROZESSENDE

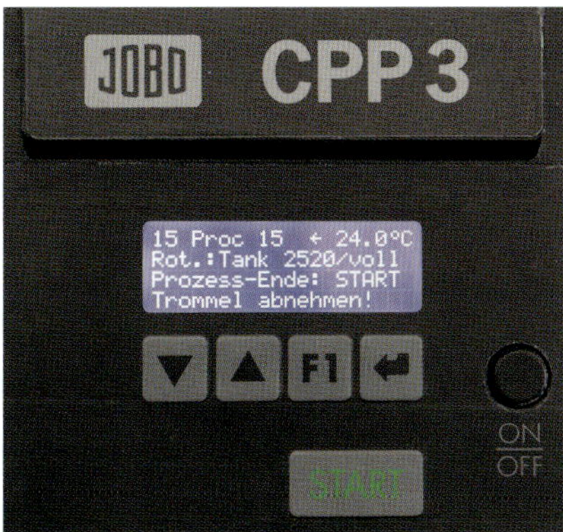

Abbildung 3.41: Nach Ablauf aller Prozessschritte wird das Waschwasser ausgegossen und die Entwicklungsdose kann von der Zahnkranzkupplung abgenommen werden.

NETZMITTELBAD

Ein mit destilliertem Wasser angesetztes Netzmittelbad verbessert die Filmtrocknung, indem es das Abfließen des Wassers fördert und Kalkflecken bei der Trocknung reduziert. Es ließe sich auch wie die übrigen Flüssigkeiten über den Prozessorlift in die Entwicklungsdose einfüllen, um jedoch ein Anhaften von Seifenresten an Prozessor und Tanks zu vermeiden, empfehle ich stets ein externes Netzmittelbad. Der Film wird nach der Wässerung der Dose entnommen und für eine Minute in eine bereitstehende Schale mit Netzmittelbad gelegt. Verbleibt der Film dabei in der Entwicklungsspirale, was einen gewissen Schutz vor Beschädigungen bietet, so sollte die Spirale anschließend sehr gut durchgespült werden.

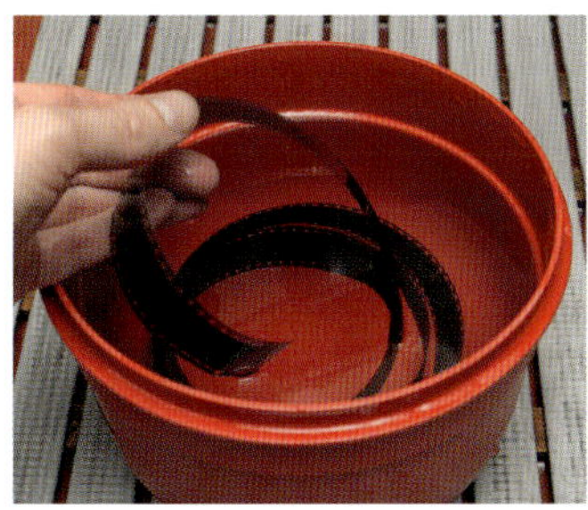

Abbildung 3.42: Der Film wird für 1 min in ein mit destilliertem Wasser angemischtes Netzmittelbad gegeben (z.B. ADOX Adoflo, Ilford Ilfotol, Rollei RWA oder Tetenal Mirasol).

Anschließend kann der Film zum Trocknen aufgehängt werden.

ALTERNATIVE MÖGLICHKEITEN DER ROTATIONSENTWICKLUNG

Da die Anschaffung eines Rotationsprozessors wie der des JOBO CPP3 eine recht große Investition bedeutet, möchte ich hier ein paar alternative Möglichkeiten vorstellen, mit denen sich ebenfalls solch eine Entwicklung durchführen lässt. Diese Varianten bieten nicht alle Erleichterungen und Vorzüge eines automatisierten Rotationsprozessors, sind aber eine gute Möglichkeit, um sich mit der Vorgehensweise vertraut zu machen.

HANDROLLEN AUF TISCHPLATTE

Prinzipiell ist es auch möglich, eine Rotationsentwicklung gänzlich ohne maschinelle Hilfsmittel durchzuführen. Letztlich beinhaltet das zugrundeliegende Prinzip lediglich eine gleichbleibende regelmäßige Drehbewegung der Entwicklungsdose.

Eine einfache Variante ist es, hierzu die Entwicklungsdose seitlich auf eine glatte, waagerechte Oberfläche, also z.B. die Tischplatte, zu legen und die Dose während der Entwicklung abwechselnd auf- und abwärtszurollen. Die Herausforderung liegt hier nun darin, eine gleichbleibende Geschwindigkeit sowie Rhythmus zu finden.

Helfen können hier ein Metronom als Taktgeber oder eine rhythmisch passende Musikbegleitung, vielleicht sogar der Lieblingssong.

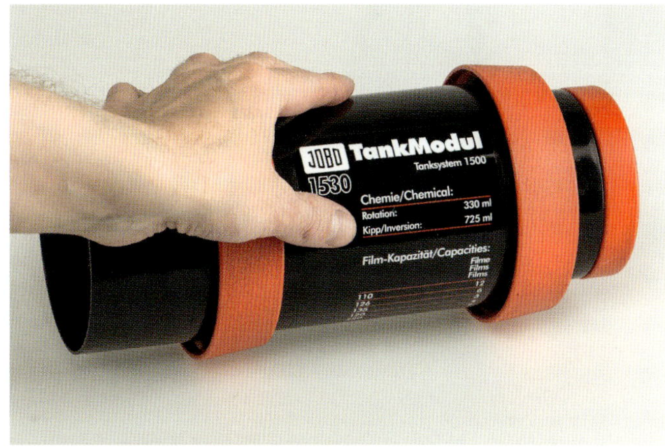

Abbildung 3.43: Rotationsentwicklung von Hand ohne weitere Hilfsmittel

Hinweis

Da die Entwicklungsdose ohne weitere Hilfsmittel möglicherweise nicht waagerecht aufliegt, sollten Sie die Dose sicherheitshalber vollständig oder zumindest mit deutlich mehr als die für Rotation angegebene Mindestmenge an Chemikalien befüllen.

ROTATION MIT JOBO-ROLLER

Von JOBO gibt es speziell für die manuelle Rotationsentwicklung den JOBO-Roller 1509. Dieser bietet den Vorteil, dass die aufgelegte JOBO-Dose hierauf waagerecht liegt und die Drehung der Dose sehr einfach und leichtgängig funktioniert. Bei dieser Variante ist es also auch möglich, ein wenig Chemikalien zu sparen und die Dose mit der für Rotation angegebenen Füllmenge zu verwenden.

Platziert man den Roller samt Dose innerhalb einer Schale mit temperiertem Wasser, lässt sich auf diese Weise auch eine C-41-Farbfilmentwicklung durchführen. Um die Temperatur hierbei konstant zu halten, eignet sich beispielsweise der in Kapitel 1 vorgestellte Heizstab Novatronic oder ein untergestellter Laborschalenwärmer.

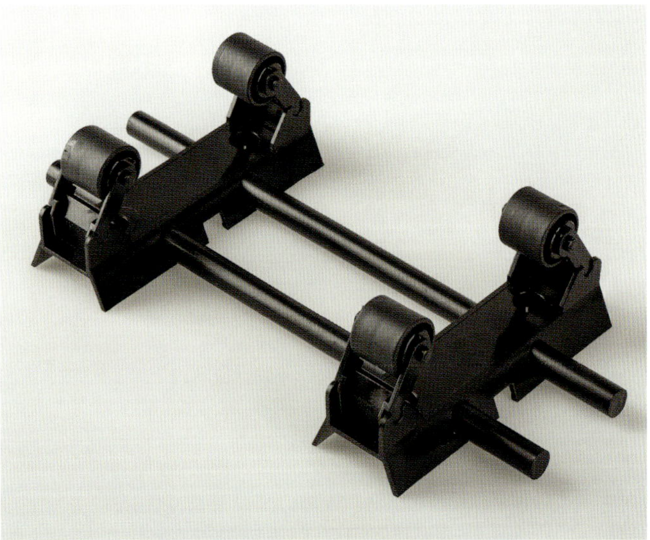

Abbildung 3.44: JOBO-Roller 1509 für die manuelle Rotation von JOB-Dosen

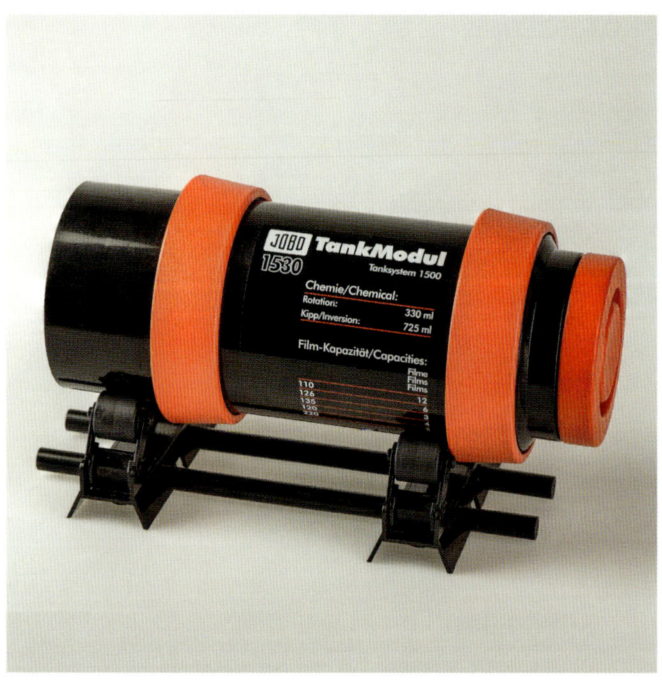

Abbildung 3.45: JOBO-Dose mit Roller 1509

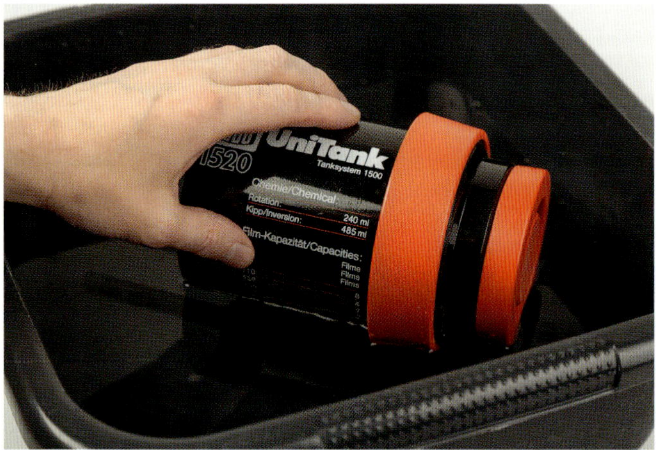

Abbildung 3.46: JOBO-Dose mit Roller 1509 in einem Wassermantelbad befüllt mit temperiertem Wasser

DREHBEWEGUNG MIT RÜHRSTAB

Die Entwicklungsdosen von Paterson und AP enthalten einen Drehstab, mit dessen Hilfe sich die Filmspiralen im Inneren rotieren lassen. Diese Funktion ist eigentlich als Alternative zum regelmäßigen Kippen der Dose gedacht. Es ist aber natürlich auch möglich, die Filmspiralen dauerhaft zu rotieren.

Mit diesem Stab passiert es recht leicht, dass man zu schnelle und starke Drehbewegungen ausführt, die dann zu Entwicklungsproblemen durch zu starke Strömung der Flüssigkeiten zwischen den Spiralwindungen oder durch die Perforationslöcher bei Kleinbildfilmen führen können.

Aus diesem Grund rate ich von der Verwendung dieser Drehstäbe als Alternative zum Kippen der Dose häufig ab. Wenn man sich aber durchringen kann, gleichmäßig und langsam zu drehen, ist dieser Stab durchaus verwendbar. Permanent bewegt, bietet es eine Möglichkeit, die Paterson- und AP-Dosen für eine Rotationsentwicklung zu nutzen.

Damit man bei ständiger Drehbewegung keinen Krampf in der Hand bekommt und es in kontrollierter Geschwindigkeit erfolgt, gibt es für die Paterson-Dosen ein technisches Hilfsmittel:

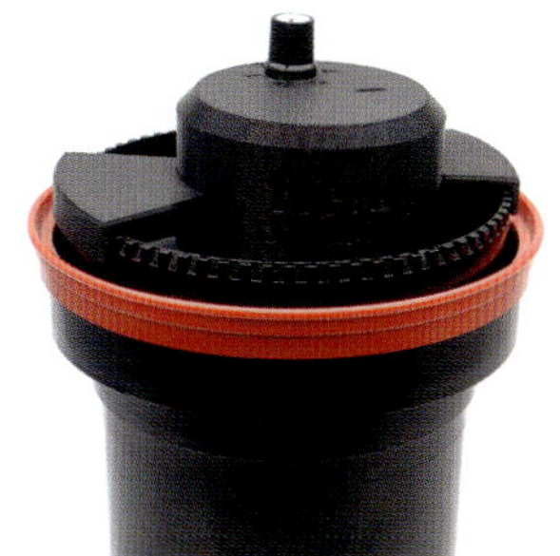

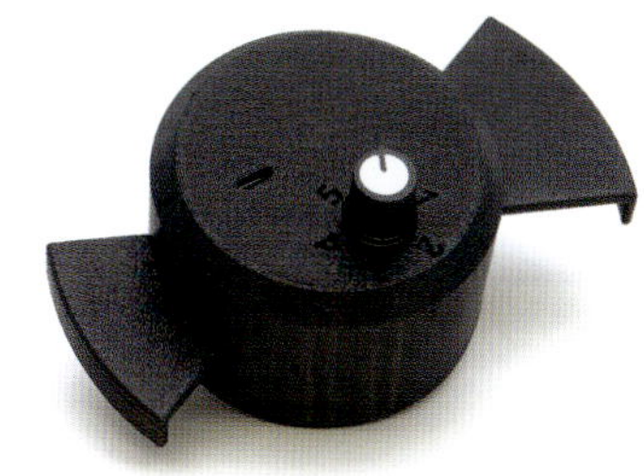

Abbildung 3.47: HENRY-Entwicklungshilfeaufsatz für Paterson-Dosen mit Drehregler zur Geschwindigkeitseinstellung und USB-Ladebuchse

Rotationsentwicklungshilfe HENRY

Der Fortschritt im Bereich des 3D-Drucks führt immer häufiger dazu, dass technische Neuerungen nicht nur großen Unternehmen und Konzernen vorbehalten bleiben, sondern auch kleinere Firmen hier tätig werden und dadurch Nischenprodukte auf den Markt bringen können, die es sonst vielleicht nie gegeben hätte.

Auf diese Weise haben Vladislav Shenker und Antonio Fragasso ihren Onlinehandel mit analogen Vintage-Kameras (*www.ausgeknipst.de*) um eigene Produkte wie 3D-gedruckte Batterieadapter und einem automatischen Rotationsadapter mit dem Namen HENRY erweitert.

HENRY wird an den Drehstab einer Paterson-System-4-Entwicklungsdose aufgesteckt.

Mit Hilfe des Geräts erhält man eine kontinuierliche Rotation von etwa 180° C, abwechselnd im oder gegen den Uhrzeigersinn. Die Geschwindigkeit lässt sich per Drehregler über 5 Stufen von 1,6 bis 0,2 s pro 180° C einstellen.

Der akkubetriebene Elektromotor lässt sich via USB wieder aufladen.

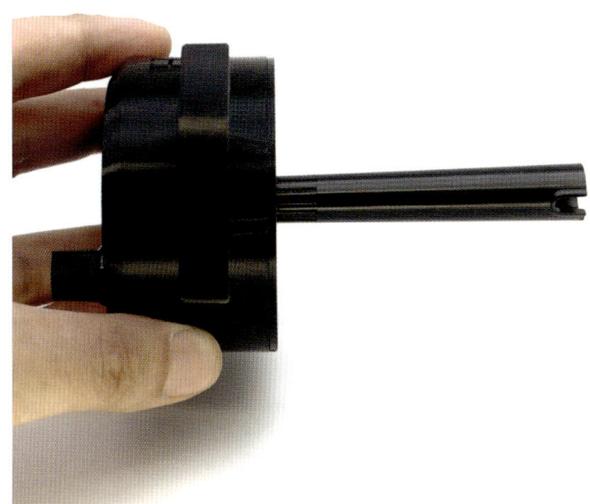

Abbildung 3.48: Die Paterson-Entwicklungsdosen verfügen über einen Drehstab für die manuelle Rotationsentwicklung. Dieser Stab wird von der HENRY-Entwicklungshilfe genutzt und automatsch hin- und herbewegt.

Tipp

Stellen Sie die Entwicklungsdose während der Entwicklung in ein beheiztes Wassermantelbad. Hierzu eignen sich beispielsweise auch das in Kapitel 1 vorgestellte Cinestill-TCS-Temperiergerät oder der Nova-FP-Filmprozessor.
Auf diese Weise können Sie die Entwicklungstemperatur beeinflussen und sogar auch temperatursensitive Prozesse wie C-41-Farbfilmentwicklungen durchführen.

3.9 AKTUELLE MÖGLICHKEITEN DER PLANFILMENTWICKLUNG

In meinem Buch »Analog fotografieren und entwickeln: Die eigene Dunkelkammer« habe ich bereits die Entwicklung von Kleinbild- und Mittelformatfilmen vorgestellt. Dies sind sicherlich die gängigsten und meistentwickelten Filmformate.

Professionelle Dienstleister für die Entwicklung von Planfilmen sind rar und bei größeren Mengen auch recht kostspielig, insbesondere je größer die Planfilmformate werden. Denn bei dem heutzutage am weitesten verbreiteten Format von 4 x 5 Inch muss es ja noch nicht enden. So gibt es durchaus auch noch Planfilme in den Formaten 5 x 7 Inch, 8 x 10 Inch oder gar bis zu 50 x 60 cm.

Die Selbstentwicklung im Heimlabor ist daher immer eine gute Option. Doch welches Equipment wird hierfür benötigt?

SCHALENENTWICKLUNG

Die wohl älteste und von den benötigten Materialien her am wenigsten aufwendige Methode zur Entwicklung großer Filmformate ist die klassische Schalenentwicklung. Hierzu benötigen wir drei Fotoschalen passender Größe, gefüllt mit Entwickler, Stoppbad und Fixierer.

Für die Wässerung kann man sich einen speziellen Planfilmwascher kaufen oder schlicht eine etwas größere Schale mit Wasser verwenden.

Die Filme lassen sich mit Hilfe von Laborzangen oder um Kratzer zu vermeiden noch besser mit dünnen Laborhandschuhen aus Nitril von einer Schale zur nächsten transportieren.

Ich empfehle, die Filme mit der Schichtseite nach unten zu entwickeln. Das Risiko von Kratzern durch Kontakt mit dem Schalenboden ist verhältnismäßig klein gegenüber dem Risiko einer ungleichmäßigen Entwicklung durch mangelnde Benetzung mit Entwicklungschemie, insbesondere da man hier im Dunkeln keinerlei Sichtkontrolle hat.

BEWEGUNG WÄHREND DER ENTWICKLUNG

Während der Entwicklung benötigt der Film innerhalb der Schale regelmäßige Bewegung, damit der an der Filmoberfläche durch Oxidationsprodukte verbrauchte Entwickler durch frischen Entwickler ersetzt werden kann. Die Bewegung befördert zudem auch, dass der Film permanent von Flüssigkeit umspült wird und nicht längere Zeit auf dem Trockenen sitzt.

Kippen Sie für eine gleichmäßige Bewegung die Schale nicht zu stark, so dass der ganze Inhalt im Dunkeln herausspritzt, aber schon mit etwas Schwung, so dass stets ein leises Klacken bei Anschlag der Filmkante an der Schale hörbar ist.

Vom Kippablauf her abwechselnd viermal rechts – links und beim nächsten Kippzyklus viermal oben – unten.

VORTEILE DER SCHALENENTWICKLUNG:

- Jeder Film kann einzeln entwickelt werden.
- Geringer Kostenaufwand für Laborgeräte

NACHTEILE DER SCHALENENTWICKLUNG:

- Jeder Film muss einzeln entwickelt werden.
- Die Entwicklung erfolgt bei völliger Dunkelheit, man kann also nicht sehen, wo die nächste Schale steht, oder ob der Film stets mit Flüssigkeit benetzt ist.
- Durch Berührungen der Filmschicht am Boden der Schale oder bei Transport von einer Schale in die nächste können Kratzer auf dem Film entstehen.

Hinweis

Sobald der Film etwa die Hälfte der notwendigen Zeit im Fixierer verbracht hat, kann für die restliche Verarbeitungszeit schon das Licht angeschaltet werden.

STEARMAN PRESS

STEARMAN PRESS SP-445

Beim Stearman Press handelt es sich um einen Planfilmentwicklungstank aus Kunststoff, der über eine erfolgreiche Kickstarter-Kampagne von Erfinder Tim Klein das Rotlicht der Dunkelkammer erblickte.

Bis zu 4 Planfilme im Format 4 x 5 Inch werden in spezielle Kunststoffhalter eingeschoben und können bei einem sehr geringen Chemiebedarf von nur 450 ml gleichzeitig entwickelt werden.

Die Bewegung während der Entwicklung entspricht der normalen Kippentwicklung wie bei Filmentwicklungsdosen für Kleinbild und Rollfilm. Für Rotation ist der Tank aufgrund seiner Bauweise leider nicht geeignet. Vielleicht erfindet mit der Zeit aber ja jemand einen passenden Rolladapter.

Ähnliche Planfilmtanks gab es früher schon von Yankee, Combiplan und vielen anderen. Dies sind in der Regel aber nur noch auf dem Gebrauchtmarkt zu finden.

Bezeichnung	Filmformate	Max. Anzahl	Mindestfüllmenge
Stearman Press SP-445	4 x 5 Inch	4	450 ml

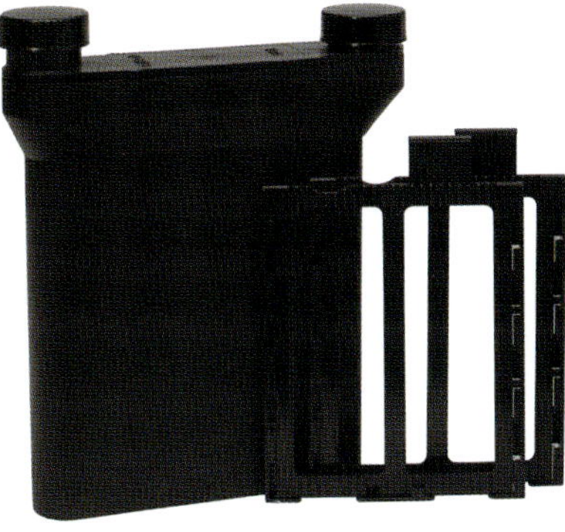

Abbildung 3.49: Planfilmentwicklungstank Stearman Press SP-445

STEARMAN PRESS SP-810

Nach dem Erfolg des SP-445 wurden schnell Wünsche von Seiten der Kunden laut, auch eine Variante für Planfilme bis 8 x 10 Inch zu entwickeln.

Erste Versuche, das erprobte Prinzip auf ein größeres Format in Form eines aufrechtstehenden Tanks gleicher Bauweise zu übertragen, waren nicht erfolgreich.

Schließlich besann sich Tim Klein zurück auf die älteste und bewährteste Technik der Planfilmentwicklung, der Schalentwicklung, und schuf hier einen neuen und modernen Ansatz in Form eines Tageslichtentwicklungstanks.

Die Filme müssen zwar noch im Dunkel eingelegt werden, aber dies ist, da hierfür keine Filmhalter oder Ähnliches notwendig sind, denkbar einfach.

Sobald dann der Deckel verschlossen ist, kann die übrige Entwicklung wie bei einem modernen Tageslichtentwicklungstank bei normalem Raumlicht erfolgen. Hierdurch wird einer der größten Nachteile der Schalenentwicklung, das fehleranfällige Transportieren der Filme von einer Schale zur nächsten bei völliger Dunkelheit, effektiv überwunden.

Darüber hinaus ist der Stearman Press 810 durch die gewählte Bauweise sehr flexibel in der Formatwahl. Durch einsetzbare Unterteiler lassen sich, wie in der folgenden Tabelle angegeben, eine Vielzahl an Planfilmformaten bis hin zum namensgebenden Format 8 x 10 Inch entwickeln. Von den kleineren Filmformaten ist sogar eine gleichzeitige Entwicklung mehrerer Filme in einem Durchgang möglich.

Der Chemiebedarf ist mit nur 500 ml hierbei sehr gering.

Bezeichnung	Filmformate	Max. Anzahl	Mindestfüllmenge
Stearman Press SP-810	4 x 9 x 12 cm	4	500 ml
	4 x 4 x 5 Inch	4	
	2 x 5 x 7 Inch	2	
	2 x 4 x 10 Inch	1	
	1 x 8 x 10 Inch	1	

Abbildung 3.50: Planfilmentwicklungstank Stearman Press SP-810

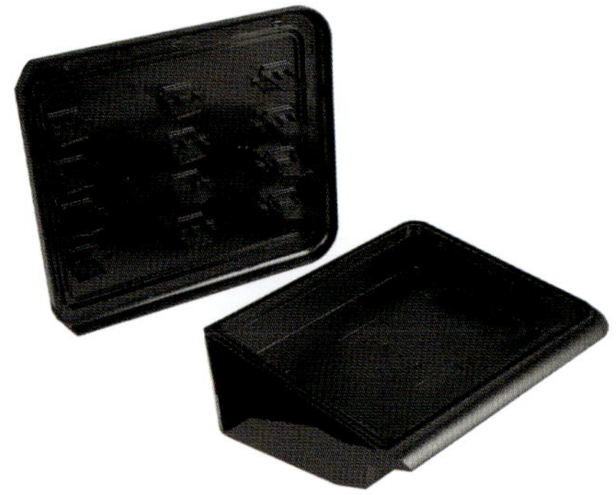

Abbildung 3.51: Planfilmentwicklungstank Stearman Press SP-810 mit geöffnetem Deckel. Es lassen sich auch Unterteiler einsetzen, um anstelle eines einzelnen Negativs im Format 8 x 10 Inch dann 2 Negative in den Formaten 4 x 5 Inch, 9 x 12 cm oder 4 x 10 Inch oder auch ein einzelnes 5 x 7 Inch großes Negativ zu entwickeln.

MOD54-PATERSON-PLANFILMEINSATZ

Die Paterson-Entwicklungsdosen scheinen, wie bereits beim Rotationsgerät HENRY geschehen, bei so machen Anwendern den eigenen Erfindungsdrang anzuregen.

So ging es auch dem in London lebenden irischen Fotografen Morgan O'Donovan, der eine Entwicklungsspirale auf den Markt gebracht hat, mit deren Hilfe sich jetzt nicht mehr nur Kleinbild- und Mittelformatfilme in einem Paterson-Tank entwickeln lassen, sondern auch Planfilme 4 x 5 Inch. Notwendig ist hierfür neben der MOD54-Spule ein passender Paterson-Entwicklungstank in der Version für 3 Kleinbildfilme

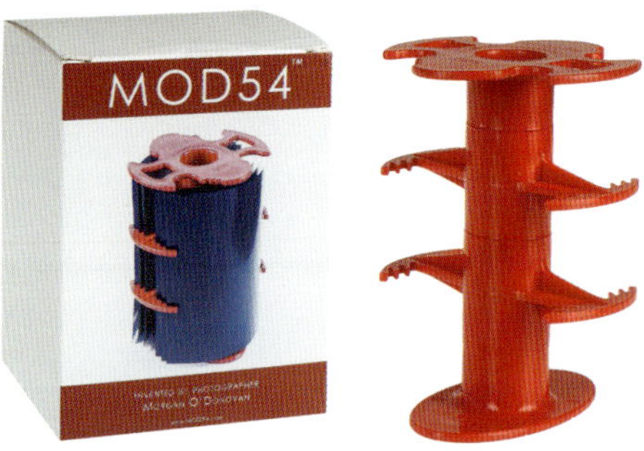

Abbildung 3.52: MOD54-Planfilmeinsatz für den Paterson-Entwicklungstank Multi-Reel 3.

HINWEISE ZUR ENTWICKLUNG:

Für optimale Entwicklungsergebnisse empfiehlt der Hersteller die traditionelle Kippmethode, jedoch mit sanften und langsamen Kippbewegungen, damit die Filme nicht aus der Halterung springen und die Flüssigkeiten gleichmäßig zwischen den Filmen fließen können.

Aufgrund häufig auftretender Probleme, wohl in erster Linie bei Verwendung des Paterson-Drehstabs, rät O'Donovan tendenziell von einer Rotationsentwicklung mit seinem MOD54 ab.

Das ist etwas schade, ließe sich in Kombination mit der Entwicklungshilfe HENRY doch eine bequeme automatische Rotationsentwicklung durchführen. Hier ist also noch Raum für eigene Experimente.

Bezeichnung	Filmformate	Max. Anzahl	Mindestfüllmenge
MOD54 + Paterson-Tank Multi-Reel 3	4 x 5 Inch	6	1000 ml

Hier zwei hilfreiche Videos des Herstellers mit Tipps zur Anwendung:

https://www.youtube.com/watch?v=aXyey0_2XtA

https://www.youtube.com/watch?v=LKcyevwJITg

JOBO-TANK UND PROZESSOR

Insbesondere bei der Entwicklung von großformatigen Filmen können Rotationsprozessoren ihre Stärke voll ausspielen. Durch die beständige und gleichbleibende Bewegung lässt sich eine besonders gleichmäßige Entwicklung mit homogener Dichte, sowohl in der Bildmitte als auch in den Randbereichen, erzielen.

JOBO hat zwei verschiedene Systeme zur Planfilmentwicklung im Angebot:

MULTIDRUM 2500

Die für die professionelle Rotationsentwicklung vorgesehenen Entwicklungsdosen der 2500er-Serie mit breitem Durchmesser eignen sich nicht nur für Kleinbild- und Mittelformatfilme, sondern zusammen mit der Planfilm-Entwicklungsspirale 2509n auch zur Entwicklung von Planfilmen. Hierin lassen sich 1–6 Planfilme in den Formaten 6 x 9 cm, 9 x 12 cm oder 4 x 5 Inch entwickeln.

Hinweis

Gelegentlich hört man von Anwendern, dass es bei voll bestückten Planfilmspiralen zu ungleichmäßigen Entwicklungen gekommen ist und man deshalb darin nur maximal 4 Filme gleichzeitig entwickeln sollte.
Ich selbst habe so etwas in der Praxis bislang noch nicht beobachten können.
Man sollte aber auch auf jeden Fall die beigefügten Verschlussblätter verwenden, auch wenn der Einsatz etwas fummelig sein kann.
Diese Kunststoffeinsätze verhindern das Herausrutschen des Films während der Entwicklung und befördern eine gleichmäßige Verteilung der Chemie bei Bewegung der Dose.

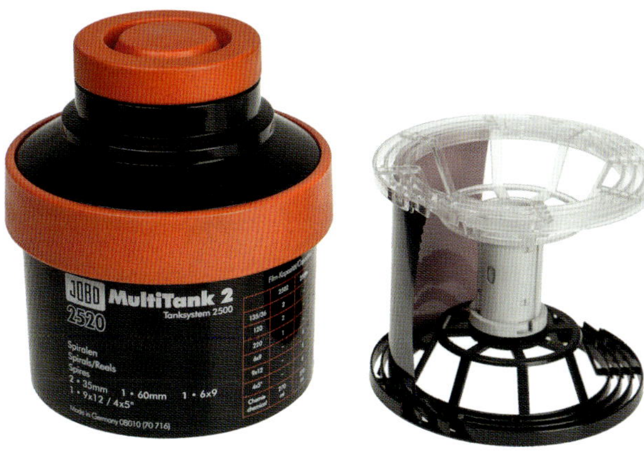

Abbildung 3.53: JOBO-Entwicklungsdose 2520 und Planfilmentwicklungsspule 2509n

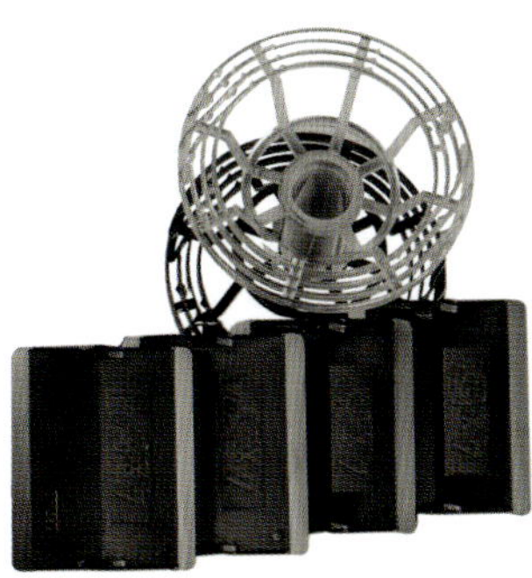

Abbildung 3.54: Verschlussblätter für die JOBO-Planfilmspirale. Diese werden seitlich eingesteckt.

Bezeichnung	Filmformate	Max. Anzahl	Mindestfüllmenge
JOBO-Multitank 2 + 1 x Spirale 2509n	6 x 9 cm, 9 x 12 cm, 4 x 5 Inch	6	270 ml
JOBO-Multitank 5 + 2 x Spirale 2509n	6 x 9 cm, 9 x 12 cm, 4 x 5 Inch	12	560 ml

Tipp

Die JOBO Multidrum 2520 eignet sich auch für die manuelle Kippentwicklung ohne JOBO-Prozessor oder JOBO-Roller. Hierfür muss die Dose aber komplett gefüllt werden und ist dann mit gut 1500 ml Chemikalienbedarf nicht gerade sparsam und wird aufgrund des hohen Gewichts auch recht unhandlich.

EXPERT DRUM

Die JOBO Expert Drums wurden speziell für die Entwicklung von Planfilmen konzipiert und bieten eine besonders homogene Filmentwicklung bei gleichzeitig sehr geringem Chemikalienverbrauch.

Es werden bei dieser Entwicklungstrommel keine Filmspiralen benötigt, sondern die Filme werden direkt in dafür vorgesehene Kammern eingeschoben. Es sind die wahrscheinlich besten Entwicklungsdosen, die man für diesen Zweck bekommen kann, nicht ganz preiswert, aber eine Anschaffung für das ganze Laborantenleben.

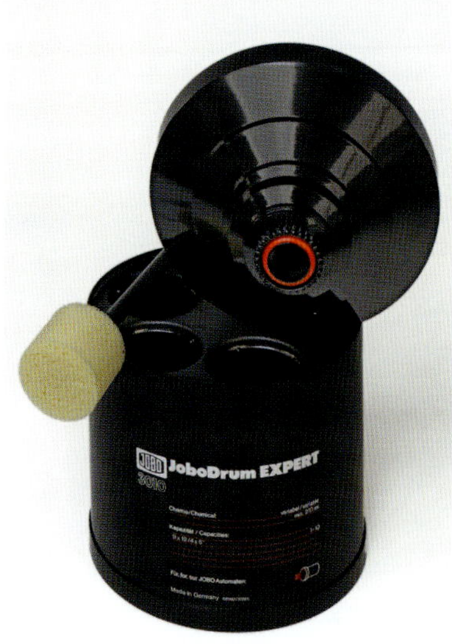

Abbildung 3.55: JOBO Expert Drum 3010 zur Entwicklung von bis zu 10 Planfilmen 4 x 5 Inch oder 9 x 12 cm. Pro Trommelöffnung können jeweils 2 Filme eingeschoben werden. Die Stabschwamm ist zur Reinigung gedacht und um Wassertropfen vor der nächsten Verwendung entfernen zu können.

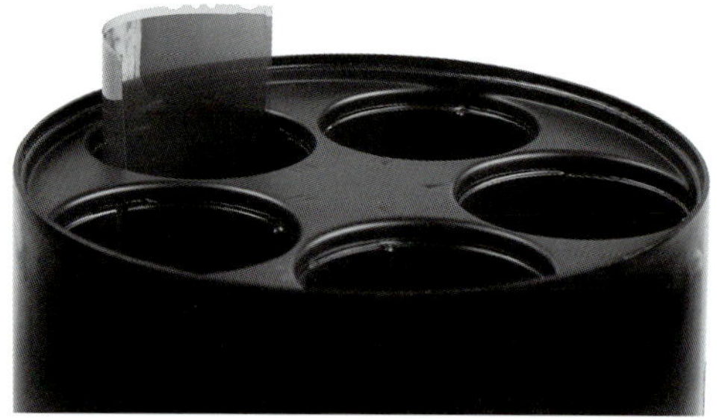

Abbildung 3.56: JOBO Expert Drum mit Film

Wichtig

JOBO Expert Drums passen aufgrund ihrer Größe nicht auf die kleineren Prozessoren JOBO CPE.
Die Drums funktionieren sehr gut bei den aktuellen CPP3-Prozessoren sowie bei den meisten älteren Geräten der CPP2-Baureihe. Es gibt allerdings auch noch wenige ganz alte Gerätevarianten auf dem Gebrauchtmarkt, die schon verkauft wurden, als es die großen und schweren Expert Drums noch gar nicht gab. Deren Motor ist für diese Dosen leider nicht stark genug und bleibt dann überlastet stehen. Kein schöner Moment inmitten einer laufenden Filmentwicklung, das kann ich aus eigener Erfahrung versichern. Dies betrifft vor allem CPP-Prozessoren mit den frühen Seriennummern ARXXXX-10593.

Bezeichnung	Filmformate	Max. Anzahl	Mindest-füllmenge
JOBO Expert Drum 5	13 x 18, 5 x 7 Inch, 8 x 10 Inch	5	330 ml
JOBO Expert Drum 6	9 x 12 cm, 4 x 5 Inch, 13 x 18 cm, 5 x 7 Inch	6	210 ml
JOBO Expert Drum 10 bzw. 3010	9 x 12 cm, 4 x 5 Inch	10	210 ml
JOBO Drum 3062/3063	24 x 30 bis 50 x 60 cm	1–2	250 ml

Die insgesamt benötigte Füllmenge ist abhängig von der Anzahl gleichzeitig entwickelter Filme.

FILMOMAT

Im Kapitel 1 haben wir bereits den Filmomat Film Processor von Erfinder Lukas Fritz kennengelernt. In der ursprünglich gebauten Variante waren spezielle Tanks für die Entwicklung von Planfilmen 4 x 5 Inch und 8 x 10 Inch erhältlich.

Die 2020 neu überarbeitete Version verwendet einen Entwicklungstank mit ähnlichem Durchmesser der JOBO-25XXer-Dosen, so dass dieser folglich auch mit den Kleinbild- und Mittelformat-Entwicklungsspiralen von JOBO 2509 sowie den JOBO-2509n-Planfilmspiralen verwendet werden kann.

Darüber hinaus gibt es von Filmomat aber auch ein eigenes System für die Entwicklung von Planfilmen in den Formaten 4 x 5 Inch sowie 5 x 7 Inch, die sogenannten Easyload-Planfilmhalter. Da diese speziell für den Filmomat angepasst wurden, würde ich im Zweifel zu deren Verwendung raten, insbesondere wenn nicht bereits eine JOBO-2509n-Spirale vorhanden ist.

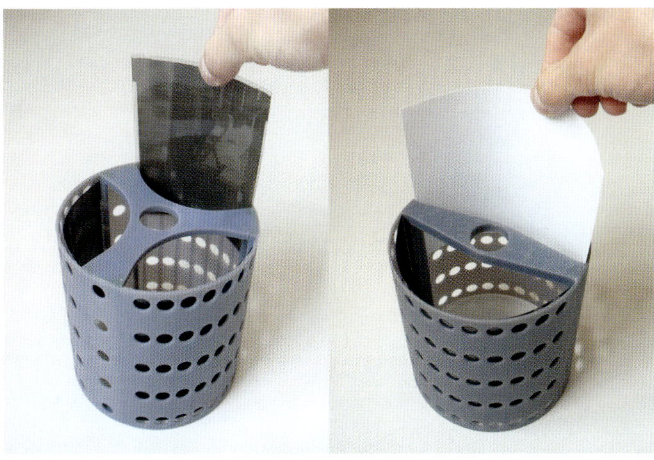

Abbildung 3.57: Filmomat-Easyload-Einsätze links für 1–3 Stück Film 4 x 5-Inch, rechts für bis zu 2 Stück Film 5 x 7 Inch oder auch Fotopapier in den entsprechenden Formaten

Bezeichnung	Filmformate	Max. Anzahl	Mindestfüll-menge
Filmomat-Tank + 1 x Spirale 2509	6 x 9 cm, 9 x 12 cm, 4 x 5 Inch	6	270 ml
Filmomat-Tank + Easyload-Planfilmhalter 4 x 5	4 x 5 Inch	3	270 ml
Filmomat-Tank + Easyload-Planfilmhalter 5 x 7	5 x 7 Inch	2	270 ml

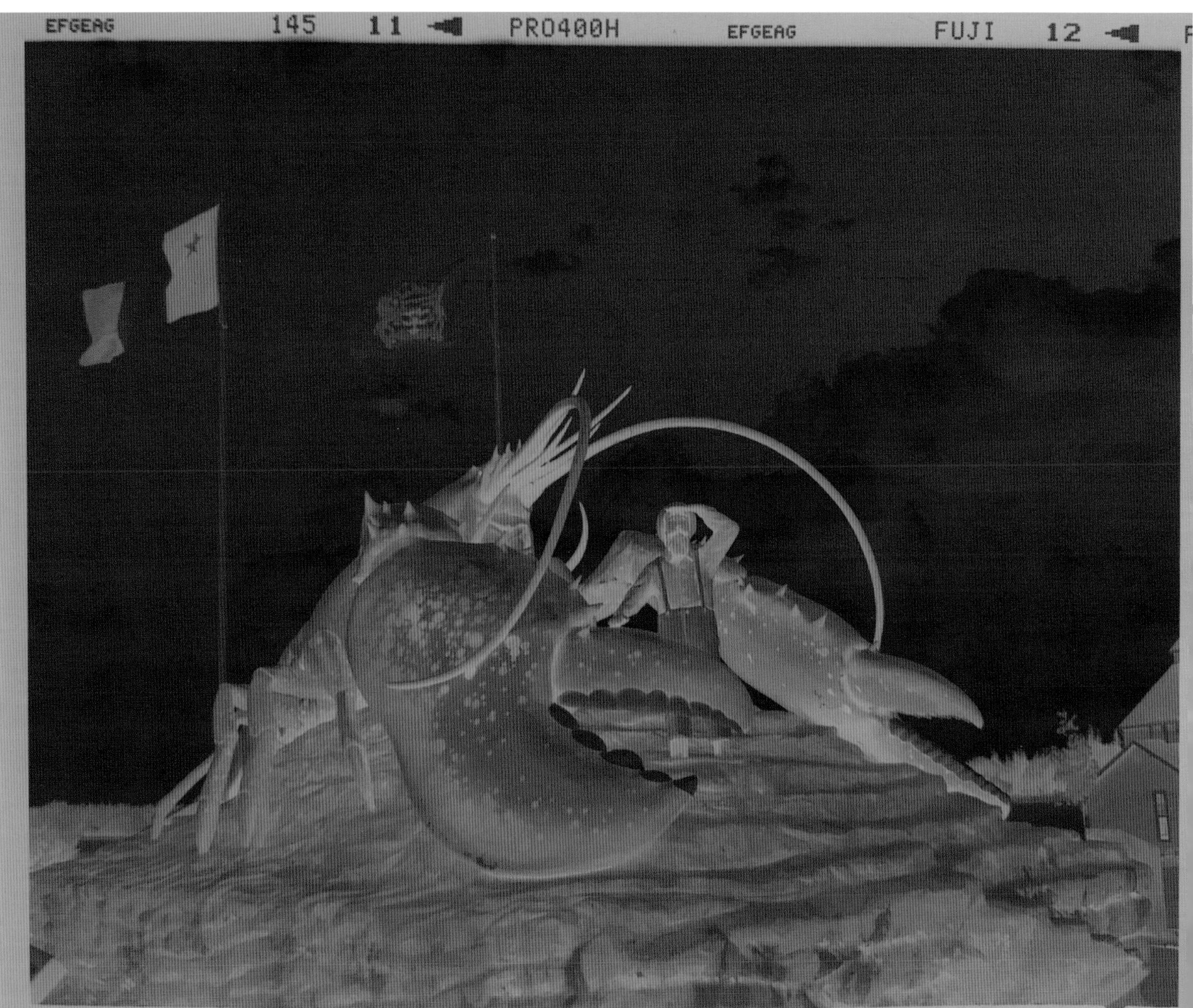
EFGEAG
145
11
PRO400H
EFGEAG
FUJI
12

4 Farbfilm

»Du hast den Farbfilm vergessen, mein Michael
Nun glaubt uns kein Mensch, wie schön's hier war, haha, haha«
(Nina Hagen)

4.1 EINLEITUNG

Schwarz-Weiß-Bilder stellen mangels Farbe immer eine Abstraktion der wirklichen Welt dar. Kontraste, Lichter, Schatten, Formen, Strukturen rücken verstärkt in den Fokus von Fotografen und Betrachtern.

Die bei Aufnahme vorherrschenden Farben werden durch Schwarz-Weiß-Film in unterschiedliche Grauwerte übersetzt. Diese ursprünglich technische Limitierung hat sich mit der Zeit zu einer eigenen künstlerischen Ausdrucksform entwickelt, bei der Farben sogar als störend oder ablenkend empfunden werden würden.

Aber bereits seit den Anfangstagen der Fotografie war es stets ein Bestreben, auch Farbe in die Bilder zu bringen, um sich deren tiefenpsychologische Wirkung auf den Betrachter wie auch die größere Nähe zur abgebildeten Realität nutzbar machen zu können.

Unsere heutigen modernen Farbfilme basieren im Wesentlichen auf einer Entwicklung der 1930er-Jahren, als die Firmen Kodak und Agfa den Drei-Schichten-Farbfilm als kommerzielles Filmprodukt für den Massenmarkt etablierten.

4.2 FILMAUFBAU

Der klassische Drei-Schichten-Farbfilm besteht, wie der Name vermuten lässt, im Wesentlichen aus drei Schichten und ein paar Ergänzungen zur qualitativen Verbesserung des Ergebnisses.

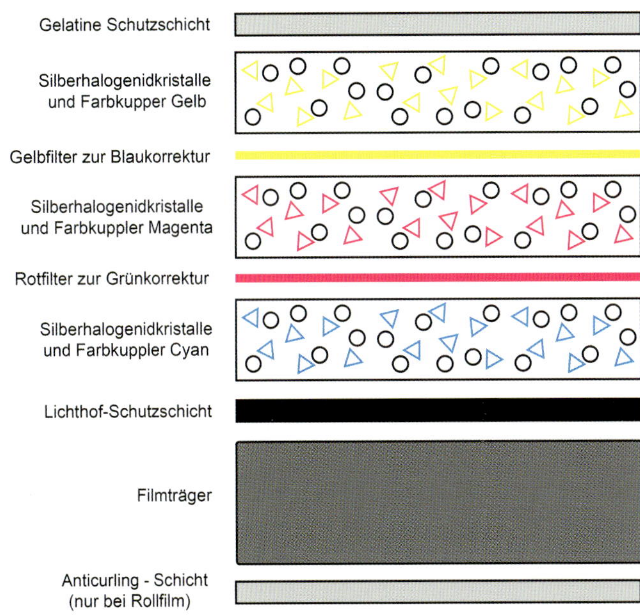

Abbildung 4.1: Schematischer Aufbau eines Drei-Schichten-Farbfilms

Die Basis des Films bildet der Filmträger, ein transparentes Material aus Triacetat oder PET-Kunststoff.

Darauf folgt eine Lichthofschutzschicht (Anti-Halation-Layer), die vor Überstrahlungen bei der Aufnahme schützen soll. Ohne diesen Zusatz könnte bei Aufnahmen mit sehr starken Lichtquellen auf den Film fallendes Licht weiter über den eigentlich zu belichtenden Bereich hinaus gestreut werden oder es könnte auch Licht von der Innenseite der Kamera zurück reflektiert werden. Als

Nächstes kommen die im Folgenden beschriebenen Farbschichten und abschließend eine schützende Schicht aus Gelatine.

Bei Mittelformatrollfilmen gibt es in der Regel noch eine zusätzliche Anti-Curling-Schicht. Diese soll die sonst recht starke Rollneigung eines Mittelformatfilms verhindern, so dass dieser etwas glatter liegt und einfacher weiterzuverarbeiten ist.

DIE FARBSCHICHTEN

Die drei Filmschichten bestehen jeweils aus lichtempfindlichen Silberhalogenidkristallen und sogenannten Farbkupplern.
Die Emulsionen der einzelnen Schichten sind dabei für unterschiedliche Farben des Lichtspektrums sensibilisiert, das sich aus den additiven Grundfarben Rot, Grün und Blau (RGB) zusammensetzt.

Die oberste Schicht ist empfindlich für blaues Licht und enthält gelbe Farbkuppler.

Die mittlere Schicht ist empfindlich für grünes und auch blaues Licht und enthält magentafarbene Farbkuppler.

Die untere Schicht ist empfindlich für rotes und auch blaues Licht und enthält cyanfarbene Farbkuppler.

Die Farbkuppler sind im unbelichteten Zustand farblos. Während der Filmentwicklung wird das Silber an den belichteten Stellen geschwärzt und bewirkt im Zusammenspiel mit den Farbkupplern in diesen Bereichen die Ausbildung eines Farbstoffes, je nach Intensität der Belichtung mit geringerer oder stärkerer Farbdichte.

Die Farbe dieses Farbstoffs ist dann komplementär, also entgegengesetzt der ursprünglichen Lichtfarbe der Belichtung.

Die oberste für blaues Licht empfindliche Schicht bildet einen gelben Farbstoff.

Die mittlere für grünes Licht empfindliche Schicht bildet einen magentafarbenen Farbstoff.

Die unterste für rotes Licht empfindliche Schicht bildet einen cyanfarbenen Farbstoff.

Das später auf dem Film sichtbare Bild ist aus diesem Grund genau umgekehrt in der Farbigkeit als das Motiv in der Realität. Darin liegt der Ursprung der Bezeichnung als Negativ.

Hinweis

Solch ein Negativbild ist vor allem notwendig für den ursprünglich angedachten Einsatzzweck dieses Filmmaterials: dem Erstellen von analogen Abzügen.

Die Filterungswirkung der Farbkuppler in den einzelnen Schichten ist nicht hundertprozentig perfekt, so dass die blauempfindliche Gelbschicht nicht das gesamte blaue Licht abfängt und die grünempfindliche Rotschicht auch weiterhin ein wenig grünes Licht durchlässt.

Hierdurch können Probleme bei der Erstellung von Positivabzügen vom Negativmaterial entstehen. Um dies zu verhindern, gibt es nach der ersten und der zweiten Schicht jeweils zusätzliche Korrekturschichten.
Eine Korrekturschicht, die gelbe Farbstoffe ausbildet, reduziert unerwünscht weitergeleitetes Blau.

Eine rote Korrekturschicht reduziert unerwünscht weitergeleitetes Grün. Dies sorgt für eine präzisere Ausbildung der angestrebten Farben in den einzelnen Farbschichten.

Orangemaskierung

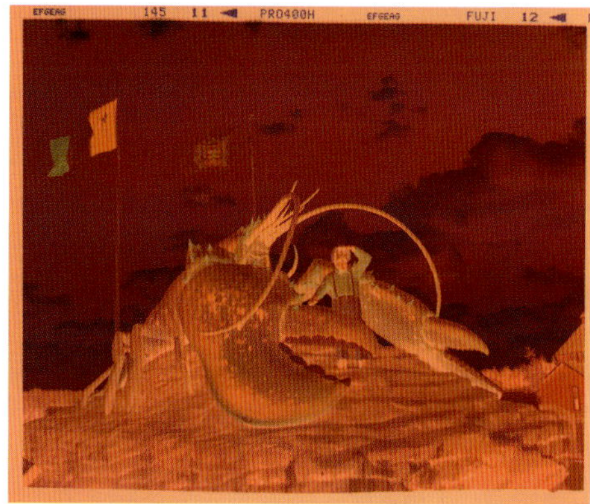

Abbildung 4.2: Farbnegativfilm mit orangefarbener Maskierung

Bei Betrachtung eines Farbnegativfilms fällt sofort auf, dass dieser nicht ganz klar und transparent ist, sondern der Film eine orangebräunliche Grundfarbe aufweist.

Hierbei handelt es sich um die sogenannte Orangemaskierung. Diese ergibt sich aus den Farbstoffen der zuvor beschriebenen zwischengelagerten Gelbfilter- und Rotfilterschicht.

Während diese Maskierung die farbstichfreie analoge Vergrößerung erleichtern soll, erschwert sie jedoch die moderne hybride Arbeitsweise der Digitalisierung, da hierfür zunächst diese Farbe mittels der Scanner-Software oder in der Bildbearbeitung herausgefiltert werden muss.

Hinweis

Bei Diafilmen sind die zusätzlichen Gelb- und Rotfilterschichten zur Korrektur nicht notwendig und fehlen daher. Tatsächlich wären sie sogar störend, da sich Filme mit einer orangen Maskierung nicht zur Projektion oder Durchlichtbetrachtung eignen würden.

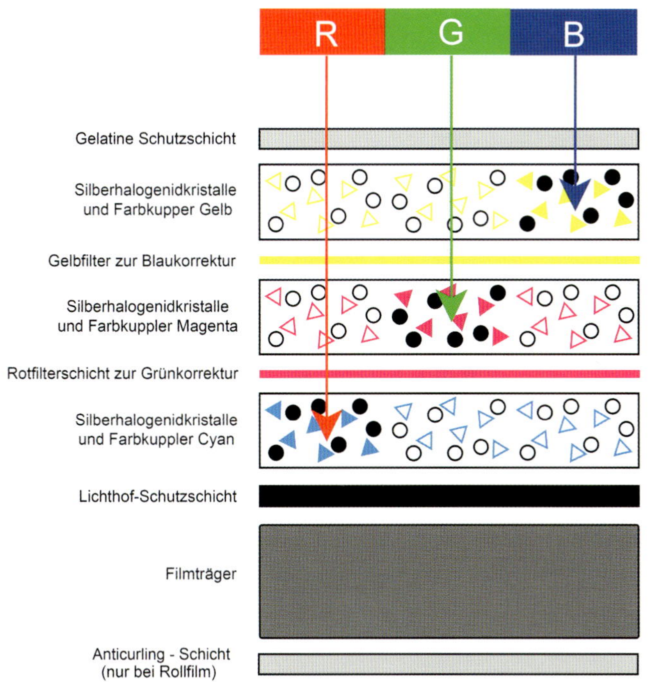

Abbildung 4.3: Schematischer Aufbau eines Drei-Schichten-Farbfilms nach der Belichtung, aber noch vor der Entwicklung. Die Bildinformation ist bereits als latentes Bild in den Filmschichten vorhanden, aber ohne Entwicklungsvorgang nicht sicht- und nutzbar.

4.3 FARBFILMTYPEN

Farbfilme sind sowohl als Farbnegativfilm als auch Farbpositivmaterial erhältlich. Letztes wird allgemein als Farbdiafilm bezeichnet.

FARBNEGATIVFILM

Der Farbnegativfilm ist das weitverbreitetste Farbfilmmaterial und ursprünglich vor allem für das Erstellen von Farbabzügen im analogen RA-4-Prozess gedacht. Das entwickelte Bild stellt die aufgenommenen Farben komplementär zu den wirklichen Farben als Negativbild dar. Die Wiedergabe als Positivbild erfolgt durch Erstellen von Farbabzügen oder durch Invertierung in der Digitalisierung.

Der Filmträger ist nicht transparent, sondern hat eine orangebraune Maskierung. Die Entwicklung erfolgt im C-41-Prozess.

FARBDIAFILM

Der Farbdiafilm hat im Wesentlichen den gleichen Schichtaufbau wie der Farbnegativfilm. Ein großer Unterschied liegt in der fehlenden Orangemaskierung, wodurch man einen, für die Projektion und Durchsicht notwendigen, transparenten Filmträger erhalten kann.

Das entwickelte Bild ist auf dem Film als farbrichtiges Positivbilder sichtbar. Die Umkehrentwicklung erfolgt im E-6-Prozess.

Hinweis

Weitere Details zu den einzelnen Farbentwicklungsprozessen finden Sie im anschließenden Kapitel.

4.4 LICHTFARBE UND FARBFILM

Je nach vorherrschender Lichtquelle hat das Licht eine andere sogenannte Farbtemperatur, die in Kelvin angegeben wird. Im Allgemeinen ist Tageslicht in der Fotografie mit einer Farbtemperatur von 5500 Kelvin definiert. Dies entspricht in etwa dem Sonnenlicht zur Mittagszeit und ist auch der Wert auf den Studioblitze sowie Aufsteckblitze eingestellt sind. Dieser Farbwert ist tendenziell leicht bläulich.

Im Verlauf des Tags verändert sich dieser Wert insbesondere bei Sonnenauf- und -untergang hin zu einer niedrigeren Farbtemperatur mit einem deutlichen Rotstich. Starke Unterschiede ergeben sich zudem bei der Verwendung von künstlichen Lichtquellen, wie Glühbirnen, Halogenlampen, Neonröhren, Kerzen, Feuer etc., die alle wiederum eine ihnen eigene Farbtemperatur aufweisen.

Die Farbwiedergabe fast aller heute erhältlichen Filme ist auf Tageslicht ausgelegt. Bei Verwendung eines Tageslichtfilms bei Kunstlicht erhält man daher häufig einen gelblichen oder rötlichen Farbstich, der insbesondere bei Porträtaufnahmen recht unschön aussehen kann.

Entgegenwirken lässt sich hier, wie weiter unten aufgeführt, durch die Verwendung von Objektivfiltern, einem Tageslichtaufhellblitz oder aber einem speziellen Kunstlichtfilm.

Vorsicht

Mischlichtsituationen kombiniert aus Tageslicht und einer oder auch mehrerer unterschiedlicher Kunstlichtquellen können bei Farbfilmaufnahmen zu unschönen und schwer korrigierbaren Farbstichen führen.

TABELLE MIT LICHTFARBEN

Im Folgenden habe ich zur Veranschaulichung einige Farbtemperaturwerte für unterschiedliche Lichtquellen aufgeführt. Die zugeordneten Werte würde ich eher nicht in Stein meißeln, da je nach spezifischer Lichtquelle durchaus Fluktuationen möglich sind. So verändert sich z.B. die Farbtemperatur des Sonnenlichts je nach Sonnenstand oder auch unter Einfluss störender Faktoren wie sich davorschiebende Wolken beständig während des Tagesverlaufs.

Auch künstliche Lichtquellen können in ihren Farbeigenschaften je nach den von Herstellern verwendeten Komponenten oder auch ihrem Betriebsalter variieren.

Für hundertprozentig genaue Messwerte muss ein sogenanntes Kolorimeter verwendet werden, das ähnlich einem zur Helligkeitsbestimmung verwendeten Belichtungsmesser, die in einem spezifischen Augenblick vorherrschenden Farbwerte exakt bestimmen kann.

Lichtquelle	**Farbtemperatur**	
Kerze	1500 Kelvin	
Sonnenaufgang	ca. 2000 Kelvin	
Glühlampe (100W)	2800 Kelvin	
Halogenlampe	3000 bis 3200 Kelvin	
Sonnenuntergang	3400 Kelvin	
Leuchtstoffröhre (Neutralweiß)	4400 Kelvin	
Sonnenlicht (zur Mittagszeit)	5500 Kelvin	
Bewölkter Himmel	6500 – 7500 Kelvin	
„Blaue Stunde“ (vor Sonnenaufgang, nach Dämmerung)	9000 – 12000 Kelvin	

Abbildung 4.4: Übersicht über verschiedene Farbtemperaturen zur groben Orientierung

TAGESLICHT- UND KUNSTLICHTFILM

Farbfilme werden, je nachdem für welche Art Lichtquelle sie bei der Aufnahme gedacht sind, in Tageslichtfilme oder Kunstlichtfilme unterschieden.

Kunstlichtfilme erkennt man in der Regel an dem »T« im Namenszusatz. Dies steht für »Tungsten«, dem englischen Begriff für Kunstlicht.

Allerdings sind fast alle heute erhältliche Farbfilme Tageslichtfilme.

TAGESLICHTFILM

Tageslichtfilme sind, wie der Name vermuten lässt, für den Einsatz bei Tageslicht vorgesehen, das im Idealfall eine Farbtemperatur von 5500 Kelvin aufweist. Die besten Farbergebnisse erzielt man daher bei mittäglichem Sonnenschein sowie mit Blitzgeräten oder Tageslichtlampen.

Aber auch bei sich durch unterschiedlichen Sonnenstand verändernden Lichtfarben werden noch natürliche Farben wiedergegeben, insbesondere solange die Farbtemperatur sich noch im bläulich kaltweißen Bereich befindet.

Bei der Verwendung mit künstlichen, warmweißen Lichtquellen erhält man dagegen häufig einen gelblichen bis rötlichen Farbstich.

KUNSTLICHTFILM

Für den Einsatz mit künstlichen warmweißen Lichtquellen gab es zu früheren Zeiten eine Auswahl verschiedener Kunstlichtfilme.

Kunstlichtfilme verfügen über eine integrierte Blaufilterschicht, die den gelblichen Farben künstlicher Lichtquellen entgegenarbeitet und dadurch im Idealfall neutrale Farben erzeugt.

Heute stehen uns für diesen Einsatzzweck leider nur noch der Cinestill 800T sowie dessen eigentlich für Kinofilm-Produktionen gedachtes und regulär nur als Meterware erhältliches Ursprungsmaterial Kodak Vision3 500T sowie der Kodak Vision3 200T zur Verfügung.

FARBKORREKTUR MIT KONVERSIONSFILTERN

Unser Gehirn interpretiert die vom Auge übermittelten Bildinformationen in Bruchteilen einer Sekunde und ist auch in der Lage, sich sehr schnell veränderten Lichtsituationen, seien es verschiedene Helligkeiten, aber auch wechselnden Farbstimmungen anzupassen.

Änderungen der Farbtemperatur werden daher häufig gar nicht so bewusst wahrgenommen.

Der auf spezifische Farbwerte eingestellte Film ist leider nicht ohne Weiteres so anpassungsfähig.

In der digitalen Bildbearbeitung haben wir es am Rechner noch leicht, Farbstiche eines Bilds mit theoretisch nur einem Klick zum neutralen Weißabgleich herauszufiltern. Bei hybrider Verarbeitung, also bei nach Entwicklung auf digitalem Wege weiterverarbeiteten Farbfilmen, können wir uns diese erleichterte Farbkorrektur, wenn auch mit etwas Einschränkungen, ebenfalls zu eigen machen.

Bei rein analoger Fotografie, die dann auch die analoge Erstellung von Abzügen beinhaltet, sieht die Sache etwas anders aus.

Einmal auf Film gebannte Farbverschiebungen lassen sich nachträglich nur sehr schwer korrigieren. Daher ist es sinnvoll, hier schon bei der Aufnahme entgegenzusteuern.

Speziell für diesen Einsatzweck gibt es sogenannte Farbkonversionsfilter, mit deren Hilfe sich die Farbtemperatur der vorherrschenden Lichtquelle senken oder steigern lässt, so dass sie näher an die Kalibrierung des verwendeten Filmmaterials heranreicht.

Folgende Typen von Konversionsfiltern sind erhältlich:

Kunstlicht zu Tageslicht

Ein blauer Filter, der die Farbtemperatur von etwa 3200 Kelvin auf 5500 Kelvin anheben kann.

Das Resultat: Mit diesem Filter erhält man mit einem Tageslichtfilm auch bei Kunstlicht möglichst neutrale Farbergebnisse.

Bekannte Herstellerbezeichnungen sind Tiffen 85A, Cokin 85A, Heliopan KB.

Tageslicht zu Kunstlicht

Ein orangener Filter, der die Farbtemperatur von etwa 5500 Kelvin auf 3200 Kelvin absenken kann.

Mit diesem Filter kann man dann einen Kunstlichtfilm auch bei Tageslicht verwenden. Eine praktische Ergänzung z.B. für den Cinestill 800T.

Solch ein Filter kann aber auch verwendet werden, um bewusst mit Tageslichtfilm eine rötlich orange Farbstimmung zu erhalten.

Bekannte Herstellerbezeichnungen sind Tiffen 85B, Cokin 85B, Heliopan KR.

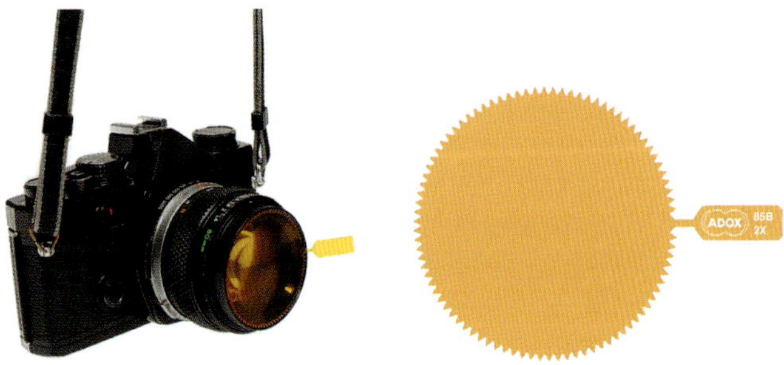

Abbildung 4.5: Von ADOX gibt es speziell für den Cinestill 800T günstige Snap-On-Filter, um diesen Effekt ohne allzu große Kosten einmal auszuprobieren.

Wichtig

Bei Einsatz von Filtern während der Aufnahme ist stets der Verlängerungsfaktor zu beachten, um Unterbelichtungen zu vermeiden. Informationen dazu finden sich häufig seitlich auf den Filtern aufgedruckt oder bei den Herstellerangaben.
Je nach Dichte des Filters muss die Belichtung um 1 oder im Fall des K80A Filters sogar um 2 Blendenstufen verlängert werden. Während Spiegelreflexkameras dies mit ihrer Belichtungsmessung direkt durch das Objektiv mitmessen, können Messsucherkameras dies leider nicht.

Hinweis

Diese Filtertechnik funktioniert nicht nur mit den entsprechenden Filtern auf dem Kameraobjektiv, sondern auch mit Filterfolien, die direkt vor eine Lichtquelle, wie z.B. eine Aufnahmelampe geklemmt, werden können.
Passende Filterfolien gibt es im Zubehörhandel für Film- und Videoaufnahmen.

Tipp

Die Farbverschiebungen bei Verwendung von Kunstlichtfilm bei Tageslicht sowie Tageslichtfilm bei Kunstlicht müssen nicht immer zwingend störend sein, sondern können die analoge Farbpalette auch als bewusst eingesetztes kreatives Gestaltungsmittel bereichern. Insbesondere Kunstlichtfilme erzeugen bei Tageslichteinsatz einen den Sehgewohnheiten widersprechenden sehr kühlen und bläulichen Look.

4TH-LAYER-TECHNOLOGIE

Eine Zeit lang produzierte Fujifilm seine Tageslichtfilme mit einer zusätzlichen vierten Schicht (4th Layer Technology), die speziell dafür gedacht war, Farbverschiebungen durch Kunstlicht auszugleichen, wobei der Einsatz eines leichten Konversionsfilters für beste Ergebnisse weiterhin empfohlen wurde. Diese moderne Emulsionstechnik machte Fuji-Filme sehr flexibel und universell einsetzbar. Bei heute noch produzierten Fuji-Farbfilmen findet sich diese Technologie leider nur noch beim Fuji Superia 400. Bei den übrigen Filmen wird auf diesen Zusatz, wahrscheinlich aus Kostengründen, leider verzichtet.

4.5 BELICHTUNGSTIPPS FÜR FARBFILME

BELICHTUNG VON FARBNEGATIVFILM

Farbnegativmaterial kann Helligkeitsunterschiede von mindestens 11 Blenden wiedergeben und gilt daher als sehr gutmütig auch bei Fehlbelichtungen, insbesondere bei Überbelichtung.

PUSH- UND PULL VON FARBNEGATIVFILMEN

Aus der Belichtung und Entwicklung von Schwarz-Weiß-Negativfilmen kennen wir die Technik der Push- bzw. Pull-Entwicklung.

Bei der Aufnahme unterbelichtete Filme können durch verlängerte Entwicklungszeiten ausgeglichen werden. Überbelichtete Filme werden entsprechend kürzer entwickelt, um keine zu dichten Negative zu erhalten.

Auf diese Weise lassen sich die ISO-Werte der Schwarz-Weiß-Filme recht flexibel an Lichtsituationen anpassen.

Bei der Farbnegativentwicklung im Prozess C-41, den wir in einem folgenden Kapitel noch genauer kennenlernen werden, ist diese Vorgehensweise auch anwendbar und insbesondere bei stärkerer Unterbelichtung ab 2 Blendenstufen auch empfehlenswert.

Während bei Schwarz-Weiß eine Push-Entwicklung als Nebeneffekt zu stärkerem Filmkorn und Kontrast und eine Pull-Entwicklung zu recht flauen Negativen führen können, kommt bei Veränderungen der C-41-Entwicklungszeiten der zusätzliche Faktor Farbe ins Spiel. Einige Filme reagieren empfindlich bei Abweichungen vom Standardprozess und danken dies ihrem Fotografen mit einem sichtbaren Farbstich.

Überbelichtungen werden von Farbnegativfilmen ausgesprochen gut vertragen.

Im Bereich von 1 bis 2 Blendenstufen Überbelichtung ist eine Anpassung der Entwicklungszeit daher nicht zwingend notwendig. Durch Überbelichtung steigt bei Farbfilmen häufig die Farbsättigung und die sichtbare Körnung verringert sich, weshalb viele Fotografen Farbnegativfilme stets ein wenig überbelichten. Bei Überbelichtung von 3 und mehr Blendenstufen steigt die Dichte des Negativs sehr stark an, wodurch das Scannen und insbesondere das rein analoge Vergrößern immer schwieriger werden und unschöne Nebeneffekte wie komplett weiße Lichter oder Unschärfen an Kontrastkanten auftreten können. Eine Pull-Entwicklung mit reduzierter Entwicklungszeit macht in diesen Extremfällen dann durchaus Sinn.

Tipp

Es empfiehlt sich, Farbnegativfilme immer ein wenig überzubelichten, insbesondere auch bei der Verwendung von Tageslichtfilm in Kunstlichtumgebung.

PASTELL-LOOK-EFFEKT

Auf der gezielten Überbelichtung von Farbnegativfilmen basiert auch ein Look, der bereits seit einiger Zeit die analogaffinen Social-Media-Kanäle füllt und eine große Fangemeinde gefunden hat, nämlich der Pastell-Look: cremig anmutende Lichter, feines Filmkorn, weiche Kontraste und pastellige Farben.

Insbesondere eine Reihe von Hochzeitsfotografen aus dem sonnigen Kalifornien, wie José Villa, haben diesem Look zu Popularität verholfen. Während die meisten Hochzeitsfotografen weltweit mittlerweile digital fotografieren, hat sich dort ein Trend zur Verwendung von analogem Mittelformatfilm durchgesetzt, der seinen Ursprung auch in der besonderen Farbstimmung des Pastell-Looks hat.

Die malerisch in goldenes Licht getauchte Kulisse kalifornischer Strände, Mid-Century-Strandhäuser, ikonische amerikanische Landschaften durchtränkt mit popkulturellen Referenzen, haben dann ihr Übriges getan, um den Hype auch über Kalifornien hinaus in die Welt zu tragen.

Der Pastell-Look ist ein Resultat des hybriden Entwicklungsprozesses im Zusammenspiel von analogem Film und Digitalisierung. Insbesondere bei Farb-Mittelformat- und Großformatfilm ist er aufgrund ihrer Feinkörnigkeit zudem besonders ausgeprägt.

Um diesen Effekt zu erreichen, sollten Farbnegativfilme eine Blende überbelichtet werden und die Belichtungsmessung zugleich möglichst immer in den Schattenpartien erfolgen. Wer über einen externen Handbelichtungsmesser verfügt, führt am einfachsten eine Lichtmessung mit Kalotte in Richtung Kamera gerichtet aus.

Typisch hierfür verwendete Filme sind der Kodak Portra 400, Kodak Portra 800, mit etwas Einschränkung der Kodak Portra 160. Auch der Fuji Pro 400H zählte zu den hierfür gern verwendeten Filmen. Leider wird dieser von Fuji mittlerweile nicht mehr hergestellt.

Die Entwicklung erfolgt dann mit der regulären Entwicklungszeit, also ohne Pull-Anpassung an die Überbelichtung. Wichtiger Bestandteil ist dann die passende Ausarbeitung beim Film-Scan. Für beste Ergebnisse wird hierfür einer der populären Scanner professioneller Labore wie der Fuji SP-3000 oder Noritsu HS-1800 verwendet.
Die Negative sollten dann möglichst weich gescannt werden.
Damit das auch funktioniert und der Labormitarbeiter am Filmscanner nicht versucht, die Überbelichtung am Scanner zu korrigieren, sollte man den gewünschten Look idealerweise vorher mit dem Labor absprechen.

BELICHTUNG VON FARBDIAFILM

Der Belichtungsspielraum von Farbdiafilmen ist leider deutlich geringer als bei Negativfilmmaterial, weshalb hier eine gute Belichtungsmessung sehr wichtig ist. Ein externer Belichtungsmesser zur Lichtmessung kann dabei hilfreich sein.

Sehr empfindlich reagieren Diafilme auf Überbelichtung.

Während man bei Negativfilmmaterial dazu rät, auf die Schatten zu belichten, riskiert man bei Diafilmen hierdurch eine Überbelichtung mit ausgebrannten Lichterpartien.

Sehr stark unterbelichtete Dias werden sehr dunkel, Schatten und Schwärzen laufen zu und verlieren an Details.

Eine leichte Unterbelichtung im Rahmen einer viertel bis halben Blendenstufe führt jedoch zu verbesserter Farbsättigung, weshalb viele Diafotografen standardmäßig ein wenig unterbelichten.

4.6 ÜBERSICHT AM MARKT ERHÄLTLICHER FARBNEGATIVFILME

Hinweis

Diese Liste soll einen Überblick über die auf dem mitteleuropäischen Markt derzeit am weitesten verbreiteten Filmsorten geben, erhebt aber keinen Anspruch auf absolute Vollständigkeit. Stand: 31.03.2023

Zum aktuellen Zeitpunkt ist die allgemeine Verfügbarkeit von Farbfilmen leider ausgesprochen schwierig geworden. Viele Filme sind über lange Zeit ausverkauft und dann anschließend meist nur für kurze Zeit wieder auf Lager. Hinzu kommen jährlich wiederkehrende Preissteigerungen.

Laut Kodak liegt diese Problematik in der wieder stark gewachsenen Nachfrage nach analogem Film, der schwierigen weltweiten Versorgungslage mit Rohstoffen aller Art und einer zuvor über viele Jahre gesundgeschrumpften Fotoindustrie, die nun erst einmal wieder Kapazitäten aufbauen muss, sowohl in der Produktion als auch in der Ausbildung und Schulung neuer Mitarbeiter. Also eine insgesamt positive Marktsituation, an die sich die Hersteller hoffentlich wieder schnell anpassen können.

FARBTESTS

Um Unterschiede in der Farbwiedergabe verschiedener Filmsorten zu verdeutlichen, habe ich jeweils mit einer Auswahl an Farbfilmen Testbilder mit einem gleichbleibenden Studioaufbau erstellt.

Meine Vorgehensweise:

Die Belichtung erfolgte im Studio und unter Verwendung von Blitzlicht (ca. 5500 Kelvin). Die verwendete Kamera war eine Canon EOS 3 mit Objektiv Canon EF 1,4/50 mm.
Es wurde jeweils eine Aufnahme angepasst an die Nennempfindlichkeit sowie Über- und Unterbelichtungen von 1–3 Blendenstufen erstellt.
Keine Push-, keine Pull-Entwicklung, keine weitere Bildbearbeitung, außer einen Ausschnitt zu setzen.

Die Digitalisierung erfolgte mit einem Laborscanner Fuji SP-3000.

Tipp

Da eine exakte Wiedergabe hier im Druck nur schwer zu erreichen ist, habe ich die Farbtests auch auf meiner Webseite zur Ansicht bereitgestellt.
www.editionargentum.de/informationen/filmtests

ADOX

2022 überraschte der für Schwarz-Weiß-Materialien bekannte deutsche Hersteller ADOX die Analogcommunity mit einem völlig neuen eigenen Farbfilm. Der Zeitpunkt des Markteintritts hätte aufgrund der fortdauernden Lieferengpässe von Kodak und Fuji nicht günstiger gewählt werden können. So verbreitete die Nachricht eines neuen Farbfilms »made in Germany« Freude und Optimismus, während die beiden großen Player aus USA und Japan in den letzten Jahren eher mit Filmabkündigungen und Preiserhöhungen Schlagzeilen machten als mit neuen analogen Produkten. Beim vorgestellten ADOX Color Mission 200 handelte es sich allerdings nicht um eine ganz aktuelle Neuentwicklung, stattdessen ist dieser Film das Ergebnis früherer eigener Farbfilmforschungen durch ADOX in Kooperation mit einem Produktionspartner.

Nachdem dieser Partner kurz nach Fertigstellung einer ersten Testcharge in Insolvenz ging, wurde das ADOX-Farbfilm-Projekt seinerzeit zunächst auf Eis gelegt. In der neuen Marktsituation, mit Farbfilm als Mangelware, bot sich eine Chance für einen neuen Anlauf.

So ist der Verkauf des Films aus dieser ersten Produktionscharge mit der Mission verbunden, genügend Kapital zu erwirtschaften, um in eine vollkommen eigenständige Farbfilmproduktion zu investieren und dann zukünftig weitere Filme auf den Markt bringen zu können.

Es handelt sich gewissermaßen um eine Art umgedrehtes Kickstarter-Projekt, bei dem es schon direkt zu Beginn ein fertiges Produkt zu kaufen gibt und der Kunde mit dessen Erwerb die zukünftige Produktion unterstützen kann. Laut ADOX fließt der volle Gewinn aus dem Verkauf des Films in dieses neue Unterfangen.

ADOX COLOR MISSION 200

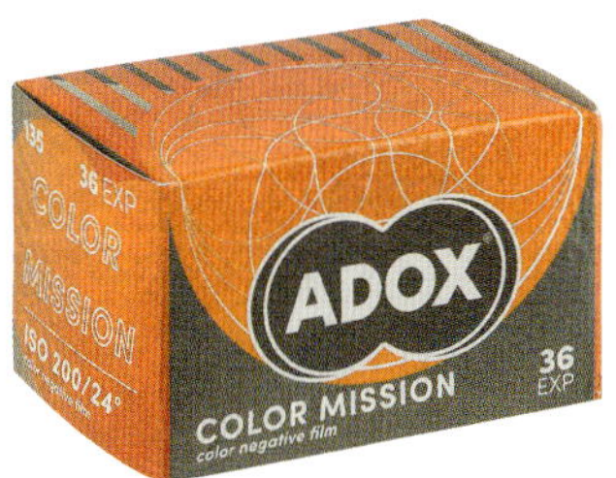

Abbildung 4.6: ADOX Color Mission 200

Der ADOX Color Mission ist ein mittelempfindlicher Farbnegativfilm mit leuchtenden, stark gesättigten Rottönen und auffälligen Grüntönen, die vom Hersteller als »mintig« bezeichnet werden.

Er bietet also keine absolut naturgetreue Farbwiedergabe, aber dafür eine außergewöhnliche Farbpalette, die sich mit keinem anderen Film erreichen lässt. Von einem heutigen Standpunkt aus gesehen ist das dann vielleicht sogar der interessantere Film als nur eine günstigere Kopie eines etablierten Kodak- oder Fuji-Films.

Nennempfindlichkeit	ISO 200/24°
Farbeigenschaften:	Kräftige Rottöne, »mintiges« Grün
Tageslicht oder Kunstlicht:	Tageslicht
Verfügbare Filmformate:	35-mm-Kleinbildfilm
Besonderheiten:	▸ Deutlich sichtbares Filmkorn ▸ Der Gewinn aus dem Verkauf fließt zu 100 % in die Erforschung und Produktion neuer ADOX-Farbfilme.

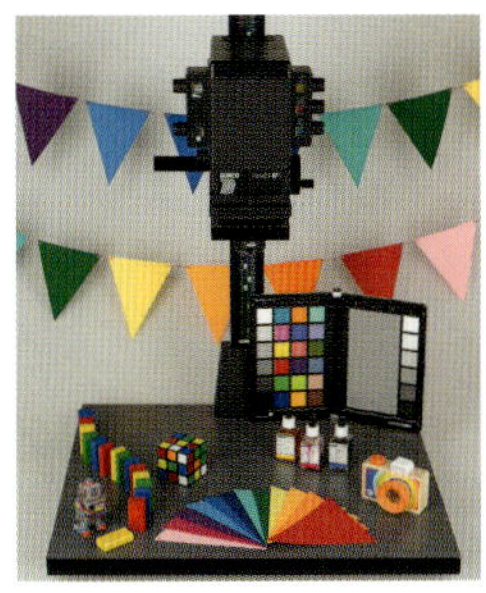

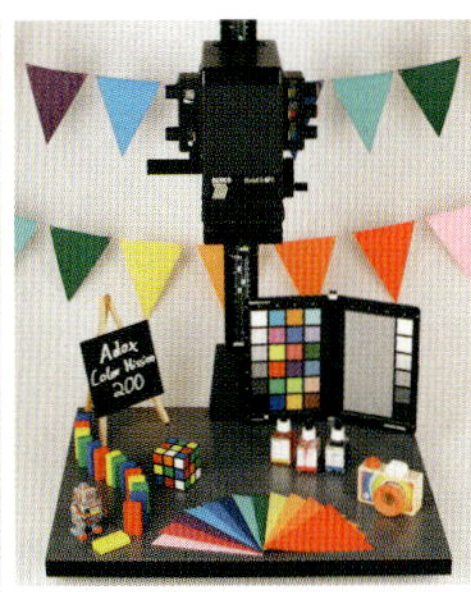

Abbildung 4.7: Links Referenzbild digital, rechts Filmfotografie. Das Filmkorn ist auch bei ISO 200/24° gut zu erkennen und gibt dem Color Mission einen sehr analogen Look.

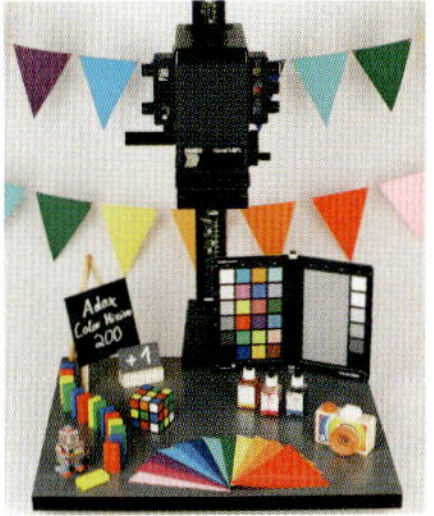

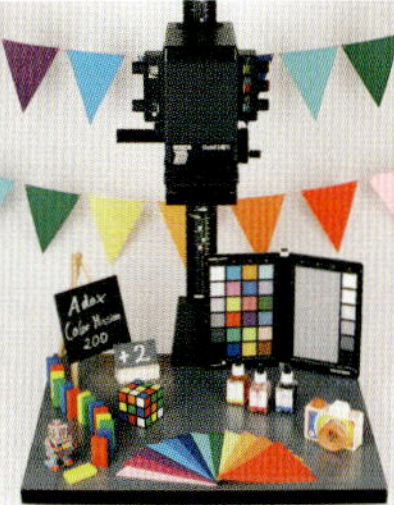

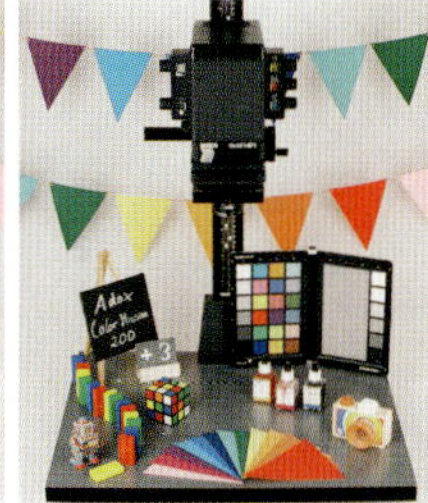

Abbildung 4.8: Bei Überbelichtung werden die Farben etwas leuchtender und das Korn ein wenig feiner.

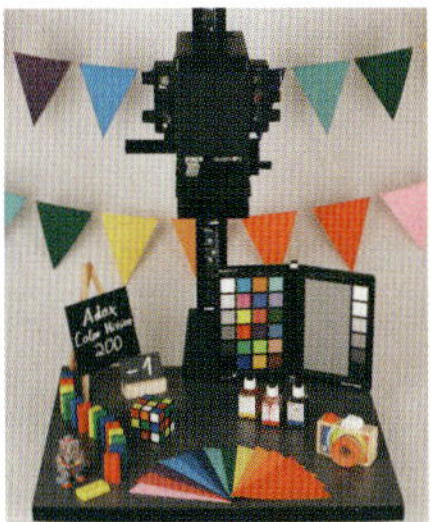

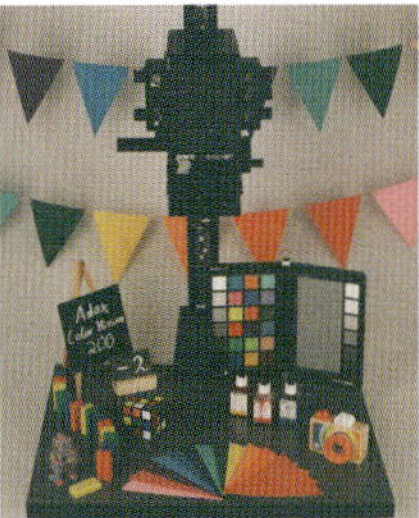

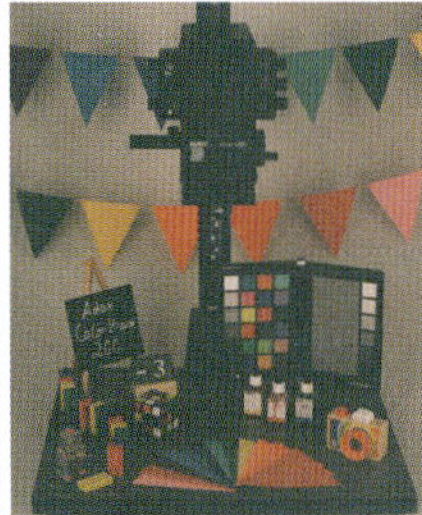

Abbildung 4.9: Unterbelichtung führt zu deutlich gröberem Filmkorn. Durch Push-Entwicklung lässt sich gegensteuern.

FUJIFILM

In der Hochphase der analogen Fotografie hatte Fujifilm ein ausgesprochen großes Angebot verschiedener Farbfilme im Angebot. Leider hat sich die Auswahl immer weiter eingeschränkt. Die von Fujifilm lange Zeit für den professionellen Einsatz produzierten

Filme, wie Fuji Pro 400H und 160NS, wurden leider vollständig eingestellt. Aktuell sind daher nur noch wenige Farbfilme von Fuji verblieben.

Die typischen »Fuji-Farben« sind mit starken Rot- und vor allem Grüntönen etwas kühler als bei Kodak.

FUJICOLOR C 200

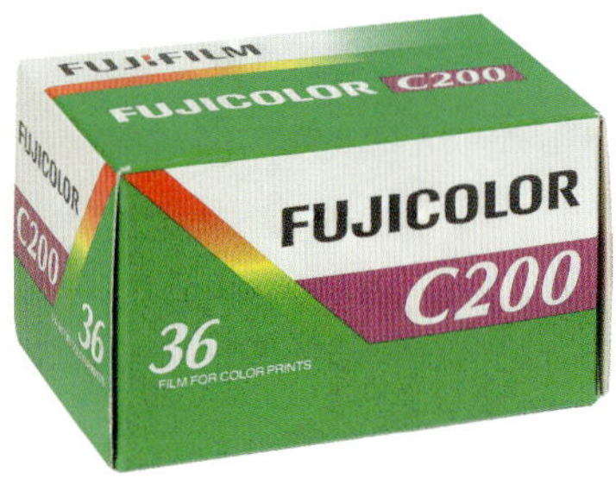

Abbildung 4.10: Fujifilm Fujicolor C 200

Der Fujicolor C 200 zählt zu den günstigsten Farbnegativfilmen am Markt und besticht durch hohe Farbsättigung, bei Fuji-typischen kühleren grünlichen Farbtönen.

Während die lange Zeit erhältliche Fuji Superia 200 noch über die Fuji-4th-Layer-Technologie verfügte, muss der Fuji C200 leider ohne diese auskommen, weshalb er am besten bei Tageslicht zu verwenden ist.

Nennempfindlichkeit	ISO 200/24°
Farbeigenschaften:	Hohe Farbsättigung, leicht kühle Farben
Tageslicht oder Kunstlicht:	Tageslicht
Verfügbare Filmformate:	35-mm-Kleinbildfilm
Besonderheiten:	Relativ preisgünstiger Film.

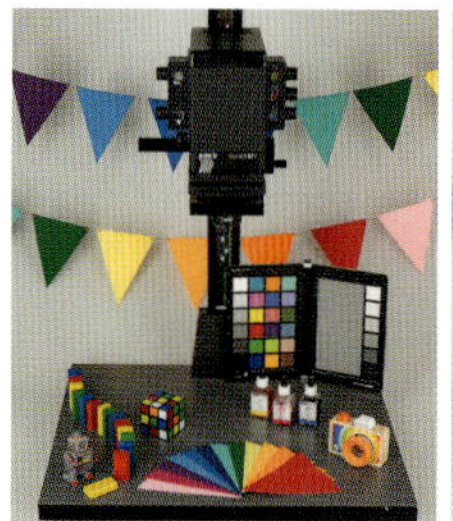
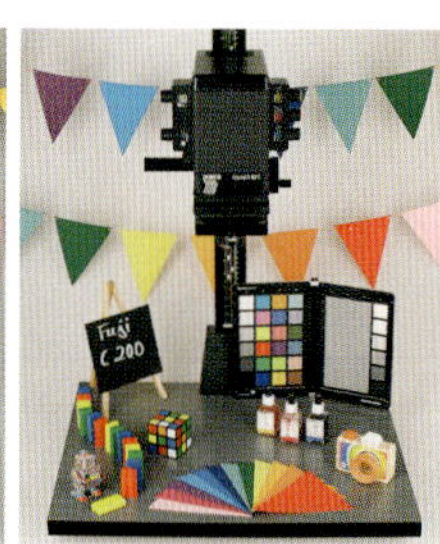

Abbildung 4.11: Links Referenzbild digital, rechts Filmfotografie. Recht hohe Farbsättigung, moderates, aber sichtbares Filmkorn und farbliche Tendenz zu Grün und Rot.

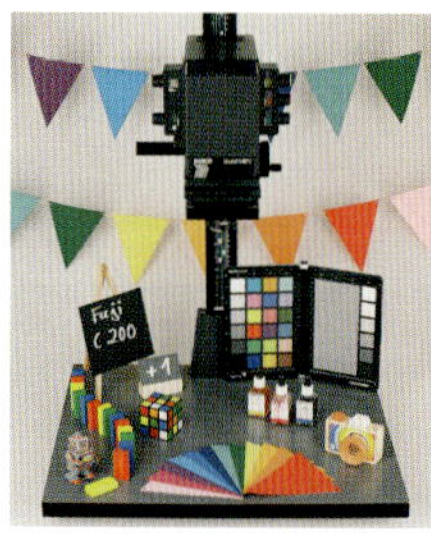
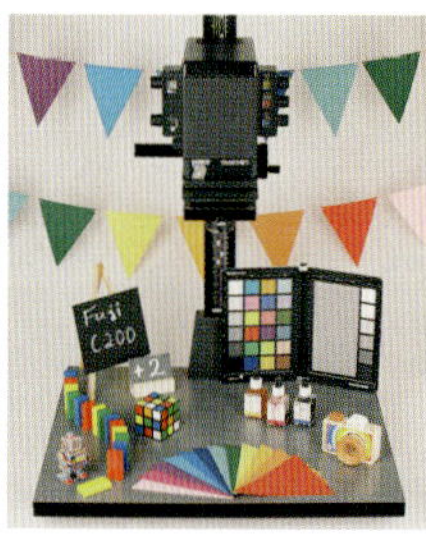
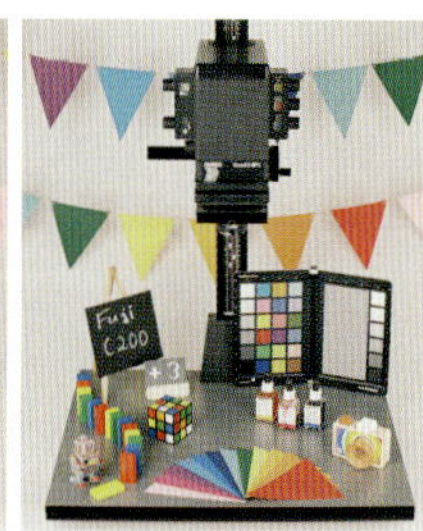

Abbildung 4.12: Überbelichtungen verträgt der Fuji C200 recht gut. Die Farben werden etwas satter, bei 3 Blendenstufen aber auch kontrastreicher und die Lichter brennen aus.

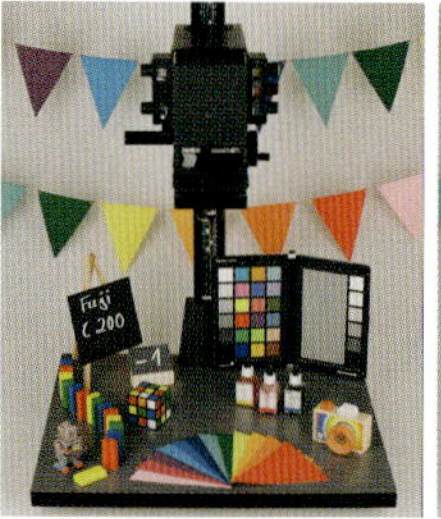
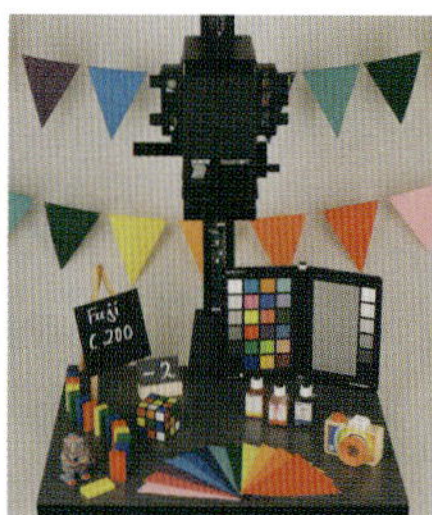
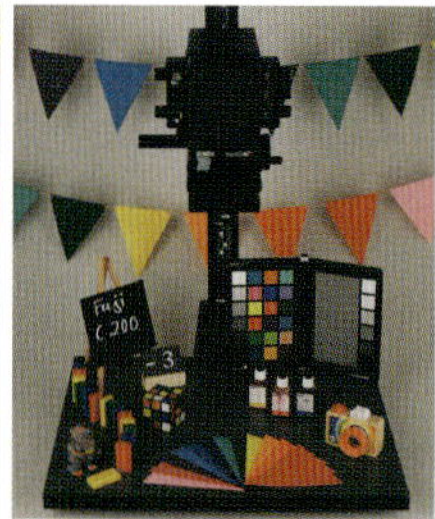

Abbildung 4.13: Bei Unterbelichtung von mehr als 1 Blendenstufe steigt die Körnigkeit deutlich und die Farben verlieren an Brillanz und Klarheit. Eine Push-Entwicklung ist empfehlenswert.

FUJI SUPERIA 400 X-TRA

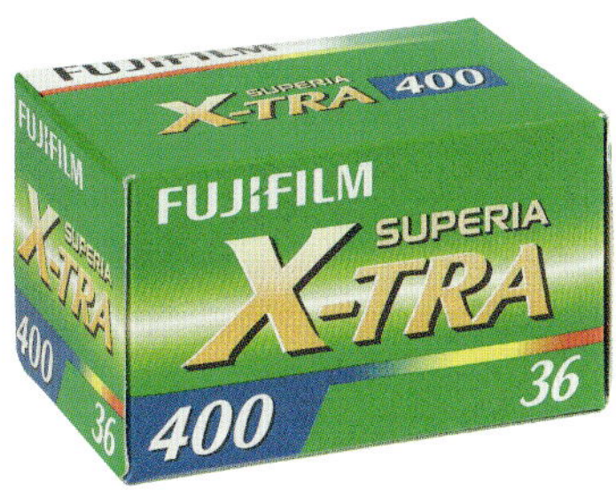

Sehr universell einsatzbarer Film mir hoher Empfindlichkeit. Die Fuji-4th-Layer-Technologie macht ihn auch in Mischlicht- und Kunstlichtsituationen einsetzbar. Mit Push-Entwicklung lässt er sich auch gut mit ISO 800/30° belichten.

Nennempfindlichkeit	ISO 400/27°
Farbeigenschaften:	Hohe Farbsättigung, leicht kühle Farben
Tageslicht oder Kunstlicht:	Tageslicht
Verfügbare Filmformate:	35-mm-Kleinbildfilm
Besonderheiten:	Fuji-4th-Layer-Technologie zur Kompensation von Farbstichen durch Kunstlicht

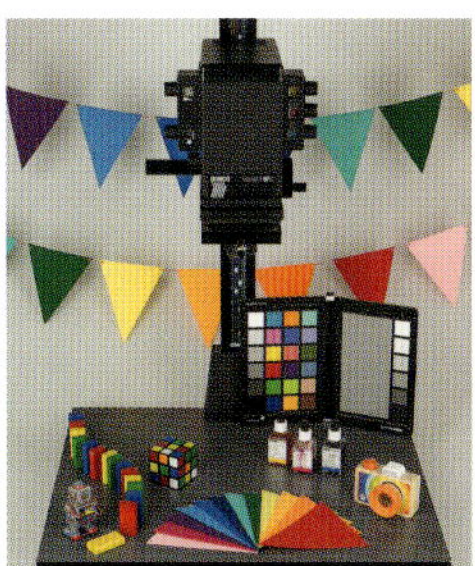
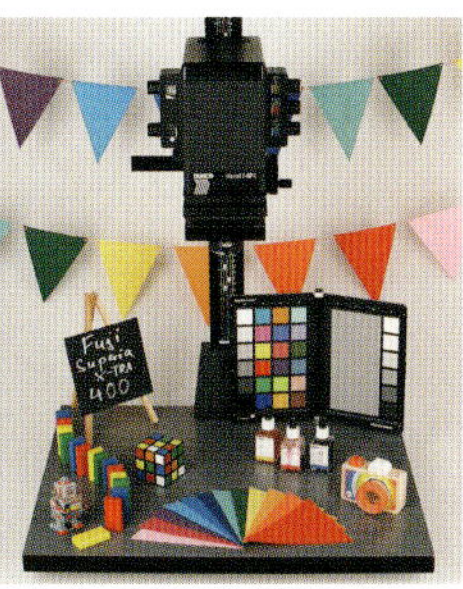

Abbildung 4.14: Links Referenzbild digital, rechts Filmfotografie

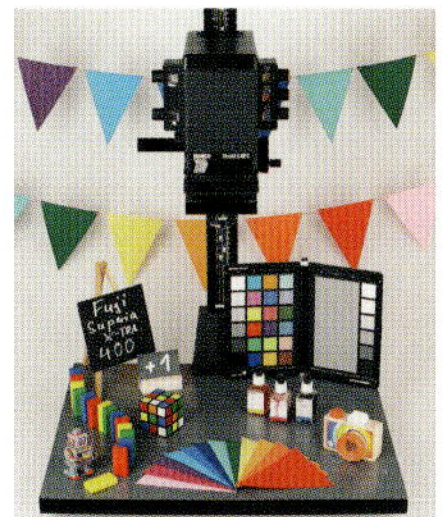
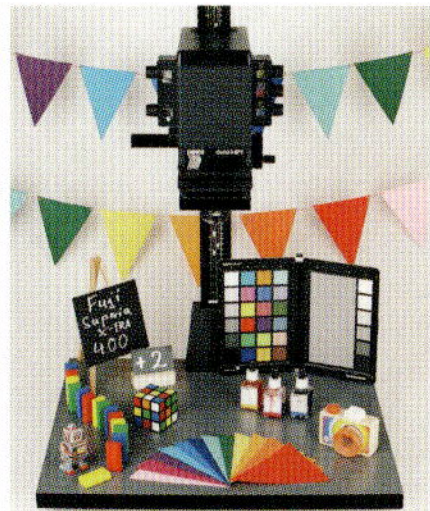
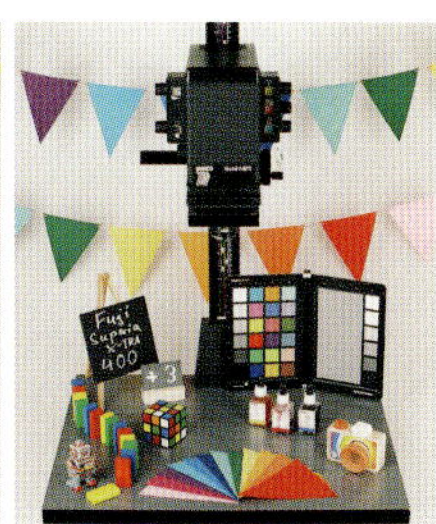

Abbildung 4.15: Überbelichtungen von 1–3 Blendenstufen sind kein Problem mit diesem Film. Die Farbsättigung nimmt leicht zu, aber das Ergebnis bleibt sehr stabil.

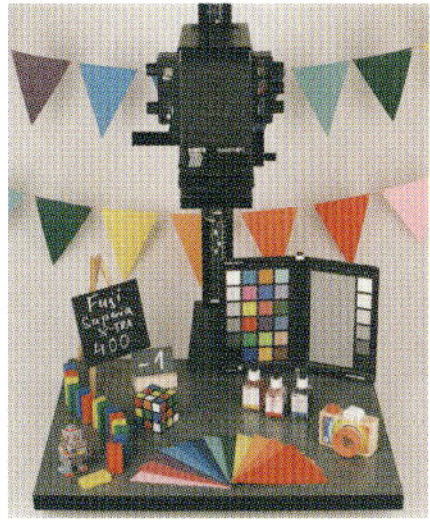
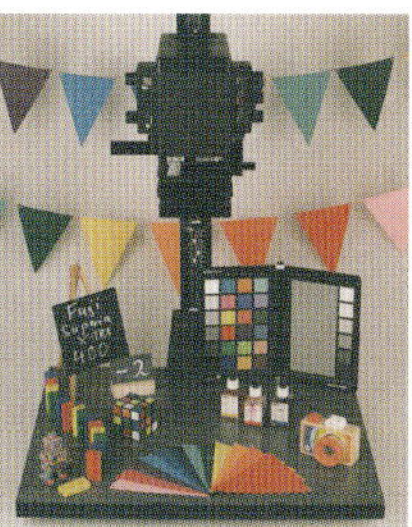
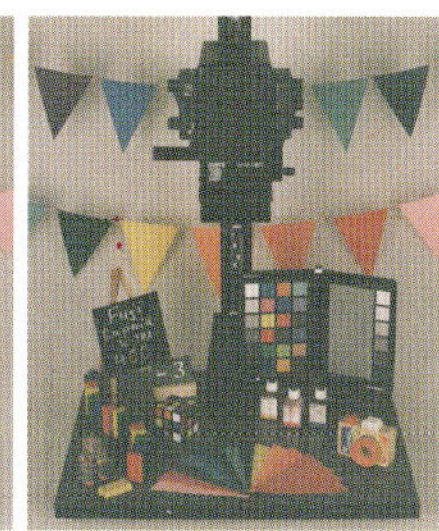

Abbildung 4.16: Bei Unterbelichtung verliert der Superia 400 schnell an Farbsättigung und wird deutlich körniger. Ab 2 Blendenstufen Unterbelichtung empfehle ich unbedingt eine Push-Entwicklung.

KODAK

Neben Fujifilm zählt traditionell Kodak zu den großen, traditionsreichen Herstellern von Farbfilmen. Das Sortiment musste im Laufe der Zeit, in Anbetracht eines schrumpfenden Markts und den zusätzlichen Herausforderungen einer durchlaufenen Insolvenzphase, einige Federn lassen.

Dennoch ist Kodak aktuell der größte noch verbliebene Anbieter von Farbfilmmaterial.

Zum Sortiment gehören sowohl etwas preiswertere Amateurfilme sowie Filmmaterial für professionelle Anwender, das man in der Regel nur im Fotofachhandel kaufen oder bestellen kann.

Die für den Amateurbereich gedachten Filme weisen in der Regel eine erhöhte Farbsättigung und gröbere Filmkörnung auf.

Gemeinsam ist allen Kodak-Filmen eine deutliche Tendenz zu warmen Farben mit starken Gelb- und Rottönen.

KODAK GOLD 200

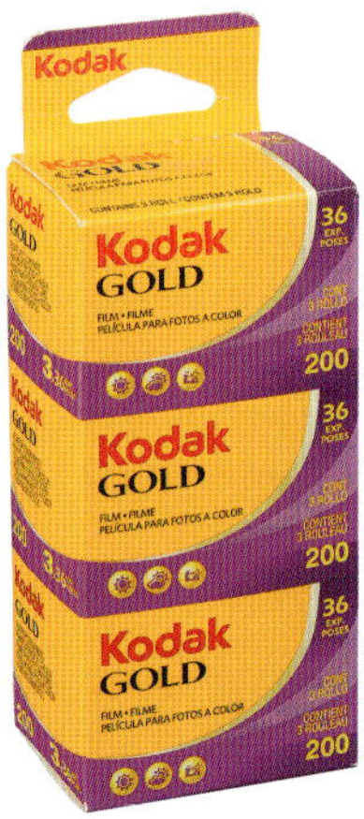

Abbildung 4.17: Kodak Gold 200

Der Kodak Gold 200 zählt seit Jahren zu den beliebtesten Kodak-Filmen überhaupt und ist einer der wenigen Farbfilme, die man sogar noch in Drogerien und manchen Supermärkten antreffen kann.
Er verfügt über die typischen warmen, »goldenen« Kodak-Farben mit Tendenz zu starken Gelb- und Rottönen bei recht hoher Farbsättigung.

Seit 2022 ist Kodak Gold 200 auch als 120er-Mittelformatfilm erhältlich.

Nennempfindlichkeit	ISO 200/24°
Farbeigenschaften:	Erhöhte Farbsättigung mit Tendenz zu starken Gelb- und Rottönen
Tageslicht oder Kunstlicht:	Tageslicht
Verfügbare Filmformate:	35-mm-Kleinbildfilm, 120er-Mittelformat
Besonderheiten:	Relativ preisgünstiger Film

Abbildung 4.18: Links Referenzbild digital, rechts Filmfotografie

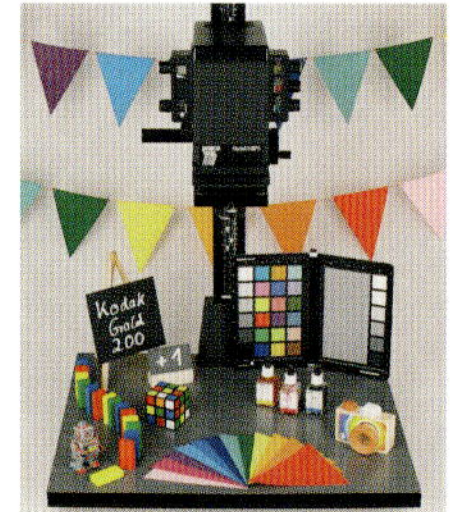

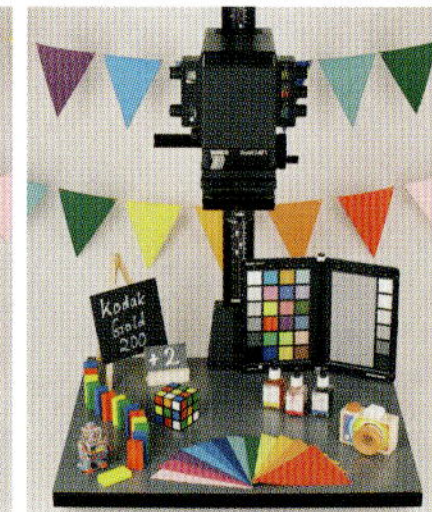

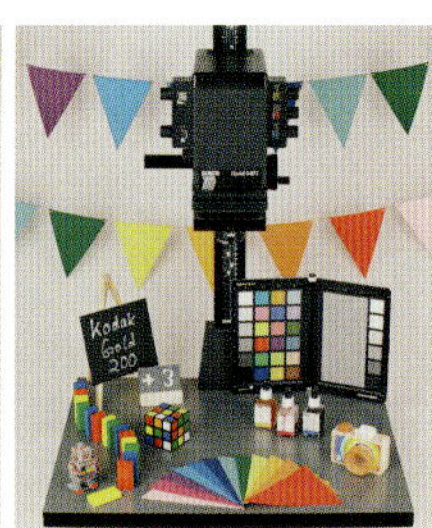

Abbildung 4.19: Keine großen Probleme mit Überbelichtungen. Die Sättigung nimmt weiter zu.

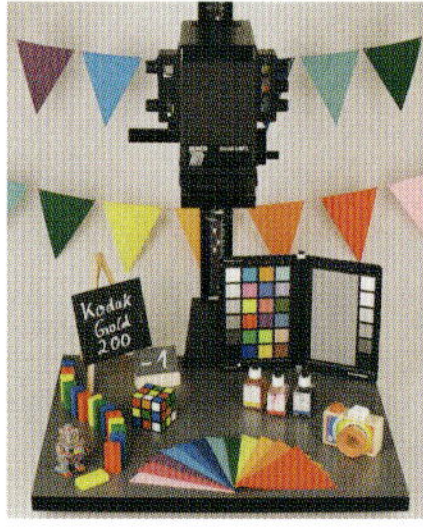

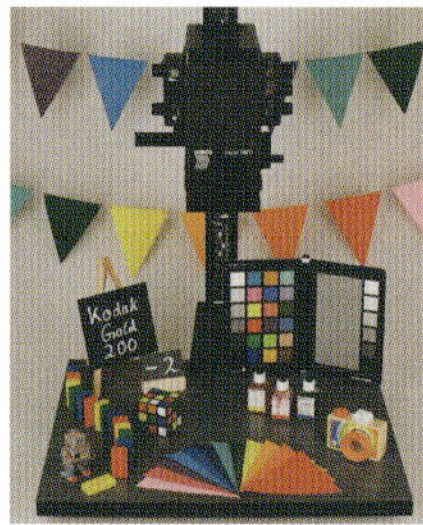

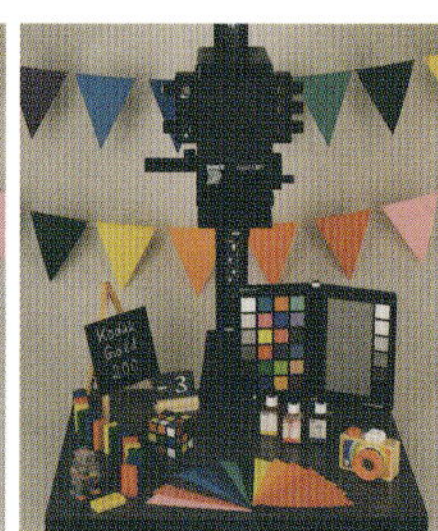

Abbildung 4.20: Bei mehr als 1 Blendenstufe Unterbelichtung nimmt die Körnigkeit stark zu, Farben verlieren an Intensität und werden gräulich. Push-Entwicklung empfehlenswert.

KODAK COLOR PLUS 200

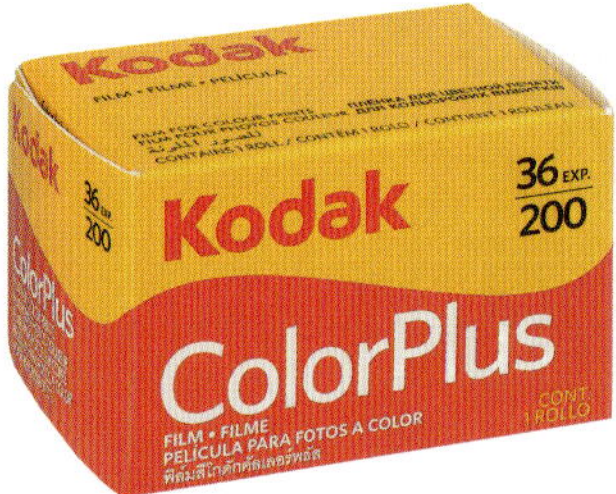

Abbildung 4.21: Kodak Color Plus 200

Der Kodak Color Plus ist dem Kodak Gold 200 sehr ähnlich. Hierbei handelt es sich um eine etwas ältere und einfachere Filmemulsion mit leicht höherem Kontrast und etwas gröberem Filmkorn.

Wichtigstes Verkaufsargument war lange Zeit der im Vergleich zum Kodak Gold nochmals günstigere Preis. Aktuell ist dieser Film leider sehr schwer zu finden und auch nicht mehr ganz so günstig, aber nach wie vor eine interessante Ergänzung der Kodak-Filmpalette.

Nennempfindlichkeit	ISO 200/24°
Farbeigenschaften:	Erhöhte Farbsättigung mit Tendenz zu starken Gelb- und Rottönen
Tageslicht oder Kunstlicht:	Tageslicht
Verfügbare Filmformate:	35-mm-Kleinbildfilm
Besonderheiten:	Relativ preisgünstiger Film

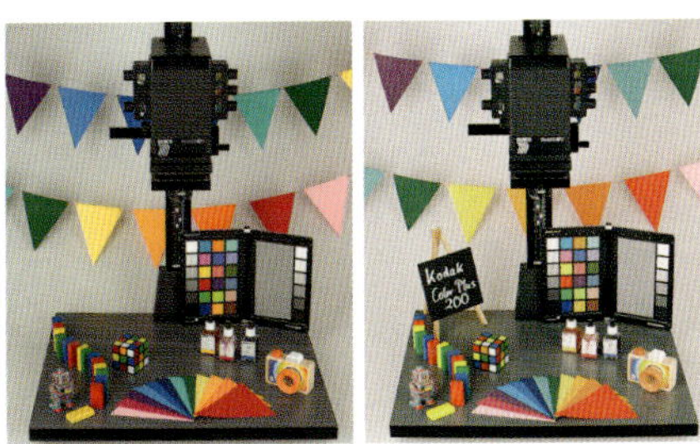

Abbildung 4.22: Links Referenzbild digital, rechts Filmfotografie

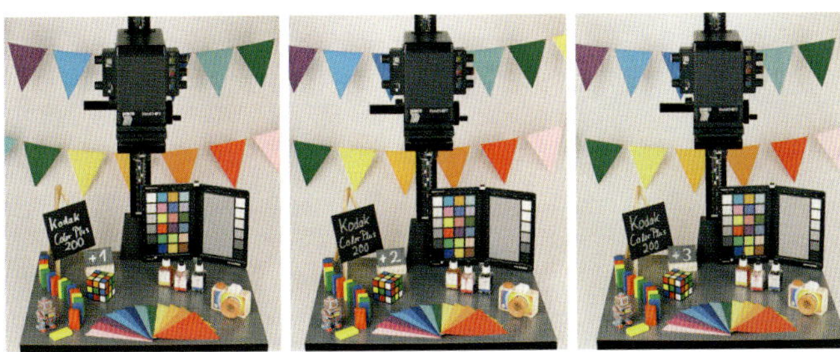

Abbildung 4.23: Keine großen Probleme mit Überbelichtungen. Die Sättigung nimmt weiter zu.

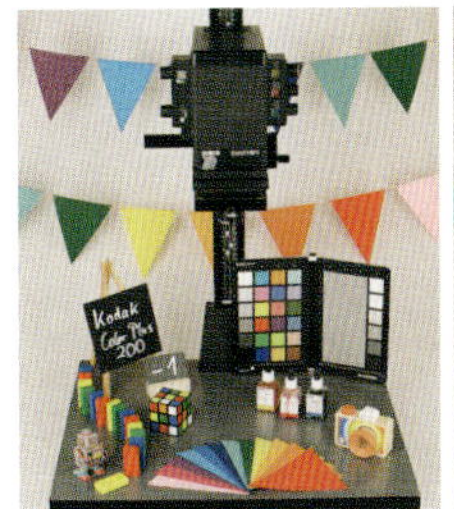
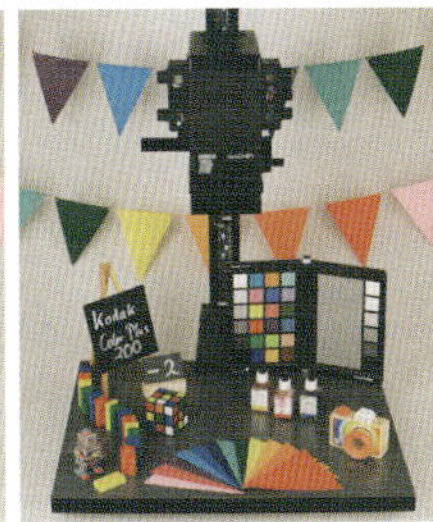
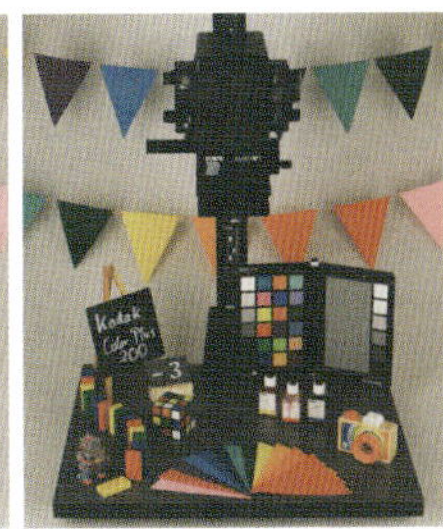

Abbildung 4.24: Bei über 1 Blendenstufe Unterbelichtung nimmt die Körnigkeit stark zu, Farben verlieren an Intensität und werden gräulich. Push-Entwicklung empfehlenswert.

KODAK ULTRAMAX 400

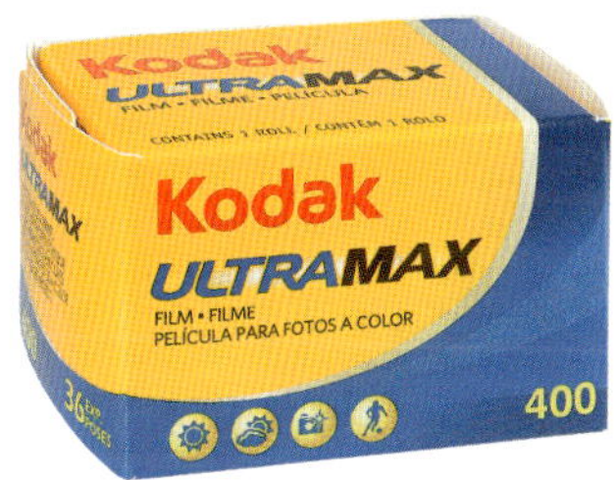

Abbildung 4.25: Kodak Ultramax 400

Hochempfindlicher Kodak-Film für den Amateurmarkt. Hohe Farbsättigung, aber auch deutlich sichtbares Korn bei größeren Abzügen oder Scans.

Nennempfindlichkeit	ISO 400/27°
Farbeigenschaften:	Erhöhte Farbsättigung mit Tendenz zu starken Gelb- und Rottönen Deutlich sichtbares Filmkorn
Tageslicht oder Kunstlicht:	Tageslicht
Verfügbare Filmformate:	35-mm-Kleinbildfilm
Besonderheiten:	Relativ preisgünstiger Film

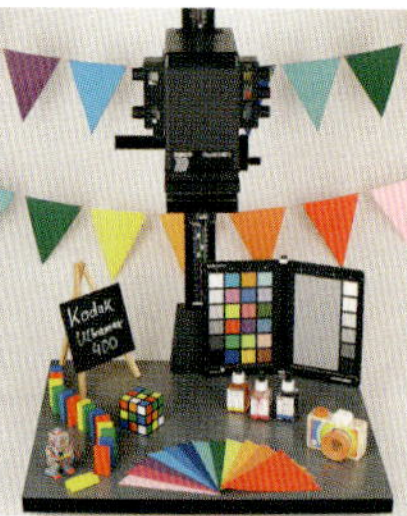

Abbildung 4.26: Links Referenzbild digital, rechts Filmfotografie

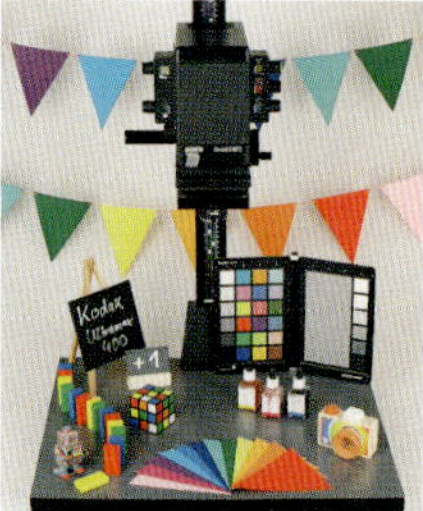
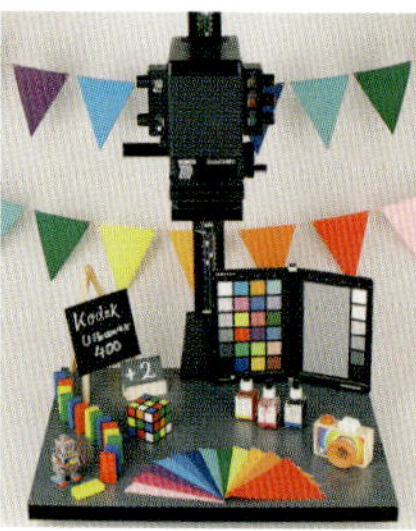
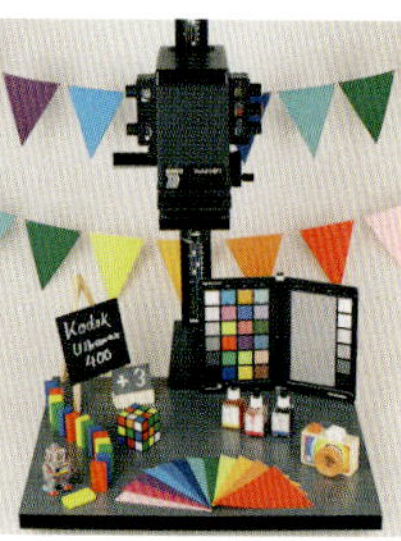

Abbildung 4.27: Keine großen Probleme mit Überbelichtungen. Die Sättigung nimmt weiter zu.

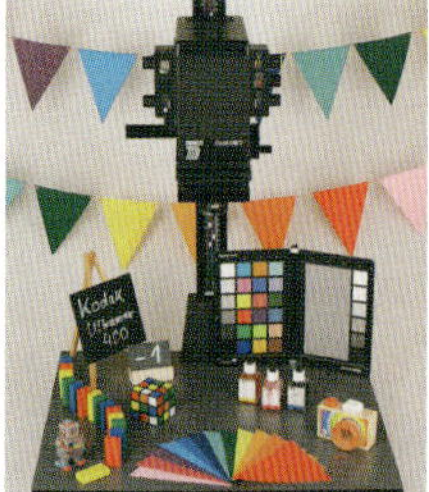
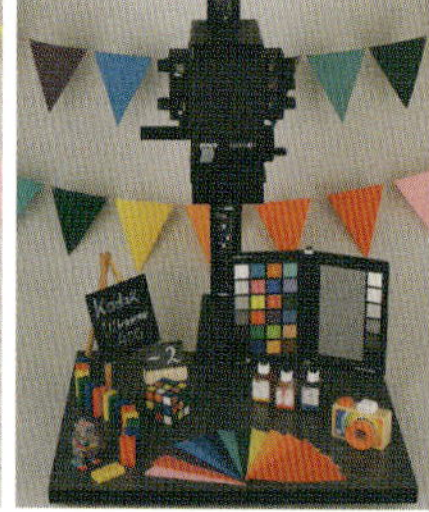
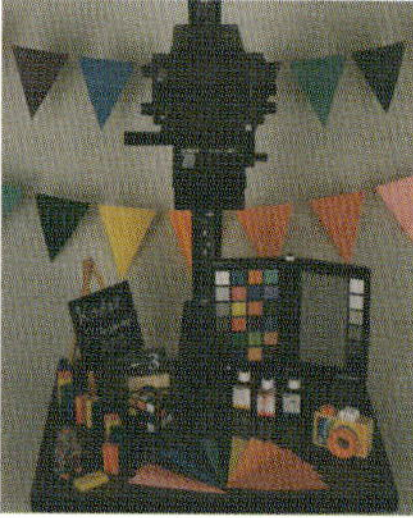

Abbildung 4.28: Bei über 1 Blendenstufe Unterbelichtung nimmt die Körnigkeit stark zu, Farben verlieren an Intensität und werden gräulich. Push-Entwicklung unbedingt empfehlenswert.

KODAK PRO IMAGE 100

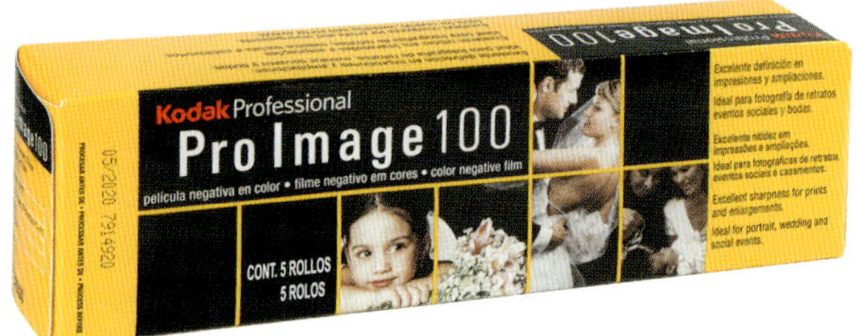

Abbildung 4.29: Kodak Pro Image 100

Der Kodak Pro Image 100 erschien erst vor wenigen Jahren als vermeintlich neuer Film auf der Bildfläche. Tatsächlich ist dieser Film schon seit den 1990er-Jahren erhältlich, allerdings war er ursprünglich nicht für den europäischen Filmmarkt gedacht. Mir persönlich ist der Kodak Pro Image 100 im Jahr 2006 das erste Mal während meines Auslandssemesters in Mexiko über den Weg gelaufen, wo ich dann auch ausgiebig von ihm Gebrauch gemacht habe

Die Farbsättigung ist stärker als bei den Kodak-Portra-Filmen, allerdings nicht so stark wie beim Kodak Ektar 100.

Sein feines Filmkorn und die natürliche Farbwiedergabe machen ihn zu einem guten Universalfilm für Porträts, Landschaft und auch Architektur.

Nennempfindlichkeit	ISO 100/21°
Farbeigenschaften:	Neutrale bis warme Farben
Tageslicht oder Kunstlicht:	Tageslicht
Verfügbare Filmformate:	35-mm-Kleinbildfilm
Besonderheiten:	Derzeit nur im 5er-Pack erhältlich

Hinweis

Obwohl dieser Film noch offiziell in Produktion ist (Stand März 2023), war es leider nicht möglich, diesen irgendwo im Fotohandel zu kaufen.
Ich hoffe, entsprechende Testbilder in einer späterem Buchauflage und auf meiner Webseite nachreichen zu können.

KODAK PORTRA 160

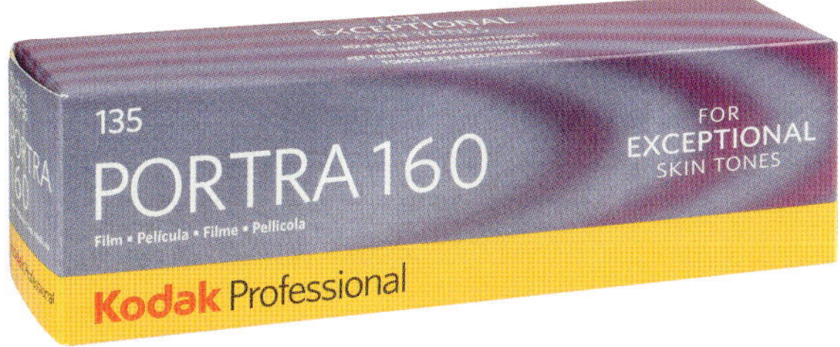

Abbildung 4.30: Kodak Portra 160

Beliebter Farbfilm für den professionellen Einsatz im Studio oder bei Außenaufnahmen. Belichtet auf ISO 160/23° Nennempfindlichkeit etwas reduzierte Sättigung, bei Überbelichtung kann ein stärkeres Farbergebnis erreicht werden. Erhältlich in einer Vielzahl an Filmformaten.

Nennempfindlichkeit	ISO 160 /23°
Farbeigenschaften:	Neutrale bis warme Farben
Tageslicht oder Kunstlicht:	Tageslicht
Verfügbare Filmformate:	35-mm-Kleinbildfilm, 120er-Mittelformat, Planfilm 4 x 5 Inch und 8 x 10 Inch
Besonderheiten:	– Durch Überbelichtung lässt sich im Scanprozess der sogenannte Pastell-Look-Effekt erreichen. – Wird von Kodak nur im 5er-Pack verkauft, ist im Handel aber häufig auch als Einzelfilm erhältlich

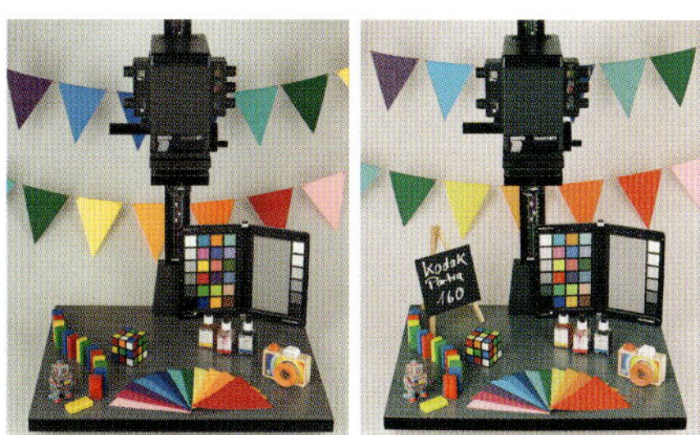

Abbildung 4.31: Links Referenzbild digital, rechts Filmfotografie

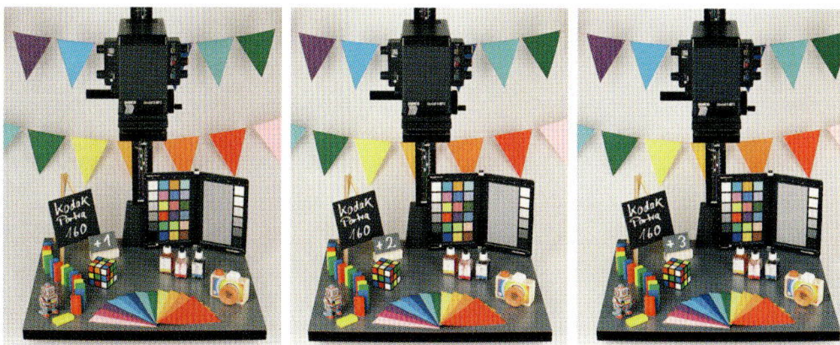

Abbildung 4.32: Während die Farbsättigung bei Belichtung auf ISO 160/23° noch sehr zurückgenommen ist, lässt sich die Sättigung durch Überbelichtung sehr gut erhöhen.

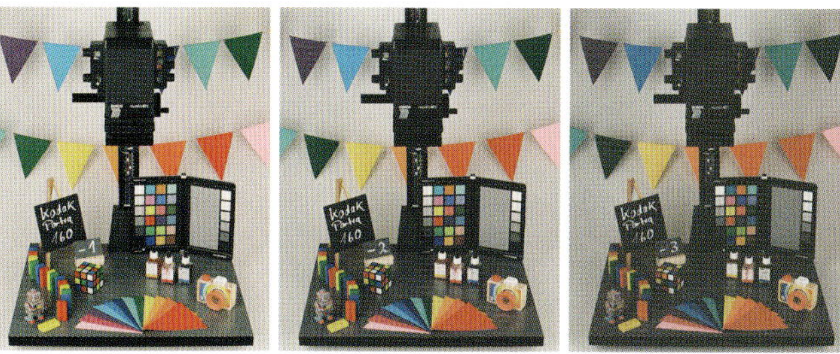

Abbildung 4.33: Auch mit Unterbelichtungen kommt der Portra 160 recht gut zurecht, jedoch nimmt die Farbsättigung kontinuierlich ab. Ab 2 Blendenstufen sollte eine Push-Entwicklung durchgeführt werden.

KODAK PORTRA 400

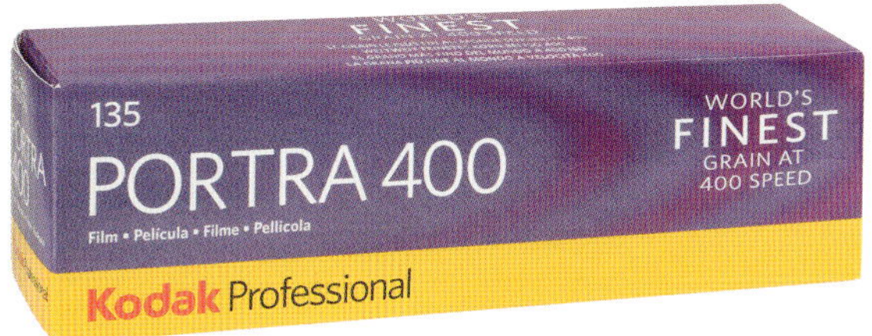

Abbildung 4.34: Kodak Portra 400

Wahrscheinlich der beliebteste Farbfilm für analoge Profifotografen. Mit ISO 400/27° ist der Portra 400 sehr flexibel einsetzbar, sowohl im Studio als auch »on location«. Noch sehr geringes Filmkorn für einen Film dieser Empfindlichkeit. Erhältlich in einer Vielzahl an Filmformaten.

Nennempfindlichkeit	ISO 400 / 27°
Farbeigenschaften:	Neutrale, natürliche Farben bei Nennempfindlichkeit Stärkere Farbsättigung durch Überbelichtung Relativ feines Korn für einen ISO-400-Film
Tageslicht oder Kunstlicht:	Tageslicht
Verfügbare Filmformate:	35-mm-Kleinbildfilm, 120er-Mittelformat, Planfilm 4 x 5 Inch und 8 x 10 Inch
Besonderheiten:	Durch Überbelichtung lässt sich im Scanprozess der sogenannte Pastell-Look-Effekt erreichen.

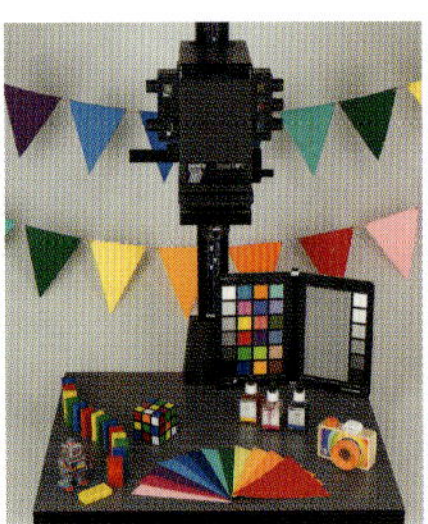
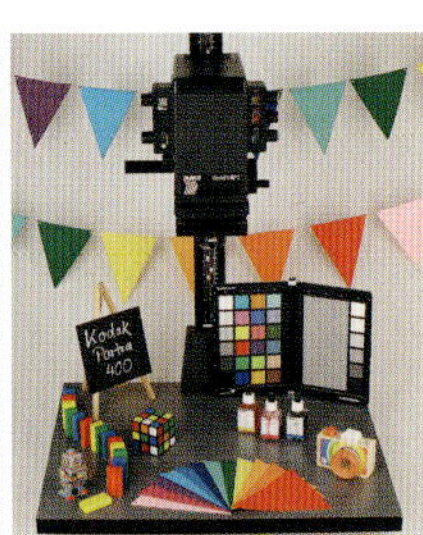

Abbildung 4.35: Links Referenzbild digital, rechts Filmfotografie)

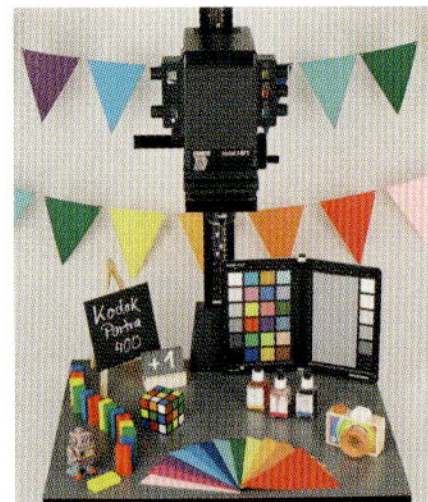
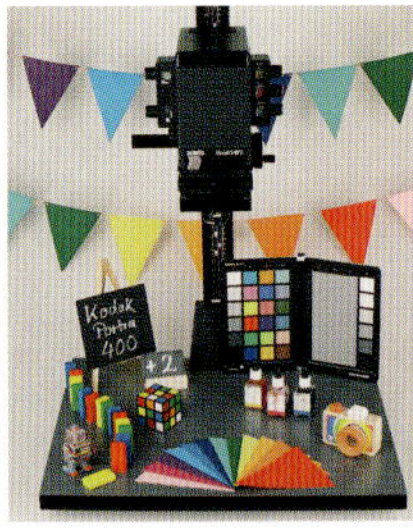
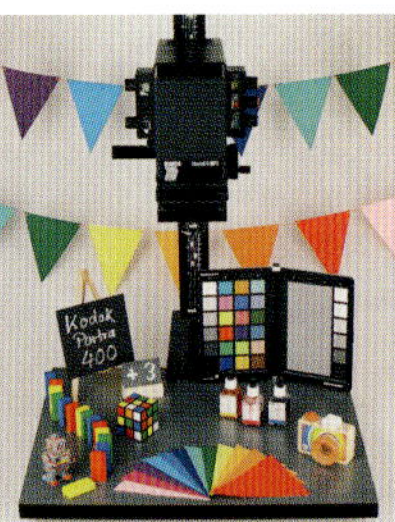

Abbildung 4.36: Während die Farbsättigung bei Belichtung auf ISO 400/27° noch sehr zurückgenommen ist, lässt sich die Sättigung durch Überbelichtung bei Bedarf erhöhen.

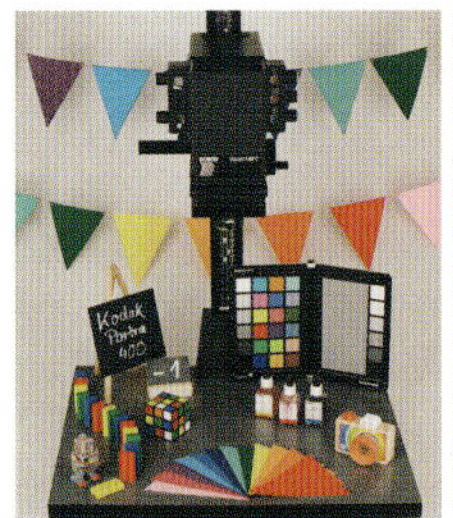
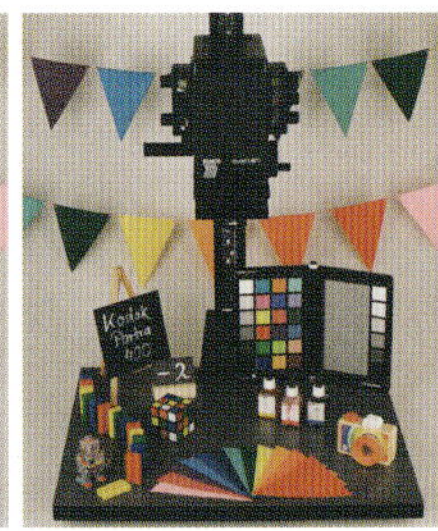
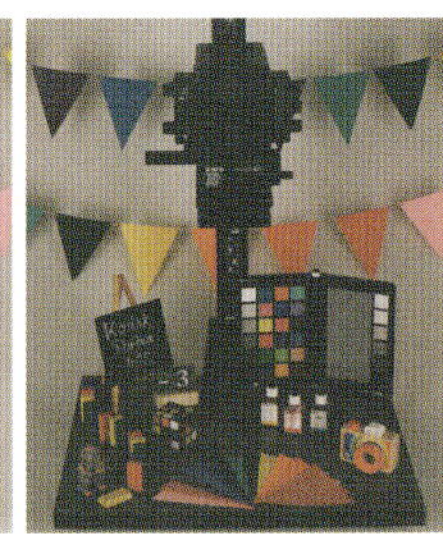

Abbildung 4.37: Eine Blendenstufe Unterbelichtung verträgt der Portra 400 problemlos mit ein wenig reduzierter Farbsättigung. Ab 2 Blendenstufen sollte für optimale Ergebnisse eine Push-Entwicklung erfolgen.

KODAK PORTRA 800

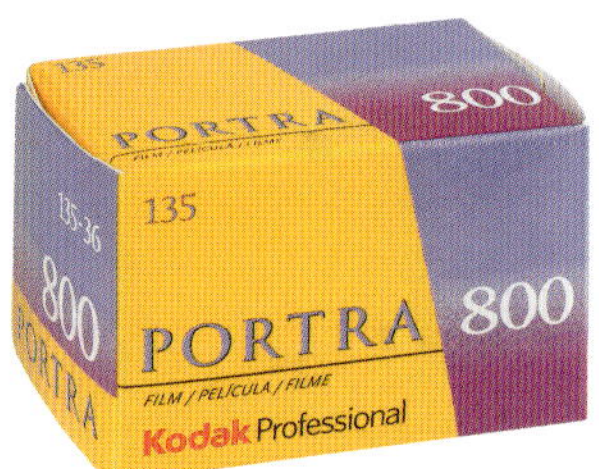

Abbildung 4.38: Kodak Portra 800

Einer der wenigen verbliebenen hochempfindlichen Farbfilme für Fotografie bei schlechten Lichtverhältnissen. Sehr nützlich z.B. für die Verwendung in Innenräumen, in der Dämmerung, auf Konzerten, im Theater oder in ähnlich schwierigen Lichtsituationen.

Nennempfindlichkeit	ISO 800/30°
Farbeigenschaften:	Neutrale, natürliche Farben bei Nennempfindlichkeit Stärkere Farbsättigung durch Überbelichtung
Tageslicht oder Kunstlicht:	Tageslicht
Verfügbare Filmformate:	35-mm-Kleinbildfilm, 120er-Mittelformat
Besonderheiten:	Kann bis ISO 1600 belichtet werden, ohne dass eine Push-Entwicklung nötig wäre. Durch Überbelichtung von 1–2 Blenden lässt sich im Scanprozess der sogenannte Pastell-Look-Effekt erreichen.

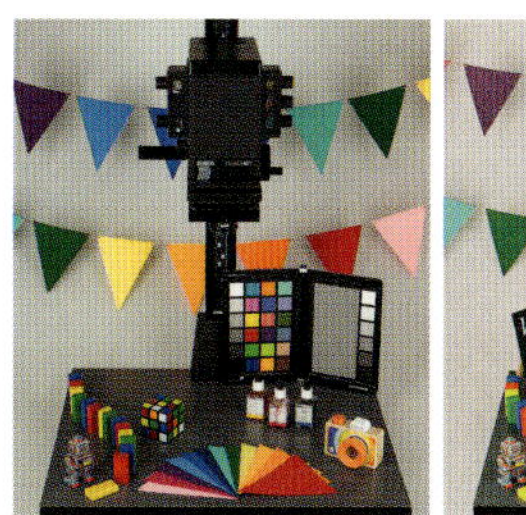
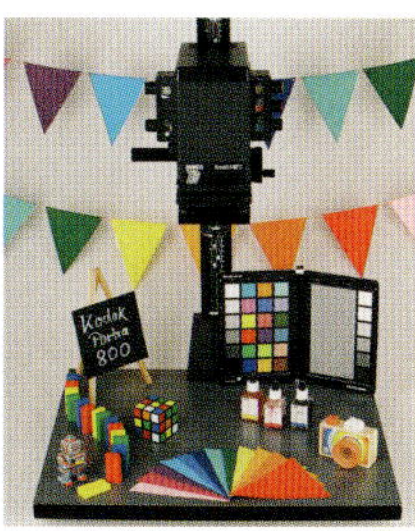

Abbildung 4.39: Links Referenzbild digital, rechts Filmfotografie

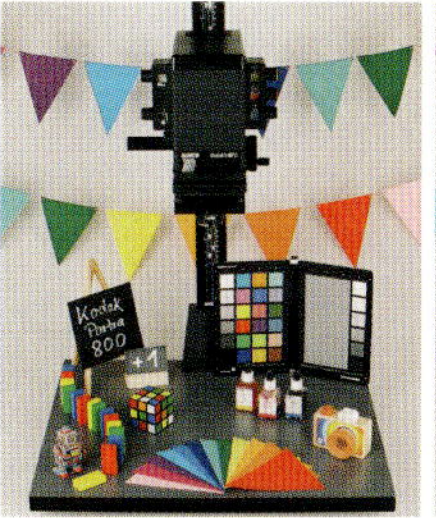
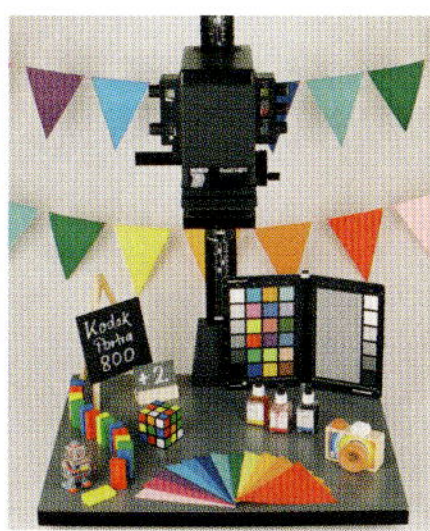
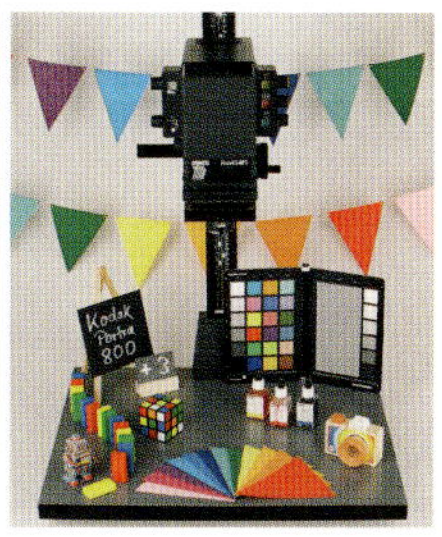

Abbildung 4.40: Bei Überbelichtung steigt die Farbsättigung etwas an.

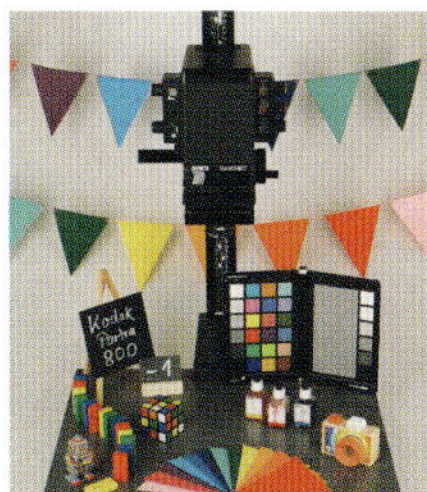
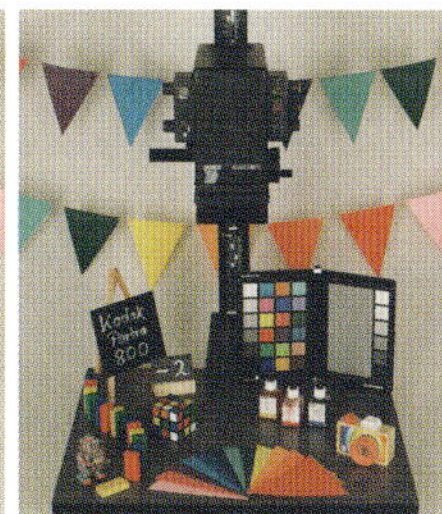
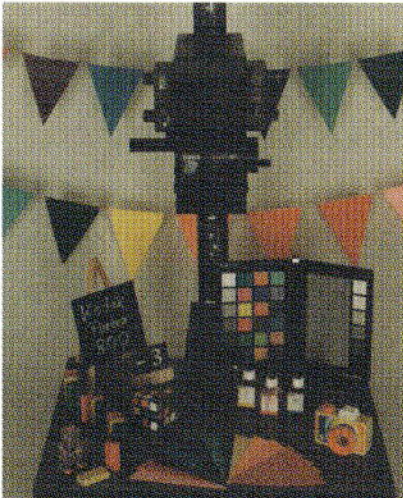

Abbildung 4.41: Eine Blendenstufe Unterbelichtung verträgt der Portra 800 problemlos mit ein wenig reduzierter Farbsättigung. Ab 2 Blendenstufen sollte für optimale Ergebnisse eine Push-Entwicklung erfolgen.

KODAK EKTAR 100

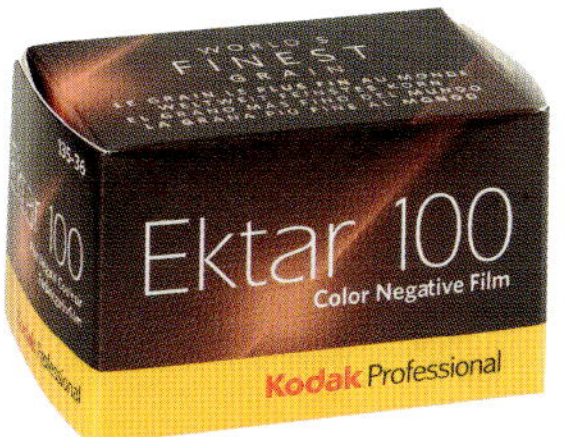

Abbildung 4.42: Kodak Ektar 100

Der Ektar 100 zählt wie die Portras ebenfalls zu den professionellen Kodak-Filmen und zeichnet sich durch besonders feines Filmkorn, hohe Schärfe und vor allem eine erhöhte Farbsättigung aus. Insbesondere die Rottöne sind sehr dominant, weshalb er sich tendenziell nicht so gut für Porträtfotografie eignet.

Nennempfindlichkeit	100/21°
Farbeigenschaften:	Gesättigte Farben, starke Rottöne
Tageslicht oder Kunstlicht:	Tageslicht
Verfügbare Filmformate:	35-mm-Kleinbildfilm, 120er-Mittelformat, Planfilm 4 x 5 Inch und 8 x 10 Inch
Besonderheiten:	Sehr feines Filmkorn

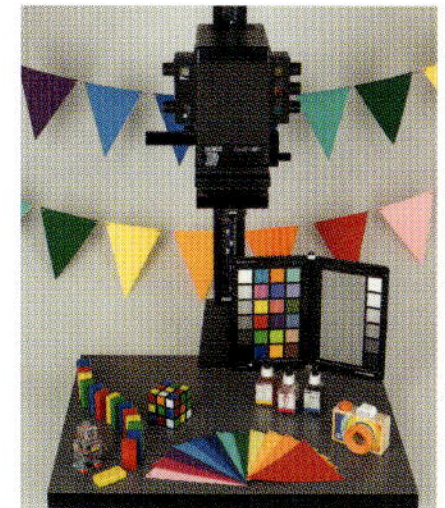
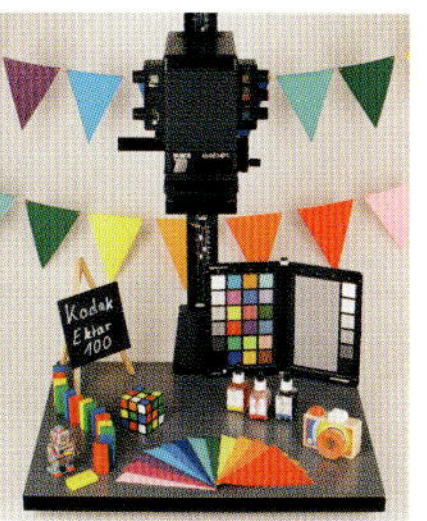

Abbildung 4.43: Links Referenzbild digital, rechts Filmfotografie

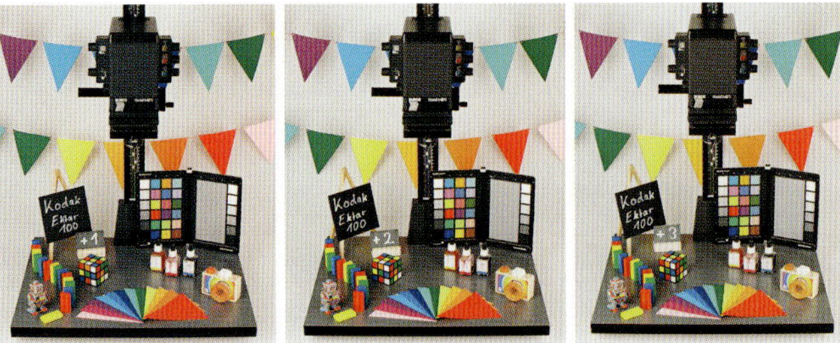

Abbildung 4.44: Durch Überbelichtung nimmt die Intensität der Farbigkeit auch beim Ektar weiter zu und kann dann mitunter deutlich zu grell werden.

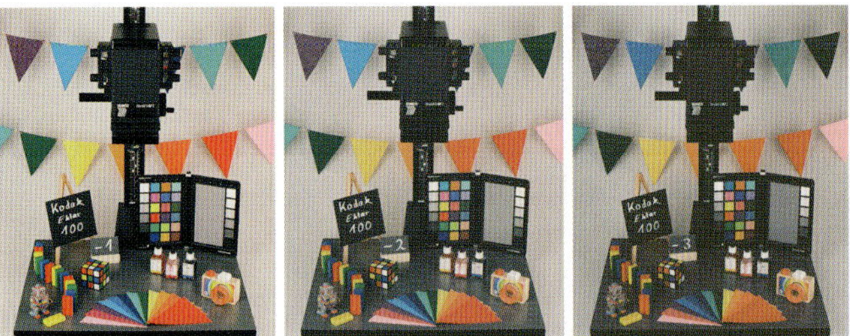

Abbildung 4.45: Durch Unterbelichtung verlieren die Farben an Leuchtkraft. Ab 2 Blendenstufen Unterbelichtung empfiehlt sich auch bei diesem Farbfilm eine Push-Entwicklung.

FILM WASHI

Die französische Film-Manufaktur Film Washi ist in erster Linie für ihre Schwarz-Weiß-Film-Spezialitäten bekannt. 2022 wurde das Sortiment durch einen sehr interessanten Farbfilm ergänzt.

WASHI X

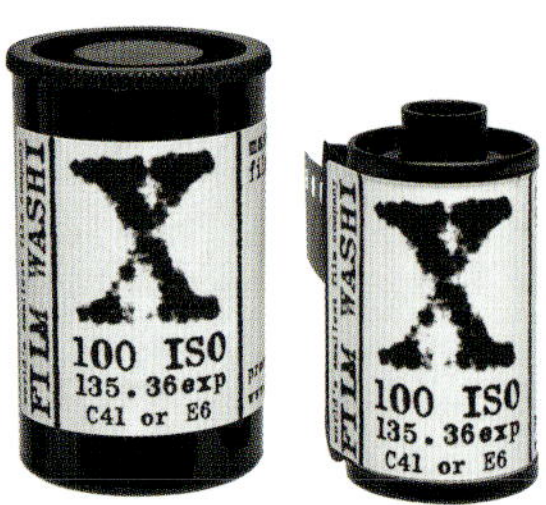

Abbildung 4.46: Washi X

Film Washi stellt selbst keine Filme her, sondern kauft aus verschiedenen Quellen Materialien auf, die oftmals nicht für die Fotografie gedacht waren, im Schwarz-Weiß-Bereich z.B. Röntgenfilme oder Filme zum Aufzeichnen von Tonaufnahmen. Das Ursprungsmaterial dieses Farbfilms ist mir leider nicht bekannt, nur dass er in seiner Art derzeit einzigartig auf dem Filmmarkt ist und es sich daher nicht um eine bloße Umverpackung eines anderen bereits erhältlichen Films handelt.

Die Farben des Washi X sind warmtonig und stark gesättigt und sollen laut Hersteller der Farbanmutung der 1940er- und 1950er-Jahre ähneln.

Nennempfindlichkeit	**100/21°**
Farbeigenschaften:	Hohe Farbsättigung mit dominierenden warmen Farbtönen im Gelb- und Rotbereich
Tageslicht oder Kunstlicht:	Tageslicht
Verfügbare Filmformate:	35-mm-Kleinbildfilm
Besonderheiten:	– Filmträger ohne orangene Maskierung: Der Film kann daher auch als Diafilm im E-6-Prozess entwickelt werden. – Durch die fehlende Maskierung ist dieser Film zudem einfacher zu scannen.

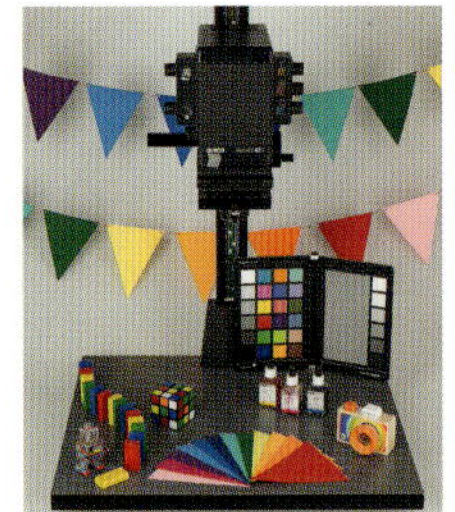

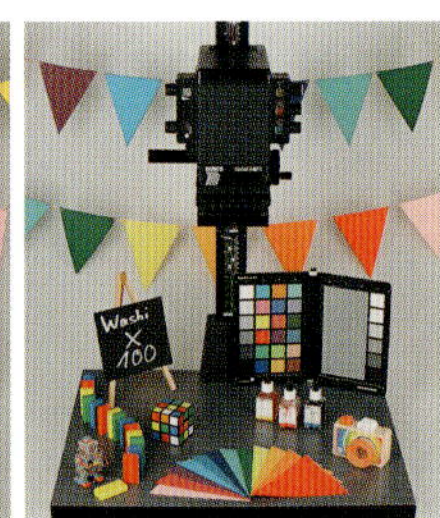

Abbildung 4.47: Links Referenzbild digital, rechts Filmfotografie

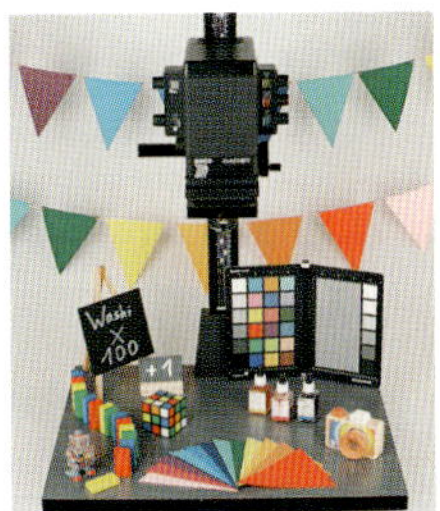

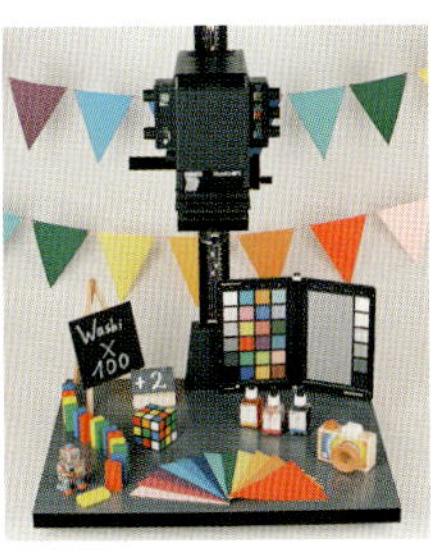

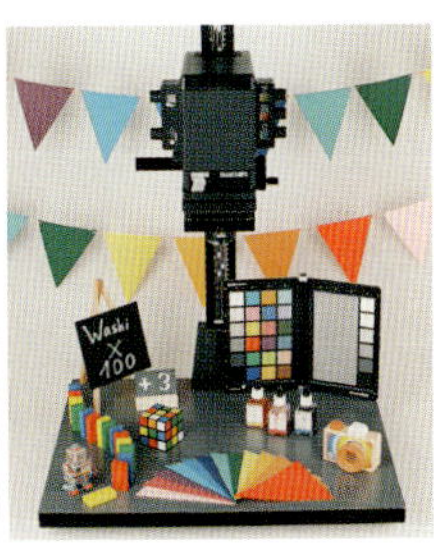

Abbildung 4.48: Überbelichtungen verträgt der Washi X recht gut.

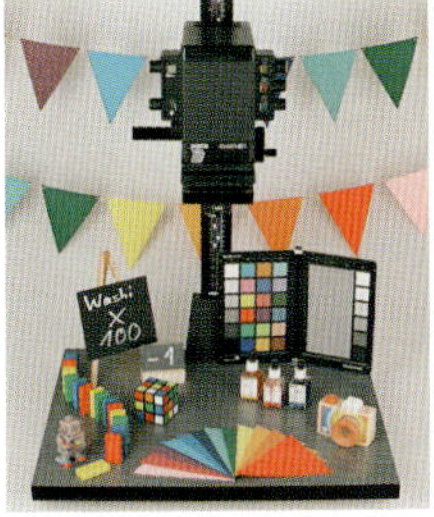

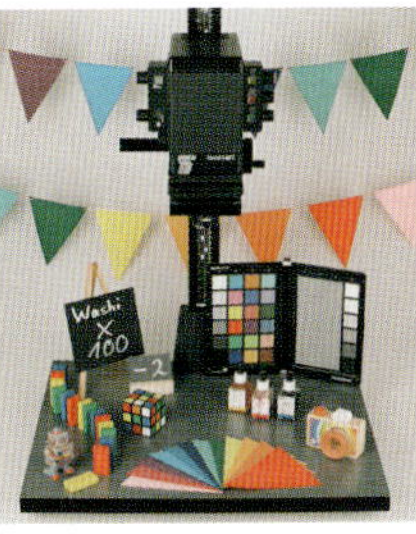

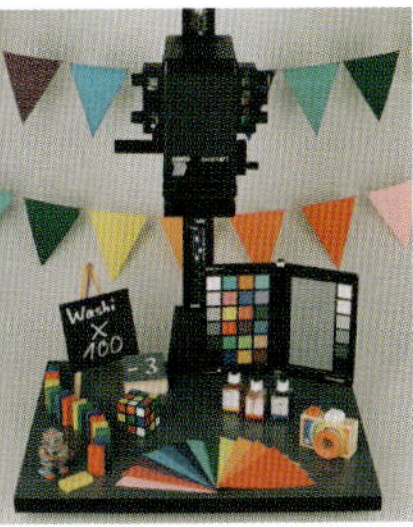

Abbildung 4.49: Bei Unterbelichtung sinkt die Farbsättigung und steigt die Körnigkeit. Push-Entwicklung schafft Abhilfe.

4.7 CINEFILM-MATERIAL IN DER FOTOGRAFIE

Da der Kinofilm-Bereich heutzutage den größeren Markt für die massenmäßige Verwendung von Filmmaterial darstellt, finden sich hier die aktuell modernsten und leistungsfähigsten Farbfilmemulsionen.

Die derzeit modernsten Filme gehören zur Kodak-Vision3-Reihe. Dies sind sehr weiche und feinkörnige Filme mit hohem Belichtungsspielraum.

Folgende Cinefilm-Materialen sind hier als Meterware verfügbar:

- Kodak Vision3 500T (Kunstlichtfilm)
- Kodak Vision3 200T (Kunstlichtfilm)
- Kodak Vision3 250D (Tageslichtfilm)
- Kodak Vision3 50D (Tageslichtfilm)

ECN 2 UND REMJET

Cinefilm-Material hat die entwicklungstechnische Besonderheit, dass es ursprünglich nicht für den gängigen C-41-Farbnegativprozess vorgesehen ist. Zum Schutz vor Kratzern und Überstrahlungen bei Filmaufnahmen haben solche Filme eine rußartige Schutzschicht, den sogenannten Remjet.

Der spezielle Entwicklungsprozess für solche Filme nennt sich ECN-2 und unterscheidet sich gegenüber dem C-41-Prozess, der regulären Farbnegativentwicklung, unter anderem in der maschinellen Entfernung ebendieser rußartigen Schutzschicht in einem Sodabad.

Durch die Entwicklung im ECN-2-Prozess ist man dann fotografisch noch näher am tatsächlichen Kinofilm-Look. Die Negative sind im direkten Vergleich deutlich weicher in den Kontrasten und die Remjet-Schicht verhindert das Entstehen von ausgebrannten Lichtern während der Aufnahme.

Diese Negative sind dafür gedacht, gescannt oder auch auf anderes Kinofilm-Material umkopiert zu werden und bieten im hybriden analog-digitalen Prozess die besten Ergebnisse. Wer jedoch auch klassisch analoge RA-4-Farbvergrößerungen im Labor erstellen möchte, erhält mit im C-41-Prozess entwickelten Negativen bessere Ergebnisse.

Der ECN-2-Entwicklungsprozess war lange Zeit ausschließlich auf die maschinelle Entwicklung in den wenigen auf Kinofilm-Material spezialisierten Profilaboren beschränkt. Mit der wachsenden Popularität des Cinefilm-Materials, nicht zuletzt auch hervorgerufen durch Lieferengpässe und Preissteigerungen beim regulären C-41-Film, kamen in den letzten Jahren jedoch vermehrt ECN-2-Chemie-Kits für den Heimgebrauch auf den Markt, von denen ich im anschließenden Kapitel zur Farbfilmentwicklung einige vorstellen werden. Diese Sets bieten zudem auch kleineren Fachlaboren die Möglichkeit, diesen Service anzubieten. Durch diesen einfacheren Zugang wird die Verwendung von Cinefilmen in der Zukunft sicherlich noch weiter zunehmen.

CINESTILL

Die Firma Cinestill aus Hollywood, Los Angeles, bereichert seit einiger Zeit den Markt der analogen Farbfilme, indem sie Kodak-Kinofilm-Material auf Kleinbild- und Mittelformatfilmrollen konfektioniert und so auch uns Fotografen zugänglich macht.

CINESTILL 800 TUNGSTEN XPRO C41

Mit dem Cinestill 800T fing für die Brüder Wright, Gründer von Cinestill, alles an. Auslöser war ihre Unzufriedenheit mit der farblichen Wiedergabe von Tageslichtfilmmaterial bei Aufnahmen in Innenräumen, insbesondere bei Konzerten, Porträt- und Hochzeitfotografie.

Die Suche nach einem hochempfindlichen Film, der auch bei künstlicher Beleuchtung neutrale Hauttöne wiedergeben könnte, gestaltete sich aber schwierig.

Da auf dem reinen Fotografiemarkt zu dem Zeitpunkt schon keine Kunstlichtfilme mehr erhältlich waren, erweiterten sie ihre Suche auf den Bereich des Kinofilm-Materials und wurden dort schließlich fündig.

Das Ausgangsmaterial des Cinestill 800 T ist der Kodak Vision3 500T. Dieser wird von Kodak mit einer Empfindlichkeit von ISO 500 angegeben und tatsächlich ist eine Belichtung auf diesen Wert auch beim Cinestill 800T förderlich. Die von Cinestill etwas höher angegebene Grundempfindlichkeit von ISO 800 mag vermutlich darin begründet liegen, dass der durch Entfernung der Remjet-Lichthofschutzschicht entstandene Überstrahlungseffekt bei leichter Unterbelichtung etwas schwächer ausfällt und die Lichter dadurch nicht so stark ausbrennen. Mittlerweile hat sich genau dieser Überstrahlungseffekt allerdings zu einem Markenzeichen der Cinstill-Filme entwickelt.

Nennempfindlichkeit	ISO 800/30°
Farbeigenschaften:	Neutrale Farbwiedergabe bei Kunstlicht (Tungsten). Bläulicher Farbstich bei Aufnahmen mit Tageslicht oder Blitzlicht
Tageslicht oder Kunstlicht:	Kunstlicht
Verfügbare Filmformate:	35-mm-Kleinbildfilm, 120er-Mittelformat
Besonderheiten:	Die Entfernung der Remjet-Lichthofschutzschicht durch Cinestill führt zu Überstrahlungen in den Lichtern, insbesondere bei Motiven mit Spitzlichtern und starken Lichtquellen. Die kreisförmigen, rötlichen Halos zählen mittlerweile zum typischen Look von Cinestill-Filmen.

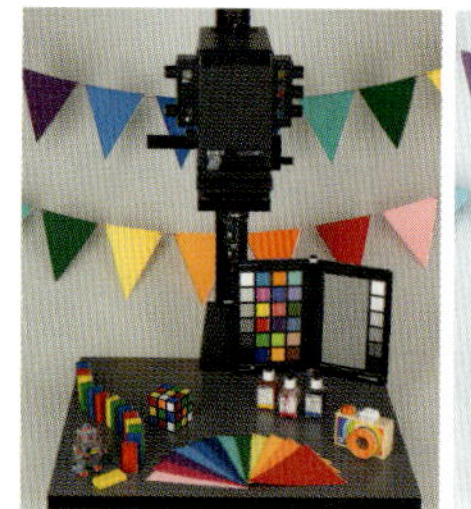
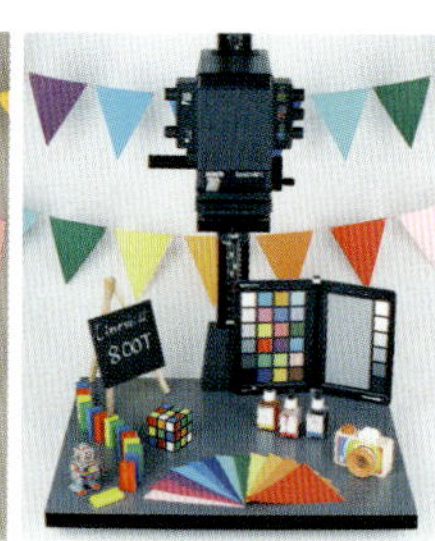

Abbildung 4.50: Links Referenzbild digital, rechts Filmfotografie. Bei Fotografie mit Blitzlicht im Studio bewirkt die Kunstlichtabstimmung des Cinestill 800T einen kühlen bläulichen Farbstich.

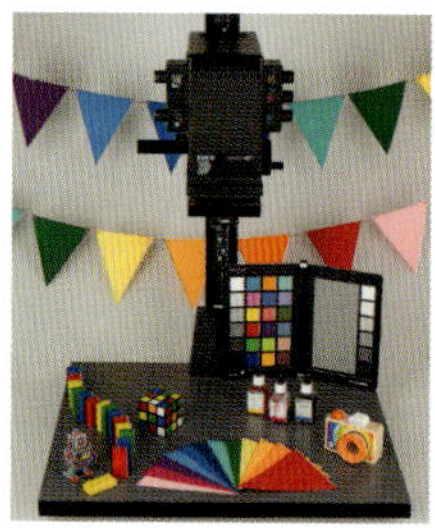
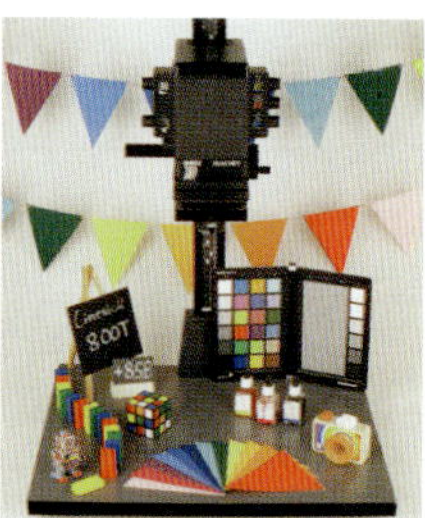

Abbildung 4.51: Links Referenzbild digital, rechts Filmfotografie). Bei dieser Aufnahme habe ich einen Cokin-85B-Konversionsfilter verwendet, um die Farbtemperatur des Lichts auf Kunstlichtniveau abzusenken. Hierdurch verändert sich die Farbgebung in Richtung warmweiß, gelblich.

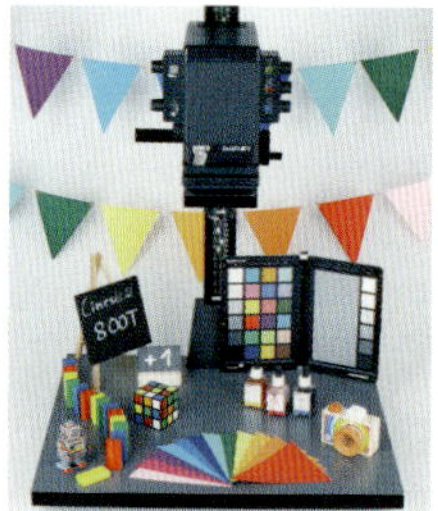
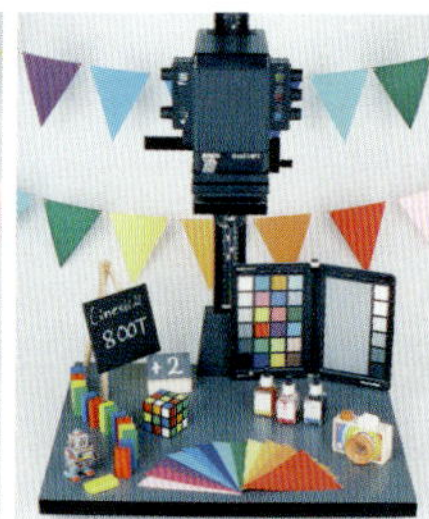
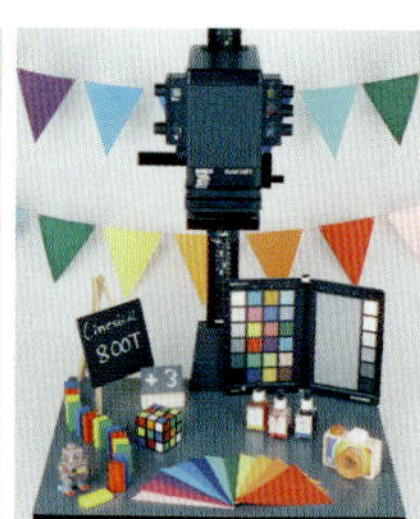

Abbildung 4.52: Der Cinestill 800T verträgt Überbelichtung sehr gut. Durch die fehlende Remjet-Beschichtung neigt er zu Überstrahlungseffekten in den hellen Lichterbereichen, die durch starke Überbelichtung noch zunehmen.

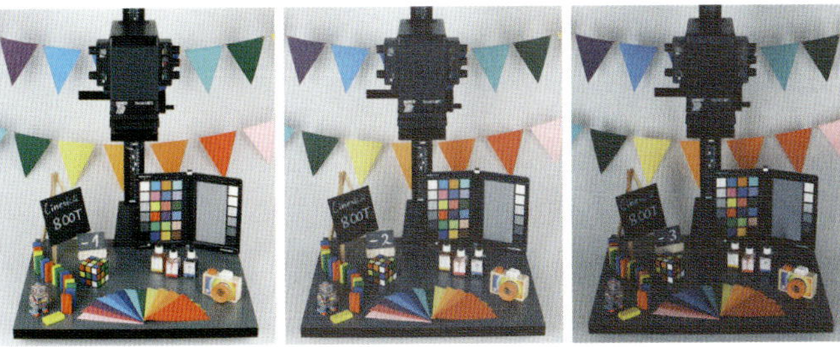

Abbildung 4.53: Bei 1 Blendenstufe Unterbelichtung wird das Ergebnis körniger, aber immer noch annehmbar. Bis ISO 1600 ist also nicht unbedingt eine Push-Entwicklung notwendig. Ab 2 Blendenstufen Unterbelichtung würde ich aber dazu raten.

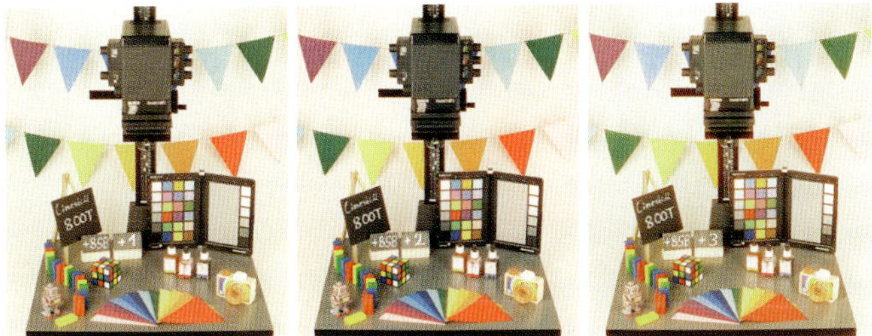

Abbildung 4.54: Überbelichtungstest mit zusätzlichem 85B-Filter zur Anpassung an Tageslicht bei der Aufnahme und dadurch gelblichere, warme Farbgebung

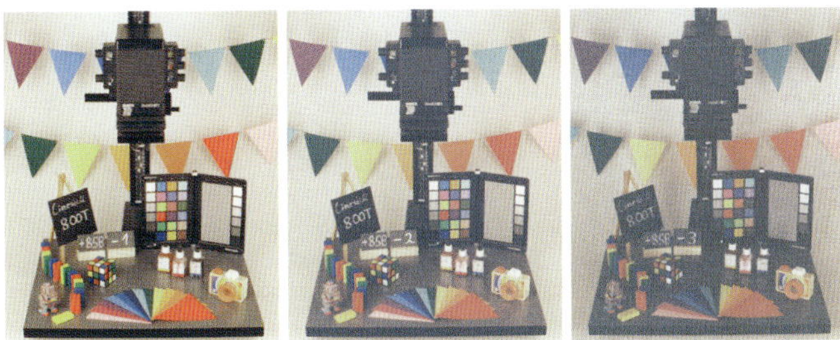

Abbildung 4.55: Hier zum Vergleich ein Unterbelichtungstest auch mit Filter 85B und dadurch veränderter Farbstimmung

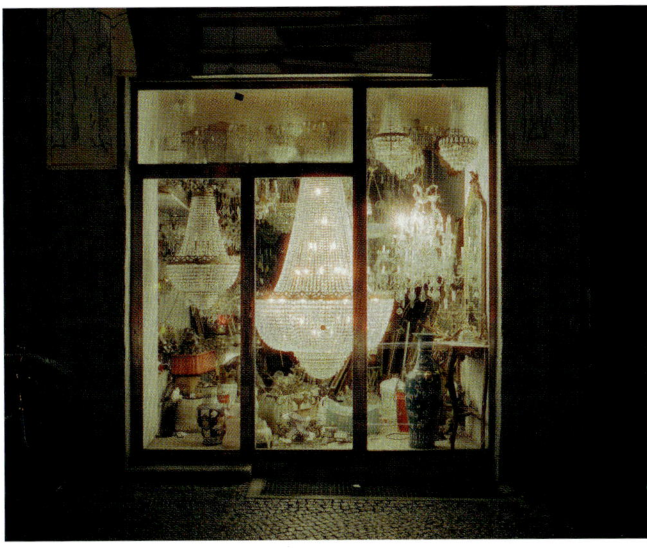

Abbildung 4.56: Light Delux 01, Cinestill 800T (Marc Stache, Berlin 2023)

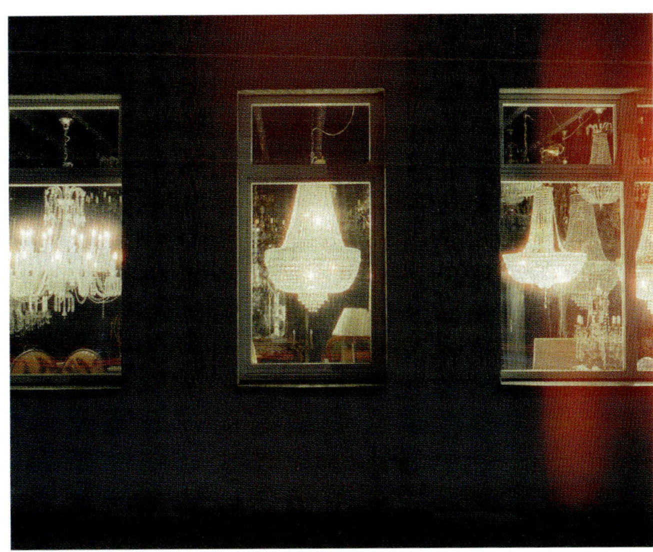

Abbildung 4.57: Light Delux 02, Cinestill 800T (Marc Stache, Berlin 2023)

CINESTILL 50 D

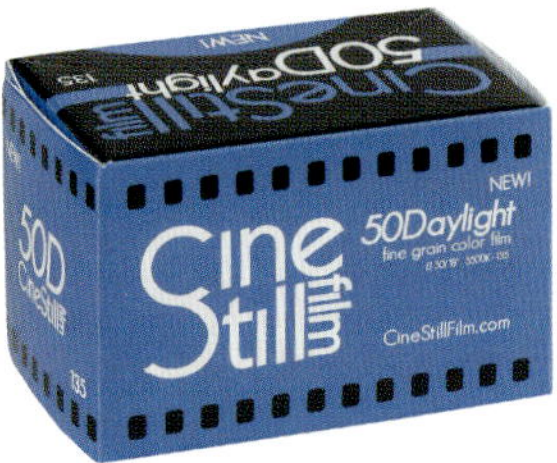

Abbildung 4.58: Cinestill 50D

Der Cinestill 50D basiert auf dem Kodak Vision3 50D. Auch bei diesem Filmmaterial hat Cinestill die Remjet-Beschichtung bereits entfernt, so dass er im regulären C-41-Prozess entwickelt werden kann.

Im Gegensatz zum Cinestill 800 T ist dieser Film für Fotografie bei Tageslicht ausgelegt. Mit lediglich ISO 50/18° ist der Cinestill 50D zudem der am niedrigstem empfindliche und vor allem feinkörnigste Farbfilm auf dem Markt. Wie bei niedrigempfindlichen Filmen typisch, ist der Belichtungsspielraum für Über- und Unterbelichtungen allerdings eher limitiert und er brilliert am ehesten bei sonnigen Tageslichtaufnahmen oder unter kontrollierten Studiobedingungen mit guter Belichtungsmessung.

Nennempfindlichkeit	ISO 50/18°
Farbeigenschaften:	Neutrale bis warme Farben
Tageslicht oder Kunstlicht:	Tageslicht
Verfügbare Filmformate:	35-mm-Kleinbildfilm 120er-Mittelformat
Besonderheiten:	Der am niedrigsten empfindliche Farbnegativfilm auf dem Markt Dieser Film entfaltet seine farbige Schönheit insbesondere bei sonnigen Tageslichtaufnahmen. Er reagiert mit relativ starken Farbstichen bei Verwendung mit Kunstlicht und in Mischlichtsituationen. Die Entfernung der Remjet-Lichthofschutzschicht durch Cinestill führt zu Überstrahlungen in den Lichtern, insbesondere bei Motiven mit Spitzlichtern und starken Lichtquellen. Die kreisförmigen, rötlichen Halos zählen mittlerweile zum typischen Look von Cinestill-Filmen.

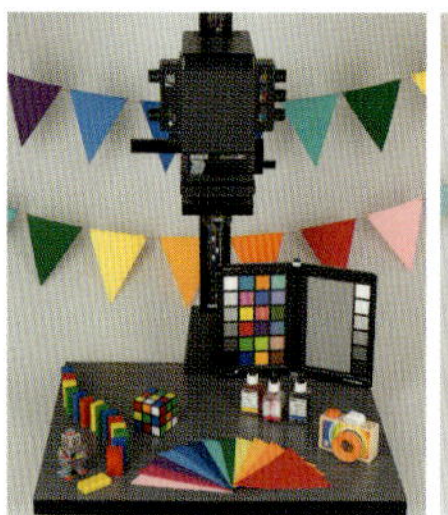
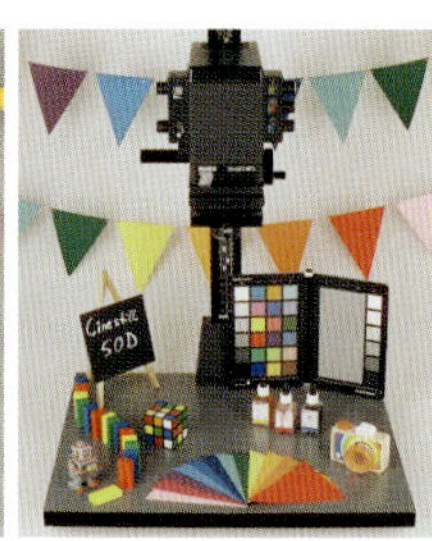

Abbildung 4.59: Links Referenzbild digital, rechts Filmfotografie). Bei Belichtung auf ISO 50/18° Nennempfindlichkeit ist das Ergebnis am überzeugendsten.

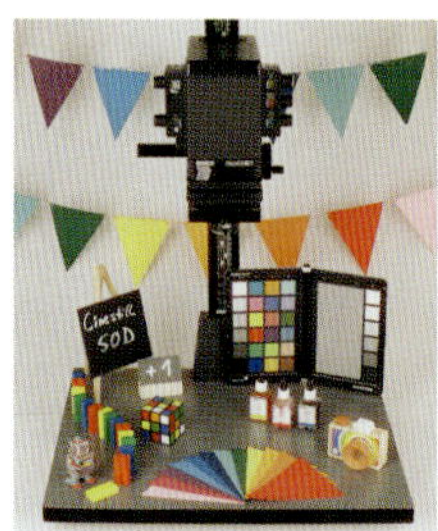
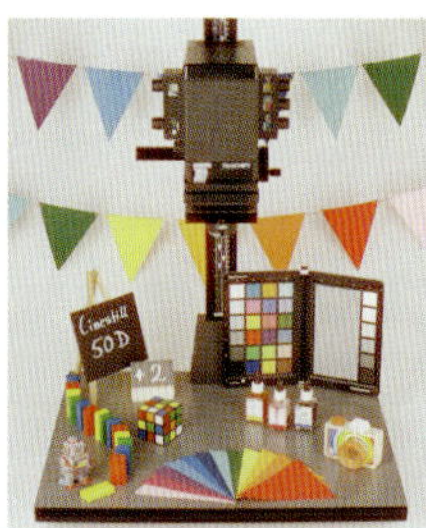
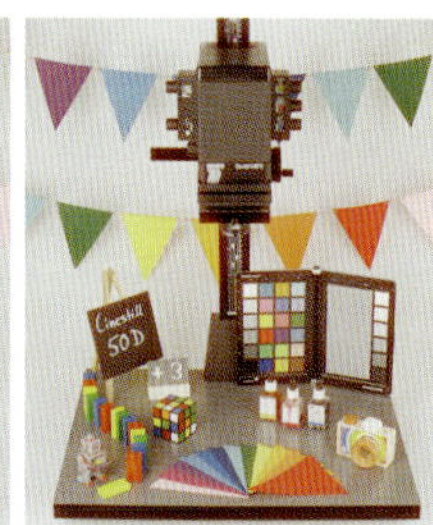

Abbildung 4.60: Die Lichtpartien werden bei Überbelichtung sehr dicht und neigen ohne die Remjet-Schicht zu Überstrahlung. Überbelichtung ist eher nicht empfehlenswert.

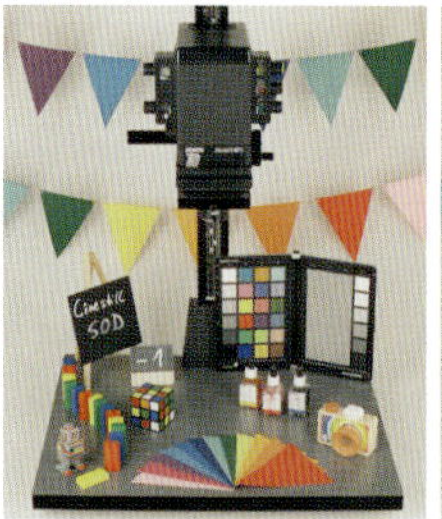
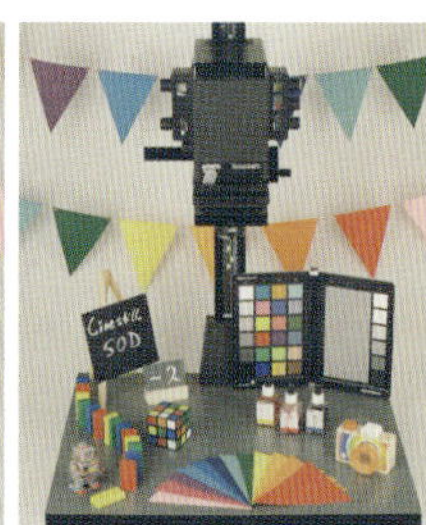
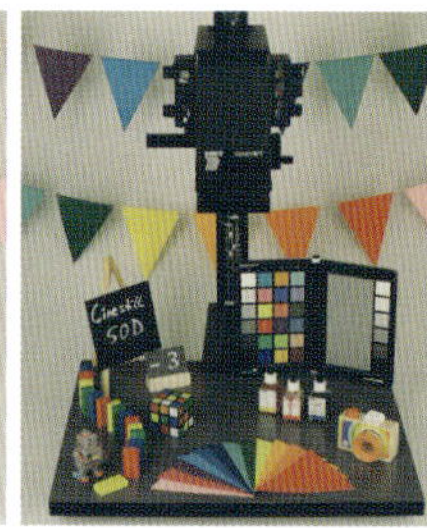

Abbildung 4.61: Auch Unterbelichtungen verzeiht der Cinestill 50D nicht so einfach. Eine Push-Entwicklung wäre empfehlenswert. Allerdings könnte man dann auch besser direkt einen höher empfindlichen Film verwenden.

CINESTILL 400 D

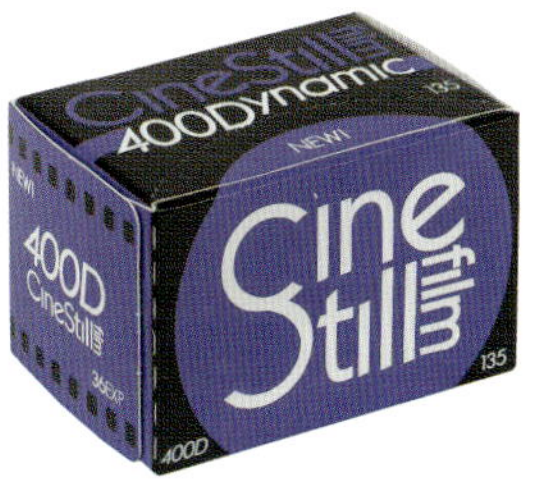

Abbildung 4.62: Cinestill 400D

Der Cinestill 400D ist erst seit 2022 erhältlich und der neueste Zuwachs der Cinestill-Familie. Hierbei handelt es sich um einen Tageslichtfilm ähnlich dem Cinestill 50D, jedoch mit einer Filmempfindlichkeit von ISO 400/27°, wodurch er sich flexibler einsetzen lässt und auch Über- und Unterbelichtungen besser kompensieren kann.

Nennempfindlichkeit	ISO 400/27°
Farbeigenschaften:	Neutrale bis warme Farben
Tageslicht oder Kunstlicht:	Tageslicht
Verfügbare Filmformate:	35-mm-Kleinbildfilm 120er-Mittelformat
Besonderheiten:	Die Entfernung der Remjet-Lichthofschutzschicht durch Cinestill führt zu Überstrahlungen in den Lichtern, insbesondere bei Motiven mit Spitzlichtern und starken Lichtquellen. Die kreisförmigen, rötlichen Halos zählen aber auch hier mittlerweile zum typischen Look von Cinestill-Filmen.

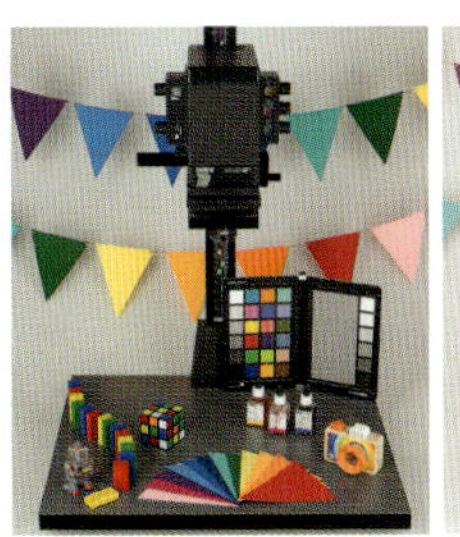
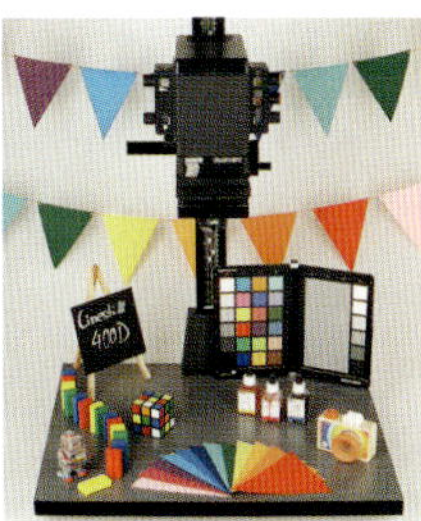

Abbildung 4.63: Links Referenzbild digital, rechts Filmfotografie. Die Farbigkeit ist recht neutral bis leicht warm.

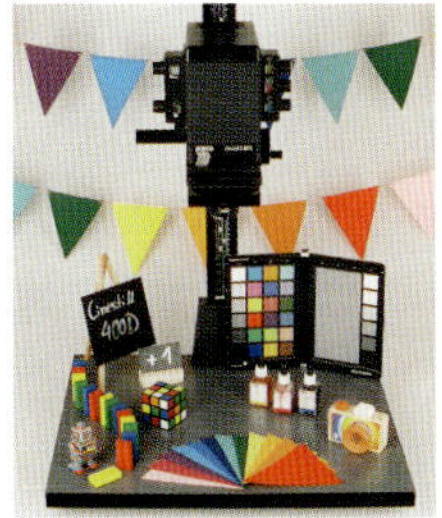
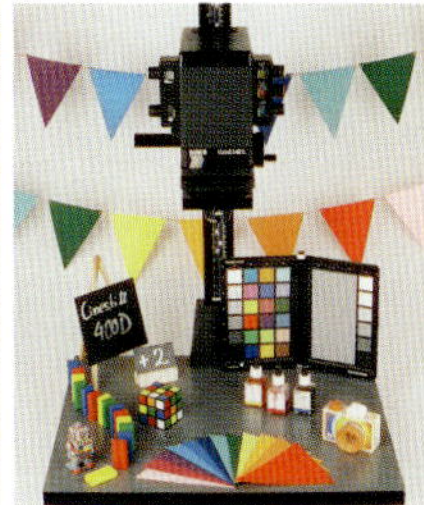
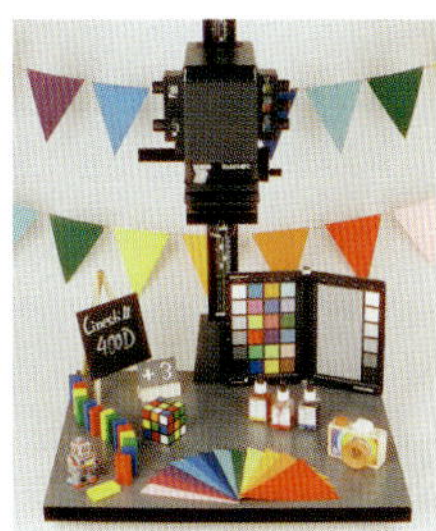

Abbildung 4.64: Überbelichtungen verträgt der 400D deutlich besser als der 50D. Aber auch hier verstärkt sich der Überstrahlungseffekt immer weiter.

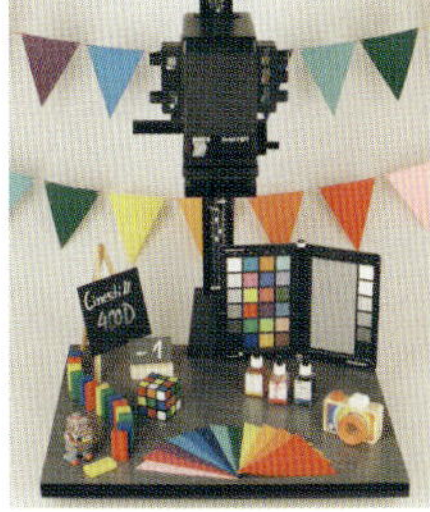
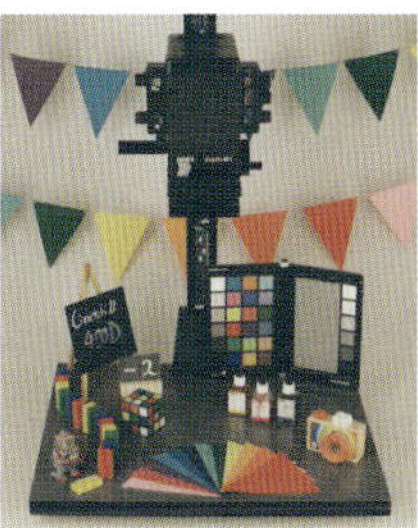
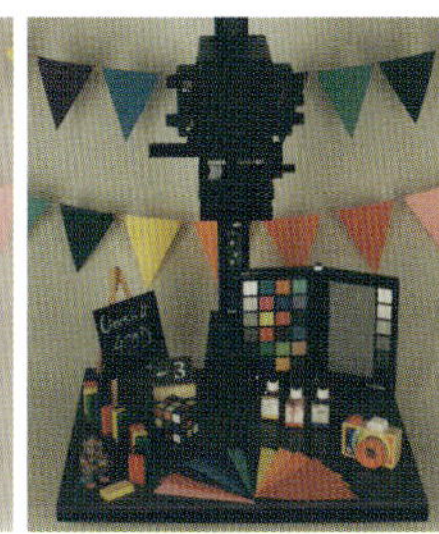

Abbildung 4.65: Bei Unterbelichtung wird der Cinestill 400D etwas warmtoniger und körniger. Ab zwei Stufen sollte man eine Push-Entwicklung durchführen.

ALTERNATIVE CINEFILME

Wer nicht vor dem Aufwand zurückschreckt, sich selbst seine Filme aus großen Spulen mit Meterware in wieder befüllbare Filmpatronen zu konfektionieren, kann an dieser Stelle eine Menge Geld sparen. Von verschiedenen Anbietern ist Cinefilm als Meterware in Längen von 30,5 m zu bekommen. Mit Hilfe eines Filmladegerätes, oder zur Not auch im Dunkeln und von Hand, lassen sich Teilstücke von der Rolle abschneiden und in Filmpatronen umspulen.

Die Remjet-Beschichtung muss dann entweder selbst vor der Entwicklung im C-41-Prozess entfernt werden oder man kann sich eines der mittlerweile erhältlichen Heim-Entwicklungskits, z.B. von Cinestill oder JOBO, für den ECN-2-Prozess kaufen und seine Cinefilme dann auch zu Hause entwickeln wie im Hollywood-Profilabor.

Darüber hinaus gibt es mittlerweile auch eine Reihe weiterer Anbieter, die das Cinestill-Prinzip aufgegriffen haben und die Remjet-Schicht für den einfachen Gebrauch entfernen und diese Filme dann vorkonfektioniert verkaufen.

Hinweis

An dieser Stelle sei erwähnt, dass Cinestill gegenüber den neu am Markt erscheinenden Anbietern mittlerweile einige Jahre an Erfahrung mit der Entfernung der Remjet-Schicht voraus ist. Bei nicht sachgemäßer oder vollständiger Entfernung verbleiben Spuren der Remjet-Schicht, die sich gelegentlich als blaue Streifen oder Punkte im Bild bemerkbar machen.

Aufgrund der gelegentlich schwierigen Verfügbarkeit der Cinestill-Filme und dem allgemein steigendem Preisdruck sind weitere Alternativprodukte aber eine willkommene Bereicherung.

Beispiele weiterer Cinefilm-Filme mit vorab entfernter Remjet-Beschichtung:

- Dubblefilm Cinema 800 (Ursprung: Kodak Vision3 500T)
- Reflx Lab 800T (Ursprung: Kodak Vision3 500T)

SILBERSALZ

Einen anderen Ansatz verfolgt die Firma Silbersalz aus Stuttgart.

Silbersalz bietet Kodak Vision3 Kinofilm-Materialien als für 35-mm-Kleinbildfilm vorkonfektionierte Filmrollen an und verknüpft dieses Angebot mir ihrem hauseigenen ECN-2-Entwicklungslabor. Man kann diese Filme einzeln oder direkt im Set mit einem Entwicklungsgutschein bestellen.

Die Remjet-Beschichtung ist also bei der Aufnahme weiterhin vorhanden und für die Entwicklung wird, die für dieses Filmmaterial ursprünglich gedachte und optimierte ECN-2-Entwicklungschemie verwendet

Ergänzt wird das Angebot durch einen professionellen Scanservice, bei dem auf Wunsch sogar hochauflösende Scans mit bis zu 150 MP Auflösung möglich sind. Dies übersteigt das Auflösungsvermögen von 35-mm-Kleinbildfilm bei Weitem, aber auf diese Weise wird aus den Cinefilmen die wohl höchstmögliche Qualität herausgeholt.

https://silbersalz35.com

4.8 KREATIVE EFFEKTFILME

Einen weiteren in den letzten Jahren bisweilen schon inflationär erscheinenden Zuwachs an neuem Filmmaterial gab es im Bereich der sogenannten kreativen Effektfilme.

Hierbei handelt es sich nicht um neue, gänzlich eigenständige Filme, sondern von den Herstellern durch unterschiedliche Vorbehandlung verfremdete Filme.

Als Grundlage dieser Filme werden in der Regel die günstigsten gerade am Markt verfügbaren Filme verwendet, aktuell in erster Linie der Kodak Gold 200, aber auch Fujicolor C-200, Kodak Ultramax 400 und ähnliche.

Die Effekte dieser Filme sind dabei sehr vielfältig.

So gibt es z.B. Filme, die partiell vorbelichtet wurden, um den Effekt von Lichteinfall in der Kamera zu simulieren, aufbelichtete Strukturen, Muster oder Linien oder Vorbehandlungen mit bestimmten Lichtfarben, die die spätere Farbwiedergabe beeinflussen.

Wie genau diese Effekte erzeugt werden, bleibt das Geheimnis ihrer Hersteller.

Da ich auf das Basismaterial dieser Filme schon weiter oben genauer eingegangen bin, verzichte ich im Folgenden auf Bildbeispiele mit meinem Test-Setup, sondern verwende hier Beispielbilder, die mir von den Herstellern zur Verfügung gestellt wurden. Anhand dieser lassen sich die verschiedenen Effekte auch einfacher verdeutlichen.

Hinweis

Die spezifischen Effekte sind in der Regel ungleichmäßig über den Verlauf eines Films verteilt und variieren unter Umständen auch in der Stärke je nach Über- oder Unterbelichtung des Films sowie in der Interpretation der Scanner-Software bzw. des bearbeitenden Laboranten. Das Ergebnis lässt sich also nicht planen und lässt daher viel Raum für Überraschungen.
Die Filme können wie gewohnt belichtet und bei jedem herkömmlichen Ausarbeitungslabor entwickelt werden.

4.9 KLEINE MARKTÜBERSICHT DER KREATIVEN FARBEFFEKTFILME

Hinweis

Diese Liste soll einen kleinen Überblick über die auf dem deutschen Markt am weitesten verbreiteten Effekt-Filmsorten geben, erhebt aber keinen Anspruch auf Vollständigkeit. Tatsächlich ist das Angebot in diesem Bereich ausgesprochen vielfältig und stetig wachsend. Daher habe ich mich hier auf eine Auswahl von Filmen der gängigsten Marken beschränkt.
Stand: 31.03.2023

DUBBLEFILM

DUBBLEFILM APOLLO

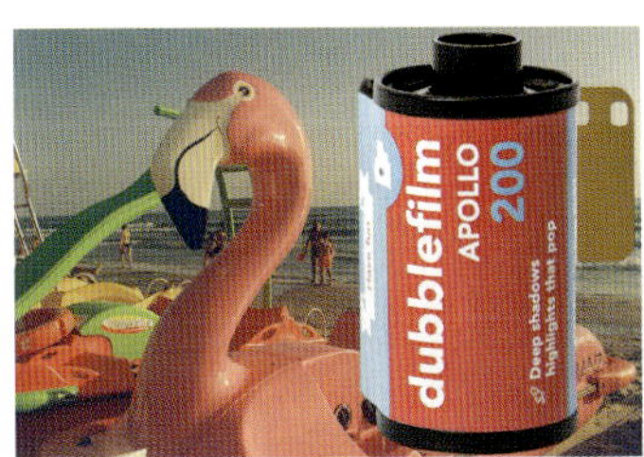

Abbildung 4.66: Dubblefilm Apollo

Nennempfindlichkeit	Erhältlich als ISO 200/24° und ISO 400/27°
Tageslicht oder Kunstlicht:	Tageslicht
Verfügbare Filmformate:	35-mm-Kleinbildfilm 120er-Mittelformat (nur ISO 200/24°)
Farbeffekt:	Ein Film mit bläulich bis geblichen Farbeffekten, tiefen Schatten und leuchtenden Highlights

DUBBLEFILM BUBBLEGUM

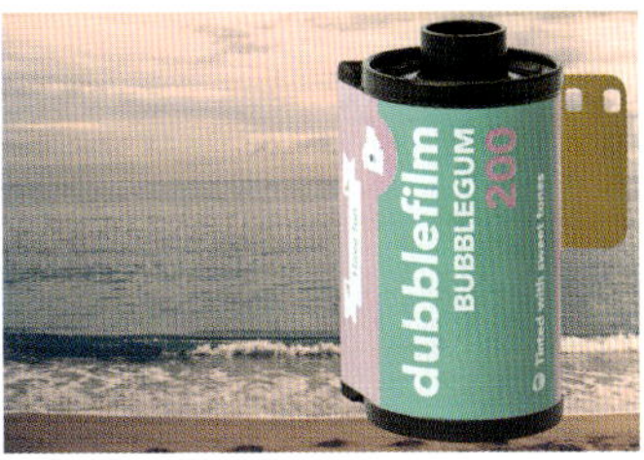

Abbildung 4.67: Dubblefim Bubblegum

Nennempfindlichkeit	Erhältlich als ISO 200/24° und ISO 400/27°
Tageslicht oder Kunstlicht:	Tageslicht
Verfügbare Filmformate:	35-mm-Kleinbildfilm 120er-Mittelformat (nur ISO 200/24°)
Farbeffekt:	Ein Film mit bunten, vor allem pinken Farbeffekten so süß wie Kaugummi

DUBBLEFILM JELLY

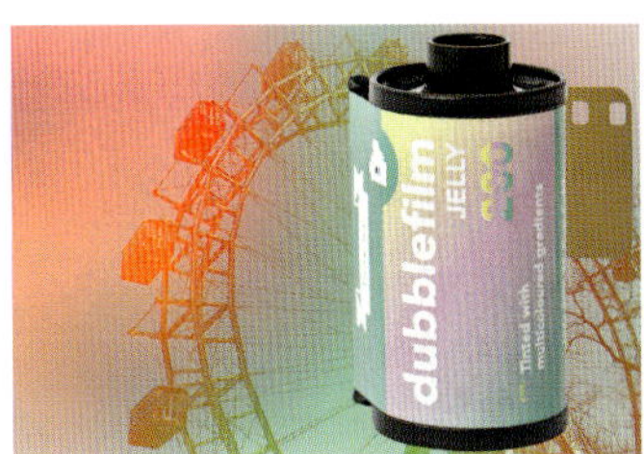

Abbildung 4.68: Dubblefilm Jelly

Nennempfindlichkeit	Erhältlich als ISO 200/24° und ISO 400/27°
Tageslicht oder Kunstlicht:	Tageslicht
Verfügbare Filmformate:	35-mm-Kleinbildfilm
Farbeffekt:	Bunte Farbbelichtungen in Rot, Grün und Gelb verteilen sich zufällig über den Film.

DUBBLEFILM STEREO

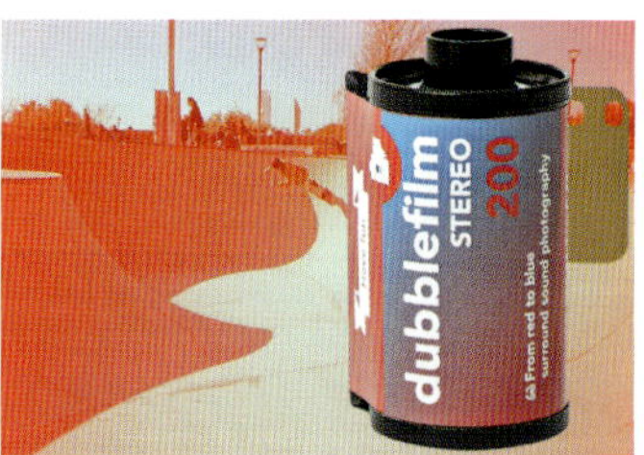

Abbildung 4.69: Dubblefilm Stereo3

Nennempfindlichkeit	Erhältlich als ISO 200/24° und ISO 400/27°
Tageslicht oder Kunstlicht:	Tageslicht
Verfügbare Filmformate:	35-mm-Kleinbildfilm
Farbeffekt:	Farbeffektfilm, der zu Beginn rot und dann im weiteren Verlauf blau eingefärbt ist

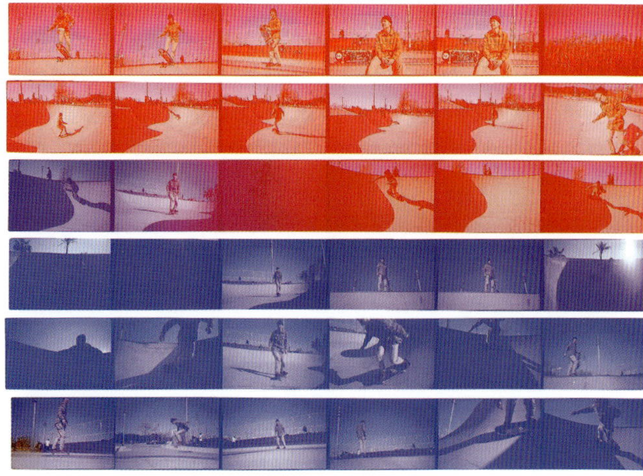

Abbildung 4.70: Beispiel für den Farbwechsel von Rot zu Blau im Verlauf des Films

DUBBLEFILM SOLAR

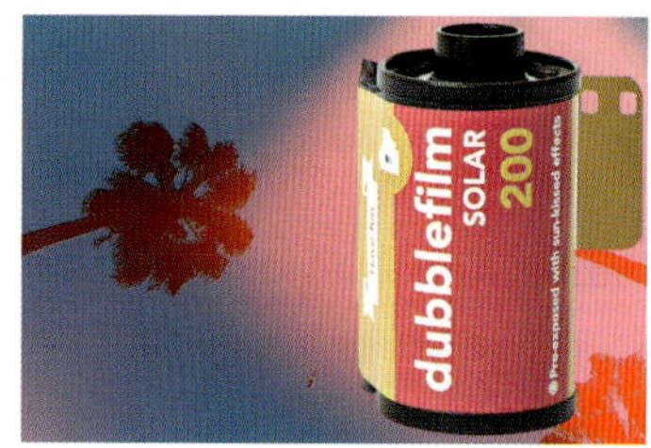

Abbildung 4.71: Dubblefilm Solar

Nennempfindlichkeit	Erhältlich als ISO 200/24° und ISO 400/27°
Tageslicht oder Kunstlicht:	Tageslicht
Verfügbare Filmformate:	35-mm-Kleinbildfilm
Farbeffekt:	Mit diesem Film erhalten Ihre Bilder unregelmäßig auftretende rötliche Lichteffekte wie bei einer Kamera mit Lichteinfall während der Aufnahme.

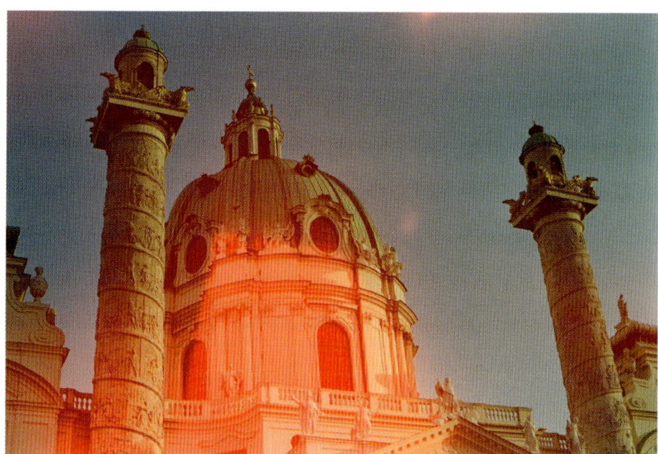

Abbildung 4.72: Farbeeffekte wie durch zufälligen Lichteinfall

DUBBLEFILM PACIFIC

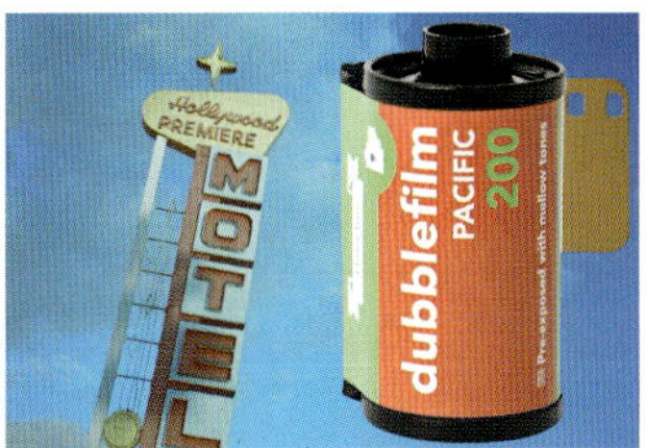

Abbildung 4.73: Dubblefilm Pacific

Nennempfindlichkeit	**Erhältlich als ISO 200/24° und ISO 400/27°**
Tageslicht oder Kunstlicht:	Tageslicht
Verfügbare Filmformate:	35-mm-Kleinbildfilm 120er-Mittelformat
Farbeffekt:	Effektfilm mit wunderschönen Sepia-, Blau-, Grüntönen, ein Film wie eine frische Ozeanbrise

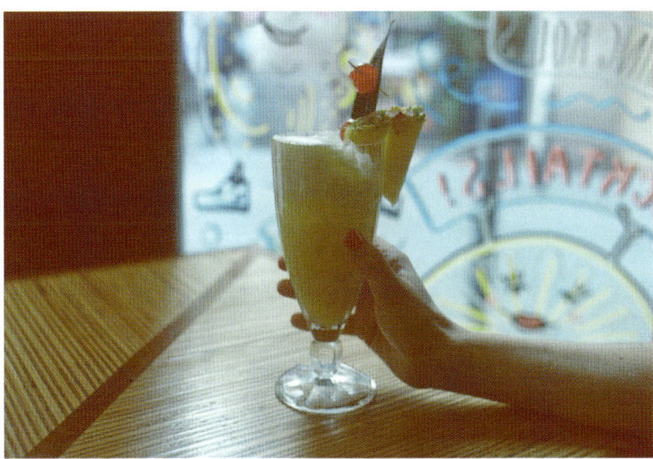

Abbildung 4.74: Bildbeispiel Dubblefilm Pacific

REVOLOG

Revolog entstand 2009, als sich die Fotografen Hanna Pribitzer und Michael Krebs an der Wiener Fotoschule, die sie gemeinsam besucht haben, für ihr Diplomprojekt zusammenschlossen. Sie entwickelten eine Methode, reguläre Farbfilme vor der Aufnahme mit Hilfe verschiedenartiger Techniken zu behandeln, so dass auf den entwickelten Bildern Verfremdungseffekte sichtbar und Teil der fotografierten Bilder werden. So gibt es Filme mit speziellen Farbeffekten, aber auch Filme, bei denen grafische Strukturen wie Streifen, Luftblasen oder Entladungsblitze sichtbar werden.

Nach einer ausführlichen Testphase und Perfektionierung ihrer Produktionsabläufe entstand aus diesem als Kunstprojekt gestarteten Konzept die Firma Revolog mit einer mittlerweile sehr umfangreichen Palette an Effektfilmen.

REVOLOG 460NM

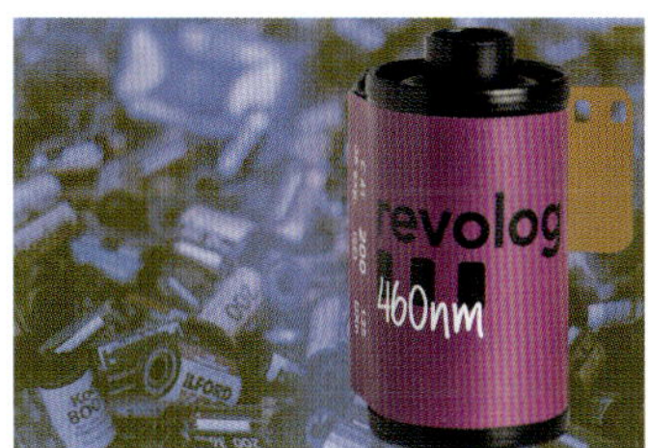

Abbildung 4.75: Revolog 460nm

Nennempfindlichkeit	**Erhältlich als ISO 200/24° und ISO 400/27°**
Tageslicht oder Kunstlicht:	Tageslicht
Verfügbare Filmformate:	35-mm-Kleinbildfilm 120er-Mittelformat (nur ISO 200/24°)
Farbeffekt:	Der Farbeffekt variiert zwischen blau/violett und gelb/grün.

REVOLOG 600NM

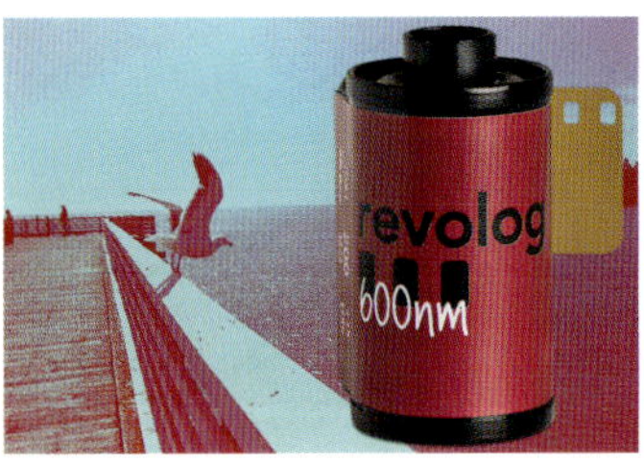

Abbildung 4.76: Revolog 600nm

Nennempfindlichkeit	**Erhältlich als ISO 200/24° und ISO 400/27°**
Tageslicht oder Kunstlicht:	Tageslicht
Verfügbare Filmformate:	35-mm-Kleinbildfilm 120er Mittelformat (nur ISO 200/24°)
Farbeffekt:	Bläulich grüner bis rötlicher Farbeffekt

REVOLOG KOLOR

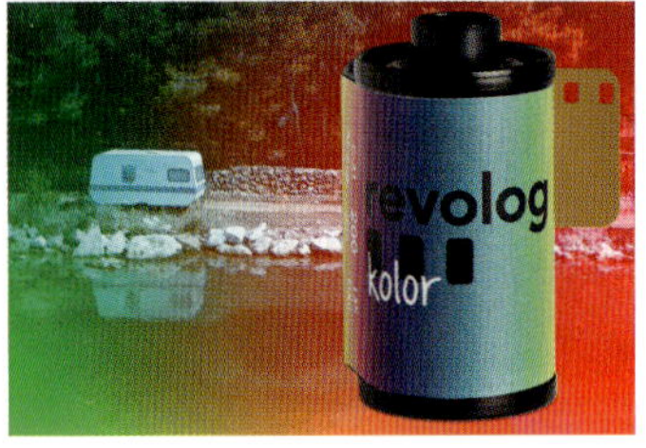

Abbildung 4.77: Revolog Kolor

Nennempfindlichkeit	**Erhältlich als ISO 200/24° und ISO 400/27°**
Tageslicht oder Kunst-licht:	Tageslicht
Verfügbare Filmformate:	35-mm-Kleinbildfilm

Nennempfindlichkeit	**Erhältlich als ISO 200/24° und ISO 400/27°**
Farbeffekt:	Dieser Film beschert einen Regenbogen bunter Farben auf allen Bildern. Die Farbverschiebungen reichen von Rot zu Blau, Orange, Grün, Pink oder gar Türkis.

REVOLOG KOSMOS

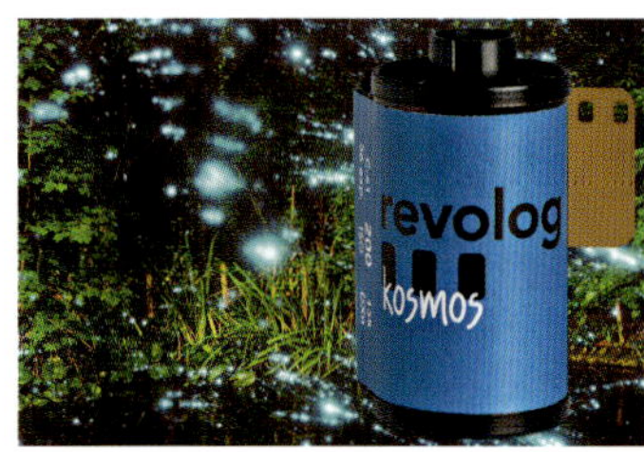

Abbildung 4.78: Revolog Kosmos

Nennempfindlichkeit	**Erhältlich als ISO 200/24° und ISO 400/27°**
Tageslicht oder Kunstlicht:	Tageslicht
Verfügbare Filmformate:	35-mm-Kleinbildfilm
Farbeffekt:	Bläulich weiße Strukturen überziehen den Film und erinnern an kosmischen Sternenstaub und glitzernde Galaxiennebel.

REVOLOG LAZER

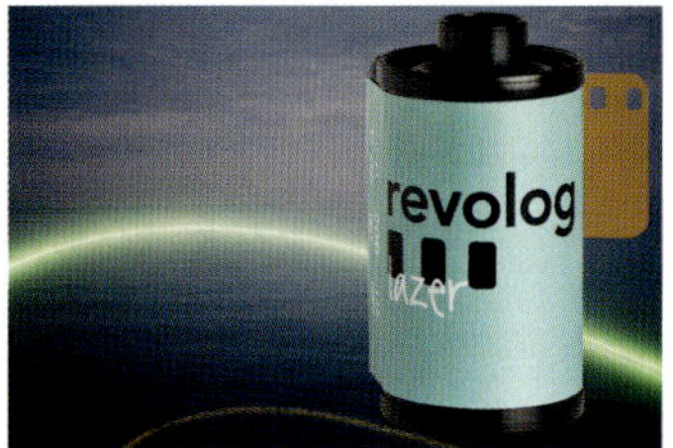

Abbildung 4.79: Revolog Lazer

Nennempfindlichkeit	Erhältlich als ISO 200/24° und ISO 400/27°
Tageslicht oder Kunstlicht:	Tageslicht
Verfügbare Filmformate:	35-mm-Kleinbildfilm
Farbeffekt:	Blaue und grüne Linien in Form leuchtender Lichtspuren

REVOLOG PLEXUS

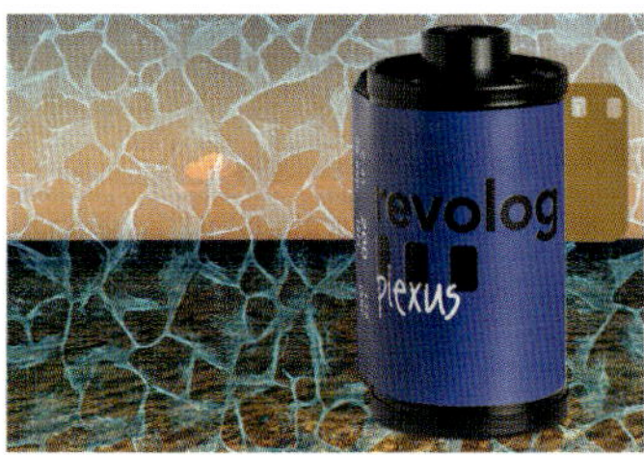

Abbildung 4.80: Revolog Plexus

Nennempfindlichkeit	Erhältlich als ISO 200/24° und ISO 400/27°
Tageslicht oder Kunstlicht:	Tageslicht
Verfügbare Filmformate:	35-mm-Kleinbildfilm
Farbeffekt:	Wabernde leuchtend blaue, netzartige Strukturen über das ganze Bild verteilt

REVOLOG STREAK

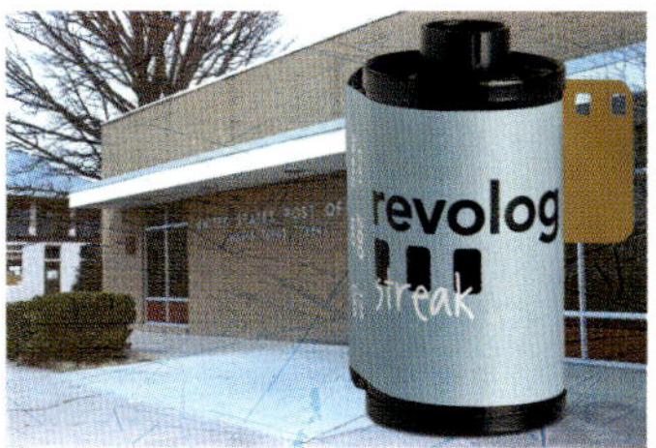

Abbildung 4.81: Revolog Streak

Nennempfindlichkeit	Erhältlich als ISO 200/24° und ISO 400/27°
Tageslicht oder Kunstlicht:	Tageslicht
Verfügbare Filmformate:	35-mm-Kleinbildfilm
Farbeffekt:	Blaue Linien ziehen sich wie Kratzer kreuz und quer über alle Bilder.

REVOLOG RASP

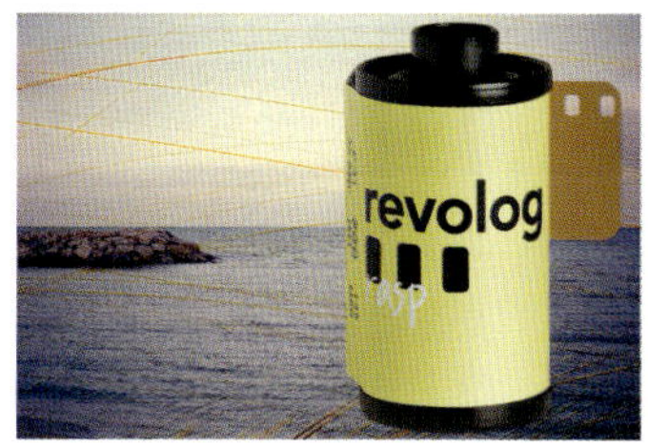

Abbildung 4.82: Revolog Rasp

Nennempfindlichkeit	Erhältlich als ISO 200/24° und ISO 400/27°
Tageslicht oder Kunstlicht:	Tageslicht
Verfügbare Filmformate:	35-mm-Kleinbildfilm
Farbeffekt:	Feine gelblich rote Linien verlaufen horizontal durch die Negative.

REVOLOG TESLA 1

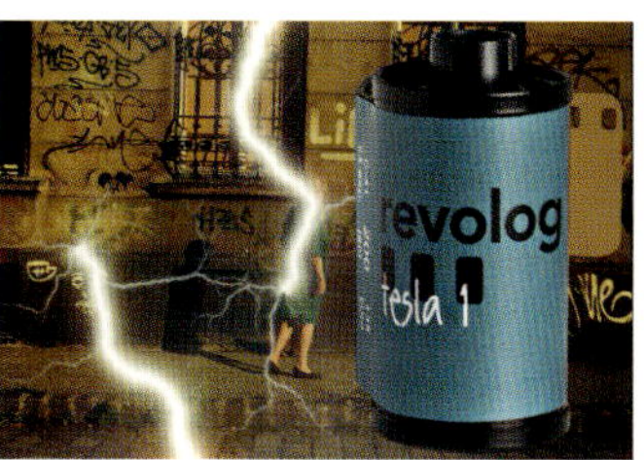

Abbildung 4.83: Revolog Tesla 1

Nennempfindlichkeit	Erhältlich als ISO 200/24° und ISO 400/27°
Tageslicht oder Kunstlicht:	Tageslicht
Verfügbare Filmformate:	35-mm-Kleinbildfilm
Farbeffekt:	Bläulich weiße Blitzentladungseffekte wie bei einer Tesla-Spule sind zufällig über den ganzen Film verteilt.

REVOLOG TESLA 2

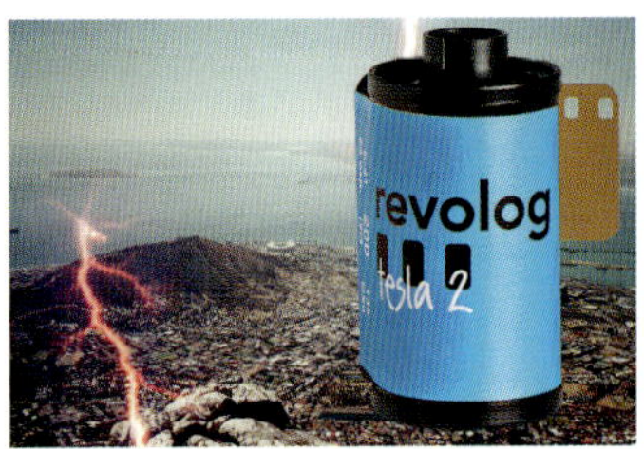

Abbildung 4.84: Revlog Tesla 2

Nennempfindlichkeit	Erhältlich als ISO 200/24° und ISO 400/27°
Tageslicht oder Kunstlicht:	Tageslicht
Verfügbare Filmformate:	35-mm-Kleinbildfilm
Farbeffekt:	Ähnlicher Blitzschlageffekt wie bei Tesla 1, jedoch mit rötlich weißen Blitzen

REVOLOG TEXTURE

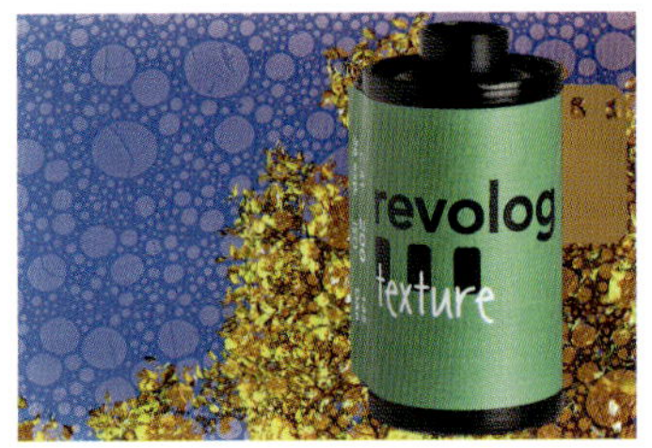

Abbildung 4.85: Revolog Texture

Nennempfindlichkeit	Erhältlich als ISO 200/24° und ISO 400/27°
Tageslicht oder Kunstlicht:	Tageslicht
Verfügbare Filmformate:	35-mm-Kleinbildfilm
Farbeffekt:	Eine luftblasenartige Struktur zieht sich über alle Bilder. In dunkleren Bildbereichen stärker sichtbar, in hellen Bereichen dagegen nur wenig wahrnehmbar

REVOLOG VOLVOX

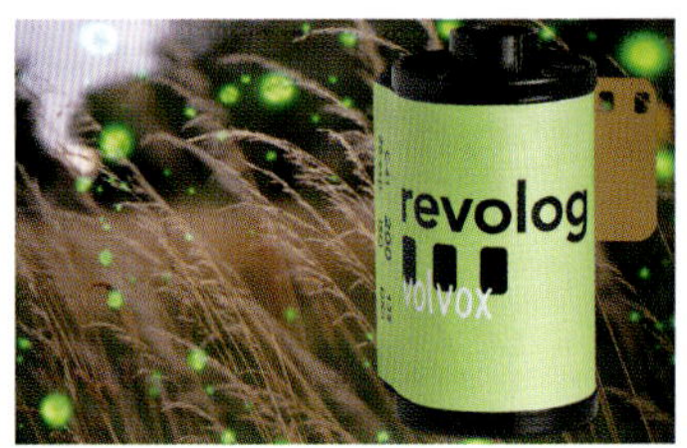

Abbildung 4.86: Revolog Volvox

Nennempfindlichkeit	Erhältlich als ISO 200/24° und ISO 400/27°
Tageslicht oder Kunstlicht:	Tageslicht
Verfügbare Filmformate:	35-mm-Kleinbildfilm
Farbeffekt:	Leuchtende grüne Punkte und Sprenkel in verschiedenen Größen, die sich willkürlich auf dem Foto verteilen

LOMOGRAPHY-LOMOCHROME-FILME

Der österreichische Hersteller Lomo ist in erster Linie für sein umfangreiches Sortiment an kultigen Lo-Fi-Kameras für die verschiedensten Filmformate, von Pocketfilm über Kleinbild und Mittelformat, mit allerlei Sonderformaten wie Panoramen 6 x12 cm, 360-Grad-Kameras, Aufnahmen mit belichteter Filmperforation bis hin zu Sofortbildkameras bekannt. Es gibt aber auch einige sehr spannende Farbeffektfilme im Programm, um eben diese Kameras mit buntem Leben zu füllen.

Da diese Filme nicht auf der Verfremdung von Kodak Gold 200 oder einem ähnlichen Film beruhen, sondern aus Lomos eigener Filmforschung entstanden sind, habe ich diese Filme auch einer Belichtungsreihe mit meinem Farbfilm-Test-Setup unterzogen.

LOMOCHROME METROPOLIS

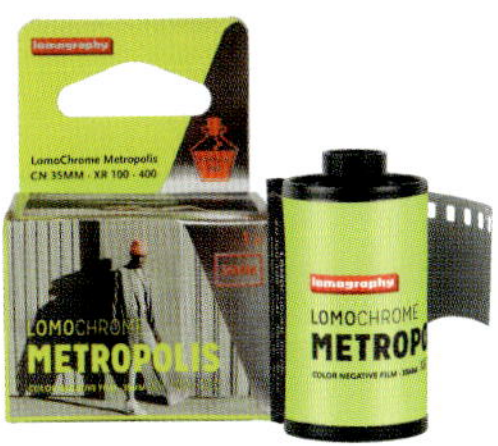

Abbildung 4.87: Lomography Lomochrome Metroplis

Die Nennempfindlichkeit der Lomochrome-Filme wird von Lomo mit ISO 100/21° bis ISO 400/27° angegeben. Über- oder Unterbelichtung hat großen Einfluss auf den farblichen Effekt und kann je nach gewünschtem Bildergebnis eingestellt werden.

Nennempfindlichkeit	ISO 100/21° bis ISO 400/27°
Tageslicht oder Kunstlicht:	Tageslicht
Verfügbare Filmformate:	35-mm-Kleinbildfilm 120er-Mittelformat
Farbeffekt:	Film mit reduzierter Farbsättigung und hohen Kontrasten

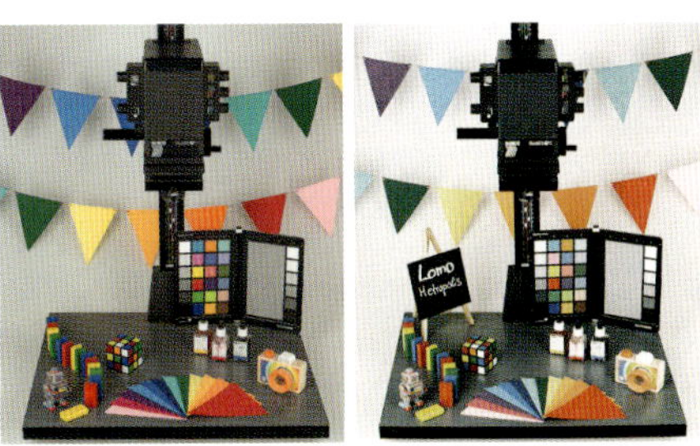

Abbildung 4.88: Links Referenzbild digital, rechts Filmfotografie, fotografiert im mittleren von Lomo angegebenen Bereich mit ISO 200/24°

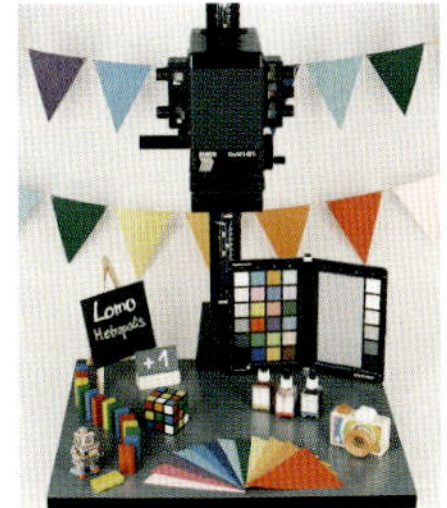
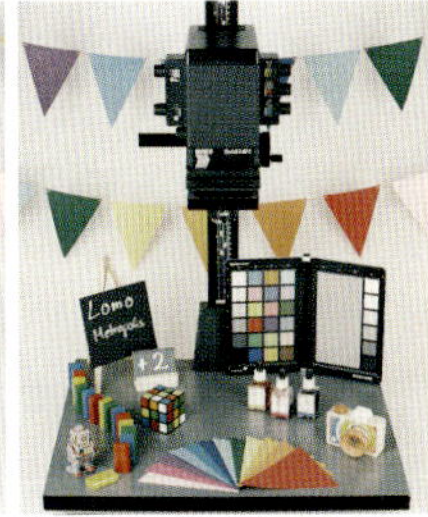
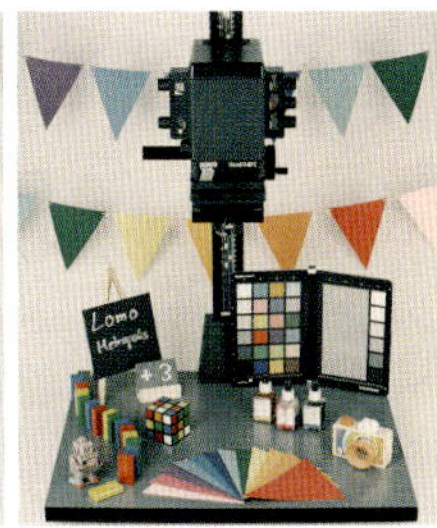

Abbildung 4.89: Bei zunehmender Überbelichtung wird der Film pastelliger und die Lichter wirken belegt. Es legt sich ein warmtoniger gelbroter Farbschleier über die Lichter.

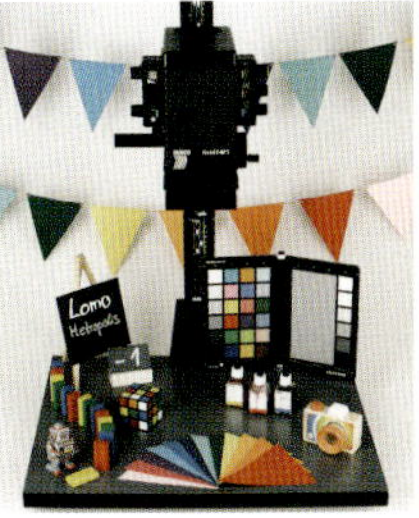
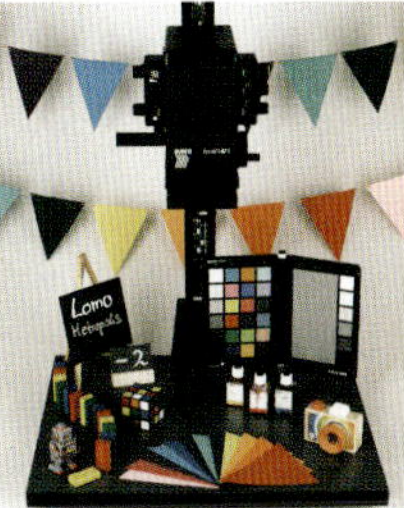
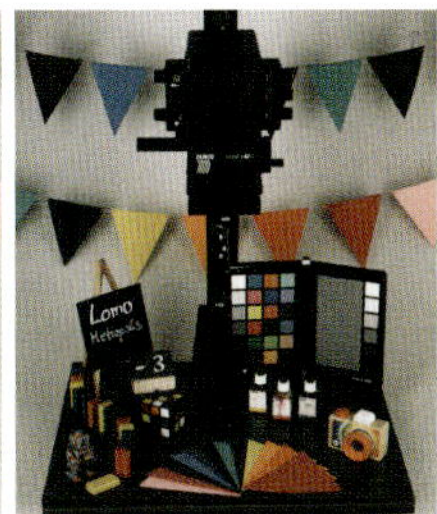

Abbildung 4.90: Die Farben werden dunkler und die Schattenpartien laufen zu und verlieren an Details. Die Körnigkeit nimmt weiter zu.

LOMOCHROME PURPLE

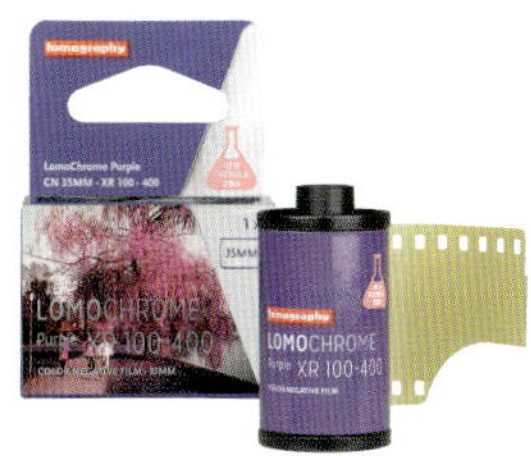

Abbildung 4.91: Lomography Lomochrome Purple

Der Lomochrome-Purple-Film ist aufgrund seiner auffälligen Farbgebung sicherlich einer der spektakulärsten und populärsten Farbeffektfilme. Farben werden bei ihm nicht naturgetreu wiedergegeben, sondern stark verändert wiedergegeben. Grün wird zu Blauviolett, Gelb zu Pink, Violett zu Grün. Seine Farbigkeit erinnert dabei ein wenig an den legendären, leider schon seit Jahrzenten nicht mehr erhältlichen Farbinfrarotfilm Kodak Aerochrome.

Nennempfindlichkeit	ISO 100/21° bis ISO 400/27°
Tageslicht oder Kunstlicht:	Tageslicht
Verfügbare Filmformate:	35-mm-Kleinbildfilm 120er-Mittelformat
Farbeffekt:	Verfremdende Farbwiedergabe Grün wird zu Blauviolett, Gelb zu Pink, Violett zu Grün, Rot zu einem bräunlichen Orange. Stark akzentuierte Körnigkeit

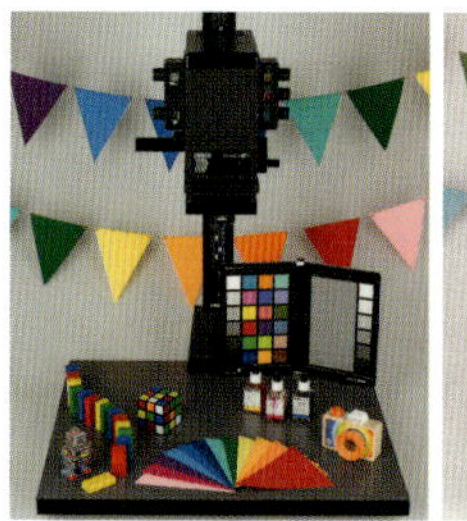
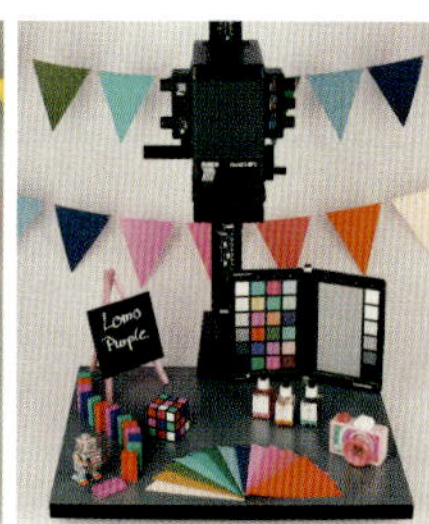

Abbildung 4.92: Links Referenzbild digital, rechts Filmfotografie, fotografiert im mittleren von Lomo angegebenen Bereich mit ISO 200/24°

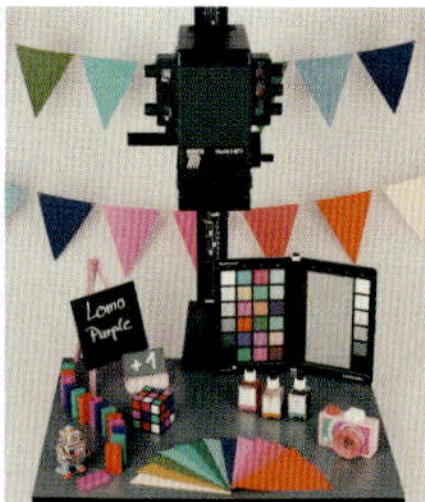
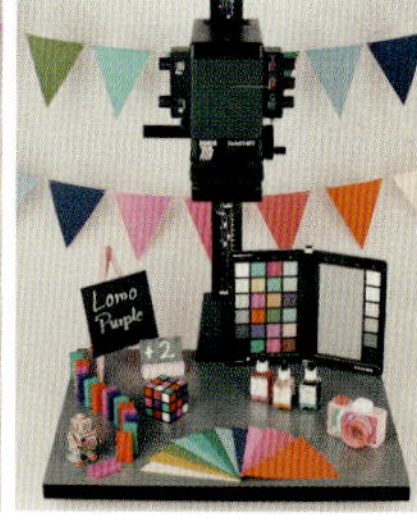
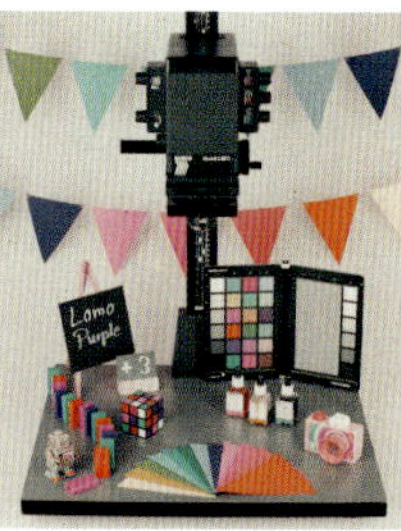

Abbildung 4.93: Bei 1 Blendenstufe Überbelichtung bzw. ISO 100/21° nimmt die Farbigkeit zu, danach wird das Ergebnis pastelliger.

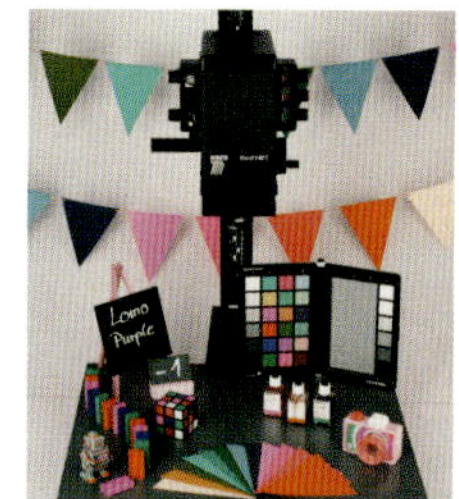
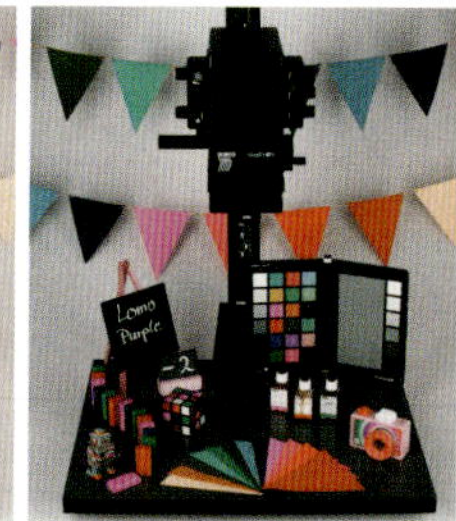
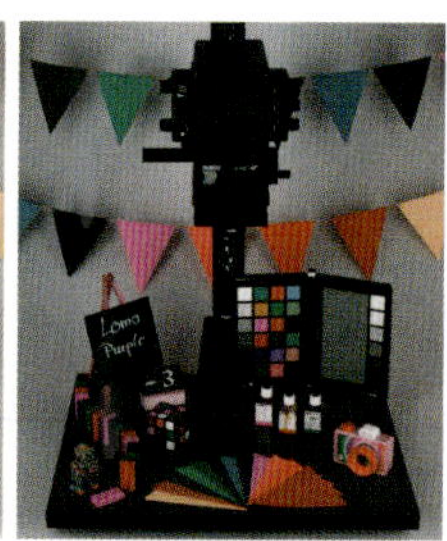

Abbildung 4.94: Die Schatten laufen zu und der Film wird deutlich körniger, liefert aber immer noch spannende Ergebnisse.

LOMOCHROME TURQUOISE

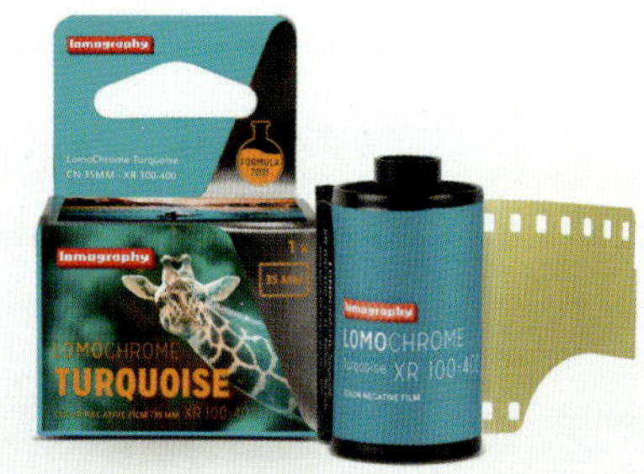

Abbildung 4.95: Lomography Lomochrome Turquoise

Ähnlich dem Lomochrome Purple bewirkt dieser Film eine drastische Farbverschiebung, jedoch mit verändertem Ausgang. Blau verändert sich zu einem bräunlichen Karamellfarbton, warme Farbtöne wie Gelb, Orange und Rot werden Türkis bläulich bis hin zu Violett im Fall von Rot.

Nennempfindlichkeit	ISO 100/21° bis ISO 400/27°
Tageslicht oder Kunstlicht:	Tageslicht
Verfügbare Filmformate:	35-mm-Kleinbildfilm 120er-Mittelformat
Farbeffekt:	Verfremdende Farbwiedergabe Blau wird zu einem bräunlichen Karamellfarbton, Gelb, Orange und Rot werden Türkis bläulich bis hin zu Violett im Fall von Rot.

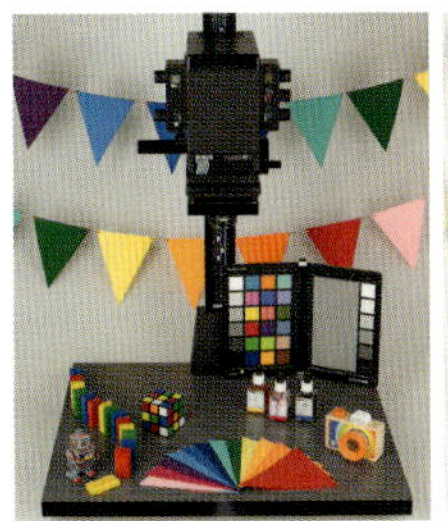
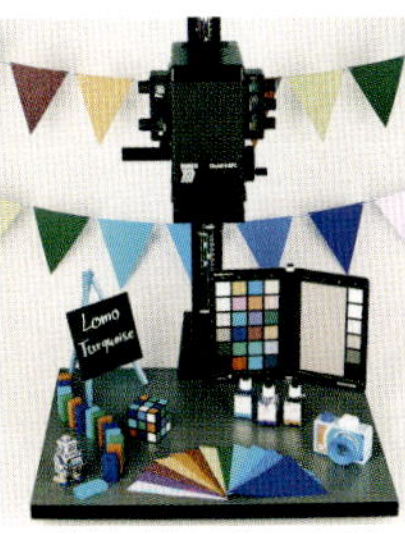

Abbildung 4.96: Links Referenzbild digital, rechts Filmfotografie, fotografiert im mittleren von Lomo angegebenen Bereich mit ISO 200/24°

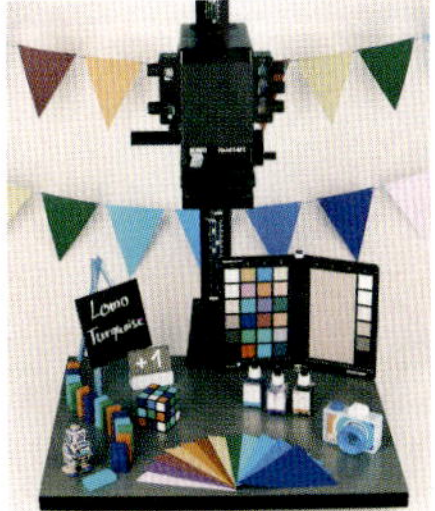
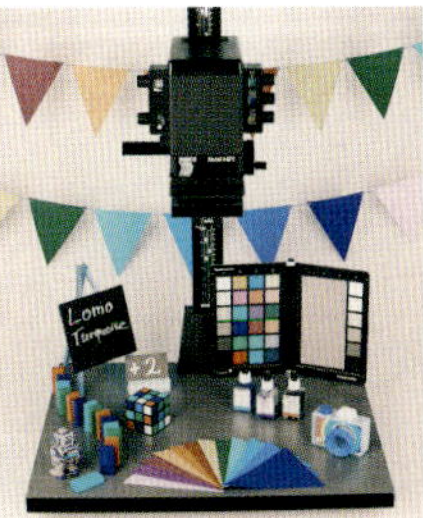
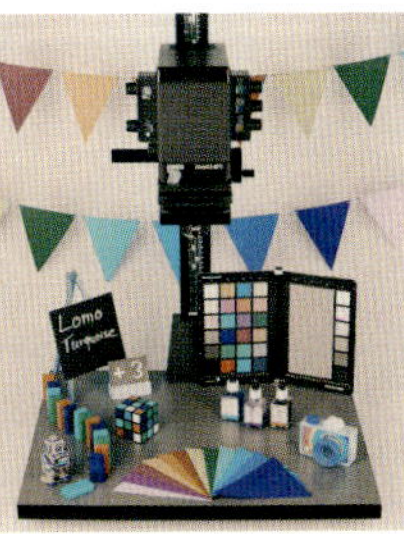

Abbildung 4.97: Bei 1 Blendenstufe Überbelichtung bzw. ISO 100/21° nimmt die Farbigkeit zu, danach wird das Ergebnis pastelliger.

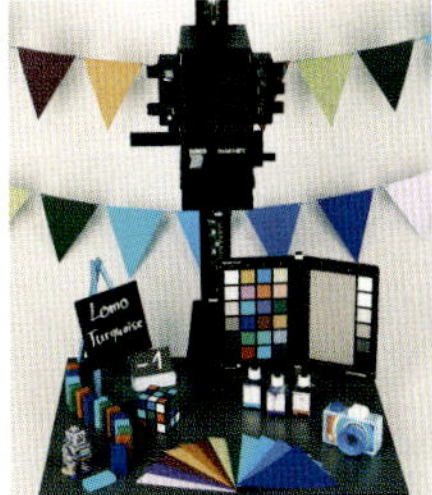
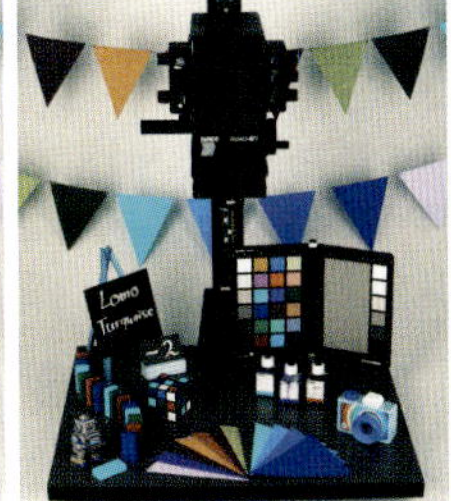
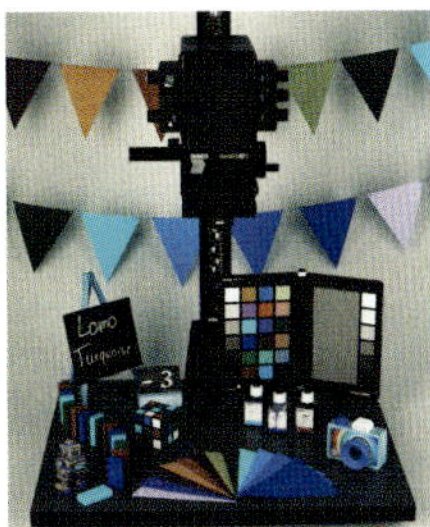

Abbildung 4.98: Kontrast und Körnigkeit nehmen zu, die Farben verlieren an Brillanz.

REDSCALE FILME

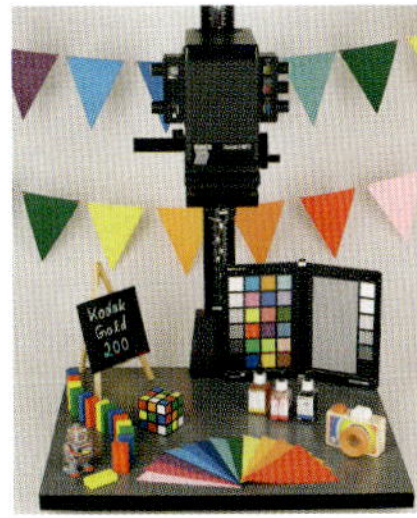
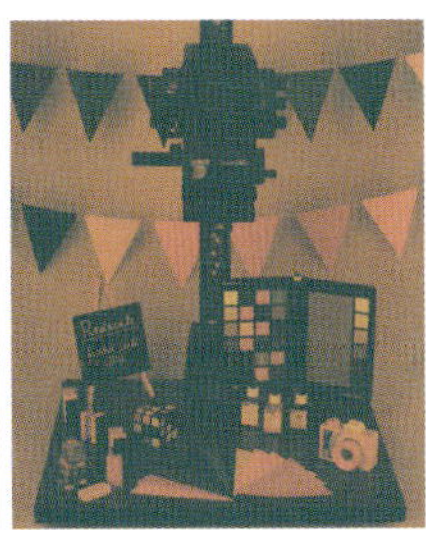

Abbildung 4.99: Links Kodak Gold 200, normal belichtet. Rechts: Kodak Gold 200 verkehrt herum in die Patrone gespult und durch die Filmrückseite belichtet.

Redscale Filme sind seit vielen Jahren immer mal wieder von verschiedenen Herstellern wie Rollei oder Lomography erhältlich und eine Art von Ur-Form des analogen Effektfilms. Aktuell im Handel erhältlich ist der Lomo Redscale XR. Das Tolle an Redscale-Filmen jedoch ist, dass diese sich auch sehr einfach selbst herstellen lassen.

Deren spezieller Farbeffekt entsteht, indem das Filmmaterial verkehrt herum in die Filmpatrone gespult wird und das Licht bei der Aufnahme dann nicht in der vorgesehen Reihenfolge auf die einzelnen Farbschichten des Films trifft, sondern erst die Filmrückseite durchdringen muss.

Wenn nun das Licht bei der Aufnahme in verkehrter Reihenfolge auf diese Schichten trifft, wird die Filterung des Lichts stark durcheinandergebracht.

Die für rotes Licht empfindliche Schicht kommt normalerweise erst als letzte der drei Farbschichten an die Reihe. Fotografieren wir durch die Filmrückseite, trifft das Licht nun zuerst darauf. Gleichzeitig verhindern zusätzliche Filterschichten zwischen den Farbschichten das Weiterleiten von blauem und grünem Licht. Die Umkehrung der Belichtung führt dazu, dass kaum blaues Licht die erste Schicht erreicht. Dadurch fehlt dieses Spektrum bei Redscale-Bildern zum großen Teil und es dominieren im Positivbild schließlich rote und gelbe Farbtöne.

Um solch einen Film selbst herzustellen, benötigt man einen beliebigen Farbfilm sowie eine leere wiederbefüllbare Filmpatrone. Der Farbfilm wird dann im Dunkeln aus der Originalpatrone entnommen und anschließend, auch im Dunkeln, verkehrt herum wieder in der bereitliegenden Wechselpatrone eingespult.

Das kann, ohne etwas zu sehen, ein wenig fummelig werden, und damit das Einspulen dann auch richtig verkehrt herum funktioniert, empfehle ich, vorab ein wenig zu probieren.

Die Filmlasche wird, wenn das umgekehrte Einspulen geklappt hat, verkehrt herum aus der Patrone schauen. Insbesondere bei Kameras mit automatischem Filmtransport kann dies zu Problemen führen. Hier ist es hilfreich, die alte Filmlasche mit einer Schere abzuschneiden und eine neue nach oben gerichtete Filmlasche herauszuschneiden. Die zuvor abgeschnittene Lasche kann als Schnittmuster angelegt werden.

Tipp

Eine Überbelichtung ist für optimale Bildergebnisse empfehlenswert, da die Filmrückseite wie ein Dichtefilter wirkt und einiges an Licht schluckt.

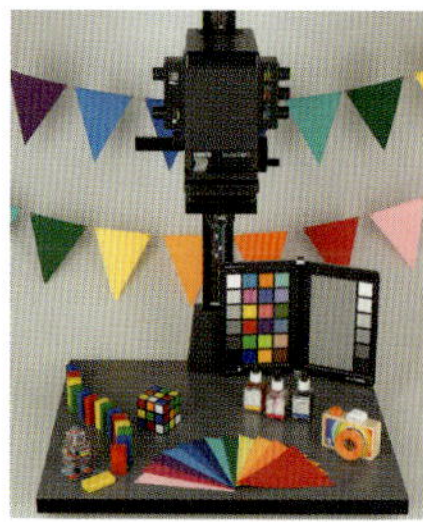

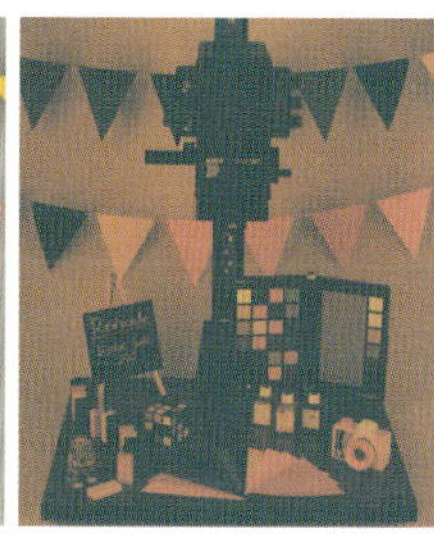

Abbildung 4.100: Referenzbild digital, rechts Filmfotografie, fotografiert bei Nennempfindlichkeit von Kodak Gold, ISO 200/24°. Durch die Belichtung durch die Filmrückseite verliert der Film einiges an Empfindlichkeit und wird bei Standardempfindlichkeit zu dunkel.

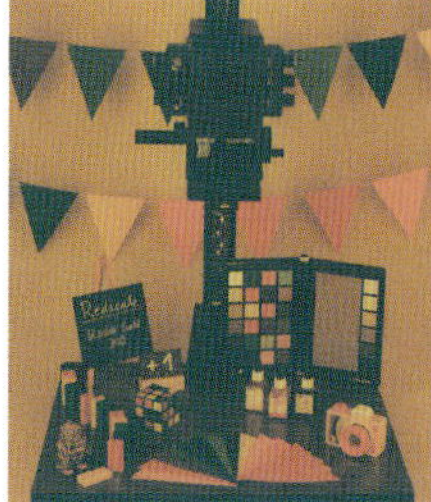

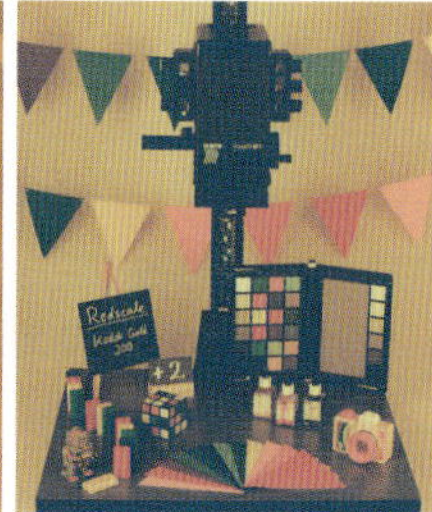

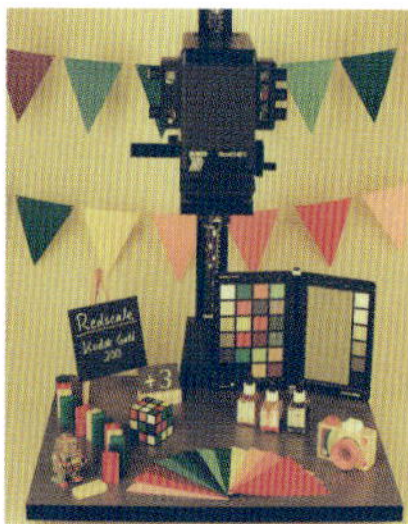

Abbildung 4.101: Überbelichtung verbessert die Farbigkeit und das Bildergebnis deutlich. Bei 3 Blendenstufen mehr zeigt der Film in diesem Test die beste Detailwiedergabe in den Schatten, wobei die Rotfärbung etwas nachlässt und es mehr in Richtung Gelborangetönung geht.

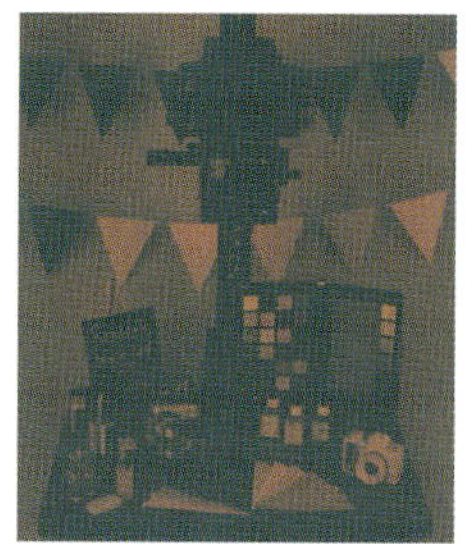

Abbildung 4.102: Schon bei 1 Blendenstufe weniger Licht wird das Ergebnis nahezu unansehnlich. Sehr dunkel und sehr körnig. Push-Entwicklung also unbedingt empfohlen. Die Tests mit 2 und 3 Blenden Unterbelichtung waren so dunkel, dass sie sich nicht mehr scannen ließen.

4.10 MARKTÜBERSICHT DIAFILME

Hinweis

Diese Liste soll einen Überblick über die auf dem deutschen Markt am weitesten verbreiteten Filmsorten geben, erhebt aber keinen Anspruch auf absolute Vollständigkeit.
Stand: 31.03.2023

FUJIFILM

Während das Farbnegativfilm-Sortiment von Fujifilm leider deutlich zusammengeschrumpft ist, ist Fuji derzeit, und wie bereits seit Jahrzehnten, der führende Anbieter im Bereich der Farbdiafilme.

FUJIFILM VELVIA 50

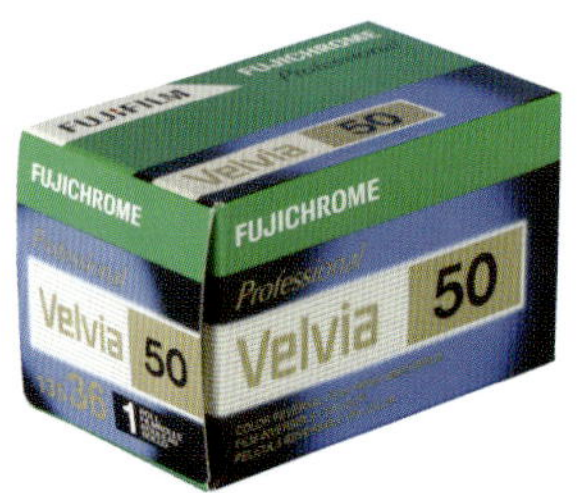

Abbildung 4.103: Fujifilm Velvia 50

Der Fuji Velvia 50 ist mit seinem sehr feinen Korn, hoher Schärfe und gesättigten, lebendigen Farbtönen seit Jahrzenten ein Favorit für Landschafts- und Naturfotografie.

Nennempfindlichkeit	ISO 50/18°
Farbeigenschaften:	Hohe Farbsättigung
Tageslicht oder Kunstlicht:	Tageslicht
Verfügbare Filmformate:	35-mm-Kleinbildfilm, 120er-Mittelformat, Planfilm 4 x 5 Inch
Besonderheiten:	Sehr feines Korn, hohe Schärfe

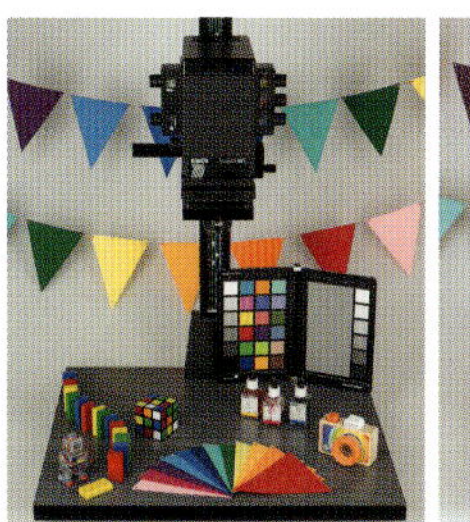
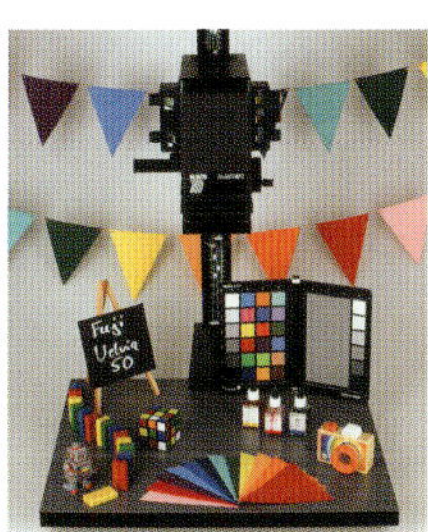

Abbildung 4.104: Links Referenzbild digital, rechts Filmfotografie

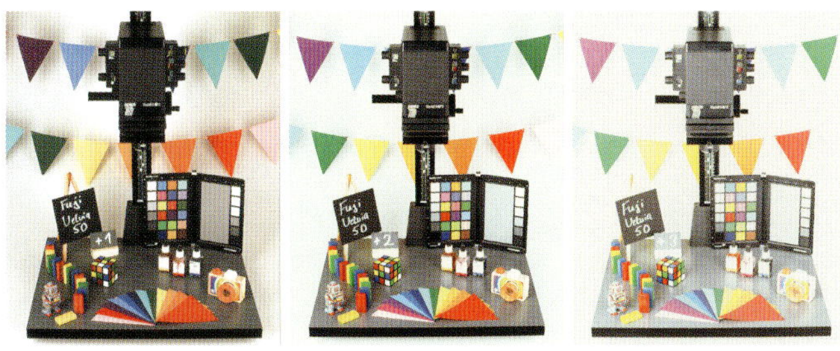

Abbildung 4.105: Überbelichtung verträgt der Velvia 50 nicht sehr gut. Die Lichter brennen aus und werden im Dia letztlich komplett transparent.

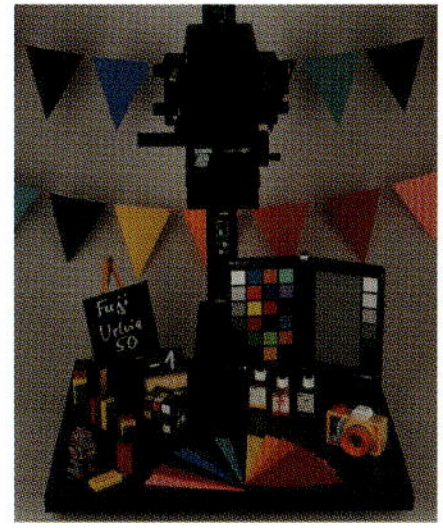
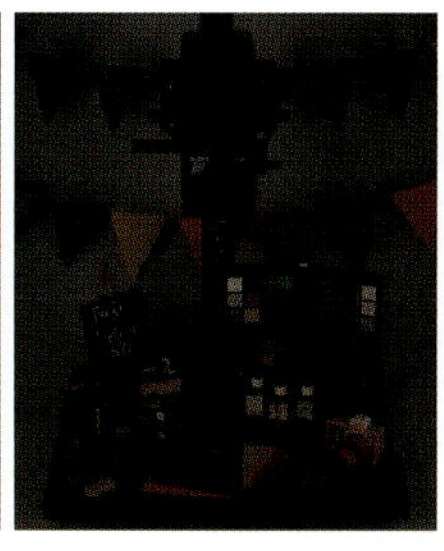

Abbildung 4.106: Bei Unterbelichtung wird das Ergebnis schnell sehr dunkel. Nicht empfehlenswert ohne Push-Entwicklung

FUJIFILM VELVIA 100

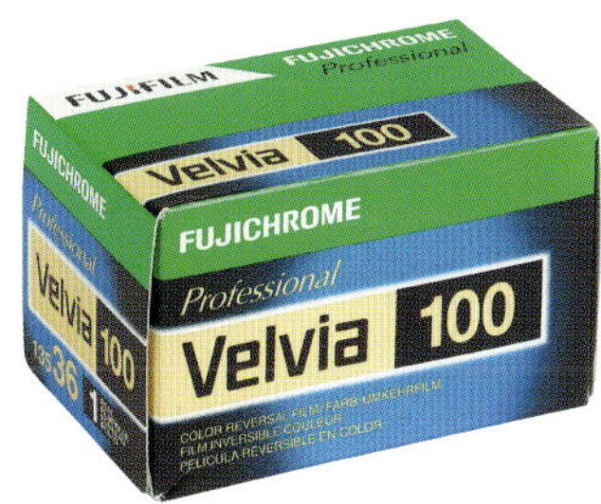

Abbildung 4.107: Fujifilm Velvia 100

Der Fuji Velvia 100 zeichnet sich durch erhöhte Lichtempfindlichkeit gegenüber dem Velvia 50 aus. Die Farben sind zwar weiterhin sehr bunt, aber ein wenig reduzierter in der Sättigung.

Nennempfindlichkeit	ISO 100/21°
Farbeigenschaften:	Hohe Farbsättigung
Tageslicht oder Kunstlicht:	Tageslicht
Verfügbare Filmformate:	35-mm-Kleinbildfilm, 120er-Mittelformat, Planfilm 4 x 5 Inch

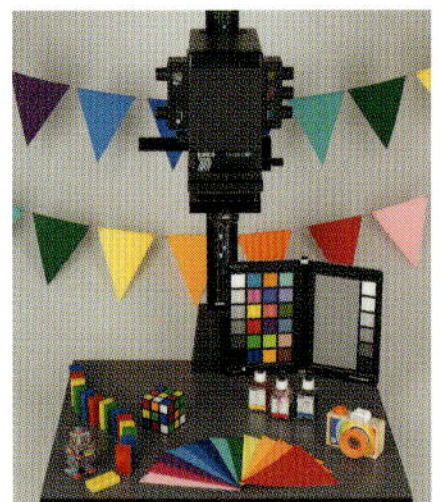
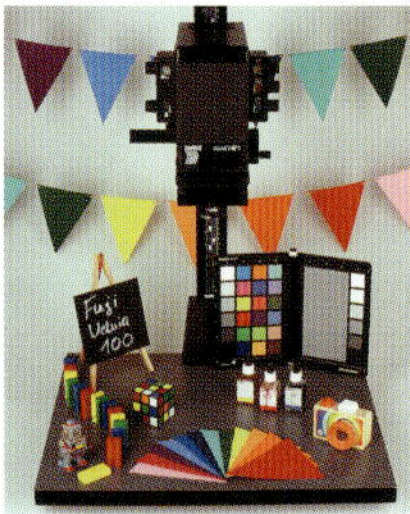

Abbildung 4.108: Links Referenzbild digital, rechts Filmfotografie

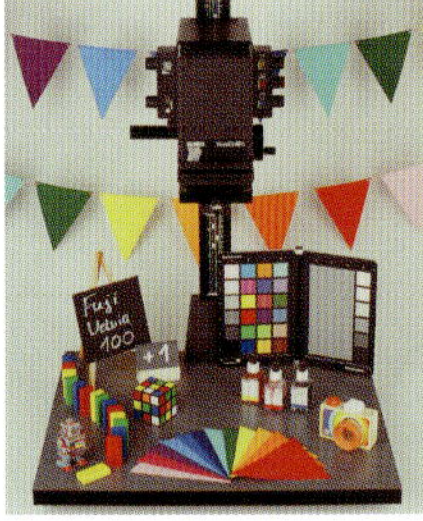
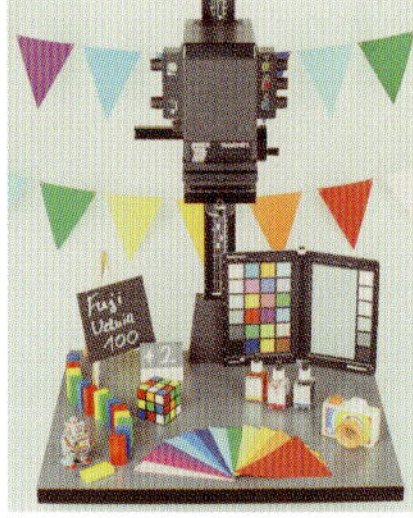
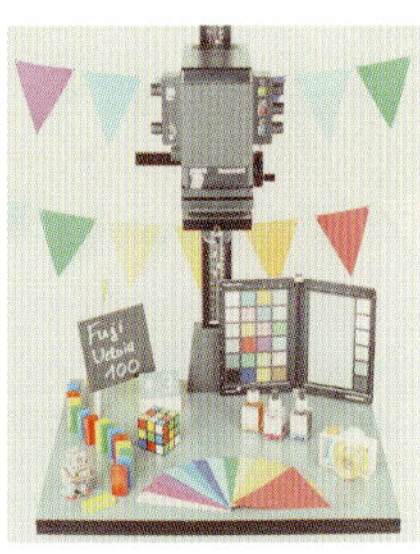

Abbildung 4.109: Eine Überbelichtung von einer Blendenstufe verträgt der Velvia 100 etwas besser als der geringer lichtempfindliche Fuji Velvia 50, aber der Qualitätsverlust ist dennoch deutlich sichtbar, daher ohne Pull-Entwicklung nicht empfehlenswert.

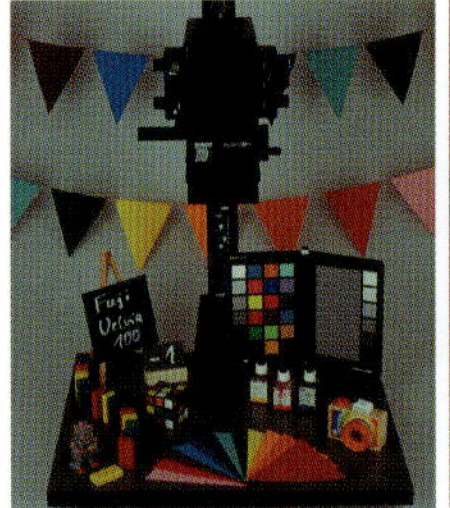
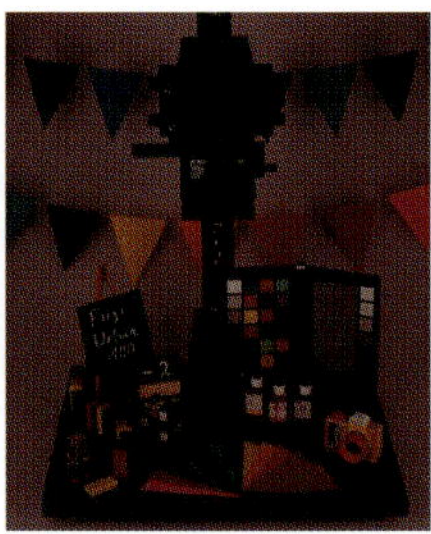

Abbildung 4.110: Auch hier schlägt sich der Velvia 100 besser als der Velvia 50, aber ohne Push-Entwicklung ist dies weiterhin nicht sehr ansehnlich.

FUJIFILM PROVIA 100F

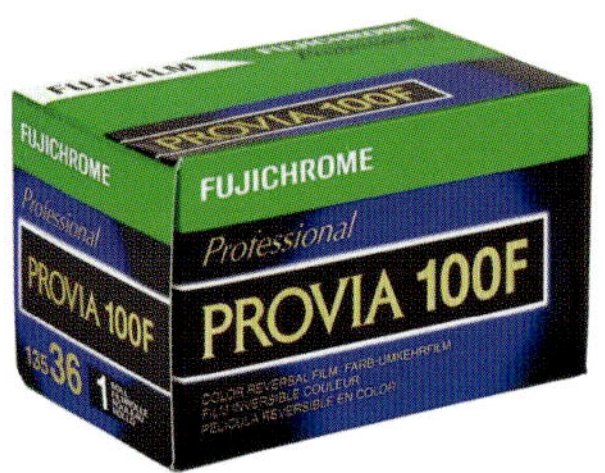

Abbildung 4.111: Fujifilm Provia 100F

Der Prova F 100 ist ein Diafilm mit natürlicher Farbwiedergabe sowie feinem Filmkorn und hohem Auflösungsvermögen. Insbesondere die Farbtreue macht ihn zu einem beliebten Allround-Diafilm sowohl für Landschaftsfotografie, aber zusätzlich auch für Porträt- und Sachaufnahmen sowie Reprofotografie im Studio.

Nennempfindlichkeit	ISO 100/21°
Farbeigenschaften:	Natürliche Farbwiedergabe
Tageslicht oder Kunstlicht:	Tageslicht
Verfügbare Filmformate:	35-mm-Kleinbildfilm, 120er-Mittelformat, Planfilm 4 x 5 Inch und 8 x 10 Inch

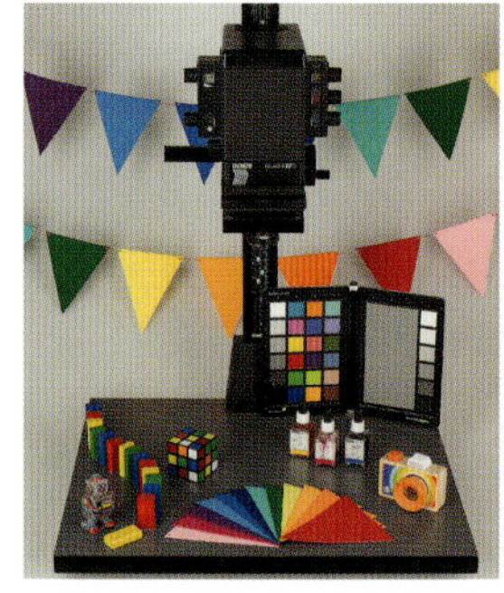
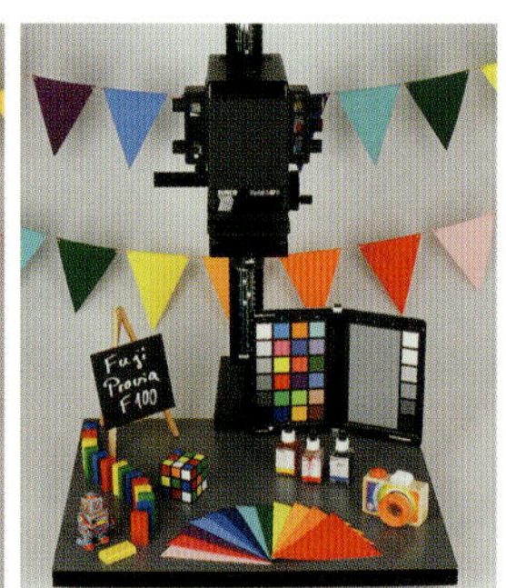

Abbildung 4.112: Links Referenzbild digital, rechts Filmfotografie

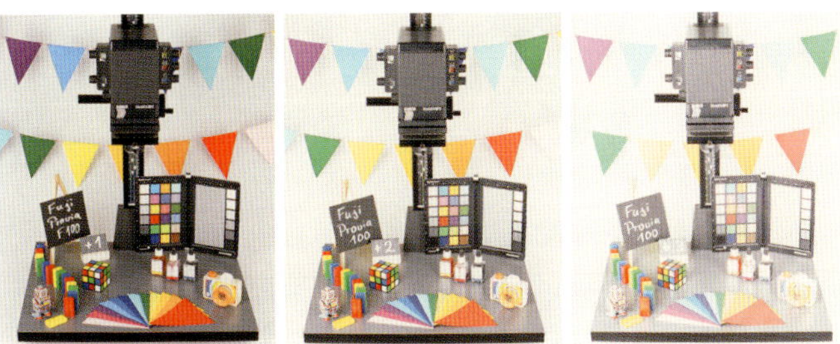

Abbildung 4.113: Verträgt eine Überbelichtung von 1 Blendenstufe erstaunlich gut für einen Diafilm. Ab 2 Blendenstufen leidet aber auch hier deutlich die Wiedergabequalität. Mit Hilfe einer Pull-Entwicklung lässt sich dies verbessern.

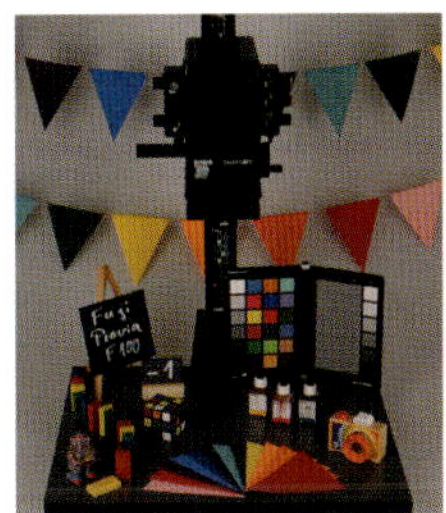
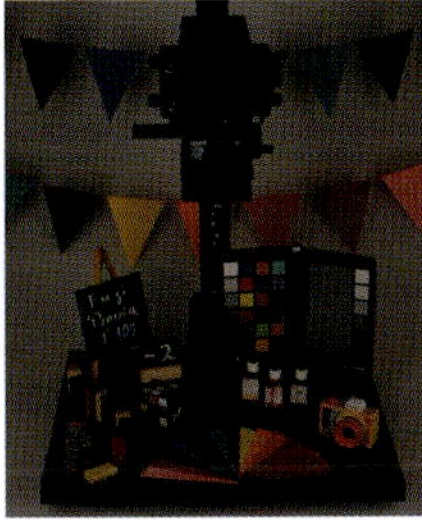
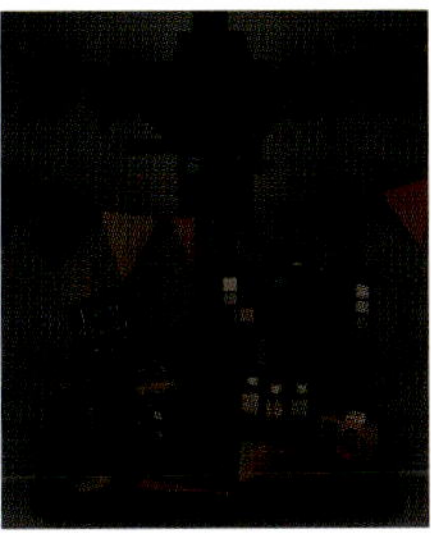

Abbildung 4.114: Der Provia F100 reagiert auf Unterbelichtung ähnlich wie der Velvia 100. Ich würde zu einer Push-Entwicklung raten, um die Bildqualität zu verbessern. Er sollte sich auf diese Weise auch noch als Ersatz für den leider nicht mehr erhältlichen Provia 400 X verwenden lassen.

KODAK

Kodak zählte über viele Jahrzehnte neben Fujifilm zu den führenden Anbietern auf dem Markt der Farbdiafilme. Umso größer war der Schock unter Analogfotografen über Kodaks Ankündigung im Jahr 2012, sich komplett aus dem Farbdiamarkt zurückzuziehen. Nach einigen Jahren, in denen dieser Markt komplett Fujifilm überlassen wurde, hatte man ein Einsehen und startete 2017 ein überraschendes Comeback mit der Ankündigung eines neuen Diafilms.

KODAK EKTACHROME E100

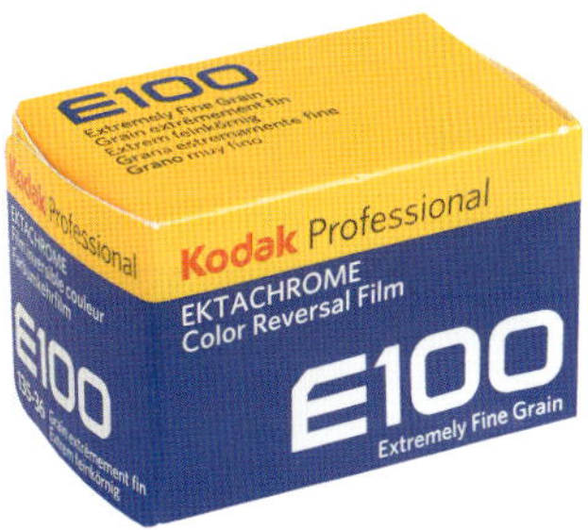

Abbildung 4.115: Kodak Ektachrome E100

Der Kodak E100 wurde 2017 überraschend neu auf den Markt gebracht, obwohl Kodak zuvor für mehrere Jahre schon komplett aus dem Diafilmmarkt ausgestiegen war. Kodak-untypisch ist die Farbwiedergabe tendenziell etwas kühler, aber dennoch neutral.

Nennempfindlichkeit	ISO 100/21°
Farbeigenschaften:	Neutrale Farbwiedergabe, etwas kühler als von Kodak gewohnt
Tageslicht oder Kunstlicht:	Tageslicht
Verfügbare Filmformate:	35-mm-Kleinbildfilm, 120er-Mittelformat, Planfilm 4 x 5 Inch und 8 x 10 Inch

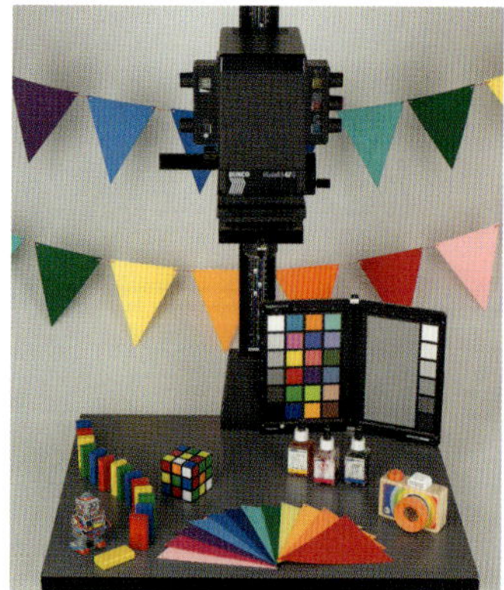

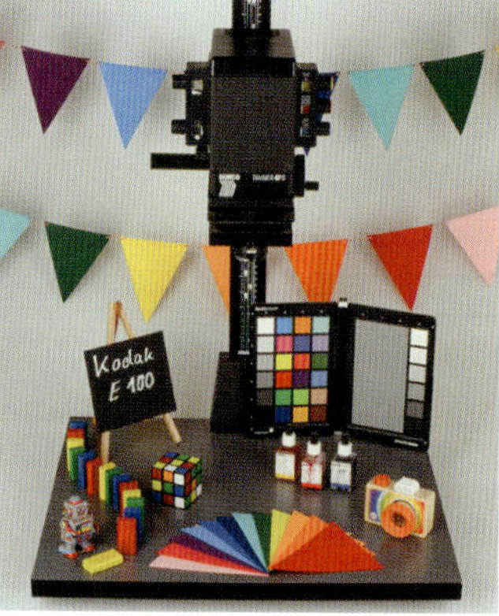

Abbildung 4.116: Links Referenzbild digital, rechts Filmfotografie

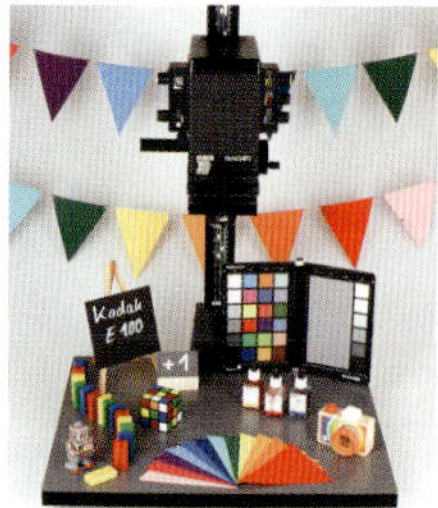

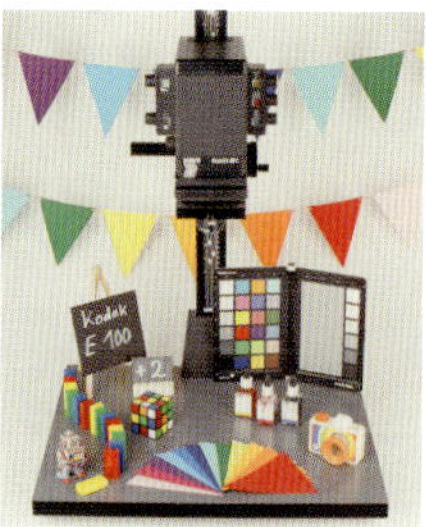

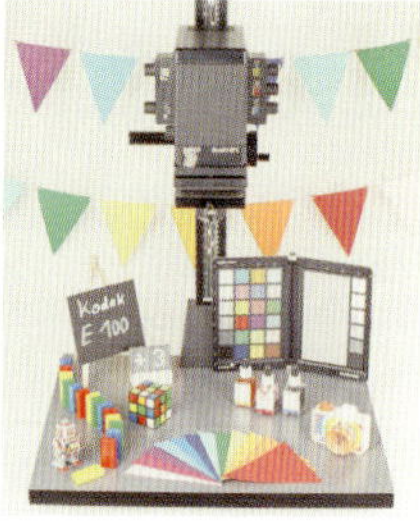

Abbildung 4.117: Überbelichtung verträgt der Film diatypisch nicht sehr gut, im Rahmen von einer Blende mehr ist es aber noch im erträglichen Rahmen. Danach verlieren die Lichter zunehmend an Zeichnung und werden transparent.

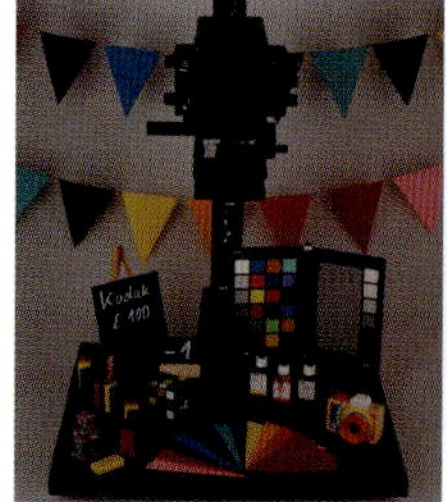

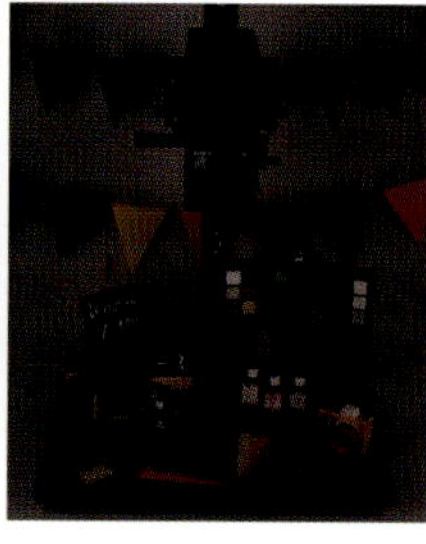

Abbildung 4.118: Unterbelichtungen verträgt der E100 diafilmtypisch eher schlecht, unbedingt Push-Entwicklung umsetzen.

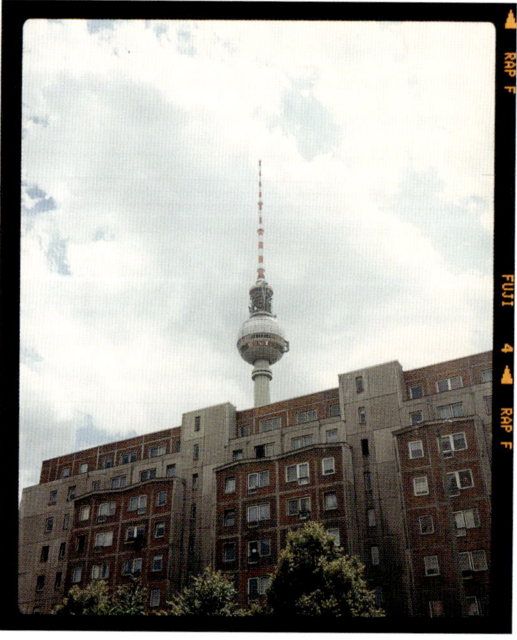

Abbildung 4.119: Diafilm Fuji Astia 100 (leider nicht mehr erhältlich), Berlin, Alexanderplatz (Marc Stache 2011)

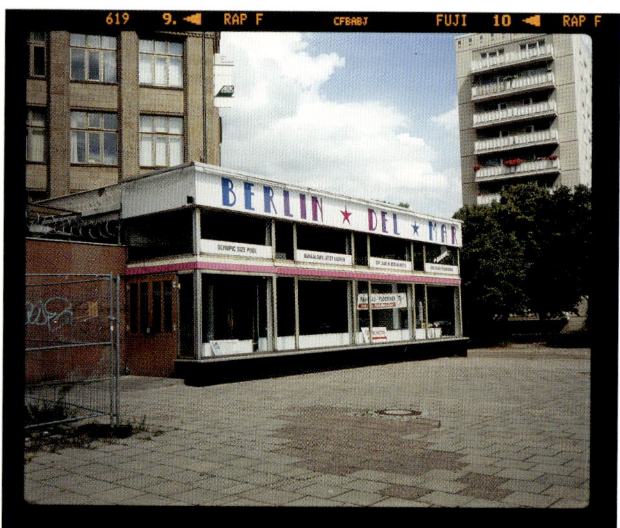

Abbildung 4.120: Diafilm Fuji Astia 100 (leider nicht mehr erhältlich), Berlin, del Mar (Marc Stache 2011)

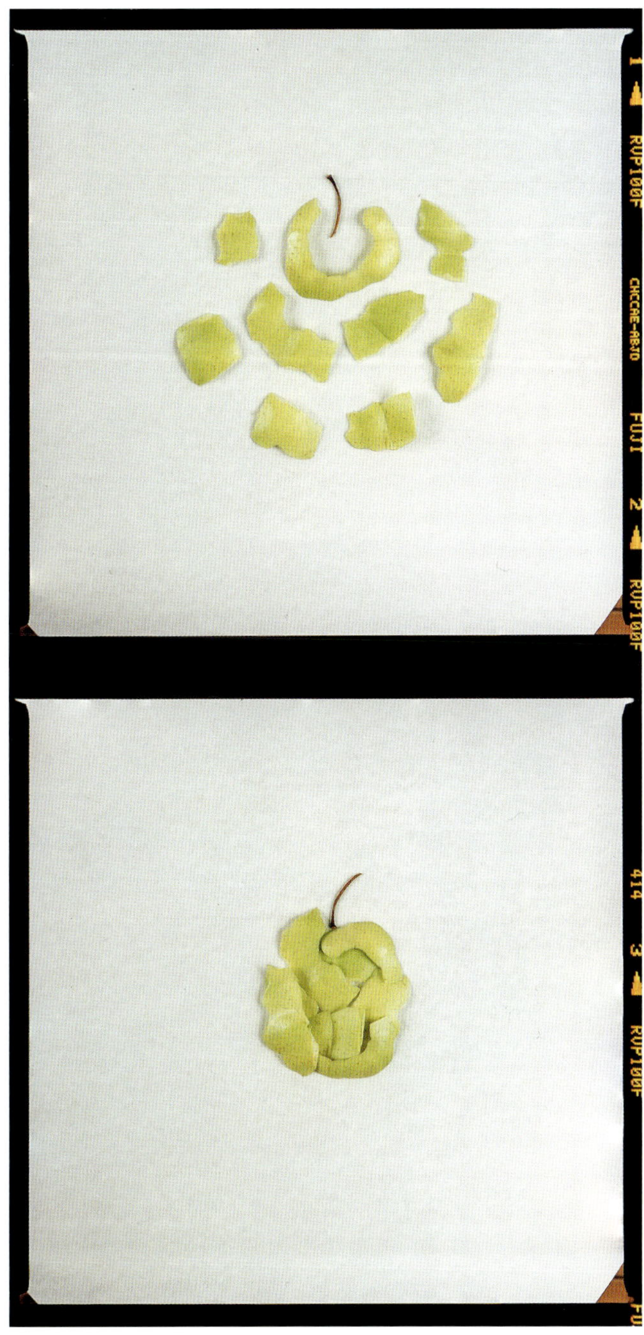

Abbildung 4.121: Diafilm Fuji Velvia 100 (Marc Stache, Bielefeld 2005)

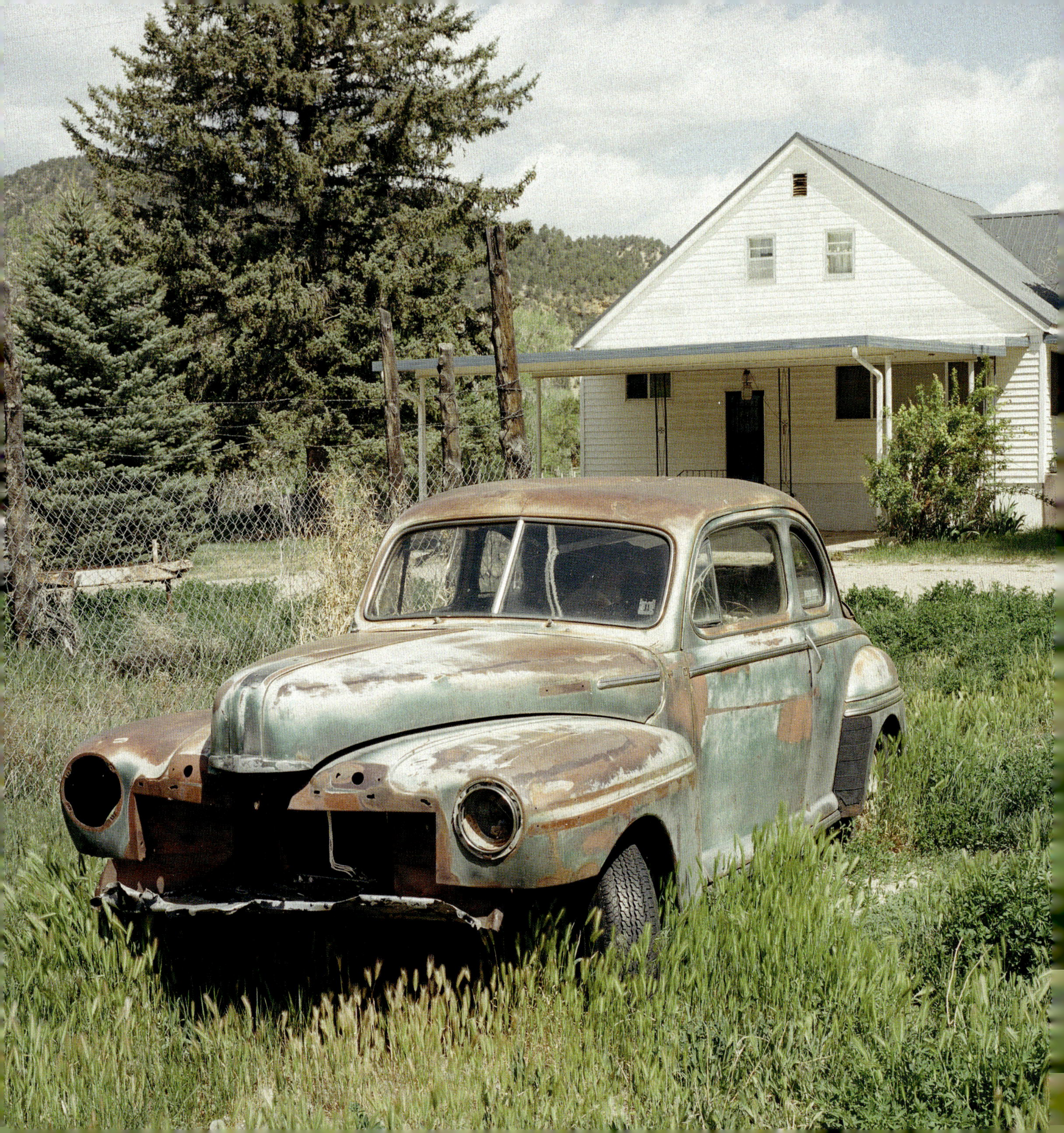

5 Farbfilmentwicklung

Im letzten Kapitel haben wir die verschiedenen Farbfilmmaterialien Farbnegativfilm, Farbdiafilm und Cinefilm kennengelernt und erfahren, worauf bei der Belichtung zu achten ist. In diesem Kapitel dreht sich nun alles um die Farbfilmentwicklungsprozesse. Hier unterscheidet man zwischen den folgenden Verfahren:

- C-41-Prozess für die Entwicklung von Farbnegativfilmen
- E-6-Prozess für die Entwicklung von Farbdiafilmen
- ECN-2-Prozess für die Entwicklung von Cinefilm-Material mit Remjet-Beschichtung

Während es bei der Schwarz-Weiß-Filmentwicklung eine große Vielzahl an Kombinationsmöglichkeiten verschiedenster Entwickler und Filme gibt, die dann jeweils zu recht unterschiedlichen Ergebnissen führen können, sind die Farbentwicklungsprozesse zu großen Teilen standardisiert. Dies wurde in erster Linie gemacht, um eine möglichst schnelle und wirtschaftliche Verarbeitung auch großer Filmmengen mit Hilfe von Entwicklungsmaschinen zu ermöglichen.

Die folgenden zwei Grafiken sollen einmal verdeutlichen, was in den Filmschichten bei der Entwicklung passiert. Die Beispiele zeigen dabei die Entwicklung des gängigsten Filmmaterials, des Farbnegativfilms.

Das Grundprinzip ist bei den anderen beiden Prozessen gleich, wird aber noch um weitere Prozessschritte ergänzt, auf die ich später näher eingehen werde.

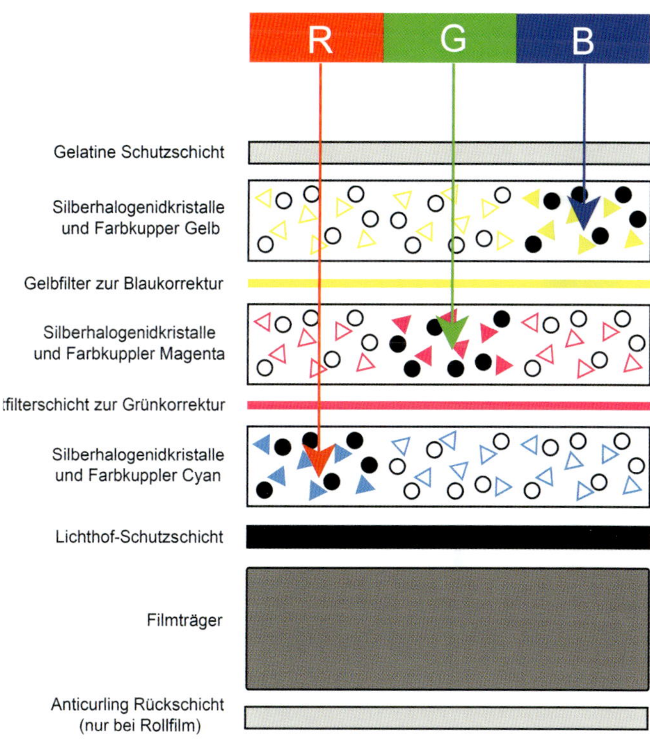

Abbildung 5.1: Nach Belichtung in der Kamera entsteht in den drei Schichten des Farbfilms ein sogenanntes »latentes Bild.« Die lichtempfindlichen Silberhalogenidkristalle reagieren auf die Belichtung und »speichern« hierdurch gewissermaßen die Bildinformation, die aber in diesem Zustand noch nicht als Bild sichtbar ist. Erst durch die Entwicklung entsteht ein sichtbares Bild.

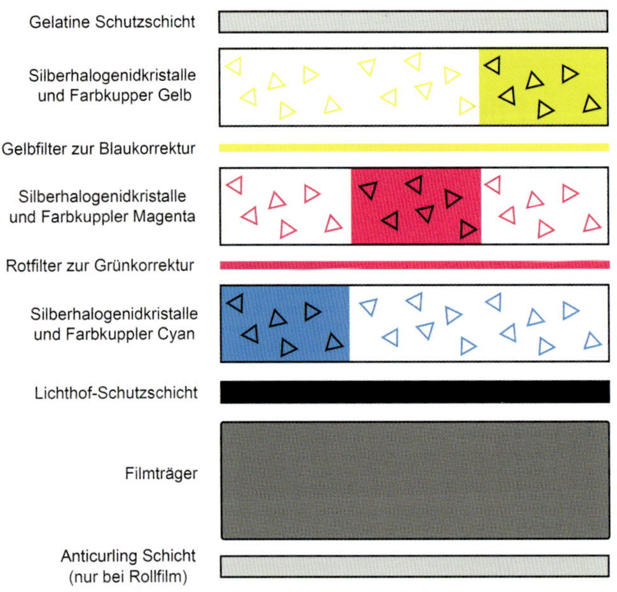

Abbildung 5.2: Durch Entwicklung des belichteten Films werden die Silberhalogenidkristalle in metallisches Silber umgewandelt. Dabei entstehende Oxidationsprodukte aktivieren die Farbkuppler an diesen Stellen und erzeugen in der Folge die gewünschten Farbstoffe. Das Silber wird durch Bleichen und Fixieren aus dem Film herausgelöst, so dass am Ende nur ein Farbstoffbild verbleibt.

5.1 C-41-FARBNEGATIVPROZESS

Der Entwicklungsprozess für die Entwicklung von Farbnegativfilmen heißt »C-41-Prozess«. Der hier vorgegebene Prozessablauf ist mit seinen Zeiten und Temperaturen so sehr standardisiert, dass es zumindest in der Theorie keinen Unterschied machen sollte, ob er maschinell im Groß- oder Fachlabor ausgeführt wird oder mit einer Handentwicklung zu Hause. In der Praxis kommt es dann natürlich sehr auf die möglichst genaue Einhaltung der vorgegebenen Prozessschritte an, was im Heimlabor etwas schwieriger sein kann als mit einer professionellen Entwicklungsmaschine.

Den C-41-Prozess gibt es als Variante mit 3 Prozessbädern und einer ursprünglich für den Hobbybereich vereinfachten Variante mit nur 2 Prozessbädern, bei der zwei der Bäder kombiniert ausgeführt werden.

TEMPERATUR

Die Verarbeitungstemperatur für die maschinelle Entwicklung ist auf 37,8° C ausgelegt. Einige Hersteller geben in ihren Anleitungen aber bisweilen auch zusätzliche Angaben zur Verwendung bei niedrigeren Temperaturen wie 30° C oder wie im Cinestill-Kit leichte Variationen in Richtung 39° C.

Eine niedrigere Temperatur bewirkt eine Verlängerung der einzelnen Prozesszeiten und macht ihn insbesondere bei der manuellen Entwicklung ohne technische Hilfsmittel weniger fehleranfällig.

Die exakte Temperatursteuerung und vor allem auch das konstante Halten dieser Temperatur während des Prozesses ist für ein optimales Farbergebnis sehr wichtig. Gerade dieser Punkt lässt viele Heimlaboranten zunächst oft davor zurückschrecken, auch die Farbentwicklung selbst vorzunehmen.

Mit den passenden Hilfsmitteln zur Temperierung, z.B. mit einem Rotationsprozessor oder mit einem Temperiergerät wie dem Cinestill TCS-1000 Heizstab, ist diese Hürde aber relativ leicht zu nehmen.

HALTBARKEIT DER CHEMIKALIEN

Im geschlossenen Zustand ist die Chemikalie etwa 2 Jahre lang haltbar. Die gebrauchte Lösung sowie angebrochene Konzentrate haben jedoch eine deutlich kürzere Haltbarkeit. Es kann also sinnvoll sein, zunächst mehrere Filme zu sammeln und dann gleichzeitig zu entwickeln, um die Kapazität eines C-41-Kits möglichst voll auszuschöpfen. Dies kann von Hersteller zu Hersteller unterschiedlich sein und Sie sollten dazu immer einen Blick in die Anleitung des jeweiligen Sets werfen. In der Anleitung des Tetenal Colortec C-41-Kits finden sich z.B. folgende Werte:

	Gebrauchte Lösung	Angebrochene Konzentrate
Farbentwickler	6 Wochen	12 Wochen
Bleichfixierer	24 Wochen	24 Wochen
Stabilisierbad	24 Wochen	24 Wochen

KAPAZITÄT

Je nach enthaltener Chemikalienmenge können Sie mit einem Entwicklungskit mehr oder weniger Filme entwickeln.
Es gibt kleine Kits mit etwa 1 l Chemikalie, mit denen sich etwa 12–16 Filme entwickeln lassen, und große 5-l-Kits für bis zu 60–80 Filme. Nach jeweils 4 entwickelten Filmen pro Liter Ansatz sind die Prozesszeiten um einen vom jeweiligen Hersteller vorgegebenen Wert zu verlängern. Höher empfindlichere Filme enthalten mehr Silber und erschöpfen die Lösungen daher schneller. Wenn Sie also vermehrt ISO-400er-Filme entwickeln, bleiben Sie bei den angegebenen Kapazitäten vorsichtshalber im unteren Bereich des maximal Möglichen.

DER KLASSISCHE 3-BAD-PROZESS

Dieser mittlerweile als klassisch bezeichnete C-41-Prozess besteht aus drei Prozessbädern. Zwischenwässerungen, Schlusswässerung sowie das Stabibad werden bei der Bäderzählung stets nicht mitgerechnet. Für den Heimlaborgebrauch gibt es praktische Komplettsets, in denen alle benötigten Chemikalien enthalten sind.

Vorwässerung

Für eine gleichmäßige Entwicklung empfiehlt sich, insbesondere bei Rotationsentwicklung, eine Vorwässerung von 3:00 min bei Prozesstemperatur.

FARBENTWICKLER (CD)

Der Entwickler entwickelt das belichtete Silber in den drei Farbfilmschichten zu metallischem Silber. Oxidationsprodukte aus diesem Prozess reagieren dabei mit den Farbkupplern und bewirken so die Bildung von Farbstoffen.

Die Entwicklungszeit beträgt im JOBO C-42-Kit 3:15 min bei 38° C Prozesstemperatur.

BLEICHER (B)

Das Bleichbad reduziert das zuvor entwickelte metallische Silber zurück zu farblosen Silberhalogenidkristallen.

JOBO gibt eine Bleichzeit von 6:30 min vor.

FIXIERER (X)

Das Fixierbad löst alle im Film verbliebenen Silberhalogenide heraus, so dass schließlich nur das Farbstoffbild verbleibt.

Die Fixierzeit beträgt im JOBO-3-Bad-Prozess 4:20 min.

Schlusswässerung

Nach der Fixage erfolgt eine Wässerung von mindestens 3:00 min mit fließendem Wasser oder mit mehrfachem Wasserwechsel (empfohlen werden mindestens 7 Wechsel).

Stabibad

Abschließend folgt ein 1-minütiges Stabilisierungsbad. Das Stabibad dient als Schlussbad und sollte nicht in der Entwicklungsdose oder im Prozessor, sondern idealerweise außerhalb, z.B. in einer Schale, durchgeführt werden, da die seifige, klebrige Lösung ansonsten zu Anhaftungen an den Spiralen oder der Entwicklungsdose führen kann, die nur schwer zu reinigen sind. Das Stabibad enthält in erster Linie Netzmittel für eine möglichst streifenfreie Trocknung, antibakterielle Zusätze, die die Haltbarkeit der Filmemulsion verbessern, sowie antistatische Zusätze zur Verbesserung der Staubabweisung.

Hinweis zum Stabibad

In früheren Zeiten war das Stabilisierungsbad unbedingt notwendig für die Stabilisierung der Farbstoffe im Farbfilm und damit auch dessen Haltbarkeit.
Hierzu enthielt das Stabibad neben Netzmittel auch Formaldehyd, das mittlerweile als gesundheitsschädlich eingestuft ist und nicht mehr verwendet werden darf. Lediglich in Minilab-Prozessoren für die schnelle und automatisierte Entwicklung in Fachlaboren wird dies noch in Form eines sogenannten Super-Stabilisatorbads eingesetzt, da hierdurch dann auf die Wässerung verzichtet werden kann und der ganze Prozess noch einmal beschleunigt wird.
Heutige moderne Farbfilme enthalten bereits selbst notwendige Stabilisatoren, die während der Filmentwicklung freigesetzt werden.
Wenn Ihr Set also kein Stabibad enthalten sollte, führen Sie eine ausreichende Wässerung durch und verwenden Sie anschließend ein aus der Schwarz-Weiß-Entwicklung bekanntes mit destilliertem Wasser angemischtes Netzmittel wie ADOX Adoflo oder Tetenal Mirasol als Schlussbad.

Hier einige Beispiele für im Fotohandel erhältliche 3-Bad-C-41-Kits:

- Bellini C-41-Farbnegativ-Monopart-Entwickler-Kit für 1 l
- Fuji Hunt Film X-Press-Kit (Ansatz für 5 l)
- JOBO C-41-Farbnegativentwickler (Ansatz für 2,5 l)

C-41-2-BAD-PROZESS

Der 2-Bad-Prozess stellt eine Vereinfachung des C-41-Prozesses dar, indem das Bleichbad und das Fixierbad zu einem einzelnen Bad, dem sogenannten Bleichfixierer oder kurz »Blix oder BX«, zusammengefasst wurden.

Folgende 2-Bad-Entwicklungssets sind beispielsweise erhältlich:

- Tetenal Colortec C-41
- CINESTILL Cs41 »Color Simplified«-2-Bad-Kit mit Flüssigkonzentraten.
- CINESTILL Cs41 »Color Simplified«-Kit mit Pulverkonzentraten.

FARBENTWICKLER (CD)

Der Entwickler entwickelt das belichtete Silber in den drei Farbfilmschichten zu metallischem Silber. Oxidationsprodukte aus diesem Prozess reagieren dabei mit den Farbkupplern und bewirken die Bildung von Farbstoffen.

Die Entwicklungszeit beträgt im Tetenal-Kit 3:15 min bei 38° C und im Cinestill-Kit 3:30 min bei 39° C Prozesstemperatur.

BLEICHFIXIERER (BLIX)

Der Bleichfixierer ist eine Kombination aus Bleicher und Fixierer und die Schlüsselkomponente, die aus dem klassischen 3-Bad-nun einen 2-Bad-Prozess macht. Hierdurch wird der Prozess schneller und einfacher. Wichtig ist es, darauf zu achten, dass das Blix nicht zu sehr durch den Farbentwickler verunreinigt wird, damit seine Kapazität voll ausgeschöpft werden kann.

Der Bleichfixierer bleicht das entwickelte Bildsilber im Film und der enthaltene Fixerer löst es dann direkt heraus. Dadurch verbleibt nur das Farbstoffbild im Film.

Die Zeit für den Bleichfixierbad beträgt bei Tetenal 4:00 min, bei Cinestill 8:00 min.

Schlusswässerung

Nach dem Bleichfixierbad folgt eine Schlusswässerung von 3:00 min, um alle Chemiereste herauszuwaschen.

Stabibad

Das Stabibad enthält in erster Linie Netzmittel für eine möglichst streifenfreie Trocknung, antibakterielle Zusätze, die die Haltbarkeit der Filmemulsion verbessern sowie antistatische Zusätze zur Verbesserung der Staubabweisung.

C-41-PUSH- UND PULL-ENTWICKLUNG

PUSH-ENTWICKLUNG

Es ist mit Einschränkungen möglich, eine Unterbelichtung von Farbnegativfilmen durch Verlängerung der Entwicklungszeit auszugleichen. Die Einschränkungen beziehen sich auf eine gesteigerte Körnigkeit sowie eine mögliche Verschiebung der Farbbalance. Jedoch ist ein mehr als 1 Blende unterbelichteter und dann nicht angepasst entwickelter Farbfilm auch nicht gerade schön anzusehen. Ab 2 Blendenstufen Unterbelichtung würde ich eine Push-Entwicklung daher durchaus empfehlen.

Interessant sind die doch sehr unterschiedlichen Zeitangaben zur Push-Entwicklung beim Tetenal Colortec C-41-Kit und dem Cinestill-Cs41-Kit.

Belichtung bei Aufnahme	Kompensation bei Entwicklung	Zeitanpassung (ausgehend von der Standardzeit) beim Tetenal C-41-Kit und 38° C	Zeitanpassung (ausgehend von der Standardzeit) beim Cinestill und 39° C
1 Blende unterbelichtet	Push +1	+30 s	+1:03 min
2 Blenden unterbelichtet	Push +2	+1:00 min	+2:38min
3 Blenden überbelichtet	Push +3	+1:30 min	+5:16 min

C-41-PULL-ENTWICKLUNG

Für die Pull-Entwicklung von Farbnegativfilmen lassen sich kaum Herstellerangaben finden. Im Cinestill-C-41-Kit wird die Entwicklungszeit bei Pull um 1 Blende um 45 s verringert, Angaben zum Pullen um weitere Blendenstufen finden sich nicht. Wie ich in den Farbfilmbelichtungstests im Kapitel 4 gezeigt habe, vertragen Farbnegativfilme eine Überbelichtung von 1–2 Blendenstufen in der Regel problemlos und werden dabei meist farbenfroher und feinkörniger. Ab 3 Blendenstufen könnte es evtl. zu Problemen mit sehr hohen Farbdichten und dann zu Verlust in den Lichterdetails beim Vergrößern oder Scannen kommen, weshalb hier eine leichte Reduzierung der Entwicklungszeit von 30–45 s helfen könnte. Jedoch sollte man sich dabei immer der Gefahr von Farbverschiebungen bewusst sein.

PRAKTISCHER ENTWICKLUNGSABLAUF IN DER MANUELLEN ENTWICKLUNG

Im Folgenden möchte ich zur Veranschaulichung gerne einen Prozessablauf für die rein manuelle C-41-Farbnegativentwicklung vorstellen, da dies sehr wahrscheinlich auch die Variante sein wird, die man bei Interesse an der Farbfilmentwicklung als Erstes einmal ausprobiert.

Diese Materialien habe ich dafür verwendet:

- CINESTILL-Cs41 »Color Simplified«-2-Bad-Kit mit Flüssigkonzentraten.
- JOBO-Entwicklungsdose 1520
- Cinestill-TCS-1000-Temperiersystem
- Kunststoffwanne für Wassermantelbad
- Digitalthermometer

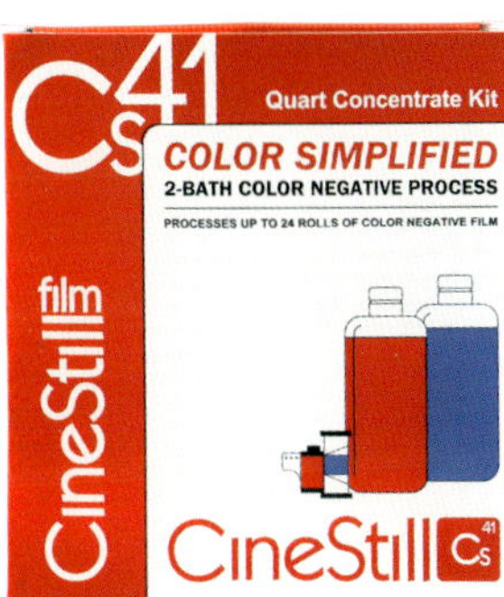

Abbildung 5.3:
Cinestill Cs41 Color Simplified

VORBEREITUNGEN

Wie immer ist die Bedeutung einer sorgfältigen Vorbereitung der Entwicklung gar nicht hoch genug einzuschätzen, damit der Prozess möglichst entspannt und fehlerfrei ablaufen kann.

Das verwendete C-41-Set von Cinestill ist ein 2-Bad-Entwicklungskit mit Flüssigkonzentraten. Es besteht aus den Komponenten Filmentwickler und Bleichfixierer sowie einem Stabilisierungsbad als Zusatz.

Hinweis

Alternativ gibt es auch noch ein kostengünstigeres C-41-Set von Cinestill, das pulverförmige Konzentrate enthält und bei dem auf die Beigabe eines Stabilisierungsbads verzichtet wurde.

Ich mische im Vorfeld alle Chemikalien in der angegebenen Verdünnung an und fülle sie in Vorratsflaschen.

Hinweis

Das verwendete Cinestill-Cs41-Quart-Kit stammt aus den USA und verwendet daher angloamerikanische Maßeinheiten. Die Konzentrate dieses Sets ergeben nach Anmischen dann jeweils ein Quart, also umgerechnet 946 ml.

Temperierung

Von Cinestill wird eine etwas erhöhte Prozesstemperatur von 39° C angegeben. Ich erwärme mit Hilfe meines Cinestil-TCS-1000-Heizstabs ein Wasserbad innerhalb einer Kunststoffwanne und stelle die Vorratsflaschen mit Farbentwickler (CD) und Bleichfixier (Blix/BX) hinein.

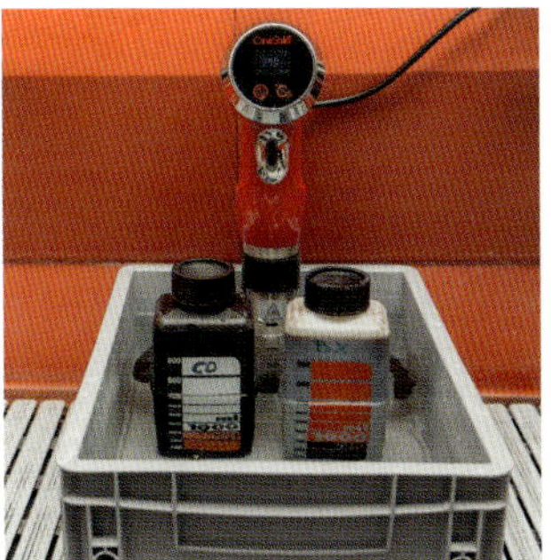

Abbildung 5.4:
Das Wassermantelbad wird mit Hilfe des Cinestill-Heizgeräts auf 39° C erwärmt. Geben Sie der Chemie im Inneren der Vorratsflaschen ausreichend Zeit, die umgebende Temperatur anzunehmen und messen Sie die Temperatur zur Kontrolle unbedingt auch innerhalb der Chemieflaschen und nicht nur im Wasserbad

Hinweis

Es lassen sich mit dem Cinestill-Quart-Kit (946 ml) insgesamt bis zu 8 Kleinbildfilme mit 36 Aufnahmen entwickeln, wobei nach 4 Filmen der Erschöpfungsgrad des Entwicklers durch Verlängerung der Entwicklungszeit angepasst werden muss. Ab dem 5. Film beträgt die Entwicklungszeit daher 3:45 min. Ein weiteres Ausreizen ist möglich und kann durch weitere Zeitverlängerung von etwa 15 s je 4 Filme erreicht werden, wird aber vom Hersteller aufgrund möglicher Qualitätseinbußen nur eingeschränkt und mit Experimentierfreude empfohlen.

Wichtig

Beim Anmischen von Chemie, dem Ein- und Ausgießen in Entwicklungsdose und Vorratsflaschen, ist es oft nicht zu vermeiden, in Kontakt mit der C-41-Chemie zu geraten. Ich empfehle, zur Sicherheit daher stets chemiefeste Handschuhe zu tragen. Meine Empfehlung sind Einmalhandschuhe aus Nitril, hier gibt es mittlerweile auch biologisch abbaubare Varianten.

Vorwärmen – Vorwässern

Um Film und Entwicklungsdose auf die Prozesstemperatur vorzubereiten, ist es ratsam, die Entwicklungsdose vor Start der Entwicklung für etwa 5 min in das temperierte Wasserbad zu stellen. Optional kann auch eine Vorwässerung von etwa 2 min mit auf Prozesstemperatur erwärmten Wasser durchgeführt werden. Dies hilft, die Gleichmäßigkeit der Entwicklung zu verbessern.

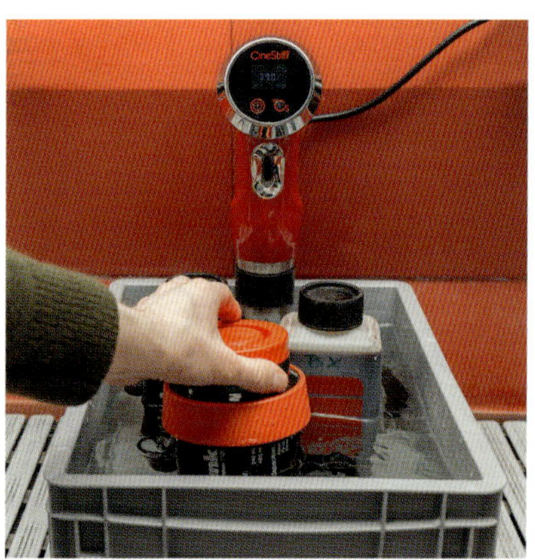

Abbildung 5.5: Die Entwicklungsdose wird zum Vorwärmen in das Wassermantelbad gestellt.

ENTWICKLUNG

Die Entwicklungszeit beträgt laut Cinestill-Anleitung 3:30 min und ist für alle Filme identisch.

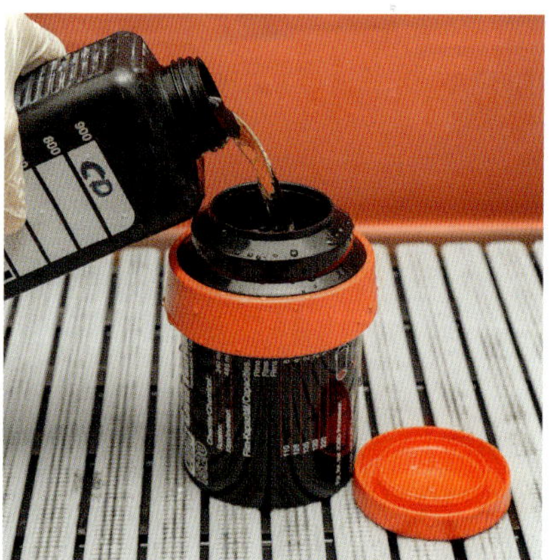

Abbildung 5.6: Der Farbentwickler (CD) wird in die Entwicklungsdose eingefüllt und die Stoppuhr gestartet.

KIPPRHYTHMUS

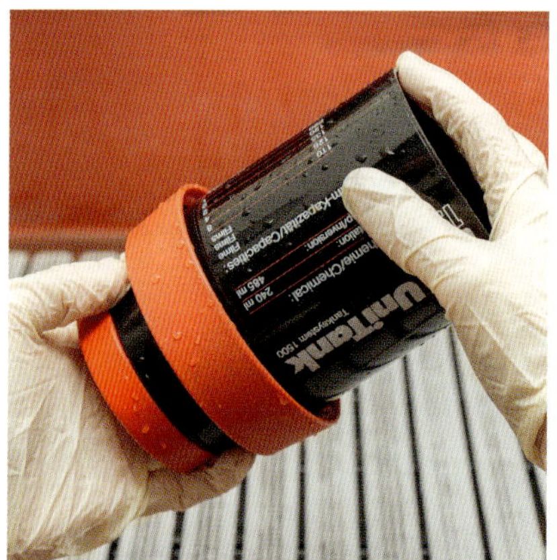

Abbildung 5.7: Wie auch bei der manuellen Schwarz-Weiß-Entwicklung muss die Entwicklungsdose während der Farbentwicklung regelmäßig bewegt werden.

Nach Einfüllen des Entwicklers kippe ich, gemäß der Cinestill-Anleitung, die Entwicklungsdose eingangs für 10 s beständig und führe dann anschließend alle 30 s 4 Kippbewegungen durch.

Hinweis

Bei anderen Herstellern finden Sie auch abweichende Angaben zum Kipprhythmus, wie z.B. eingangs 10 s ununterbrochen und dann folgend alle 10 s einmal kippen (Tetenal) oder auch eingangs 15 s ununterbrochen und dann folgend jede halbe Minute für 5s kippen (Bellini).

Diese Methoden sollten alle gleichsam gut funktionieren, im Zweifelsfall ist es immer ratsam, die Herstellerangaben zu verwenden.

Nach Abschluss jedes Bewegungszyklus die Dose 1- bis 2-mal auf der Tischplatte aufstoßen, damit sich evtl. am Film anhaftende Luftbläschen lösen und nach oben steigen. Danach die Dose bis zum nächsten Kippzyklus zur konstanten Temperierung zurück in das Wassermantelbad stellen.

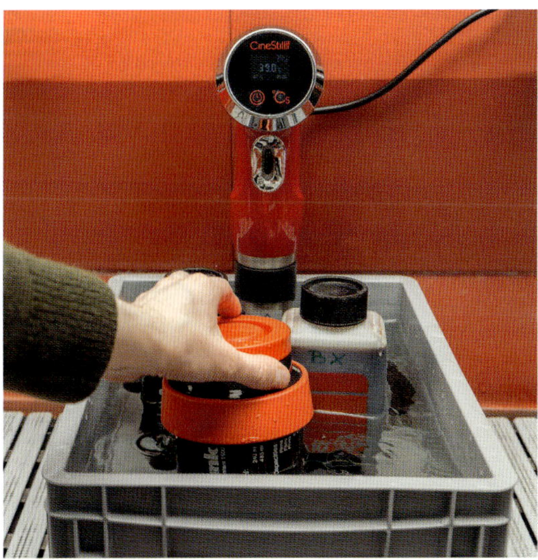

Abbildung 5.8: Nach Abschluss jedes Kippzyklus die Entwicklungsdose zurück ins Wasserbad stellen, damit die Dose und die Chemikalie im Inneren nicht zu stark abkühlen

BLEICHFIXIERBAD

Im nächsten Schritt wird das Bleichfixierbad eingefüllt. Die Anwendungszeit dieses Bads beträgt 8:00 min.

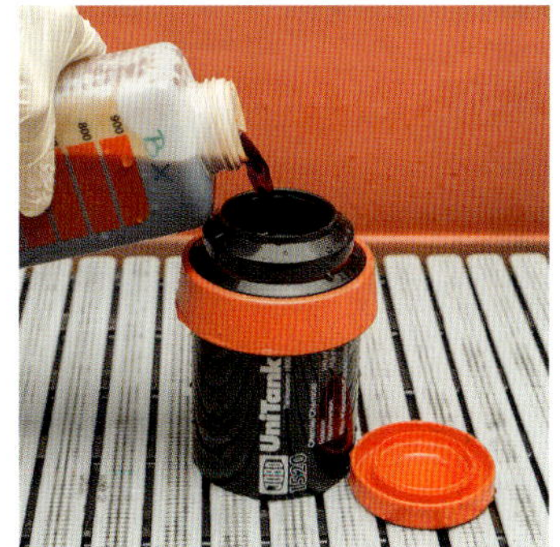

Abbildung 5.9: Einfüllen des Bleichfixierbads (Blix)

Kipprhythmus:
Genau wie bei der Entwicklung, eingangs 10 ständig, dann 4 x alle 30 s.

WÄSSERUNG

Ich wässere 3 min mit fließendem Wasser und unter Verwendung eines JOBO- Cascade Filmschnellwaschers.

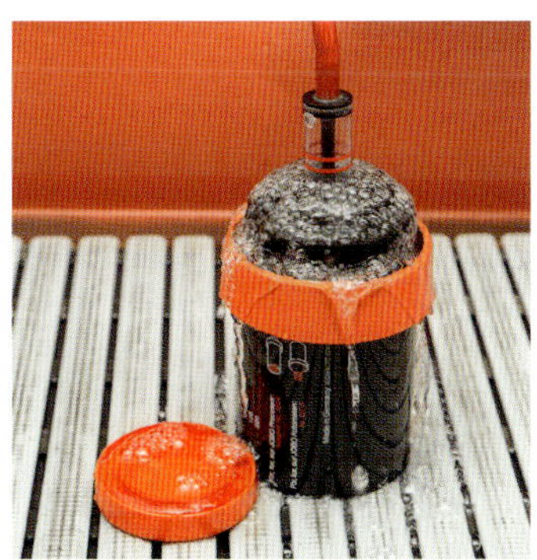

Abbildung 5.10: Filmwässerung mit JOBO Cascade.

STABIBAD

Nach der Wässerung kommt der Film für 1:00 min in das Stabilisierungsbad. Um das klebrige und seifrige Stabibad aus der Entwicklungsdose fernzuhalten, empfehle ich, eine separate Schale zu verwenden, in die der Film dann hineingegeben werden kann. Hierfür können Sie den Film zuvor der Spirale entnehmen oder wenn Sie sich entscheiden, den Film für das Stabibad in der Spirale zu belassen, spülen Sie diese später besonders gut durch.

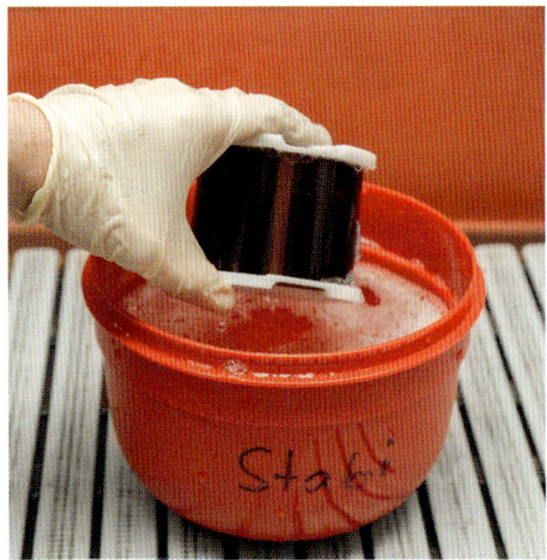

Abbildung 5.11: Ich gebe den Film in eine Schale mit Stabilisierungsbad.

TROCKNUNG

Schließlich wird der Film dem Stabibad entnommen. Nach vorsichtigem Abstreifen überschüssiger Flüssigkeit wird er zum Trocknen aufgehängt. Und fertig ist der Farbnegativfilm.

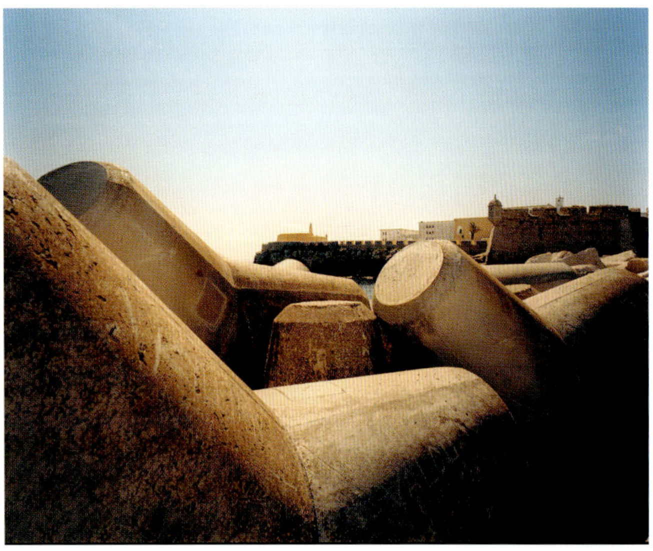

Abbildung 5.12: Kodak Portra 160 (Marc Stache, Portugal 2017)

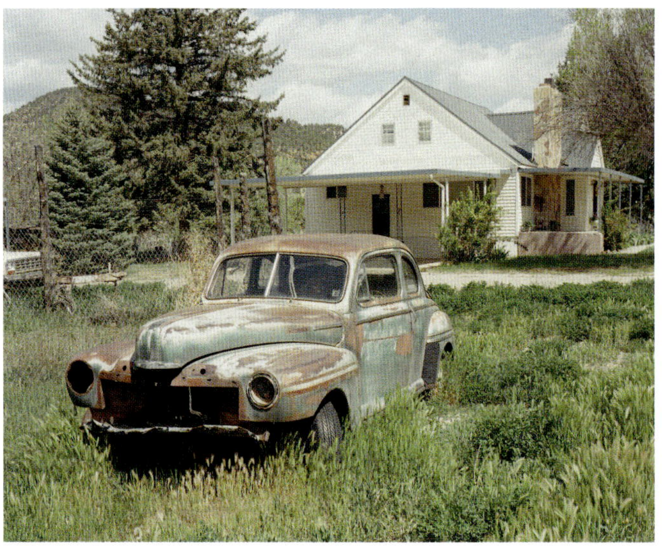

Abbildung 5.13: Kodak Portra 160 (Marc Stache, USA 2014)

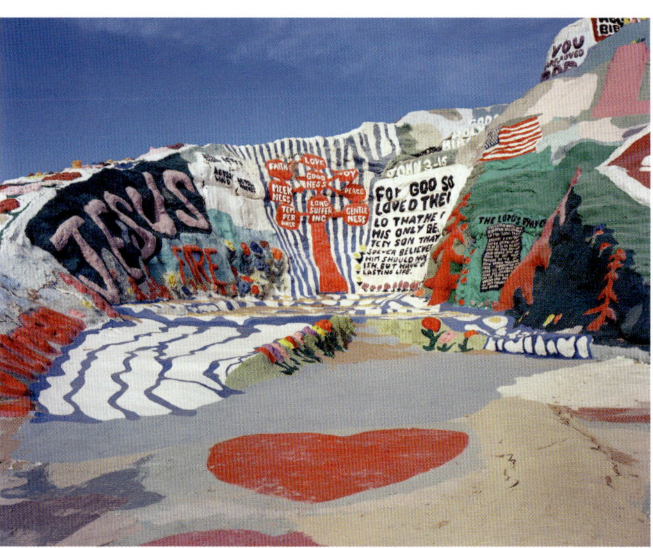

Abbildung 5.14: Kodak Ektar 100 (Marc Stache, USA, Salvation Mountain 2014)

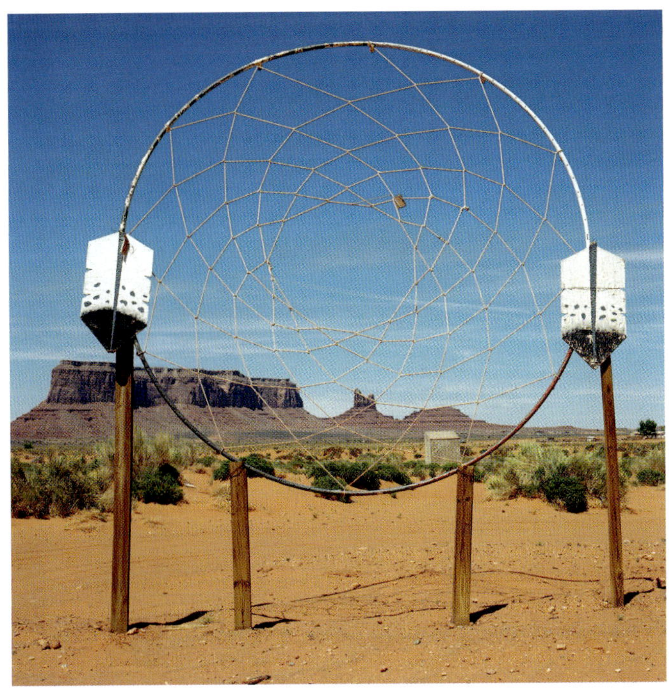

Abbildung 5.15: Kodak Ektar 100 (Marc Stache, USA, Monument Valley 2014)

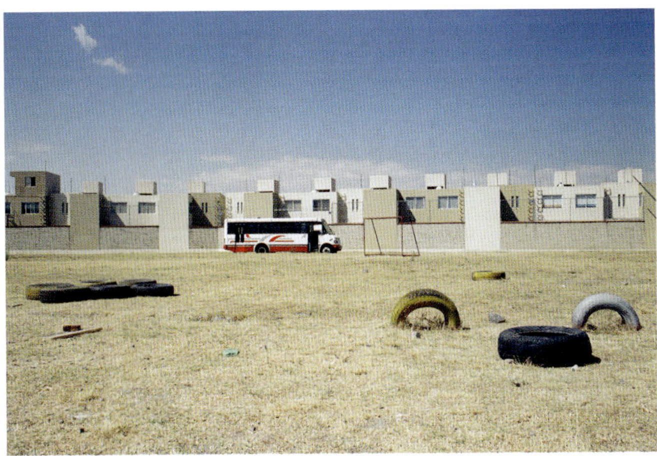

Abbildung 5.16: Fuji Reala 100 (Marc Stache, Cholula, Mexiko 2006)

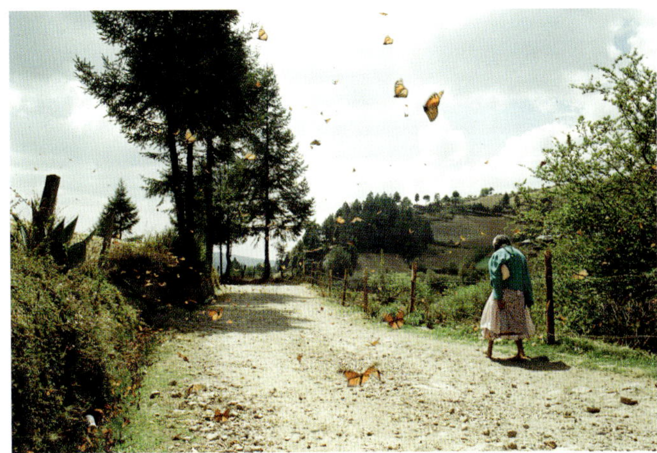

Abbildung 5.17: Las Mariposas des Angangueo (Marc Stache, Mexiko 2006)

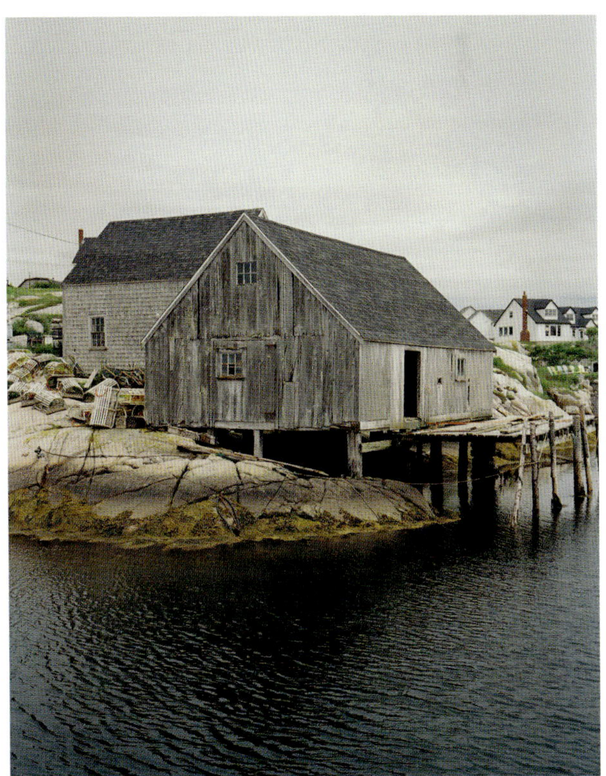

Abbildung 5.18: Fuji Pro400H (Marc Stache, Nova Scotia 2019)

5.2 E-6-FARBDIAFILMENTWICKLUNG

Der E-6-Prozess hat, daher kommt der Name, in seiner klassischen Variante 6 Prozessbäder. Auch hier gibt es aber eine für das Hobbylabor vereinfachte Version mit weniger Prozessschritten, in diesem Fall drei Bädern.

Diafilme sind sehr ähnlich aufgebaut wie Negativfilme mit dem wesentlichen Unterschied eines klaren Trägermaterials.

Um am Ende des Entwicklungsprozesses kein Negativ-, sondern ein Positivbild zu erhalten, sind ein paar zusätzliche Arbeitsschritte notwendig.

Der E-6-Prozess gilt dabei als weniger tolerant für Ungenauigkeiten während der Entwicklung. Es sollte daher penibel auf Einhaltung der vorgegebenen Prozesszeiten und Temperaturen geachtet werden. Eine rein manuelle E-6-Entwicklung ist zwar möglich, aber die Verwendung eines halb- oder vollautomatischen Prozessors verspricht aufgrund der genannten Herausforderungen häufig bessere Ergebnisse.

ABLAUF DES E-6-PROZESSES MIT 6 PROZESSBÄDERN

Hinweis

Die Entwicklungszeiten wurden hierbei exemplarisch der Anleitung des JOBO-E-6-Kits entnommen und entsprechen den Angaben für frische, unverbrauchte Chemikalien. Abweichende Angaben wie Zeitverlängerungen bei Mehrfachverwendung der Chemikalien finden Sie in den jeweiligen Herstellerdatenblättern.

Temperierung

Die standardisierte Arbeitstemperatur für den E-6-Prozess beträgt 38° C und sollte auf ±0,2° C genau konstant eingehalten werden. Abweichungen können zu Dias mit sichtbarem Farbstich führen.

Vorwärmen und Vorwässern

Sie sollten die Entwicklungsdose auf jeden Fall für etwa 2:00 min in ein temperiertes Wasserbad stellen. Bei Verwendung eines Rotationsprozessors lässt man die Dose für diese Zeit, ohne sie mit Flüssigkeit zu befüllen, im Wasserbad rotieren. Für eine möglichst gleichmäßige Entwicklung empfiehlt sich zusätzlich eine Vorwässerung von etwa 3:00 min mit 38° C warmem Wasser.

ERSTENTWICKLUNG (FD)

Der Erstentwickler ist ein Schwarz-Weiß-Filmentwickler und erzeugt an den belichteten Filmstellen ein Schwarz-Weiß-Negativbild in jeder der drei Farbfilmschichten.

Die Entwicklungszeit beträgt 6:15 min.

Zwischenwässerung

Nach der Entwicklung erfolgt eine Zwischenwässerung für 2:30 min, um die Entwicklerreste zu entfernen.

UMKEHRBAD (RV)

Das entwickelte Silberbild wird chemisch umgekehrt, wodurch aus dem Negativ- ein Positivbild entsteht.

Die Prozesszeit beträgt 2:00 min.

FARBENTWICKLER (CD)

In diesem Schritt wird das zuvor chemisch belichtete Silber entwickelt. Oxidationsprodukte aus diesem Prozess reagieren dabei mit den Farbkupplern und bewirken die Bildung von Farbstoffen.

Die Prozesszeit beträgt 6:00 min.

CONDITIONER (CT/PRE-BLEACH)

Das Konditionierbad (englisch Pre-Bleach) dient als Vorstufe zum Bleichbad und stabilisiert die Farbstoffe für den weiteren Prozess.

Die Prozesszeit beträgt 2:00 min.

BLEICHBAD (BL)

Das Bildsilber wird von metallischem Silber zurück zu Silberhalogenid gewandelt, welches sich dann später durch den Fixierer herauslösen lassen kann.

Die Prozesszeit beträgt 6:00 min.

FIXIERER (FX)

Das gebleichte Bildsilber wird vollständig aus dem Film entfernt und es verbleibt nur das Farbstoffbild.

Die Prozesszeit beträgt 4:00 min.

Schlusswässerung

Die abschließende Wässerungszeit beträgt 3:00 min.

Stabilisierbad (SZB)

Nach der Wässerung kommt der Film für 1:00 min in das Stabilisierungsbad, idealerweise in einem externen Gefäß und nicht in der Entwicklungsdose oder im Prozessor.

Trocknung

Schließlich wird die überschüssige Flüssigkeit abgestreift und der Film zum Trocknen aufgehängt.

ABLAUF DES E-6 PROZESSES MIT 3 PROZESSBÄDERN

Auch hier gibt es eine vereinfachte Form mit Reduzierung auf dann lediglich 3 Prozessbäder, indem mehrere sonst einzeln durchzuführende Schritte als Kombinationsbäder zusammengefasst wurden.

Solche Kits sind z.B. erhältlich von Bellini oder Tetenal.

Hinweis

Die Entwicklungszeiten wurden hierbei exemplarisch der Anleitung Tetenal Colortec E-6-Kits entnommen und entsprechen den Angaben für frische, unverbrauchte Chemikalien. Abweichende Angaben wie Zeitverlängerungen bei Mehrfachverwendung der Chemikalie finden Sie in den jeweiligen Herstellerdatenblättern.

Temperierung

Auch beim vereinfachten E-6-Prozess ist eine genaue Temperatureinhaltung der Prozesstemperatur von 38° C notwendig.

Vorwärmen und Vorwässern

Sie sollten die Entwicklungsdose auf jeden Fall für etwa 2 min in ein temperiertes Wasserbad stellen. Bei Verwendung eines Rotationsprozessors lässt man die Dose für diese Zeit im Wasserbad rotieren, ohne sie mit Flüssigkeit zu befüllen. Für eine möglichst gleichmäßige Entwicklung empfiehlt sich zusätzlich stets eine Vorwässerung von etwa 3 min mit 38° C warmem Wasser.

ERSTENTWICKLUNG (FD)

Der Erstentwickler ist ein Schwarz-Weiß-Filmentwickler und erzeugt an den belichteten Filmstellen ein Schwarz-Weiß-Negativbild in jeder der drei Farbfilmschichten.

Die Prozesszeit beträgt 6:15 min.

Zwischenwässerung

Die Zwischenwässerung von 2:30 min verhindert das Verschleppen von Entwickler in das nächste Bad.

FARBENTWICKLERKOMBIBAD

Hierbei handelt es sich um eine Kombination aus chemischem Umkehrbad und Farbentwickler.

Die Prozesszeit beträgt 6:00 min.

Zwischenwässerung

Die weitere Zwischenwässerung von 2:30 min verhindert das Verschleppen von Farbentwickler in das Bleichfixierbad.

BLEICHFIXIERBAD-KOMBIBAD

Hierbei handelt es sich um eine Kombination aus Konditionierbad (Pre-Bleach) sowie Bleichbad und Fixierbad.

Die Prozesszeit beträgt 6:00 min.

Schlusswässerung

Tetenal empfiehlt eine Schlusswässerung von 4:00 min zum Auswaschen aller Chemikalienreste.

Stabilisierbad

Ein kurzes Stabilisierungsbad von 1:00 min zur Verbesserung der Filmhaltbarkeit gegenüber Umweltweinflüssen sowie zur Verbesserung der Trocknung.

Trocknung

Abschließend den Film zum Trocknen aufhängen.

E-6-PUSH- UND PULL-ENTWICKLUNG

Da Diafilme Unter- und Überbelichtungen nur sehr schlecht kompensieren können, ist es, neben einer möglichst genauen Belichtungsmessung, stets ratsam, die Entwicklung entsprechend anzupassen.

Dies funktioniert ähnlich wie bei der C-41-Entwicklung zum einen durch Anpassung der Entwicklungszeit, aber zusätzlich auch durch Veränderung der Temperatur. Diese Anpassungen erfolgen jeweils nur im Erstentwickler. Die restlichen Prozesszeiten bleiben gleich.

Hier habe ich zur Orientierung Push- und Pullwerte für die E-6-Entwicklung, die ich Anleitung des E-6-Kits von Tetenal entnommen habe:

Belichtung bei Aufnahme	Kompensation bei Entwicklung	Zeitanpassung	Temperaturanpassung
1 Blende unterbelichtet	Push +1	+2:00 min	keine
2 Blenden unterbelichtet	Push +2	+5:30 min	keine
1 Blende überbelichtet	Pull –1	–2:00 min	keine
2 Blenden überbelichtet	Pull –2	keine	Temperatur auf 31° C reduzieren
3 Blenden überbelichtet	Pull –3	keine	Temperatur auf 29° C reduzieren

Hinweis

Werte für mehr als 2 Blendenstufen Unterbelichtung werden hier nicht angegeben, da sich hierzu von Seiten der Hersteller keine Angaben finden lassen, was sicherlich daran liegt, dass das Ergebnis auch mit Push-Entwicklung in solch einem Extremfall nicht mehr ansehnlicher wird.

HALTBARKEIT VON E-6-CHEMIKALIEN

Ähnlich wie bei den Chemikalien für den C-41-Prozess sind einmal angebrochene Konzentrate und insbesondere angemischte Arbeitslösungen nicht sehr lange haltbar. Werfen Sie, um sich böse Überraschungen zu ersparen, unbedingt einen Blick in die Anleitung Ihres jeweiligen Chemikalienherstellers.

In der Anleitung des JOBO-E-6-Kits finden Sich z.B. die folgende Werte. Beachtenswert ist hier die sehr geringe Haltbarkeit der einmal angemischten Arbeitslösungen. Es ist daher sinnvoll, nach Möglichkeit immer nur so viel Arbeitslösung anzumischen, wie Sie auch in der kurzen Zeit tatsächlich verbrauchen können.

	Angemischte Arbeitslösung	Angebrochene Konzentrate
Erstentwickler	1 Woche	12 Wochen
Umkehrbad	1 Woche	12 Wochen
Farbentwickler	1 Woche	12 Wochen
Conditioner	1 Woche	12 Wochen
Bleichbad	24 Wochen	24 Wochen
Fixierer	24 Wochen	24 Wochen
Stabilisierbad	24 Wochen	24 Wochen

CREATIVE SLIDE E-6-KIT VON CINESTILL

Im Kapitel zu den verschiedenen Farbfilmen haben wir die Möglichkeit kennengelernt, die Farbbalance von Filmen mit Hilfe von Konversionsfiltern während der Aufnahme zu verändern. Auf diese Weise lässt sich die farbliche Verschiebung bei Verwendung eines Tageslichtfilms bei Kunstlicht oder eines Kunstlichtfilms bei Tageslicht kompensieren.

Cinestill geht mit seinem E-6-Entwicklungskit einen anderen Weg und nimmt die farbliche Anpassung auf chemische Weise während der Erstentwicklung vor: ein Vorgang, der von Cinestill als »Color Timing« bezeichnet wird und am ehesten mit dem aus Kinofilmproduktionen bekannten Verfahrens des Colour Gradings vergleichbar ist, bei dem Filmaufnahmen in der Nachbearbeitung in Farbabstimmung auf den gewünschten Look angepasst werden können.

Der weitere Verlauf der Cinestill-E-6-Entwicklung entspricht dann dem eines gewohnten 3-Bad-E-6-Prozesses.

Gerade in Zeiten, in denen die Auswahlmöglichkeiten verschiedener Diafilme leider immer eingeschränkter wird, ist dies ein sehr interessanter Ansatz, die erreichbare Farbpalette vorhandener Diafilme zu erweitern.

Je nach gewünschter Farbabstimmung gibt es von Cinestill folgende drei Erstentwickler zur Auswahl:

DAYLIGHT CHROME

Neutraltonentwickler für Tageslichteinsatz mit Tageslichtdiafilm. Dies sollte dem Farbergebnis einer »Standard«-E-6-Entwicklung am nächsten kommen.

TUNGSTEN CHROME

Dies ist ein Kalttonentwickler, der verwendet werden kann, um den gelblichen Farbstich bei Kunstlichtaufnahmen mit Tageslichtfilm zu kompensieren. Oder auch um Tageslichtaufnahmen gezielt einen kühlen bläulichen Look zu geben.

DYNAMIC CHROME

Der Bildton kann durch unterschiedliche Verdünnungen von Neutralton (1+2 oder 1+3) bis in Richtung Warmton (1+1) verschoben werden.

Zusätzlich erhöht dieser Entwickler den Dynamikumfang des Dias, so dass die Lichterpartien auch bei Überbelichtung nicht so schnell ausbrennen.

5.3 ECN-2-CINEFILM-ENTWICKLUNGSPROZESS

Der speziell für Kinofilmmaterial angepasste Entwicklungsprozess wird ECN-2 genannt. Im Wesentlichen ähnelt er dem C-41-Prozess mit einem zusätzlichen Bad zur Entfernung der Remjet-Beschichtung. Eben diese Beschichtung ist der Grund, warum man Cinefilme nicht in jedes x-beliebige Fachlabor zur Entwicklung geben kann.

Der Entwicklungsprozess ist, den Bedürfnissen der Kinofilmindustrie entsprechend, auf eine maschinelle und kontrolliert ablaufende Entwicklung in großem Mengenmaßstab ausgelegt und daher ursprünglich nicht für den Consumer-Bereich und der damit einhergehenden Verarbeitung von fotografischen 36-Bilder-Kurzfilmprojekten gedacht.

Dieser Umstand machte es lange Zeit recht schwierig, solche Filme fotografisch zu verwenden. Eine beliebte Lösung sind daher die von der Firma Cinestill angebotenen Cinefilme mit vorab entfernter Remjet-Schicht. Hierdurch ist dann eine Entwicklung im C-41-Prozess ohne große Probleme möglich.

Diese Vorgehensweise hat aber auch folgende Nachteile:

Häufig entstehen Überstrahlungseffekte mit rotumrandeten, ausgebrannten Lichtern, vor denen die fehlende Remjet-Schicht eigentlich bewahren sollte. Diesem »Halo-Effekt« ist aber eine gewisse Ästhetik nicht abzusprechen, weshalb diese Eigenschaft mittlerweile ein Teil des typischen Looks von Cinestill-Filmen geworden ist. Daher ist dies vielleicht nicht direkt als Nachteil zu bezeichnen, sondern vielmehr als Abweichung vom ursprünglichen Cinefilm-Look.

Zum anderen aber geht der typisch weiche Bildkontrast mit extrem guter Lichterzeichnung, für den Cinefilm-Material vor allem bekannt ist, durch eine C-41-Entwicklung etwas verloren, da die entstehenden Negative hierdurch kontrastreicher und dichter werden.

Hinweis

Die im ECN-2-Prozess entstehenden Negative weisen sehr weiche Kontraste auf und haben eine geringere Farbdichte als C-41-Negative. Sie lassen sich aufgrund des niedrigen Kontrasts hervorragend scannen, sind aber für die analoge Erstellung von RA-4-Farbabzügen nur sehr eingeschränkt geeignet.

Mit der wachsenden Popularität von Cinefilmen, und zugleich wachsenden Schwierigkeiten bei der Verfügbarkeit regulärer C-41-Filme, erkennen immer mehr Chemikalienhersteller und auch Labore die Gunst die Stunde, so dass es sowohl eine wachsende Zahl an Laboren für die typgerechte ECN-2-Entwicklung als auch immer mehr Sets für die Selbstentwicklung zu Hause gibt.

ECN-2-Entwicklungssets für die manuelle Entwicklung oder Entwicklung in Rotationsprozessoren gibt es unter anderem von folgenden Herstellern:

- Cinestill Cs2 Cine Simplified (2-Bad Prozess)
- Bellini ECN2 Motion Picture Kit (3-Bad-Prozess)
- JOBO ECN-2 (Rotationsentwicklung empfohlen (3-Bad-Prozess))

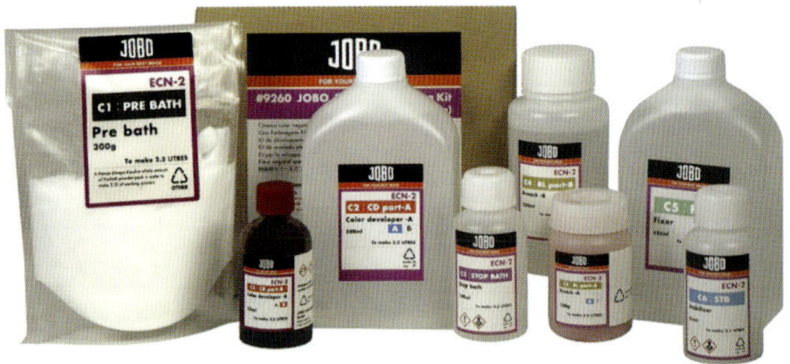

Abbildung 5.19: JOBO ECN-2 Developing Kit

Am Beispiel des JOBO-ECN-2-Kits mit 3 Prozessbädern besteht der Cinefilm-Entwicklungsprozess aus folgenden Arbeitsschritten:

Temperierung

Die vorgegeben Verarbeitungstemperatur liegt bei 41° C und muss insbesondere beim Entwickler sehr genau eingehalten werden.

Vorbad

Als Erstes erfolgt ein kurzes Vorbad mit einem speziellen Mittel zum Auflösen der rußartigen Remjet-Beschichtung.

Die Verarbeitungszeit hier liegt bei lediglich 0:10 min.

Remjet-Entfernung (Wasser)

Die durch das Vorbad angelöste Remjet-Schicht wird durch ein Wasserbad weiter aufgelöst und vom Film gespült. Die Wässerung muss so lange durchgeführt werden, bis das ausgegossene Waschwasser komplett klar ist, damit keine Remjet-Reste auf dem Film verbleiben.

Ist der Remjet entfernt, folgt die restliche Entwicklung im Wesentlichen den Prozessschritten der C-41-Entwicklung.

Farbentwickler

Der Entwickler entwickelt das belichtete Silber in den drei Farbfilmschichten zu metallischem Silber. Oxidationsprodukte aus diesem Prozess reagieren dabei mit den Farbkupplern und bewirken die Bildung von Farbstoffen.

Die Verarbeitungszeit beträgt 3:00 min.

Stoppbad

JOBO empfiehlt für seine Chemikalie ein Stoppbad als zusätzlichen Prozessschritt, um den Farbentwickler zu neutralisieren.

Die Verarbeitungszeit beträgt 0:30 min.

Zwischenwässern

Bei Verwendung eines Stoppbads ist unbedingt eine Zwischenwässerung von 1:00 min mit Wasser notwendig, um kein Stoppbad in den Bleicher zu verschleppen.

Bleichbad

Im Bleicher wird das entwickelte metallische Silber zurück zur Silberhalogenid reduziert.

Die Verarbeitungszeit beträgt 3:00 min.

Zwischenwässern

Eine erneute Zwischenwässerung von 1:00 min verhindert das Verschleppen von Bleicher ins Fixierbad und verbessert so die Haltbarkeit des Fixierers.

Fixierer

Das Fixierbad löst alle im Film verbliebenen Silberhalogenide heraus, so dass schließlich nur das Farbstoffbild verbleibt.

Die Verarbeitungszeit beträgt 2:00 min.

Wässern

2:00 min Schlusswässerung zum Auswaschen aller Chemikalienreste.

Stabibad

Ein kurzes Stabilisierungsbad von 0:10 min zur Verbesserung des Filmhaltbarkeit gegenüber Umweltweinflüssen sowie zur Verbesserung der Trocknung.

Hinweis

Im Kapitel zu den analogen Kreativtechniken finden sich auch interessante Möglichkeiten kreativer Farbfilmentwicklungen wie Crossentwicklung, Bleach-Bypass und Filmsoups.

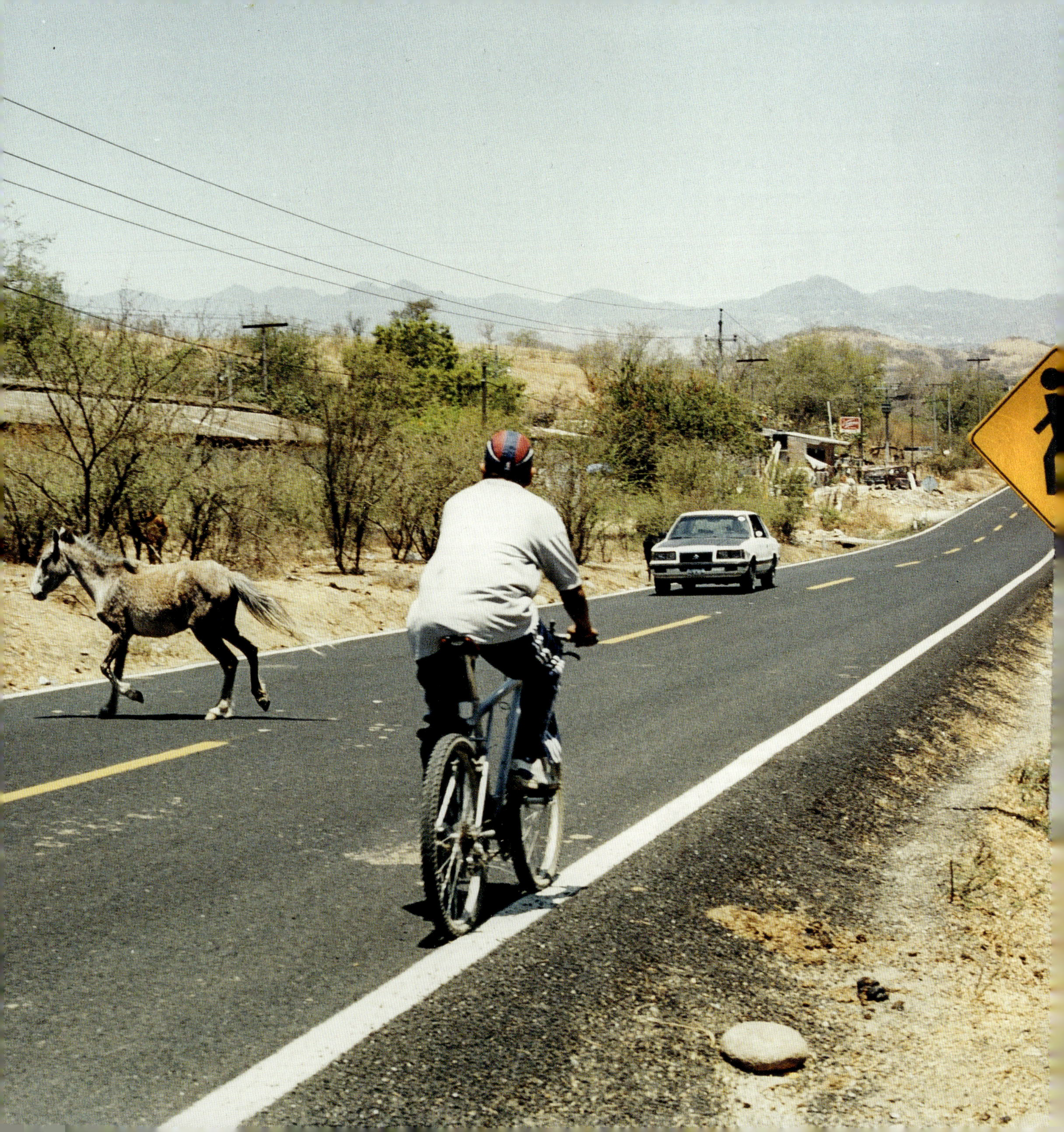

6 Analoges Farbpapier & RA-4-Entwicklung im Heimlabor

6.1 EINLEITUNG

Nachdem wir uns ausführlich mit den unterschiedlichen Farbfilmen und deren Entwicklung befasst haben, möchte ich nun auch gerne ein wenig näher auf die Erstellung von Farbabzügen eingehen.

Rein analog erstellte, direkt vom Filmnegativ durch Projektion auf Fotopapier belichtete und anschließend chemisch entwickelte Bilder bezeichnet man als C-Prints oder auch als chemisch-optische Vergrößerungen.

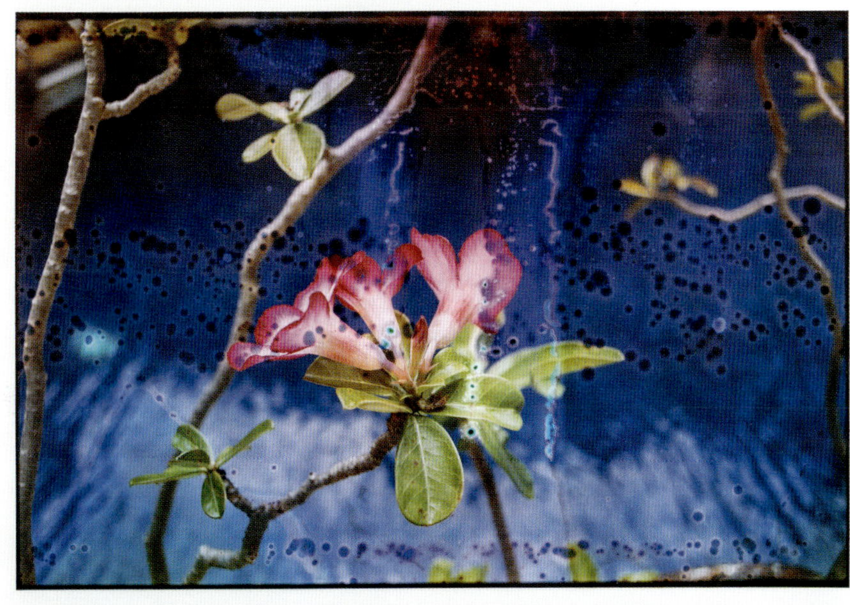

Abbildung 6.1: RA-4 C-Print-Handabzug, Filmsoup-Film (Marc Stache, Bali, 2010), (Was eine Filmsoup ist, erfahren Sie im Kapitel 8 zu den analogen Kreativtechniken)

Für viele Filmfotografen erfolgt Fotografie und Entwicklung heutzutage ganz selbstverständlich zunächst analog, aber die Ausarbeitung der Bilder wird dann anschließend in den meisten Fällen digital weitergeführt. Die Negative werden gescannt und am Rechner weiterbearbeitet oder auch anschließend ausgedruckt. Dies liegt neben den nicht abzusprechenden immensen Möglichkeiten der digitalen Nachbearbeitung auch an dem mittlerweile wohl häufigsten Einsatzzweck: der Präsentation auf Webseiten und Social Media.

Werden Abzüge gewünscht, so werden diese in der Regel zur Ausarbeitung an ein Fachlabor weitergegeben oder mit einem Inkjet-Drucker ausgedruckt.

Vielen ist sicherlich nicht bewusst, dass in professionellen Fotolaboren nur noch in den seltensten Fällen rein analog auf Farbfotopapier vergrößert wird. Der heutige Prozess beinhaltet in der Regel immer eine Digitalisierung des Films und anschließend eine Laserausbelichtung dieser Daten auf Fotopapier. Der folgende chemische Entwicklungsprozess verläuft dann zwar identisch wie in der traditionellen Weise, aber der Zwischenschritt der Digitalisierung stellt auch immer einen Eingriff in die Prozesskette dar, der die Qualität des Bildergebnisses beeinflussen kann.

Analoge vom Negativ vergrößerte C-Prints wirken oft etwas weicher bei den Kontrasten sowie pastelliger in den Farben und ergeben so eine ganz eigene Bildästhetik.

Tipp

Es gibt noch eine kleine Riege von Spezialisten, die handgemachte C-Prints professionell und in Kundenauftrag erstellen. Einige davon finden sich in der Adressliste im Kapitel 9.

Hinweis zu Abzügen von Diafilmen

Für Abzüge von Diafilmen gab es früher spezielles Papier und Chemie. Dies ist leider seit einigen Jahren nicht mehr erhältlich, daher lassen sich von Diafilmen heute leider keine rein analogen Abzüge mehr erstellen.

6.2 ANALOGES FARBPAPIER

Das für die Erstellung analoger Abzüge verwendete Papier wird RA-4-Farbpapier genannt. RA-4 ist die Bezeichnung des dazugehörigen Entwicklungsprozesses.

Der Schichtaufbau von RA-4-Farbpapier entspricht im Wesentlichen dem eines 3-Schichten-Farbnegativfilms, allerdings sind die drei Farbschichten in umgekehrter Reihenfolge angeordnet.

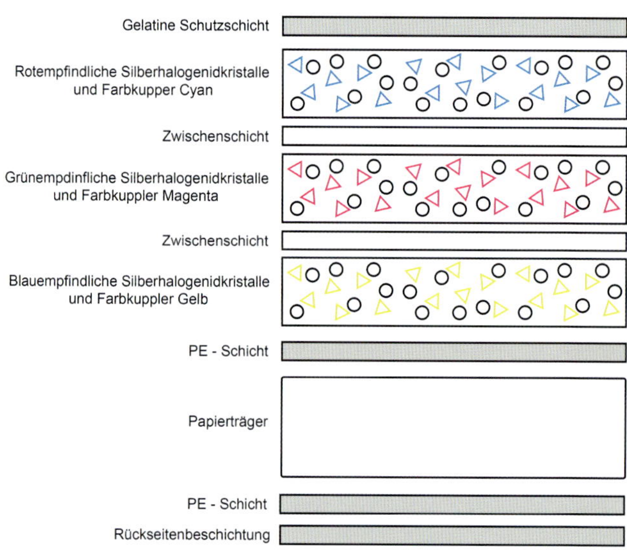

Abbildung 6.2: Schichtaufbau von Fujicolor-Crystal-Archive-Papier

Das Farbpapier wird von der Lampe des Vergrößerers mit weißem Licht belichtet und das dabei in den Strahlengang der Projektion gelegte Negativ fungiert mit seinen invertierten Farben gewissermaßen wie eine Art Filter.

Auf diese Weise entsteht dann ein Negativbild vom Negativ und wie wir gelernt haben, wird minus mal minus zu plus. Das Prinzip funktioniert auch hier und es entsteht dadurch ein Positivbild.

Hier ein detaillierteres Beispiel:

Ein blauer Himmel belichtet im Farbnegativ die blauempfindliche Schicht mit gelben Farbstoffkupplern, so dass der Himmel im Negativ gelb wiedergegeben wird.

Mit dem Negativ im Strahlengang des Vergrößerers wird an dieser Stelle dann gelbes Licht auf das Fotopapier belichtet.

Die gelbe Lichtfarbe wirkt wie ein Sperrfilter für blaues Licht, so dass im Papier nur die grün- und rotempfindlichen Schichten belichtet werden. Diese wiederum enthalten Farbkuppler für Magenta- und Cyan-Farbstoffe.

Das Papierbild wird bei Betrachtung von weißem Licht angestrahlt. Magenta entzieht dem vom Papier und im Auge reflektierten Licht grüne Farbanteile, Cyan entzieht die roten Farbanteile. Übrig bleiben dann noch die blauen Lichtanteile.

Und so ist auf dem Papier der Himmel dann nicht mehr Negativ-Gelb, sondern Positiv-Blau wie in der Wirklichkeit.

Weiß entsteht auf dem Papier, wenn im Negativ an diesen Stellen alle drei Farbschichten vollständig belichtet wurden und die Kombination aller dabei entstehenden Farbstoffe Schwarz ergibt. Dieses Schwarz ist dann so dicht, dass kein Licht mehr hindurchprojiziert werden kann und das Papier hier unbelichtet und weiß bleibt.

Schwarz entsteht auf dem Papier genau andersherum. Im Negativ wird an dieser Stelle keine der Schichten belichtet und es bleibt daher transparent und lässt in der Projektion das gesamte Licht hindurch. Dadurch werden alle Farbschichten des Farbpapiers gleichermaßen belichtet und bilden Farbstoffe aus, die in der maximalen Summe dann Schwarz ergeben.

AKTUELL ERHÄLTLICHE FARBPAPIERE FÜR ANALOGE VERGRÖSSERUNGEN

An dieser Stelle würde ich sehr gerne eine Übersicht aller erhältlichen Farbpapiersorten zusammen mit Farbtests kombinieren, wie ich es für die Vielzahl an Farbfilmen getan habe. Leider ist die Auswahl an Farbpapier aber sehr beschränkt, da die Mehrzahl erhältlicher Farbpapiere mittlerweile für die digitale Laserbelichtung optimiert ist und bei rein analoger Verarbeitung dann zu Problemen mit Farbstichen und zu kurzen Belichtungszeiten führt.

Während es in der Vergangenheit also analoge RA-4-Papiere verschiedener Hersteller mit unterschiedlichen Farb- und Kontrasteigenschaften gab, ist uns im Wesentlichen nur noch eine Sorte an analogem Farbpapier geblieben:

FUJICOLOR CRYSTAL ARCHIVE (CA)

Dieses Paper kann sowohl im klassischen analogen Farblabor verwendet werden als auch mit der modernen maschinellen Laserbelichtung.

Da die maschinelle Verarbeitung die mengenmäßig vorherrschende Technik ist, gibt es dieses Papier von Fuji selbst nicht mehr als Blattware verschiedener Formate zu kaufen, sondern nur als Rollenware. Für Entwicklungsmaschinen ist das kein Problem, da sich solche Rollen da als Ganzes einsetzen und Papierformate automatisch zuschneiden lassen. In der manuellen Verarbeitung der eigenen Dunkelkammer sind vorgeschnittene Papiere aber natürlich deutlich einfacher. Hier sind einige Großhändler eingesprungen, die Rollenware von Fuji einkaufen und dann selbst oder durch Dienstleister die verschiedenen Papierformate zuschneiden und in Kartons abpacken.

Das Fuji-Crystal-Archive-Papier ist in folgenden Oberflächen erhältlich:

- Glossy
- Lustre
- Matt

Das Papier hat in der Regel einen rückseitigen Aufdruck mit »Fuji Crystal Archive«.

Abbildung 6.3: Fujicolor-Crystal-Archive-Papier (CA) im Format 24 x 30 cm, Oberfläche matt

Abbildung 6.4: ADOX Farbpapier RA-4 Hochglänzend. Hierbei handelt es sich auch um Fujicolor-Crystal-Archive-Papier, das von ADOX zu Blattware geschnitten und neu verpackt wurde.

SONDERVARIANTEN

Bisweilen finden sich auf der Suche nach RA-4 Farbpapier noch weitere Papiere im Handel.

Achten Sie darauf, dass »Fuji Crystal Archive« in der Bezeichnung genannt wird und es keine Namenszusätze wie »DP« oder »Digital« gibt, da diese ansonsten vornehmlich für die digitale Ausbelichtung geeignet sind.

Weitere auch für die chemisch-optische Belichtung geeignete Farbpapiere sind:

Fujicolor Crystal Archive Supreme

RA-4-Papier, das sowohl für digitale Ausbelichtungen, aber auch für analoge optisch-chemische Prints geeignet ist.

Mit dickerem Papierträger und goldenem Rückseitenaufdruck.

Fujicolor Crystal Archive Supreme HD

Im Vergleich zum Supreme-Papier ohne »HD« verfügt es über einen größeren Farbumfang mit brillanteren Farben und einem noch stärkeren Papierträger. Ebenfalls mit goldenem Rückseitenaufdruck.

Hinweis

Diese Papiere sind, soweit mir bekannt ist, bislang ausschließlich als Rollenware erhältlich und müssen dann vom Anwender selbst zugeschnitten werden.
Das Zuschneiden einzelner größerer Fotopapierblätter zu kleineren Formaten stellt bei kompletter Dunkelheit schon eine gewisse Herausforderung dar, bei den unhandlichen Papierrollen wird es aber noch einmal schwieriger.
Abhilfe schaffen hierbei spezielle Papiertresore für Rollenware. Leider sind diese neu nicht mehr erhältlich und waren auch in der Vergangenheit kein alltägliches Laborzubehör, weshalb man sehr viel Glück und Geduld braucht, solch ein Gerät zu finden.

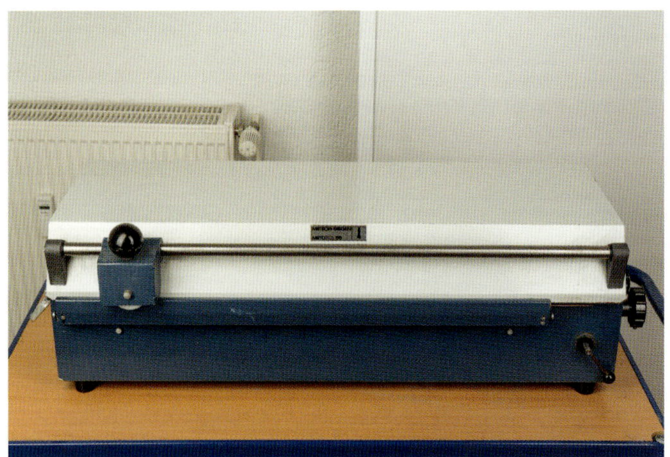

Abbildung 6.5: Meteor Siegen Metorol 65 Papiertresor für Rollenware mit Schneidefunktion. Gewünschte Papierlängen können voreingestellt werden, so dass anschließend nur die Wunschlänge zum Schneiden herausgezogen werden kann. Leider nur sehr selten und nur noch gebraucht erhältlich. Solche Rollenpapier-Tresore gab es für verschiedene Breiten und sogar auch mit motorisierter Papierausgabe.

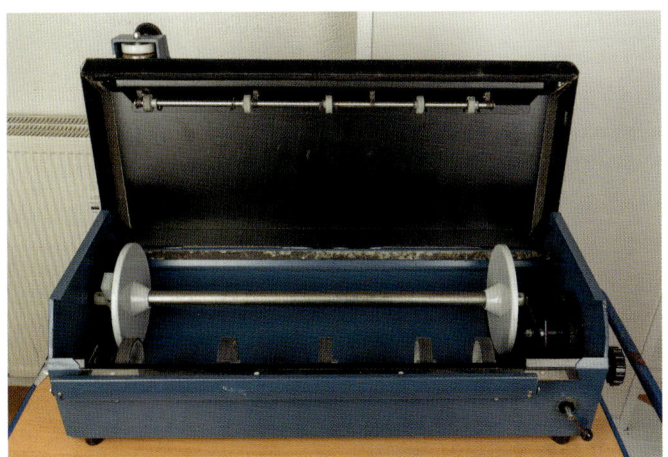

Abbildung 6.6: Leerer Metorol-65-Papiertresor von innen

HALTBARKEIT VON RA-4-FARBPAPIER

Leider ist die Haltbarkeit von unbelichtetem RA-4-Farbpapier verhältnismäßig schlecht. Auch ist es zusätzlich sehr empfindlich bei zu warmer Lagerung. Genaue Haltbarkeitsangaben sind schwer zu machen und finden sich auch nicht auf den Verpackungen. Ab einem Alter von einem Jahr wäre ich schon sehr vorsichtig. Es hat also keinen Sinn, altes Farbpapier auf dem Secondhand-Markt zu kaufen.

Überlagertes Farbpapier erkennt man meist an einem gelblichen Farbstich des ganzen Bilds, einschließlich der eigentlich weißen unbelichteten Stellen.

Die Haltbarkeit lässt sich verbessern, wenn das Papier kühl gelagert wird, z.B. im Kühlschrank. Geben Sie dem Papier dann aber vor Gebrauch etwas Zeit, sich wieder an die Raumtemperatur zu gewöhnen.

6.3 DIE FARBDUNKELKAMMER

Für die Vergrößerung und Entwicklung von Farbabzügen können viele bereits aus dem Schwarz-Weiß-Labor bekannte Geräte verwendet werden.

Gegenüber dem Schwarz-Weiß-Labor sind aber auch einige Besonderheiten zu beachten und ein paar zusätzliche Geräte notwendig. Im Folgenden habe ich die wesentlichen speziell für RA-4-Farbabzüge notwendigen Laborgeräte einmal kurz vorgestellt

BENÖTIGTE GERÄTE FÜR FARBPAPIERVERGRÖSSERUNGEN

FARBVERGRÖSSERER

Wie auch im Schwarz-Weiß-Labor ist das Kernstück des Labors der Vergrößerer. Da wir aber keine monochromen, sondern farbige Bilder vergrößern wollen, benötigen wir einen Vergrößerer mit einem sogenannten Farbmischkopf.

Die meisten Farbvergrößerer verwenden eine Halogenlampe als Lichtquelle und verfügen über verstellbare Farbfilter, die sich in den Strahlengang hineindrehen lassen und so die Farbe des projizierten Lichts verändern.

Notwendig ist dies, um die Farben des Papierabzugs bei Bedarf so zu korrigieren, dass ein neutrales Bild ohne Farbstich entsteht. Wie das funktioniert, erkläre ich im Kapitel 6.5 noch einmal genauer.

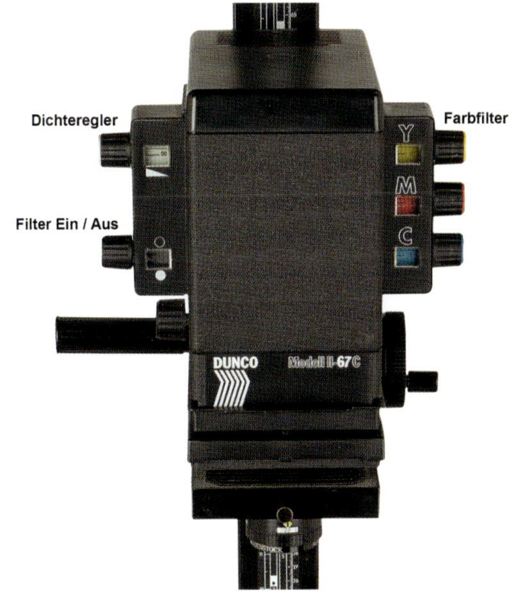

Abbildung 6.7: Farbmischkopf eines Dunco-67-Vergrößerers. Rechts können per Drehregler die Farbwerte für Yellow, Magenta und Cyan erhöht werden. Links gibt es einen Regler zum Einstellen eines Neutraldichtewerts. Hiermit lässt sich die Lichtmenge verändern, ohne dass die Belichtungszeit oder die Arbeitsblende am Objektiv verändert werden muss. Um alle Filterwerte zu deaktivieren, gibt es einen Drehknopf, der alle Filter aus dem Strahlengang schwenkt, so dass helles Weißlicht z.B. zum Scharfstellen verwendet werden kann.

OBJEKTIVE

Das vom Vergrößerer durch ein Negativ projizierte Licht wird durch die Linsen eines Vergrößerungsobjektivs gebündelt und dann auf das Fotopapier projiziert. Sie können hier prinzipiell die gleichen Objektive wie im Schwarz-Weiß-Labor verwenden, es gibt jedoch auch speziell für Farbvergrößerungen optimierte Objektive.

Hierbei handelt es sich um sogenannte apochromatische Objektive oder kurz »APO«. Durch Verwendung spezieller Linsen werden bei Farbvergrößerungen bisweilen auftretende Bildfehler wie Farbsäume größtmöglich korrigiert.

Tipp

Die apochromatische Korrektur ist besonders für Farbvergrößerungen von Vorteil, aber auch im Schwarz-Weiß-Labor ermöglichen diese hochwertigen Objektive hervorragende Schärfe bis in die Bildecken.

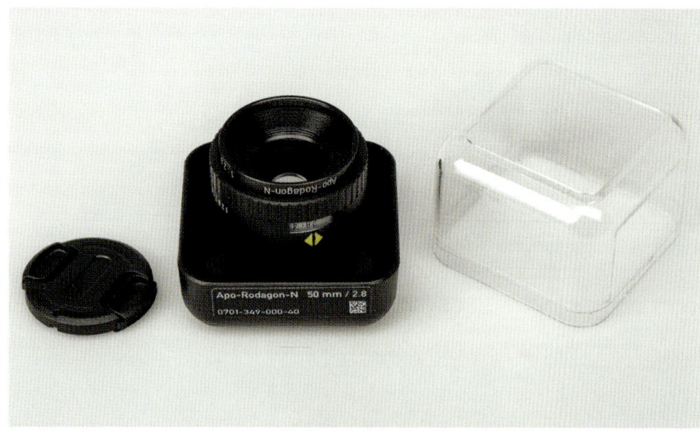

Abbildung 6.8: Rodenstock-Vergrößerungsobjektiv APO-Rodagon N 2,8 50 mm

PAPIERTRESOR

Ein Papiertresor ist nicht absolut notwendig, kann die Arbeit mit Farbpapier aber sehr erleichtern, da man ansonsten das Papier immer wieder umständlich aus der Packung heraus- und bei Licht wieder in die Packung hineinbugsieren muss. Ein Papiertresor ist eine lichtdichte Box, in der man Fotopapierblätter lagern und daraus auch schnell entnehmen kann.

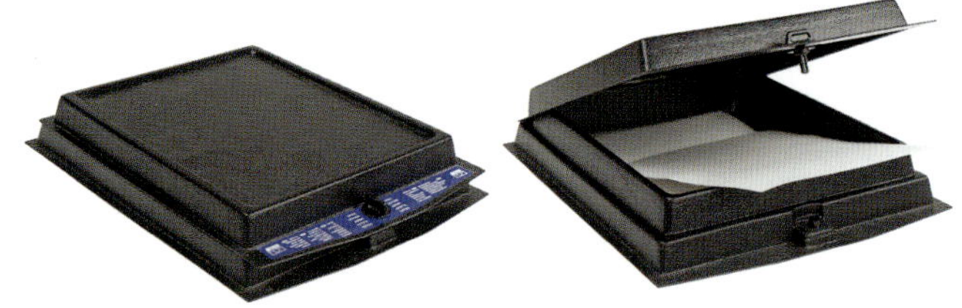

Abbildung 6.9: Ein lichtdichter Papiertresor (links geschlossen, rechts offen)

LABORBELEUCHTUNG

Das aus dem Schwarz-Weiß-Labor bekannte Rotlicht kann im Farblabor leider nicht verwendet werden, da das Farbpapier auch auf rotes Licht reagiert und dadurch belichtet werden würde. Es gibt einen kleinen Wellenlängenbereich von 590 nm mit gelblichem Farbton, für den Farbpapier eine Sensibilisierungslücke aufweist. Von Heiland electronic gibt es eine Variante ihrer LED-Dunkelkammerleuchte, die sich von Rotlicht auf dieses gelbe Licht für das Farblabor umschalten lässt.

Die Leuchte verfügt über einen Dimmschalter. Während man die Helligkeit bei Rotlicht meist sehr hoch einstellen kann, sollte sie umgeschaltet für das Farblabor auf einen sehr niedrigen Wert gestellt werden.

Voll aufgedreht lässt sich zwar im Labor alles gut erkennen, aber das wäre für das Papier dann schon zu viel. Tatsächlich wird das Licht nur ganz schwach eingestellt, so dass man im ansonsten Dunkeln eine etwas bessere räumliche Orientierung hat.

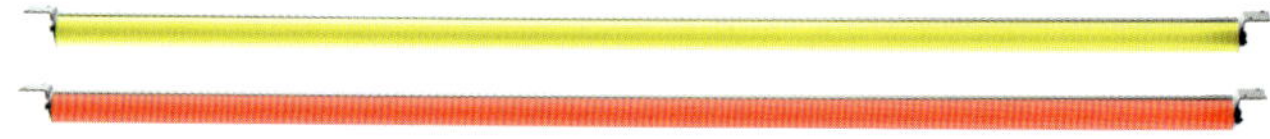

Abbildung 6.10: LED-Laborlampe von Heiland electronic, die sich von Rotlicht (unten) zu einem Farblabormodus mit schwachem gelblichem Licht (oben) umschalten lässt.

Hinweis

Es finden sich auch ältere Dunkelkammerlampen für das Farblabor auf dem Gebrauchtmarkt, wie z.B. die lange Zeit beliebte OSRAM Duka 10 mit Natriumdampflampe.
Generell ist es immer ratsam, eine ältere, gebraucht gekaufte Dunkelkammerlampe einmal mit dem verwendeten Papier zu testen.
Wenn es einen Helligkeitsregler gibt, stellen Sie diesen im Zweifel möglichst niedrig ein.

Es ist auch möglich, komplett auf eine Dunkelkammerbeleuchtung zu verzichten. Oftmals ist man auf diese Weise auf der sichereren Seite und vor unbeabsichtigten Belichtungen und Farbstichen geschützt.

SCHNEIDEMASCHINE

Farbpapier im Dunkeln oder nahezu Dunkeln zuzuschneiden ist kein leichtes Unterfangen, besonders wenn es dann auch noch gerade werden soll und man auch vermeiden möchte, sich dabei in die Finger zu schneiden.

Die einfachste Lösung ist eine Rollenschneidemaschine. Oftmals haben diese auch verstellbare Papieranschläge, um bestimmte Längen vorab festzulegen. Falls nicht, hilft es auch, sich eine Längenmarkierung mit Klebestreifen aufzukleben, die sich Dunkeln ertasten und als Papieranschlag verwenden lässt.

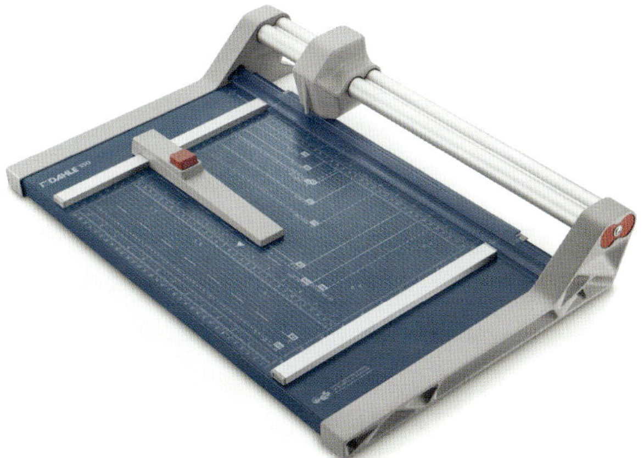

Abbildung 6.11: Rollenschneidemaschine bis 36 cm Papierbreite Dahle 550

BENÖTIGTE GERÄTE FÜR DIE FARBPAPIERENTWICKLUNG

Die Farbpapierentwicklung ist leider nicht wie bei Schwarz-Weiß für eine Entwicklung bei Raumtemperatur ausgelegt, sondern erfordert höhere Temperaturen von 35 oder 30° C.

SCHALENENTWICKLUNG

Die Schalenentwicklung ist zugleich die einfachste und auch die umständlichste Entwicklungsmöglichkeit für Farbpapiere. Einfach, weil nur wenig weiteres Zubehör benötigt wird, das nicht schon aus dem Schwarz-Weiß-Labor vorhanden ist, umständlich, weil das Wechseln des Papiers im Dunkeln viel Raum für Fehler bietet.

Um die Chemikalie innerhalb der Fotoschalen auf die passende Temperatur zu bringen, kann eine Heizplatte untergestellt werden, wobei es ratsam ist, die Temperatur zwischendurch mit einem guten Thermometer immer mal wieder zu kontrollieren.

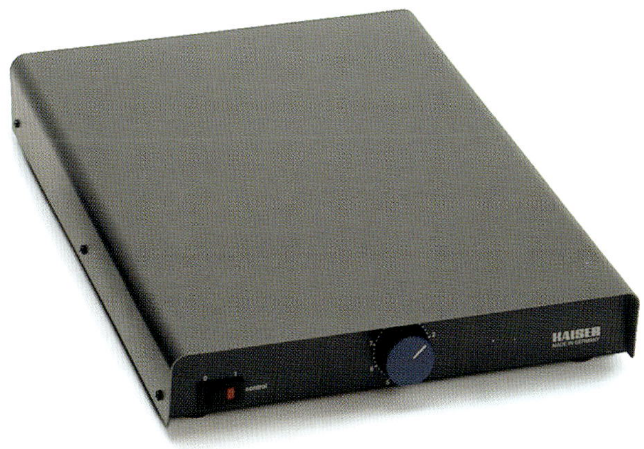

Abbildung 6.12: Laborschalenwärmer von Kaiser Fototechnik

Farbchemikalien haben einen recht starken Eigengeruch, der dann auch in Kleidung und Haare zieht. Ich erinnere mich an lange Tage im Farblabor, nach denen ich erst einmal ausgiebig duschen musste, um diesen Geruch wieder loswerden zu können. Da dies bei der Verwendung in offenen und zudem noch beheizten Laborschalen noch einmal verstärkt wird, empfehle ich bei der Schalenentwicklung regelmäßige Pausen sowie Lüftungsphasen.

TANKPROZESSOREN

Von der Firma Nova Darkroom gibt es sogenannte Slot- oder Tankprozessoren. Das Gerät ähnelt in der Konstruktion sehr stark einem Wascher für Barytpapier.

Es besteht aus mehreren nebeneinander angebrachten vertikalen Tanks für die verschiedenen Entwicklungsbäder, die durch ein umgebendes Wassermantelbad beheizt werden können. Das Fotopapier muss dabei von Hand von einem Chemikalientank zum nächsten transportiert werden.

Vorteile dieses Prozessors sind der sehr geringe Platzbedarf und die gute Temperiermöglichkeit. Das Ganze kann natürlich auch für die platzsparende Schwarz-Weiß-Entwicklung verwendet werden.

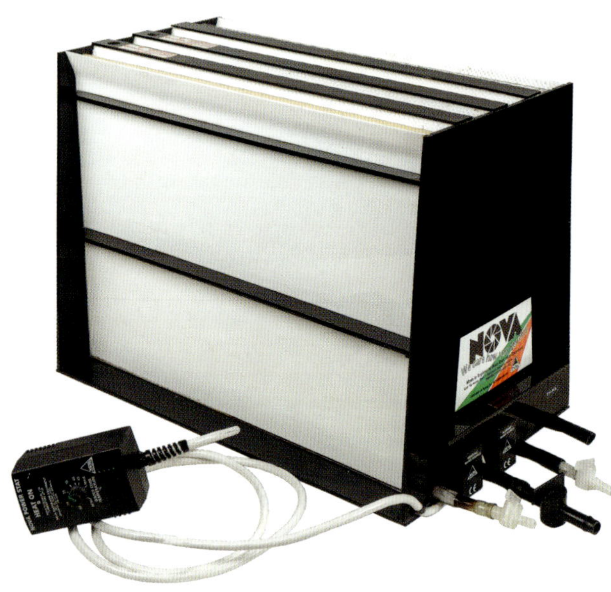

Abbildung 6.13: Nova-Print-Prozessor mit drei beheizbaren Kammern sowie einer zusätzlichen Kammer mit Wasserzu- und ablauf für die Bilderwässerung

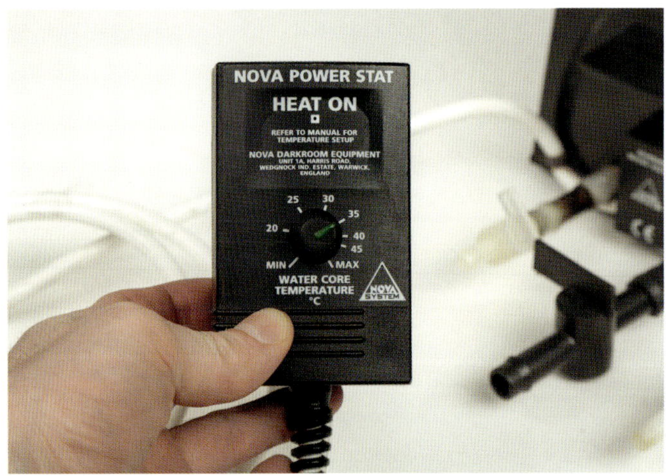

Abbildung 6.14: Temperaturregelung des Nova-Prozessors. Die Einstellung funktioniert einigermaßen genau, sollte aber mit einem guten Thermometer nachkontrolliert werden.

JOBO-ROTATIONSPROZESSOR

Insbesondere, wenn man bereits einen Rotationsprozessor wie einen JOBO-CCP3 zur Filmentwicklung besitzt, ist es auch eine gute Möglichkeit, diesen für die Entwicklung von Farbpapierabzügen zu nutzen, da dieser die Chemikalie sowohl in den Vorratsflaschen als auch während der Entwicklung auf Temperatur halten kann.

Die hierbei verwendeten Entwicklungsdosen entsprechen im Wesentlichen den größeren auch aus der Filmentwicklung bekannten JOBO-25xx-Entwicklungsdosen. Zusätzlich ist im Deckel eine Art Becher eingesetzt, der die eingefüllte Chemikalie zunächst aufnimmt und dann bei Rotationsbewegung gleichmäßig ins Innere der Dose und auf das eingelegte Papier verteilt. Diese Dosen haben die ursprüngliche Bezeichnung 28xx und sind leider nicht mehr neu, aber sehr häufig noch gebraucht erhältlich. Das Papier wird nach Belichtung im Dunkeln (oder bei gedimmter Farblaborbeleuchtung) in die Dose eingelegt, wobei die Schichtseite nach innen gerichtet ist.

Sobald das Papier in der Dose und der Deckel drauf ist, kann die restliche Verarbeitung im Prozessor bei Raumlicht erfolgen.

Die Dosen kommen dabei aufgrund der Rotation mit sehr geringen Füllmengen aus. Die für Papiere bis 24 x 30 cm gedachte JOBO 2830 benötigt beispielsweise trotz ihrer Größe lediglich 100 ml Füllmenge.

Hinweis

Nach einem Entwicklungsdurchlauf müssen die Dosen jedes Mal durchgespült und getrocknet werden. Ich verwende zum schnellen Trocknen ein Papierküchentuch und stelle die Dose danach in meinen Filmtrockenschrank. Hilfreich ist es natürlich auch, wenn man über weitere Dosen verfügt, die in der Zwischenzeit verwendet werden können.

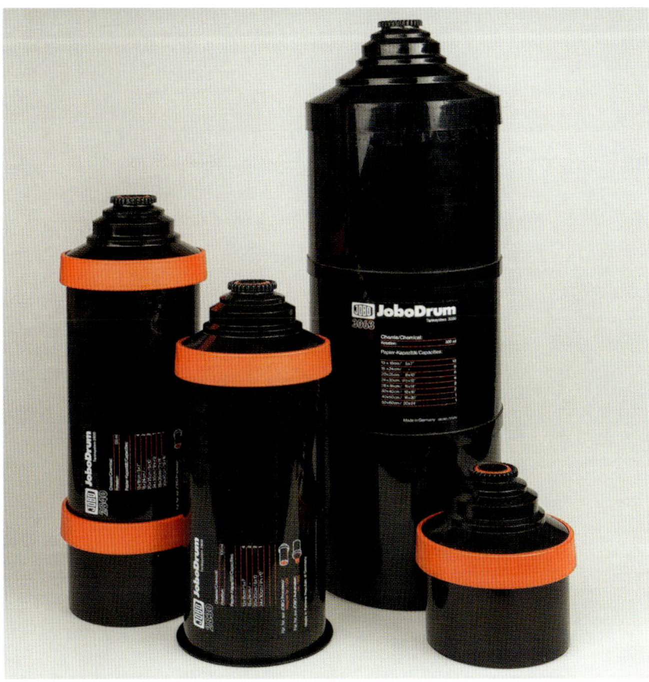

Abbildung 6.15: Auswahl verschiedener JOBO Paper Drums für die Papierentwicklung für verschiedene Formate. Die kleinste Dose eignet sich für Papiere bis 10 x 15 cm und vor allem Probestreifen. Die große schwarze Dose mit dem Namen JOBO 3063 ist auch noch neu erhältlich und kann für Papiere bis zu 50 x 60 cm Größe bei lediglich 300 ml Chemikalienbedarf verwendet werden.

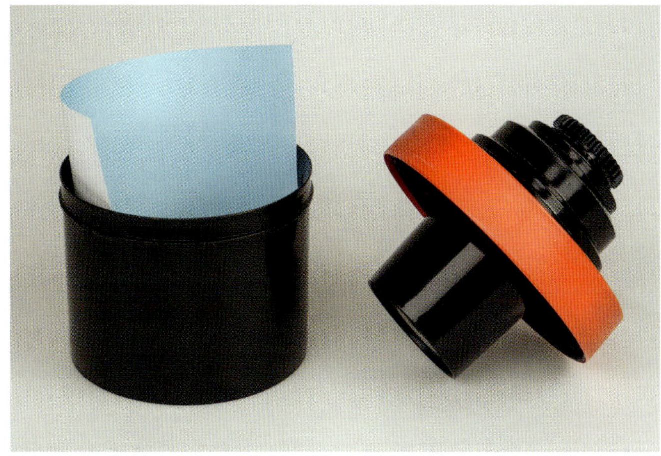

Abbildung 6.16: Offene JOBO Paper Drum. Das Papier wurde mit der Schichtseite nach innen eingelegt. Rechts zu sehen ist der Deckel mit eingesetztem Bechertrichter.

DURCHLAUFMASCHINE

Die wohl komfortabelste Möglichkeit der Farbpapierentwicklung stellt eine Durchlaufmaschine dar. Das belichtete Papier wird im Dunkeln in den Einlauf-Schlitz der Maschine hineingegeben, die sich das Papier dann automatisch einzieht. Ist es einmal im Inneren verschwunden, kann das Raumlicht angeschaltet werden. Das Papier durchläuft im Inneren des Prozessors alle Entwicklungsbäder und kommt am Ende fertig entwickelt und auch bereits fertig getrocknet wieder heraus.

Hinweis

Auch wenn einige dieser Maschinen bereits ein Stabilisierungsbad für eine wasserlose Verarbeitung verwenden, sollte für bestmögliche Farbqualität immer noch einmal nachträglich gewässert und dann erneut getrocknet werden.

Es gibt kleine kompakte »Tisch-Prozessoren« wie z.B. jene von Thermaphot, die sich auch ohne allzu viel Probleme auf- und abbauen lassen, aber auch große für den professionellen Einsatz konzipierte Durchlaufmaschinen für Papierbreiten bis über einen Meter, wie im nachfolgenden Bildbeispiel von der Firma Colenta.

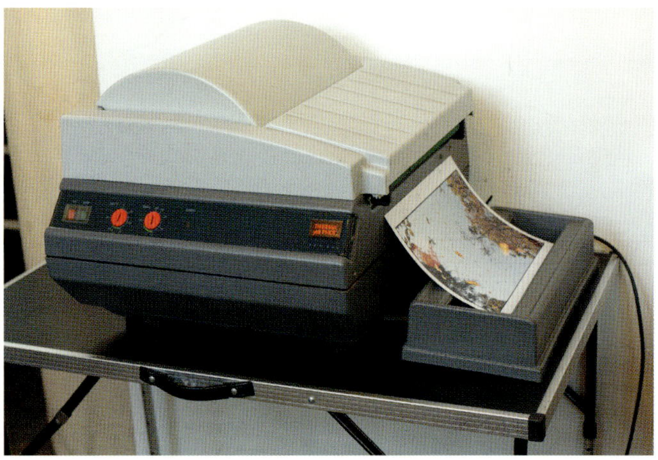

Abbildung 6.17: Thermaphot ACP 302 RA-4 Durchlaufmaschine für Farbpapier bis 30 cm Breite

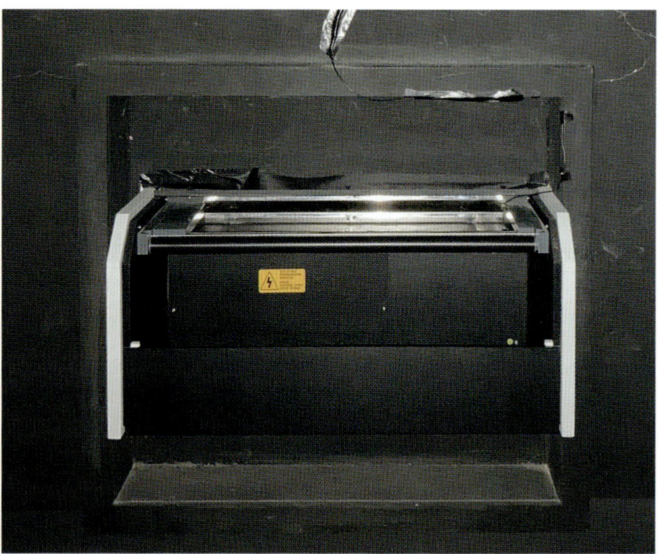

Abbildung 6.19: Die Colenta ist in die Laborwand eingebaut mit der Papiereinschuböffnung innerhalb der Dunkelkammer. Man belichtet also das Papier, bewegt sich im Dunkeln damit zur Maschine und gibt das Papier hinein und geht dann in den Nebenraum und wartet bei Licht auf das fertig entwickelte Ergebnis.

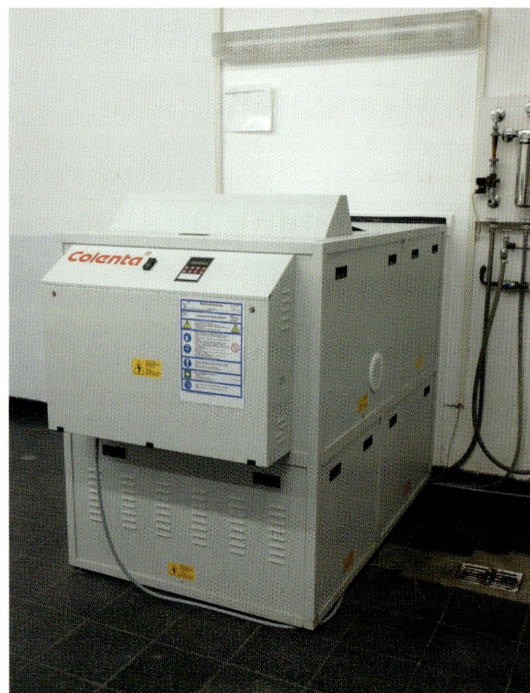

Abbildung 6.18: Große Colenta RA-4 Durchlaufmaschine im Farblabor der FH Bielefeld. Die maximal nutzbare Papierbreite ist bei dieser Maschine 70 cm.

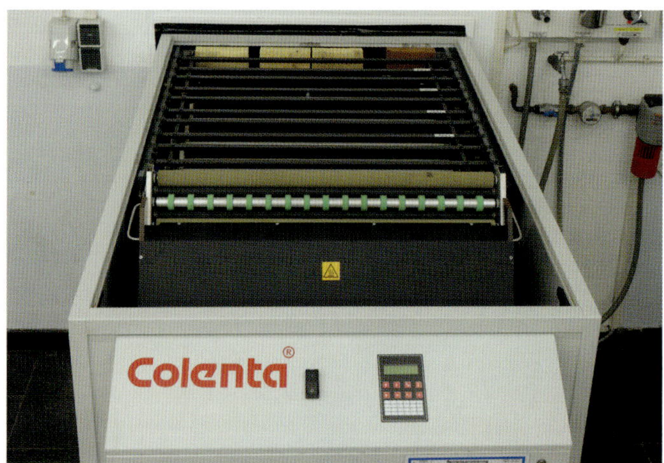

Abbildung 6.20: Der größte Nachteil solcher Maschinen ist neben dem hohen Chemikalienbedarf auch die häufig notwendige Wartung. Ähnlich wie man es vielleicht von einem Kopiergerät im Büro kennt, bleiben immer mal wieder Fotopapiere innerhalb der Transportrollen stecken und es muss alles geöffnet und herausgezogen werden, bevor es weitergehen kann.

6.4 DER RA-4-ENTWICKLUNGS-PROZESS

Der chemische Entwicklungsprozess für die Entwicklung von Farbpapieren wird RA-4-Prozess genannt und ist ein 2-Bad-Prozess.

Die für den RA-4-Prozess benötigte Entwicklungschemie wird in der Regel in kompletten Chemikaliensets angeboten und besteht aus:

- Farbentwickler (Abkürzung »CD« für Color Developer)
- Bleichfixierer (Abkürzung »Blix« für Bleach Fix)

Zusätzlich wird meist bei professionellen Anwendungen in Durchlaufmaschinen noch ein Stabilisator (Abkürzung »STAB« für Stabilisator) verwendet.

Dieser dient der Stabilisierung der Farbstoffe, vor allem wenn aus wirtschaftlichen Gründen keine Zeit für eine ausreichende Wässerung ist. Aufgrund gesundheitsschädlicher Bestandteile wie Formaldehyd wird dies in den Kits für den Heimlaborgebrauch aber in der Regel nicht verwendet.

Im Handel gibt es unter anderem die folgenden RA-4-Kits:

- ADOX RA-4 Kit
- Bellini Farbpapier RA-4-Kit
- Tetenal Colortec RA-4-Kit

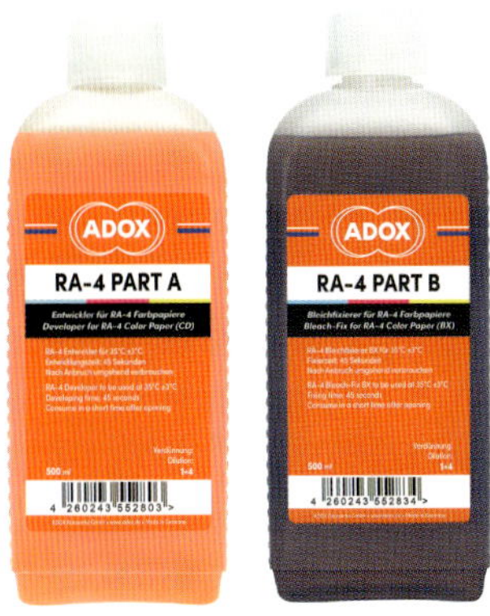

Abbildung 6.21: ADOX RA-4-Kit für 2,5 l Ansatzchemikalie. Die Konzentrate sind recht einfach in der Handhabung, Farbentwickler und Bleichfixierer werden jeweils 1+4 mit Wasser angemischt.

VERARBEITUNGSTEMPERATUR

In früheren Zeiten gab es auch einmal einen auf die Verarbeitung bei Raumtemperatur und in der Fotoschale abgestimmten Prozess. Leider ist dieser aber seit Längerem nicht mehr verfügbar und so bleibt nur die für die vornehmlich maschinelle Entwicklung abgestimmte RA-4-Chemikalie, die auf eine optimale Verarbeitungstemperatur von 35° C ausgelegt ist. Ein möglichst konstantes Halten dieser Temperatur sowie die vorgegebenen Zeiten ist notwendig, um Farbverschiebungen zu vermeiden.

Es ist jedoch auch möglich, die Chemikalie bei einer niedrigeren Arbeitstemperatur von 30° C zu verwenden, wenn hierzu auch die Verarbeitungszeiten verlängert werden. Insbesondere bei der manuellen Entwicklung in Fotoschalen hat man so etwas mehr Zeit bei den einzelnen Bädern. Ich lese auch immer wieder von erfolgreichen Tests mit noch niedrigeren Temperaturen und dann noch stärker verlängerten Zeiten. Hierzu gibt es aber keine verbindlichen Werte, und es kann schwierig werden, reproduzierbare Ergebnisse zu bekommen.

KAPAZITÄT

Die Kapazität der maximal verarbeitbaren Fotopapiermenge je Liter Ansatzchemikalie kann je nach Hersteller unterschiedlich sein und wird auch vom Alter des Ansatzes und der Sorgfalt bei der Verarbeitung beeinflusst. So erschöpft sich ein durch Entwickler verunreinigtes Bleichfixierbad z.B. deutlich schneller.

Beim ADOX RA-4-Kit wird eine Kapazität von 2 m2 pro Liter Ansatz angegeben. Das entspricht etwa 27 Blatt Papier im Format 24 x 30,5 cm.

Probestreifen sind dabei natürlich anteilig mitzuzählen.

HALTBARKEIT DER CHEMIKALIEN

Sobald die Flaschen mit den Konzentraten einmal angebrochen sind, sinkt die Haltbarkeit rapide. Wie man in der Tabelle sieht, macht es auch einen großen Unterschied, ob die Chemikalien in hochgefüllten oder nur noch teilgefüllten Flaschen aufbewahrt werden, da der Sauerstoff in der Flasche die Chemikalien durch Oxidation schneller altern lässt. Eine Lösung wäre es z.B., Restmengen in kleinere Flaschen umzufüllen. Generell sollte immer nur so viel Arbeitslösung angemischt werden, wie man benötigen wird.

Zu alte Chemikalien können zu Schlieren, Flecken und unkontrollierbaren Farbstichen führen, die einem an der Farbfilterung dann verzweifeln lassen. Es ist also sinnvoll, sich zu notieren, wann man die Arbeitslösungen angemischt hat und auch, wie viel Papier man damit in etwa schon verarbeitet hat.

(Die angegeben Werte in der Tabelle wurden den Herstellerangaben des von mir verwendeten RA-4-Kit von ADOX entnommen.)

	Arbeitslösung in vollen hochgefüllten Flaschen	Arbeitslösung in angebrochenen teilgefüllten Flaschen	Konzentrate in versiegelter Originalverpackung	Konzentrate in angebrochenen teilgefüllten Flaschen
Farbentwickler	10 Wochen	4 Wochen	12 Monate	2 Monate
Bleichfixierer	10 Wochen	4 Wochen	12 Monate	2 Monate

PROZESSSCHRITTE IM RA-4-PROZESS

FARBENTWICKLER (CD)

Der Entwickler entwickelt das belichtete Silber in den drei Farbfilmschichten zu metallischem Silber. Oxidationsprodukte aus diesem Prozess reagieren dabei mit den Farbkupplern und bewirken die Bildung von Farbstoffen.

Stoppbad oder Zwischenwässerung

Eine Zwischenwässerung oder Verwendung eines Stoppbads ist optional, wird aber von vielen Herstellern empfohlen, da auf diese Weise weniger Entwickler in den Bleichfixierer gelangt und so dessen Haltbarkeit erhöht.

BLEICHFIXIERER (BLIX)

Der Bleichfixierer ist eine Kombination aus Bleicher und Fixierer. Der Bleichfixierer bleicht das entwickelte Bildsilber und der enthaltene Fixerer löst es dann direkt heraus. Dadurch verbleibt nur das Farbstoffbild.

Wässerung

Das Bleichfixierbad hat eine rötliche Farbe, die einen Farbstich im Papier bewirken kann. Die Temperatur der Wässerung sollte daher nicht unter 30° C liegen, um es vollständig herauswaschen zu können.

Wichtig

Beurteilen Sie die Farben eines Bilds nur, nachdem es ausreichend ausgewässert wurde.

RA-4-PROZESSZEITEN BEI 35 UND 30° C

Chemikalie	Verarbeitungszeit bei 35° C	Verarbeitungszeit bei 30° C
Farbentwickler (CD)	45 s	80 s
Stoppbad	15 s	15 s
Bleichfixierer (Blix)	45 s	60 s
Wässerung	3 x 30 s	3 x 30 s

6.5 FARBKORREKTURFILTERUNG

Die größte Herausforderung bei der Erstellung von Farbabzügen stellen die Farben selbst dar.

Je nach Filmtyp und vor allem Lichtsituation bei der Aufnahme kann die Farbwiedergabe des Negativs sehr unterschiedlich sein.

Erschwerend kommt hinzu, dass Farbnegativfilm aufgrund seiner orange-braunen Maskierung nicht farblos transparent ist, sondern schon von Haus aus mit einer starken Färbung ausgestattet ist.

In der digitalen Bildbearbeitung können wir so einen Farbstich relativ einfach mit einem Klick zum Weißabgleich korrigieren. Im analogen Labor werden Farbstiche mit Hilfe von farbigen Korrekturfiltern ausgeglichen, die die Lichtfarbe des Vergrößererlichts verändern.

HALOGEN-MISCHLICHTVERGRÖSSERER

Die am häufigsten anzutreffenden Farbvergrößerer sind Halogen-Mischlichtvergrößerer. Eine Halogenlampe leuchtet durch einschwenkbare farbige Filter hindurch in eine Mischkammer hinein, durch die das von der punktuell strahlenden Lichtquelle einfallende Licht für eine gleichmäßige Ausleuchtung etwas diffuser und weicher wird. Nach dem Passieren einer diffusen Streuscheibe trifft das farbige Licht so auf das Filmnegativ.

Bei den Mischlichtvergrößerern werden vom weißen Licht der Halogenlampe Farbanteile durch das Vorschieben farbiger Filterscheiben subtrahiert, daher spricht man hier von der subtraktiven Farbmischung.

Die subtraktiven Filterfarben sind Yellow (Gelb), Magenta (Rotblau) und Cyan (Blaugrün). Alle subtraktiven Farben zusammengemischt ergeben Schwarz.

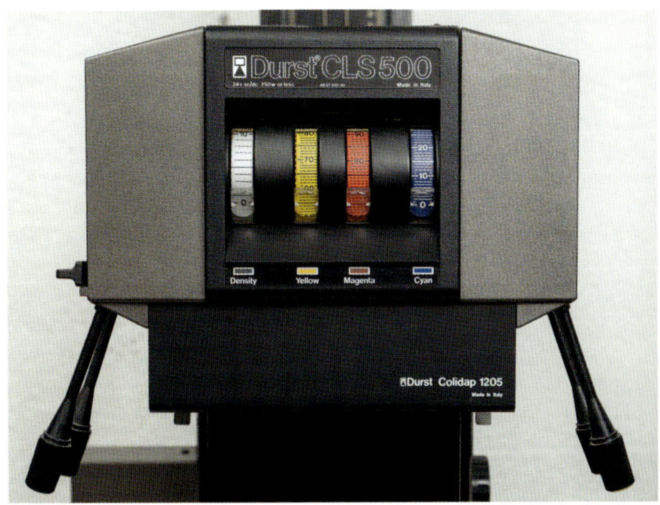

Abbildung 6.23: Subtraktiver Farbmischkopf CLS 500 an einem Durst-Laborator-1200-Vergrößerer

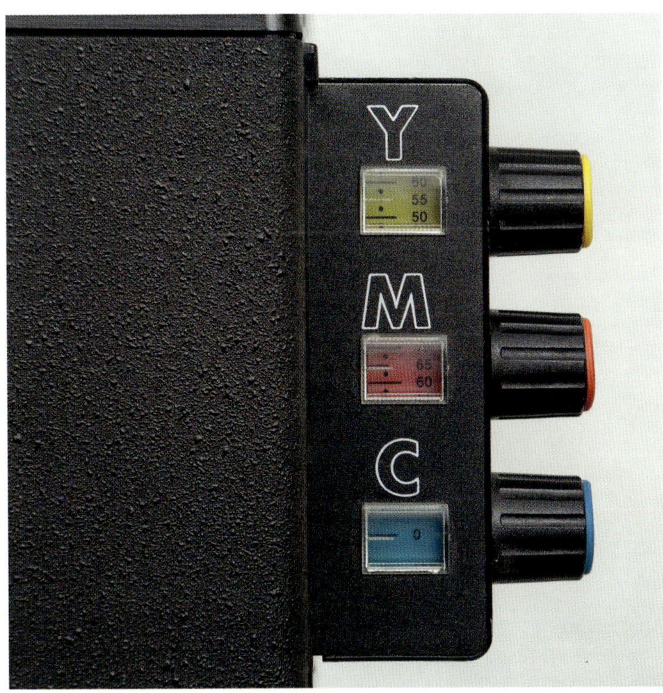

Abbildung 6.22: Farbfilterregler für Yellow, Magenta und Cyan an einem Dunco-67-Vergrößerer

VERGRÖSSERER MIT LED-KALTLICHTQUELLE VON HEILAND ELECTRONIC

Die erst seit jüngster Zeit in Vergrößerern verwendeten Kaltlicht-LED-Lichtquellen benötigen keine zusätzlichen Farbfilterscheiben, stattdessen lässt sich die Lichtquelle selbst aufgrund unterschiedlich farbiger LEDs in der Farbigkeit verändern. Diese LEDs sind meist auf einer flächigen Oberfläche angeordnet und von einer diffusen Scheibe verdeckt, um auch hier die einzelnen punktuellen Lichtquellen weicher über die ganze Fläche zu streuen.

Die verwendeten LEDs haben die Farben Rot, Grün und Blau. Dies sind die sogenannten additiven Lichtfarben, die sich zusammen zu Weiß addieren.

Es wird die gleiche LED-Lichtquelle verwendet, die auch im Schwarz-Weiß-Labor zum Einsatz kommt. Zusätzlich wird allerdings ein Farb-LED-Steuergerät benötigt, an dem die einzelnen Farbwerte eingestellt werden können.

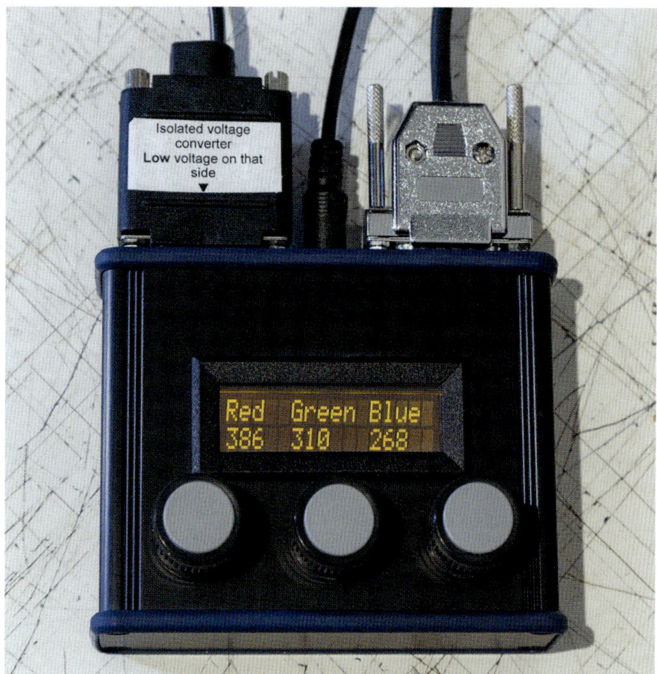

Abbildung 6.24: Heiland electronic LED Steuergerät Color mit Reglern für die Farbwerte von Rot, Grün und Blau. Das Gerät verändert nur die Lichtfarbe, die Belichtungszeit wird über eine klassische Vergrößerer-schaltuhr gesteuert.

KORREKTUR VON FARBSTICHEN

»Tu das rein, was nicht soll sein«

Der Urheber dieses weisen Leitspruches ist mir leider nicht bekannt. Aber diese goldenen Worte fanden sich schon zu Zeiten meines mittlerweile etwas zurückliegenden Fotografiestudiums sowie auch noch heute an der Wand des Farblabors der Fachhochschule Bielefeld und kommen mir wie ein Mantra immer wieder blitzartig ins Gedächtnis, sobald ich vor einem Farbvergrößerer stehe. Diesen Farblabor-Ohrwurm gebe ich daher gerne weiter.

Der Sinn dieses Spruchs liegt darin, dass ein Farbstich immer durch Erhöhen der gleichen Filterfarbe herausgefiltert wird. Erkennen Sie auf einem Probestreifen z.B. einen Yellow(gelben)-Farbstich, muss der Wert für Filter Yellow erhöht werden.

Einen guten Anhaltspunkt, wie die einzelnen Farben zueinander im Verhältnis stehen, gibt ein Farbdreieck.

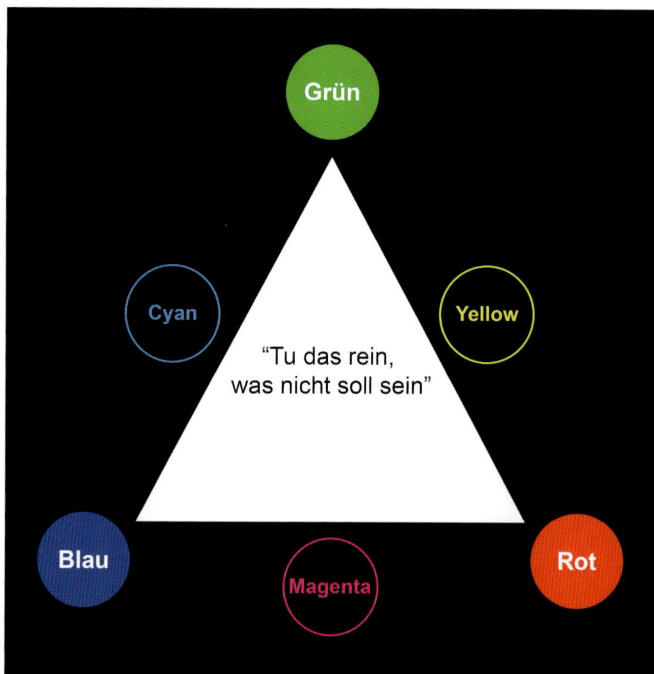

Abbildung 6.25: Einander gegenüberliegende Farben sind Komplementärfarben, also z.B. Yellow zu Blau. Anstelle eine Filterfarbe zu erhöhen, ist es alternativ auch möglich, die Komplementärfarbe zu reduzieren. Rechts und links angrenzende Farben sind die beiden Mischfarben, um die mittlere Farbe zusammenzumischen. Also z.B. Rot kann aus Yellow und Magenta zusammengemischt werden. Wenn wir also einen roten Farbstich haben, würden wir bei einem Mischkopf mit YMC-Filterung die Magenta- und Yellow-Filter erhöhen.

FARBFILTERKORREKTUR MIT SUBTRAKTIVER FARBMISCHUNG YELLOW, MAGENTA UND CYAN

Im Folgenden finden Sie eine Tabelle zur Korrektur von Farbstichen mit Hilfe der Yellow-, Magenta- und Cyan-Filter eines Halogen-Mischlichtfarbkopfs.

Farbstich	Option 1: (mit Erhöhung der Filterdichte)	Option 2: (mit Reduzierung der Filterdichte)
Yellow	Yellow erhöhen	Magenta + Cyan reduzieren
Magenta	Magenta erhöhen	Yellow + Cyan reduzieren
Cyan	(Cyan erhöhen)	Yellow + Magenta reduzieren
Blau	Magenta + Cyan erhöhen	Yellow reduzieren
Grün	Yellow + Cyan erhöhen	Magenta reduzieren
Rot	Yellow + Magenta erhöhen	(Cyan reduzieren)

Abbildung 6.26: Filtertabelle für subtraktive Farbfilterung mit den Filtern Yellow, Magenta und Cyan

Tipps zum Beurteilen von Farbstichen

1. Beurteilen Sie die Farben eines Bilds nur, wenn das Papier ausreichend ausgewässert wurde. Reste des Bleichfixierers führen sonst zu rötlichen Verfärbungen.
2. Nasses Farbpapier ist häufig etwas bläulich, lassen Sie es zur Farbbeurteilung daher unbedingt trocknen. Zur schnellen Trocknung ist es hilfreich, überschüssiges Wasser vom Papier abzustreifen und einen Fön zu verwenden.
3. Verwenden Sie zur Farbbeurteilung eine farbneutrale Tageslichtlampe. Gelbliche, warmweiße Lampen sind ungeeignet, da sie allem einen Gelbstich geben. Am besten geeignet sind Normlichtleuchtkästen, es funktioniert aber auch eine Tageslicht-LED-Lampe mit 5500 Kelvin.

Hinweis zum Cyan-Filter bei der subtraktiven Farbmischung

Bei der subtraktiven Farbmischung arbeiten wir immer nur mit den zwei Filtern für Yellow und Magenta, während Cyan auf 0 gestellt bleibt. Werden alle drei Filter verwendet, ergibt das Hinzumischen von Cyan einen sogenannten »unbunten« Anteil. Die Summe aus Yellow, Magenta und Cyan ergeben in der subtraktiven Farbmischung keine Farbigkeit, sondern Schwarz und verringert somit nur die Helligkeit. Die Verwendung des Cyan-Filters ergibt daher nur Sinn, wenn bei einem starken Cyan-Farbstich die Filterregler für Yellow und Magenta schon bei 0 angekommen sind.

Hinweis zur Anpassung der Belichtungszeit bei Veränderung der Filterwerte

Durch Erhöhung oder Reduzierung der Filterdichten verändern wir auch jedes Mal die Lichtmenge, die auf das Papier gelangt. Eine zuvor ermittelte Belichtungszeit muss daher angepasst werden.

Da eine Veränderung der Leuchtdauer einer Halogenlampe auch zu einer Veränderung der Farbe führen kann, ist es alternativ möglich, hierzu den Neutraldichtefilter am Farbmischkopf zu verwenden.

Stellen Sie den Neutraldichtefilter zu Beginn auf einen mittleren Wert ein und erhöhen oder reduzieren Sie diesen Wert als Ausgleich, wenn Sie die Farbfilterwerte verändern. So sollte die Lichtmenge immer annähernd gleich bleiben. Also bei Erhöhung von z.B. 5 Punkten Magenta würden Sie den Dichtefilter um 5 Punkte reduzieren.

Farbkorrektur in der Praxis

Ermittlung der Belichtungszeit

In einem ersten Schritt muss zunächst die Belichtungszeit für das Bild ermittelt werden. Dies erfolgt, wie im Schwarz-Weiß-Labor, durch Erstellen eines Probestreifens.

Die Halogenlampe im Vergrößerer benötigt immer einen kleinen Moment, um auf volle Leistung zu kommen, auch glüht sie bei Ausschalten noch etwas nach. Da dies bei Farbvergrößerungen zu Verschiebungen der Lichtfarbe führen kann, ist es ratsam, keine allzu kurzen Belichtungszeiten zu verwenden. Ideal wären mindestens über 10 s.

Wenn uns für das betreffende Negativ noch keine passenden Farbfilterwerte bekannt sind, haben sich die folgenden Grundeinstellungen bewährt, um nicht bei 0 starten zu müssen. Diese Filterwerte sollen im Idealfall die Orange-Maskierung des Farbnegativfilms schon weitgehend ausfiltern.

Bei Änderungen der Filterwerte sollten die Sprünge nicht zu klein, aber auch nicht zu groß ausfallen, ich empfehle, Anpassungen in Schritten von etwa 5–10 Punkten vorzunehmen.

Grundfilterung zum Ausgleich der orangen Filmmaskierung bei subtraktiver Farbfilterung:

Yellow	Magenta	Cyan
55	65	0

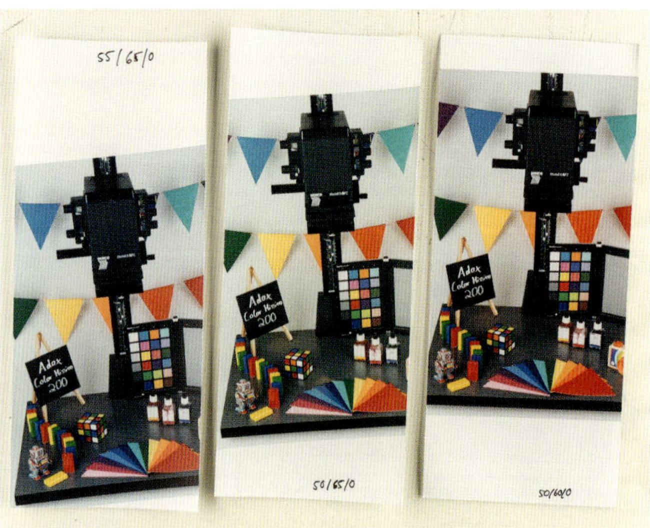

Abbildung 6.27: Hier habe ich links mit den YMC-Startwerten von 55, 65,0 begonnen. Da mir der Teststreifen etwas zu blaustichig war, habe ich für den zweiten Streifen den Wert von Yellow um 5 Punkte reduziert. Da es mir dann noch etwas zu grün erschien, habe ich die Komplementärfarbe von Grün, also Magenta, ebenfalls um 5 Punkte reduziert.

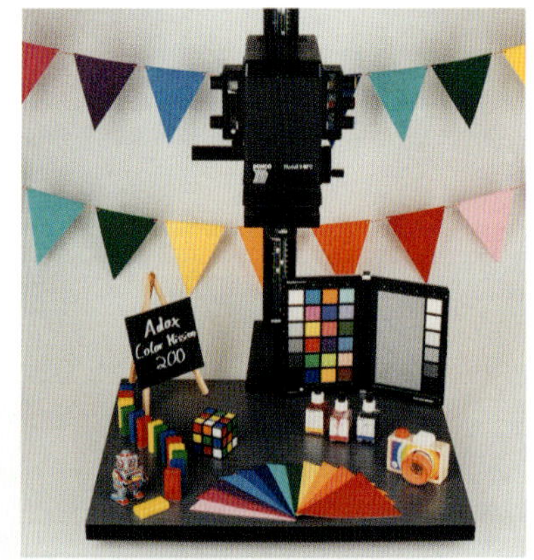

Abbildung 6.28: RA-4-C-Print-Handabzug, Testbild Adox Color Mission (Marc Stache 2023)

FARBKORREKTUR MIR ADDITIVER FARBMISCHUNG ROT, GRÜN, BLAU

Im Folgenden finden Sie eine Tabelle zur Korrektur von Farbstichen mit Hilfe der Rot-, Grün- und Blau-Lichtwerte einer LED-Kaltlichtquelle.

Farbstich	Option 1:	Option 2:
Rot	Rot erhöhen	Grün und Blau reduzieren
Grün	Grün erhöhen	Blau und Rot reduzieren
Blau	Blau erhöhen	Rot und Grün reduzieren
Cyan	Rot reduzieren	Grün und Blau erhöhen
Magenta	Grün reduzieren	Blau und Rot erhöhen
Yellow	Blau reduzieren	Gelb und Grün erhöhen

Abbildung 6.29: Filtertabelle für die additive Farbfilterung mit den Filtern Rot, Grün und Blau bei Verwendung einer Kaltlicht-LED-Lichtquelle

Hinweis

In den meisten Fällen werden Sie oftmals nur die Option 1 zur Kompensation von Farbstichen verwenden. Option 2 ist aber eine gute Alternative, wenn sich einer der einzelnen Farbwerte nicht weiter erhöhen oder reduzieren lässt, oder auch wenn Sie statt einer Erhöhung oder Reduzierung der Gesamtlichtintensität bewusst das Gegenteil verwenden möchten.

Hinweis zur Anpassung der Belichtungszeit bei Veränderung der Filterwerte

Wenn die Farbwerte erhöht oder reduziert werden, erhöhen oder reduzieren Sie auch gleichzeitig die Gesamtlichtmenge, wodurch auch die Belichtungszeit angepasst werden muss. Am Heiland-Color-LED-Controller gibt es keinen Neutraldichtefilter, um dies auszugleichen. Da es bei Verwendung von LED-Licht aber nicht zu Veränderungen der Lichtfarbe durch Auf- und Abglühzeiten kommen kann, ist eine Zeitanpassung bedenkenlos möglich und es lassen sich auch sehr kurze Belichtungszeiten verwenden.

Bei den Heiland-LED-Farbwerten entsprechen 20 Punkte jeweils einer Blendenstufe.

Veränderung des Filterwerts	Entsprechung in Blendenstufen	Berechnung der neuen Belichtungszeit
+20 Punkte	+1 Blendenstufe	Belichtungszeit x 2
+10 Punkte	+½ Blendenstufe	Belichtungszeit x 1,41
+5 Punkte	+¼ Blendenstufe	Belichtungszeit x 1,19
+1 Punkte	+1/20 Blendenstufe	Belichtungszeit x 1,035
–20 Punkte	–1 Blendenstufe	Belichtungszeit: 2
–10 Punkte	–½ Blendenstufe	Belichtungszeit: 1,41
–5 Punkte	–¼ Blendenstufe	Belichtungszeit: 1,19
–1 Punkte	–1/20 Blendenstufe	Belichtungszeit: 1,035

Farbkorrektur in der Praxis

Ermittlung der Belichtungszeit

Auch hier ist der erste Schritt immer die Ermittlung die Belichtungszeit. Dies erfolgt wie gewohnt durch Erstellen eines Probestreifens.

Da bei der LED-Lichtquelle keine signifikanten Auf- und Abglühzeiten zu berücksichtigen sind, können Sie auch mit kurzen Zeitwerten arbeiten.

Für die LED-Lichtquelle von Heiland electronic werden die folgenden Farbwerte als Startwerte vorgegeben, um die Orange-Maskierung des Farbnegativfilms schon weitgehend auszufiltern. Sollten Sie eine andere LED-Lichtquelle verwenden, können deren Startwerte abweichen.

Auch hier sollten die Sprünge bei Änderungen der Filterwerte nicht zu klein, aber auch nicht zu groß ausfallen, ich empfehle wie auch bei der subtraktiven Farbmischung, Anpassungen in Schritten von etwa 5–10 Punkten vorzunehmen, dann neu zu testen und gegebenenfalls weiter anzupassen.

Grundfilterung zum Ausgleich der orangen Filmmaskierung bei additiver Farbmischung mit Heiland-RGB-LED-Mischkopf:

Rot	Grün	Blau
390	311	267

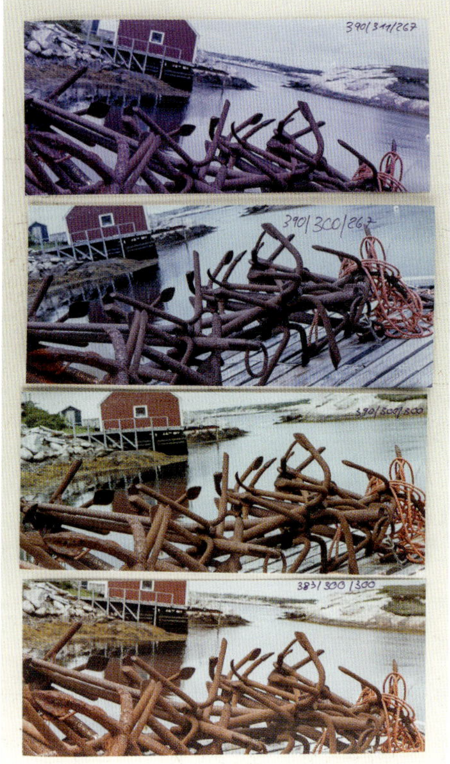

Abbildung 6.30: Teststreifen oben: Testbelichtung mit den Standard-Startwerten für Rot, Grün, Blau von R390, G311, B267.
Teststreifen 2: Der erste Streifen war mir viel zu magentafarben, daher habe ich den Wert von Grün reduziert. Die neue Filterung war hier R390, G300, B267.
Teststreifen 3: Da es mir nun dagegen zu viel Blau war, habe ich den Wert für Blau nach mehreren Zwischentests mit jeweils 5 Stufen schließlich um satte 33 Punkte erhöht. Die neue Filterung war dann hier R390, G300, B300.
Teststreifen 4: Der letzte Streifen gefiel mir schon ganz gut, aber es wirkte auf mich noch ein wenig zu cyanfarben (Blaugrün). Hier hatte ich die Optionen entweder die Werte für Grün und Blau zu erhöhen oder den Wert für Rot zu verringern. Da die Belichtungszeit mit 6 Sekunden schon relativ kurz war und ich die Lichtstärke nicht weiter erhöhen wollte, habe ich mich für die Reduzierung des Rot-Wertes entschieden. Die finale Filterung war dann hier R383, G300, B300.

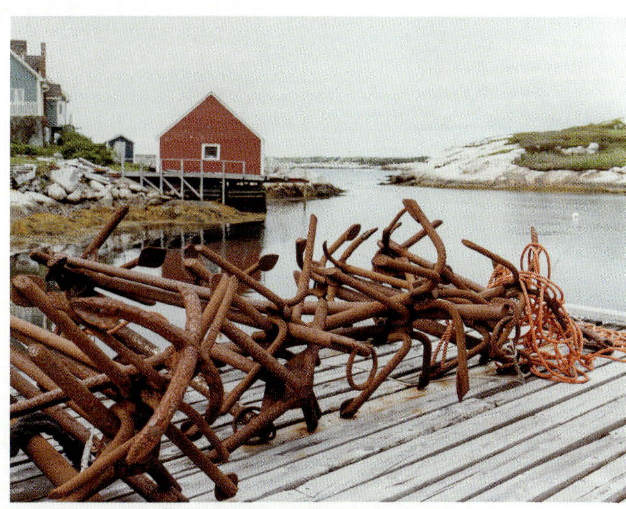

Abbildung 6.31: RA-4-C-Print-Handabzug (Marc Stache, Nova Scotia, Kanada 2019)

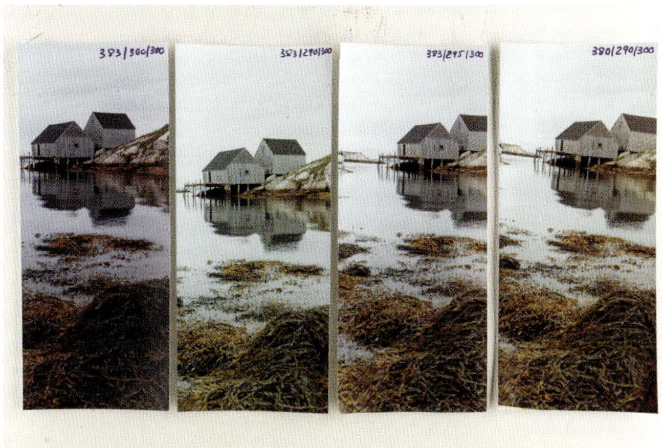

Abbildung 6.32: Teststreifen 1 (links): Da es ungefähr zur gleichen Zeit aufgenommen wurde, habe ich die Endfilterwerte vom vorherigen Bild hier als Startwerte verwendet. Die Filterung war also R383, G300, B300.
Teststreifen 2: Der erste Streifen war mir zu magentafarben, daher habe ich für diesen Test den Wert für Grün um 10 Punkte verringert. Die neue Filterung war hier R383, G290, B300
Teststreifen 3: Dieser Test war mir dann doch schon eine Spur zu grün. Daher habe ich den Wert für Grün wieder um 5 Punkte erhöht. Die neue Filterung war hier R383, G295, B300

Teststreifen 4: Hier habe ich mich dann zum 2. Teststreifen zurückorientiert, der mir doch etwas besser gefiel. Allerdings wünschte ich mir etwas weniger Cyan (Blaugrün) und etwas mehr Rot, so dass der neue und finale Filterwert dann R383, G290, B300 war. Manchmal ist es keine lineare Arbeitsweise, sondern es macht Sinn, immer alle Probestreifen mit Notizen aufzubewahren, um vielleicht auch mal einen Schritt zurückzugehen, bevor man zu weit in die falsche Richtung filtert.

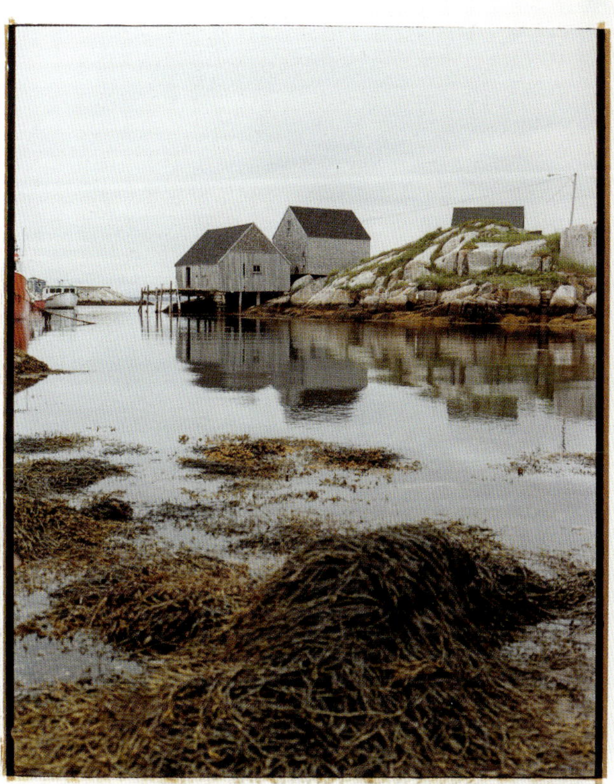

Abbildung 6.33: RA-4 C-Print Handabzug (Marc Stache, Nova Scotia, Kanada 2019)

6.6 FEHLERTABELLE RA-4-ENTWICKLUNG

Hier einige typische Probleme, die bei der chemischen Verarbeitung des belichteten Papiers auftreten können, und Hinweise zu deren Lösung.

Kein ganz leichtes Unterfangen: Manchmal gibt es auch mehrere mögliche Ursachen und besonders schwierig wird es natürlich, wenn mehrere Probleme zugleich auftreten.

Problem	Mögliche Ursache	Lösung
Die Schwärzen sind bläulich.	Der Entwickler ist erschöpft.	Frische Entwicklerlösung anmischen
	Der Farbentwickler wurde zu stark verdünnt.	Neue Entwicklerlösung anmischen mit dem korrekten Mischverhältnis
	Ungenügende Bewegung	Kräftigere Bewegung, bei Rotationsprozessoren z.B. durch Erhöhen der Rotationsgeschwindigkeit
	Farbentwicklertemperatur zu niedrig	Entwicklungstemperatur kontrollieren und bei Bedarf erhöhen
	Farbentwicklung zu kurz	Entwicklungszeit verlängern
Die Lichter sind gräulich belegt.	Der Bleichfixierer ist erschöpft.	Neue Bleichfixierlösung anmischen
Das Papier, einschließlich der unbelichteten Stellen, hat einen Rotstich.	Die Wässerung war zu kurz oder die Temperatur unter 30° C.	Wässerung verlängern und/oder Wassertemperatur erhöhen
Purpurne Schlieren	Ungleichmäßige Stoppwirkung im Bleichfixierbad	Verwenden Sie zwischen Entwicklung und Bleichfixierbad ein Stoppbad aus 2%iger oder 3%iger Essigsäure.
Ein Farbstich lässt sich nicht herausfiltern.	Das Papier wird durch eine falsche oder zu helle Dunkelkammerlampe oder eine andere Lichtquelle in der Dunkelkammer belichtet.	Nur für Farbpapier taugliche Dunkelkammerlampen verwenden oder das Papier nur komplett im Dunkeln aus der Packung holen und belichten
Graue, marmorierte Strukturen bzw. schmutziggrauer Belag	Die Bleichfixierzeit ist zu kurz.	Das betroffene Bild noch einmal bleichfixieren. Die Zeit im Bleichfixierer evtl. generell verlängern
	Das Bleichfixierbad ist erschöpft.	Frischen Bleichfixierer anmischen
	Der Bleichfixierer ist stark mit Farbentwickler verunreinigt.	Frischen Bleichfixierer anmischen. Zukünftig vielleicht ein Stoppbad oder eine Zwischenwässerung verwenden
Blaue oder purpurne Verfärbungen	Der Farbentwickler ist mit Bleichfixierer verunreinigt.	Alle verwendeten Messbecher und Gefäße sowie evtl. Entwicklungsdosen gründlich reinigen. Verschiedene Messbecher für Entwickler und Bleichfixierbad verwenden
Gelbstich auch in den Papierweißen	Das Farbpapier ist zu alt und überlagert, häufig hat es dann einen Gelbstich.	Frisches Papier verwenden

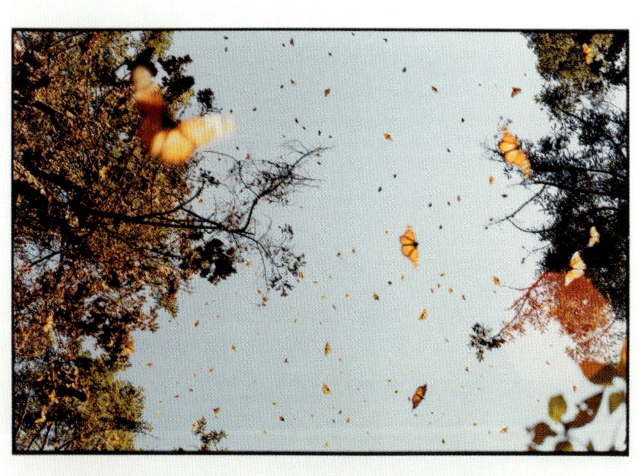

Abbildung 6.34: »Mariposas de Angangueo« (Marc Stache, Mexiko 2006)

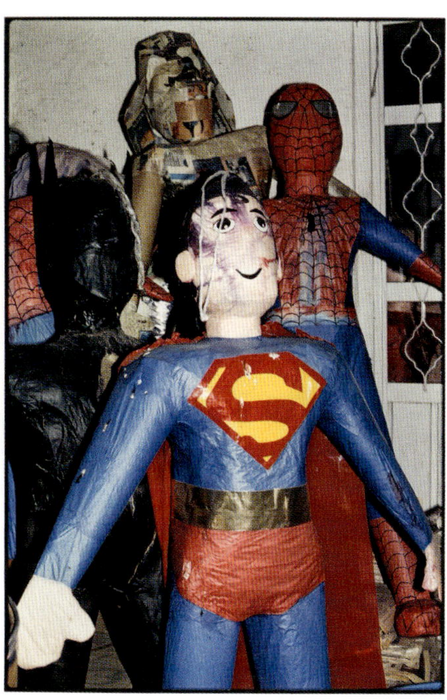

Abbildung 6.35: »Héroes« (Marc Stache, Mexiko 2006)

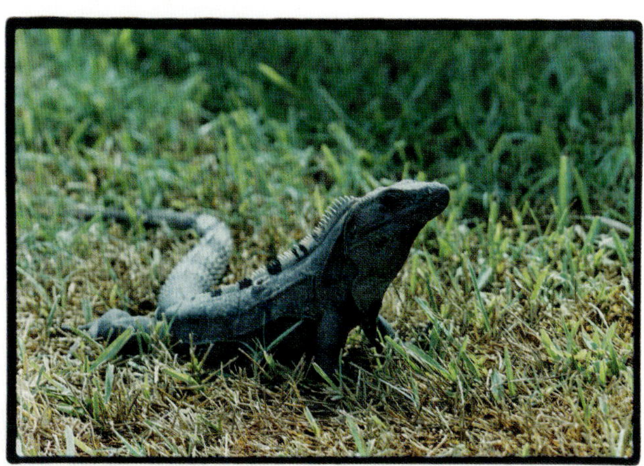

Abbildung 6.36: »Tulum Lizard« (Marc Stache, Mexiko 2006)

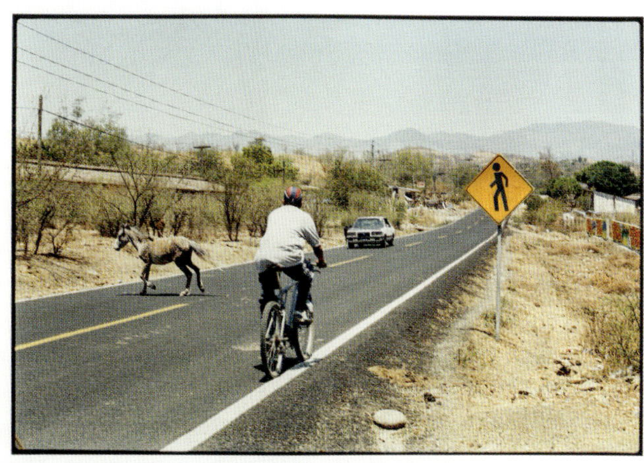

Abbildung 6.37: Crossing (Marc Stache, Mexiko 2006)

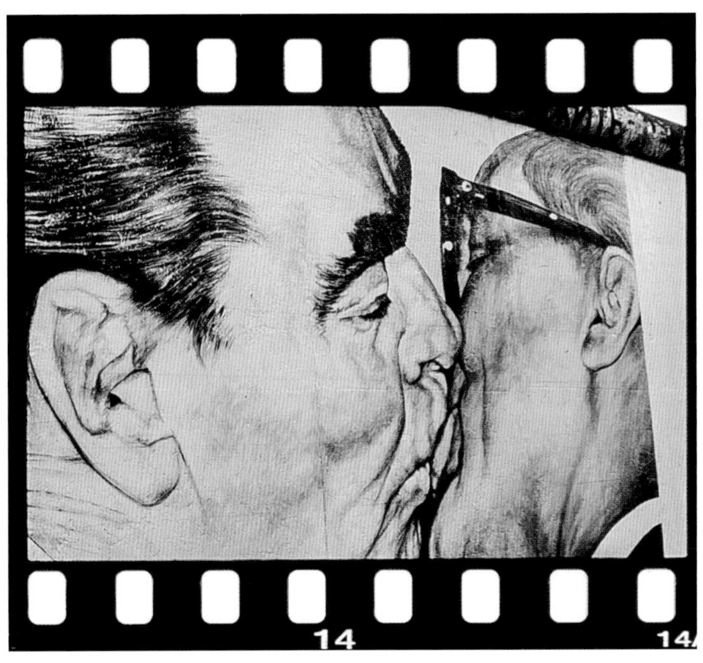
14

7 Schwarz-Weiß-Diafilm & -Umkehrentwicklung

Während farbige Diafilme bei vielen Fotografen trotz teils enormer Preissteigerungen in den letzten Jahren aufgrund brillanter Farbigkeit und hohem Auflösungsvermögen immer noch sehr beliebt sind, führen Schwarz-Weiß-Dias ein eher abgeschiedenes Nischendasein.

Wer aber einmal Schwarz-Weiß-Dias in der Projektion oder auf dem Leuchttisch gesehen hat, ist schnell davon begeistert.

Allgemein gilt der Prozess als kompliziert und für Anfänger schwer zu handhaben.

Um die Faszination weiter zu fördern und einen leichten Einstieg in diese Technik zu finden, stelle ich im Folgenden den Prozess einmal vor.

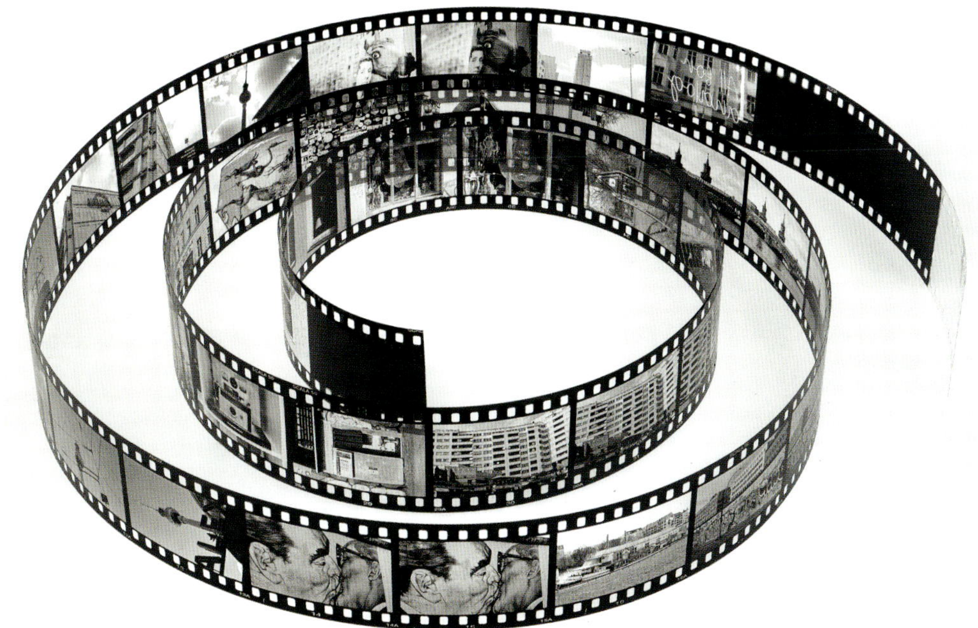

Abbildung 7.1:
Schwarzweißumkehrfilm ADOX Scala 50, Marc Stache 2023

7.1 GEEIGNETE FILME

Grundsätzlich lassen sich alle Schwarz-Weiß-Filme zu Dias umkehrentwickeln. Die Grundvoraussetzung ist jedoch ein möglichst hoher Silbergehalt für hohe Dichten in den Schwärzen sowie ein transparenter Filmträger.

Früher wurde hierfür, wie beim berühmten Agfa-Scala-Diafilm, transparentes Triacetat verwendet.

Viele neuere nutzbare Filme sind auf klaren PET-Filmträger gegossen. Dieses Material ist hochgradig transparent und zudem noch einmal deutlich länger haltbar als anderes Filmmaterial. Nachteilig ist jedoch, dass es häufig etwas dünner ist und eine stärkere Neigung zum Zusammenrollen hat.

Folgende Filme sind unter anderem für die Umkehrentwicklung geeignet:

- ADOX CMS 20II
- ADOX CHS 100II
- ADOX Scala 50
- Rollei Ortho 25
- Rollei Superpan 200
- Rollei Retro 80S
- Ilford FP4
- Ilford Delta 100
- Ilford Delta 400
- Fomapan R100
- Kodak Tmax 100
- Kodak Tmax 400

7.2 BELICHTUNG VON SCHWARZ-WEISS-DIAS

Wie schon bei den Farbdiafilmen beschrieben, reagieren auch Schwarz-Weiß-Dias auf Überbelichtung ausgesprochen schlecht und man erhält Lichter ohne Zeichnung, die im extremen Fall komplett transparent sind.

Zu starke Unterbelichtung von mehr als 1 Blendenstufe führt auf der anderen Seite jedoch schnell zu deutlich zu dunklen Dias. Eine möglichst genaue Belichtungsmessung ist daher ratsam.

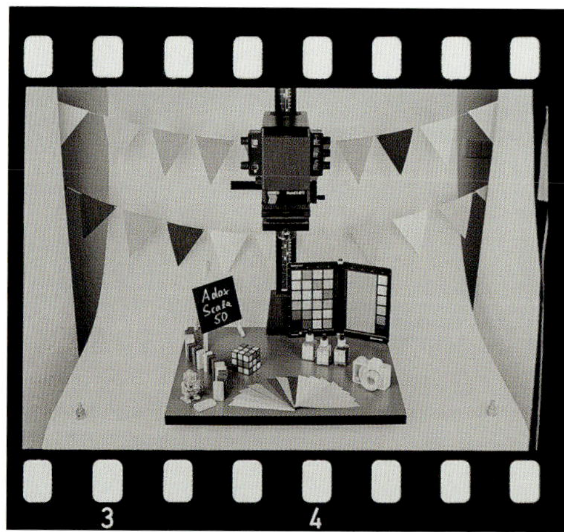

Abbildung 7.2: ADOX Scala 50 belichtet auf ISO 50/18° und entwickelt im ADOX-Scala-Kit

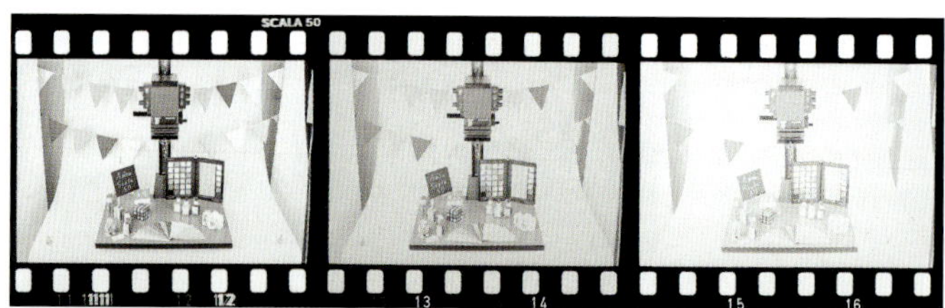

Abbildung 7.3: Im Gegensatz zu Negativfilmen vertragen Dia-Filme Überbelichtungen sehr schlecht. Die Lichterpartien brennen aus und werden im Dia immer stärker transparent.

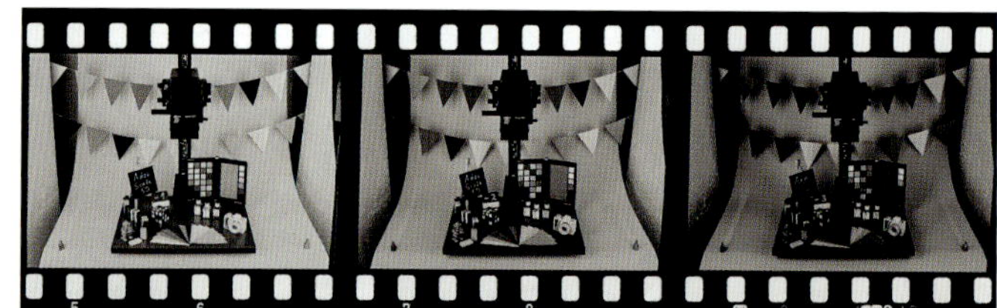

Abbildung 7.4: Durch Unterbelichtung werden die Lichterpartien belegt und gräulich. Während eine leichte Unterbelichtung von etwa 1/3 Blendenstufe für die Lichterzeichnung förderlich sein kann, wird das Ergebnis danach zunehmend unbrauchbar.

7.3 SCHWARZ-WEISS-UMKEHRENTWICKLUNG

Die Schwarz-Weiß-Umkehrentwicklung unterscheidet sich von der Negativentwicklung durch einige weitere zusätzliche Prozessschritte.

Nach einem gewohnten Auftakt und Einsatz des Filmentwicklers wird nicht direkt weiter gestoppt und fixiert, sondern das entwickelte Bildsilber zunächst durch ein Bleicherbad reduziert. Anschließend folgt eine Zwischenbelichtung des Films, bei der nun die bislang unentwickelten Bildpartien belichtet werden. In der darauffolgenden Zweitentwicklung werden diese Partien dann entwickelt und geschwärzt, während die in der Erstentwicklung entwickelten Partien hell bleiben und die Lichter bilden.

Auf diese Weise entsteht eine Invertierung des zuvor als Negativbild sichtbaren Bilds hin zu einem Positivbild, dem Schwarz-Weiß-Dia.

Vorsicht

Zu früheren Zeiten wurde Kaliumdichromat als Bleicher verwendet, der in der EU aber mittlerweile als stark gesundheitsschädlich eingestuft wird und daher nicht mehr verkauf werden darf. Bei älteren Kits oder Einkäufen im EU-Ausland sollte unbedingt darauf geachtet werden. In den heute erhältlichen Kits wird Kaliumpermanganat verwendet. Dies funktioniert durchaus, ist leider nur nicht so lange haltbar und verlässlich wie die frühere Lösung.

Chemikalien für die Umkehrentwicklung werden gewöhnlich als komplettes Set mit aufeinander abgestimmten Komponenten angeboten. Grundsätzlich lassen sich mit allen Kits auch alle für die Umkehrentwicklung geeigneten Filme entwickeln. Leider gibt es von Seiten der Hersteller allerdings immer nur sehr eingeschränkte Informationen für eine kleine Auswahl an Filmen, dabei oftmals vor allem die hauseigenen Eigenmarken. Die Entwicklungszeiten anderer Filme müssten also selbst ausgetestet werden. Da viele der aktuellen Kits aber noch recht neu auf dem Markt sind, folgen hier evtl. noch Ergänzungen.

Hier eine Reihe aktuell erhältlicher Umkehrentwicklungssets:

- ADOX (ADOX Scala Kit)
- Bellini (Bellini Schwarz-Weiß-Umkehr-Kit)
- Foma (Foma Umkehr-Kit)
- Klaus Wehner (Wehner-Kit): Leider bislang nicht offiziell im Fotohandel erhältlich, sondern nur direkt beim Hersteller bestellbar. (http://schwarzweiss-dia.de/)

PRAKTISCHE UMKEHRENTWICKLUNG MIT DEM ADOX-SCALA-KIT

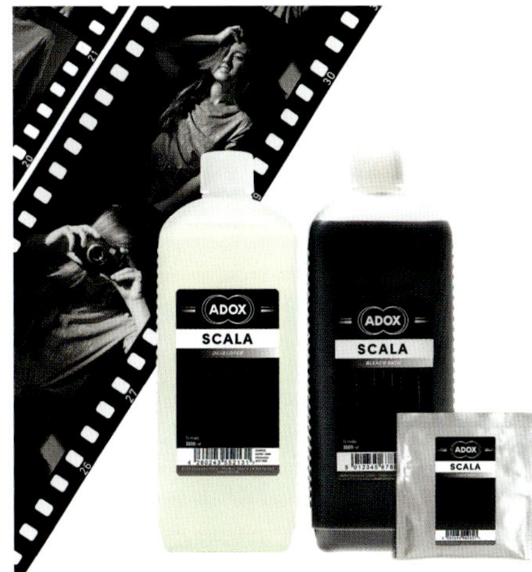

Abbildung 7.5: Scala-Umkehrentwicklungskit von ADOX mit Entwickler und Bleicher als Flüssigkonzentrate sowie dem Klärbad in Pulverform

Im Folgenden möchte ich die Arbeitsabläufe bei Verwendung des ADOX-Scala-Kits vorstellen. Namentlich mit dem Agfa-Scala-Prozess verwandt, der zu Hochzeiten der analogen Fotografie als das Nonplusultra unter den Schwarz-Weiß-Umkehrprozessen galt, handelt es sich hier um eine deutlich vereinfachte Variante für das Heimlabor.

Das Set besteht aus nur 3 Komponenten und ist aufgrund dieser Vereinfachung eine gute Variante für den Einstieg in die Umkehrentwicklung.

Das ADOX-Kit kann jeden Schwarz-Weiß-Film umkehrentwickeln, allerdings wurden zum jetzigen Zeitpunkt vom Hersteller lediglich Entwicklungszeiten für den ADOX Scala 50 und den aktuell im Handel nicht mehr erhältlichen ADOX Scala 160 publiziert.

Entwicklungszeiten für weitere Filme werden zukünftig hoffentlich ergänzt oder von experimentierfreudigen Anwendern in Fotoforen geteilt.

Das Set besteht aus den folgenden Komponenten:

ENTWICKLER

1 l Flüssigkonzentrat zum Ansatz 1+1 mit Wasser.

Mischen Sie die benötigte Menge jeweils vor der Entwicklung an.

BLEICHER

Der verwendete Bleicher ist Kaliumpermanganat, wobei es ADOX gelungen ist, die Haltbarkeit dieser Bleicherlösung in ihrer Variante deutlich zu verbessern. Das Konzentrat ist nach Anbruch der Flasche etwa 16 Wochen und die Arbeitslösung als Verdünnung mit Wasser noch 8 Wochen haltbar.

1 l Flüssigkonzentrat zum Ansatz 1+1 mit Wasser.

Mischen Sie die benötigte Menge jeweils vor der Entwicklung an.

KLÄRBAD

Pulverchemie zum Anmischen von insgesamt 2 l Arbeitslösung.

Am einfachsten ist es, den ganzen Beutelinhalt auf einmal in 2 l Wasser anzumischen. Mit einer Feinwaage ist es auch denkbar, z.B. die Hälfte des Pulvers abzuwiegen und entsprechend nur 1 l anzumischen.

Warten Sie vor Verwendung der Lösung, bis sich das Pulver vollständig aufgelöst hat.

Hinweis

Bei Verwendung eines anderen Entwicklungskits kann es bei den einzelnen Prozessschritten zeitliche Abweichungen geben, richten Sie sich am besten immer nach den Angaben des jeweiligen Herstellers.

SCHRITT 1: ERSTENTWICKLUNG

Der Prozess beginnt, wie bei der regulären Filmentwicklung, ganz profan mit der Entwicklung. Da hierauf zu späterem Zeitpunkt noch eine weitere Entwicklung folgt, spricht man von der Erstentwicklung.

Die Erstentwicklung ist bereits ein kritischer Moment in der Umkehrentwicklung, da die exakte Entwicklungszeit an dieser Stelle sehr großen Einfluss auf das Endergebnis hat.

Eine längere Entwicklungszeit führt zu helleren Dias, eine kürzere Entwicklungszeit zu dunkleren Dias.

Sinnvoll ist es, sich dabei zunächst an den Angaben der Hersteller zu halten. Je nach gewünschtem Ergebnis kann man dann später, falls notwendig, die Zeiten entsprechend formulierter Regel anpassen.

Entwicklungszeit und Temperatur

Film	Zeit	Temperatur
ADOX Scala 50	11:30 min	20° C
ADOX Scala 160	8:00 min	24° C

Hinweis

Bei den ersten Produktionschargen dieses Kits gab es noch abweichende Zeitangaben. Ich empfehle, das Kit stets möglichst frisch zu kaufen und dann die aktuellen, vom Hersteller per PDF publizierten Zeiten zu verwenden.

Kipprhythmus

Bewegen Sie die Dose die erste Minute ständig und anschließend wahlweise 10 s jede Minute oder 5 s alle halbe Minute.

Nach Abschluss eines jeden Kippzyklus die Entwicklungsdose immer 1- bis 2-mal kräftig auf der Tischplatte aufstoßen, damit sich eventuell anhaftende Luftblasen von Film und Spirale lösen und nach oben aufsteigen.

Gießen Sie den Entwickler nach Ablauf der Zeit zurück in einen Messbecher oder eine Vorratsflasche. Dieser wird zu einem späteren Zeitpunkt noch einmal benötigt.

SCHRITT 2: ZWISCHENWÄSSERUNG

Nach der Entwicklung ist eine Wässerung notwendig, um die Entwicklung zu unterbrechen und den verbliebenen Entwickler herauszuwaschen. Hierdurch wird der pH-Wert vom alkalischen

Niveau des Entwicklers wieder neutralisiert, bevor der Film im folgenden Schritt in Kontakt mit dem sauren Bleichbad gerät.

Eine zu kurze Wässerung kann zu Schichtablösungen am Film durch den zu aggressiven Sprung der pH-Werte führen.

Wässerungszeit 2:30 min

Temperatur

Die Temperatur des Wassers sollte der Temperatur des Entwicklers entsprechen.

SCHRITT 3: BLEICHEN

Im nächsten Schritt wird der Bleicher eingefüllt, der das zuvor entwickelte Negativbild wieder reduziert und nahezu unsichtbar werden lässt.

Zeit

Die Bleichzeit für den ADOX Scala 50 beträgt 4:00 min.

Temperatur

Die Temperatur des Bleichers sollte der zuvor verwendeten Arbeitstemperatur von Entwickler und Wässerung angepasst werden.

Kipprhythmus

Die besten Ergebnisse erzielen Sie meiner Erfahrung nach mit einer ständigen, aber langsamen Bewegung während des Bleichvorgangs.

Vorsicht

Eine zu abrupte und schnelle Kippbewegung kann zu einer Überbleichung führen, die dann in zu kontrastreichen Dias mit ausgebrannten Lichtern resultiert.

SCHRITT 4: ZWISCHENWÄSSERUNG

Nach dem Bleichen ist eine ausreichende Wässerung wichtig, um Film und Entwicklungsdose von Resten des Bleichers zu befreien.

Wässerungszeit 2:30 min

Temperatur

Die Temperatur des Wassers sollte der Temperatur des Bleichers entsprechen.

SCHRITT 5: KLÄRBAD

Nun wird das Klärbad in den Tank gefüllt, um die gelbliche Verfärbung, hervorgerufen durch den Bleicher, vom Film zu entfernen.

Zeit

4:00 min

Kipprhythmus

Hierzu gibt es keine genauen Vorgaben, ich empfehle eine stetige, aber langsame Bewegung wie zuvor beim Bleichvorgang.

SCHRITT 6: ZWISCHENWÄSSERUNG

Nach dem Klärbad ist wieder eine ausführliche Wässerung wichtig.

Wässerungszeit 3:00 min

Temperatur

Die Temperatur des Wassers sollte der übrigen Prozesstemperatur entsprechen.

Öffnen der Entwicklungsdose

Auch wenn sich alles in einem sträubt: Die Filmspirale muss für den nächsten Schritt aus der schützenden Entwicklungsdose entnommen werden.

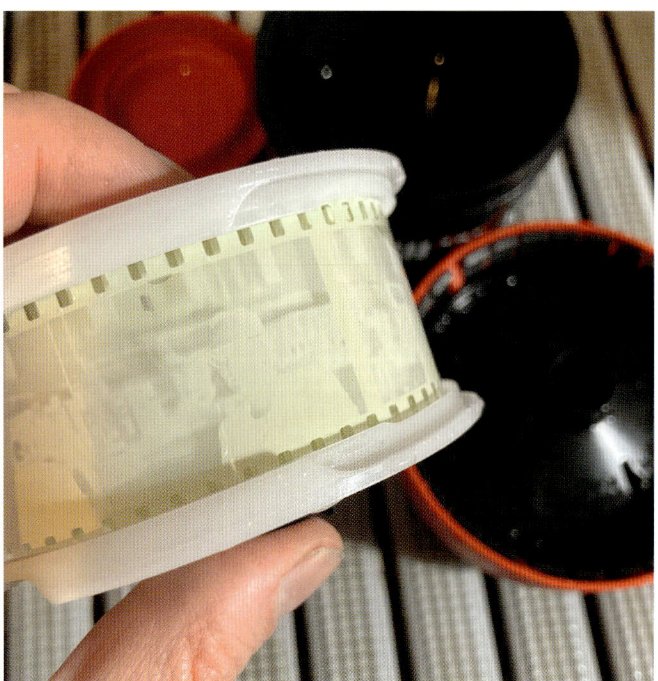

Abbildung 7.6:
Aus der Entwicklungsdose entnommene Filmspirale mit dem gebleichten und geklärten Film

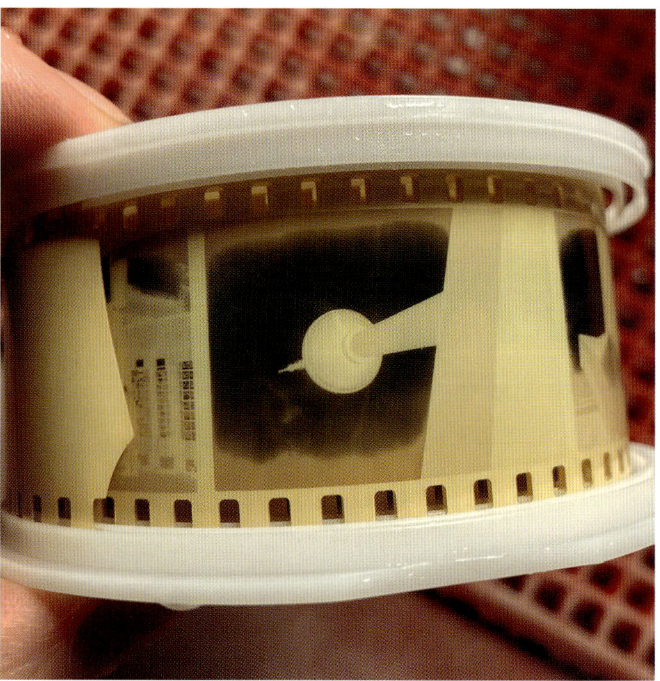

Abbildung 7.7: Fehlerbeispiel 1: Der Bleicher war entweder schon zu erschöpft oder die Einwirkzeit zu kurz. Der Film wurde daher nur unzureichend und nur in den Randbereichen gebleicht. Wenn Sie solch ein Ergebnis sehen, sollte wie zuvor beschrieben ein erneuter Bleichvorgang durchgeführt werden, bevor der nächste Schritt der Zwischenbelichtung erfolgt.

Wichtig

Bevor es weitergeht zum nächsten Schritt der Zwischenbelichtung, ist es ratsam, einmal einen kritischen Blick auf die aus der Entwicklungsdose entnommenen Negative zu werfen. Wenn Sie den Eindruck haben, dass das Bleichen nur ungleichmäßig oder nicht ausreichend geklappt hat, kann man sich an dieser Stelle dafür entscheiden, den Film zurück in die Entwicklungsdose zu stecken und den Ablauf »Bleichen, Zwischenwässern, Klärbad, Zwischenwässern« zu wiederholen, um das Ergebnis zu verbessern. Nicht ausreichend gebleichte Negative führen zu Positiven mit belegten, gräulichen Lichtern wie in den folgenden Fehlerbeispielen zu sehen ist.
Verlängern Sie das zusätzliche Bleichen aber nicht übermäßig, da zu stark gebleichte Negative wiederum zu hellen und zu kontrastreichen Dias führen können.

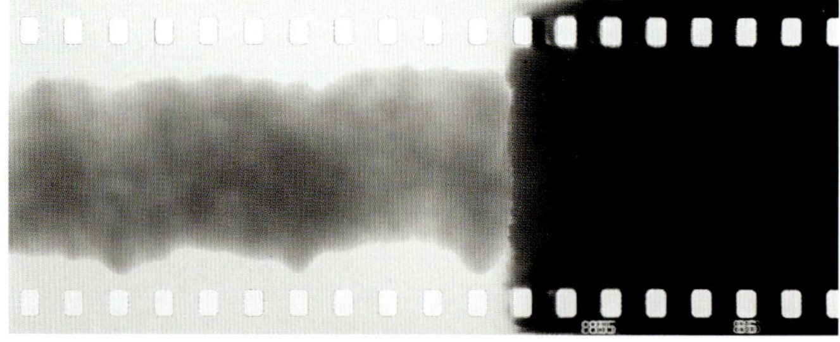

Abbildung 7.8: Fehlerbeispiel 2: Der unbelichtete Filmanfang hätte durch das Bleichen komplett transparent werden sollen, ist aber ungleichmäßig und unvollständig gebleicht. Leider wurde der Film schon komplett zu Ende entwickelt und in diesem Stadium ist es dann schon zu spät, noch etwas zu ändern.

SCHRITT 7: ZWISCHENBELICHTUNG

Nun folgt einer der wohl aufregendsten Parts der Umkehrentwicklung: die Zwischenbelichtung. Der gebleichte und geklärte Film wird für einige Zeit mittels einer Lichtquelle diffus nachbelichtet. Legen Sie dazu die Filmspirale in ein transparentes mit Wasser gefülltes Gefäß, z.B. in eine Schale oder einen Messbecher und stellen darüber eine Lampe.

Belichtungszeit

2:00 min von beiden Seiten.

Lichtquelle

Ideal ist eine Glüh- oder Halogenlampe mit 100 – 150 W in ca. 50 cm Entfernung.

Wenn keine passende Lampe zur Hand ist, kann auch mit der Taschenlampenfunktion des Smartphones improvisiert werden. Da diese sehr punktiert leuchtet, am besten etwas näher herangehen und gleichmäßig in Bewegung halten.

Anschließend kommt der Film zurück in die Entwicklungsdose.

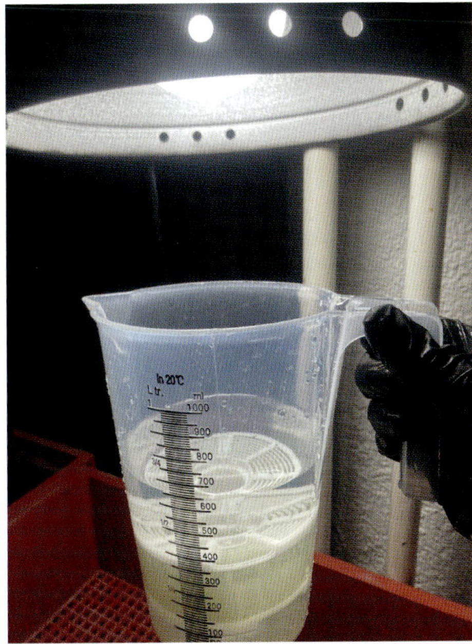

Abbildung 7.9: Zwischenbelichtung

SCHRITT 8: ZWEITENTWICKLUNG

Nun wird der bereits in Schritt 1 verwendete Entwickler erneut in den Entwicklungstank gefüllt und das in der Zwischenbelichtung belichtete Bildsilber entwickelt.

Entwicklungszeit

6:00 min.

Temperatur

Angepasst an die übrige Prozesstemperatur.

Kipprhythmus

Wie zuvor bei der Erstentwicklung.

SCHRITT 9: FIXIERBAD (OPTIONAL)

Um im Film verbliebenes unentwickeltes Silber herauszulösen, ist eine Fixierung als optionaler Schritt nicht absolut notwendig, aber empfehlenswert.

Verdünnung

Es wird regulärer Schwarz-Weiß-Schnellfixierer verwendet. Jedoch sollte dieser tendenziell schwächer angesetzt werden, z.B. im Verhältnis von 1+9.

Fixierzeit:

4:00 min.

Zu lange Fixierzeiten vergrößern das Risiko von Schichtablösungen.

Temperatur

Angepasst an die übrige Prozesstemperatur.

Kipprhythmus

Wie bei der Entwicklung die erste Minute durchgehend und anschließend wahlweise für 10 s alle 60 s oder für 5 s alle 30 s kippen.

SCHRITT 10: WÄSSERUNG UND TROCKNUNG

Abschließend folgt die von der Negativentwicklung gewohnte Schlusswässerung von etwa 6 – 10 min, ein kurzes Netzmittelbad und dann die Trocknung.

Fertig ist der Schwarz-Weiß-Diafilm.

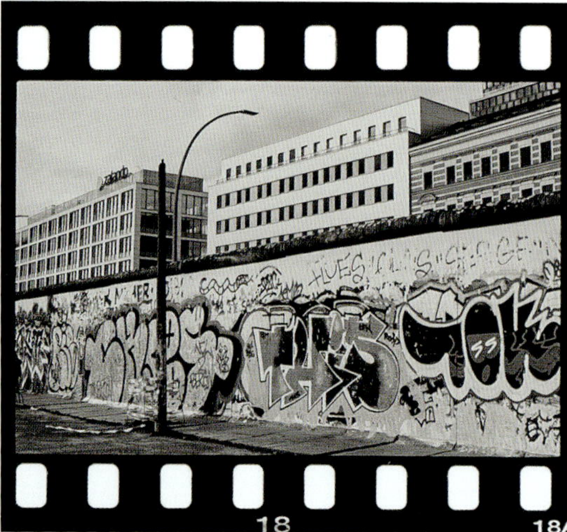

Abbildung 7.10: Bildbeispiel Schwarzweißumkehrentwicklung, Marc Stache Berlin 2023

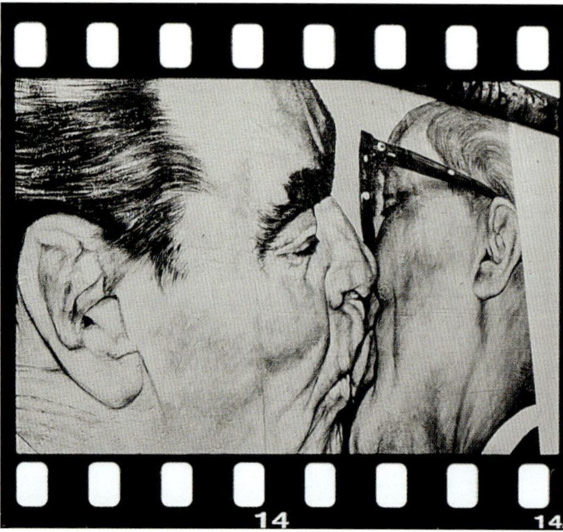

Abbildung 7.11: Bildbeispiel Schwarzweißumkehrentwicklung, Marc Stache Berlin 2023

ROTATIONSENTWICKLUNG

Die Entwicklung mit einem Rotationsprozessor ist auch möglich. Die Entwicklungszeit muss hierfür nach Angabe von JOBO üblicherweise etwa 15–20 % verkürzt werden. Alternative können Sie der Entwicklung eine Vorwässerung von 3 min vorschalten und dann die Zeiten der Kippentwicklung übernehmen.

ENTWICKLUNGSFEHLER ODER KREATIVEFFEKT?

Der Umkehrentwicklungsprozess verlangt, angefangen bei der Filmbelichtung bis hin zu den einzelnen Entwicklungsschritten, möglichst genaues Arbeiten und verzeiht Fehler nur sehr eingeschränkt. Im Abschnitt zum Entwicklungsablauf in Kapitel 5 habe ich auf Probleme durch unzureichende Bleichung hingewiesen. Im Folgenden habe ich ein paar Bildbeispiele dazu aufgeführt, um die Wirkung zu verdeutlichen. Es ist ärgerlich, wenn dies unbeabsichtigt passiert. Das Wichtigste aber, was man aus Fehlern bei der analogen Fotografie lernen kann, ist zum einen, wie man es beim nächsten Mal verbessern kann, aber zum anderen auch, wie man diesen »Fehler« bewusst für kreative Verfremdungseffekte nutzen kann.

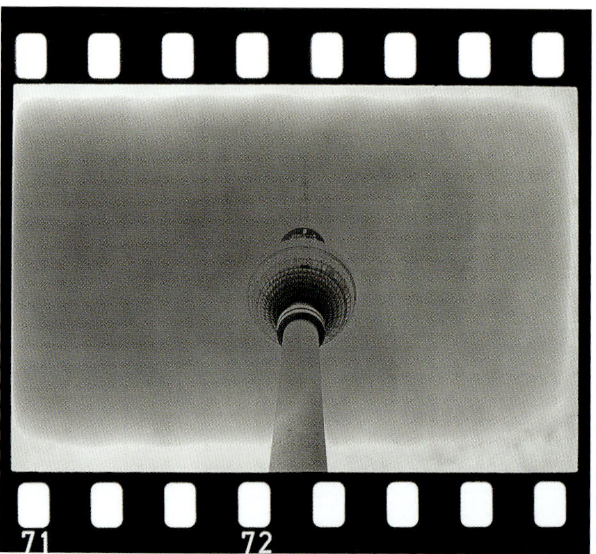

Abbildung 7.12: Durch die ungleichmäßige und nicht vollständige Bleichung sind die Lichter in den mittleren Bildbereichen grau belegt.

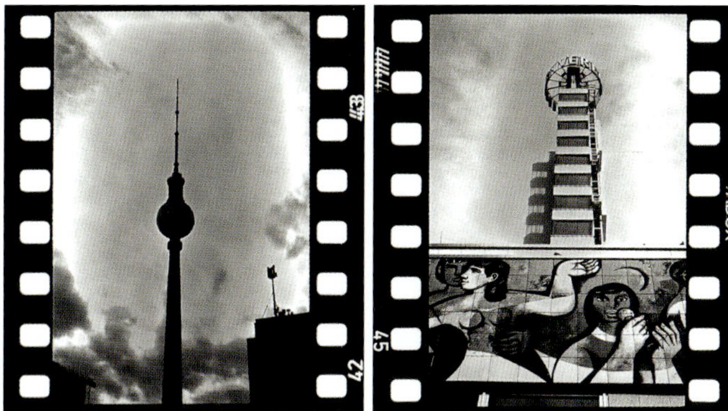

Abbildung 7.13: Nicht wie ein Dia aussehen sollte, hat aber eine nicht abzusprechende Bildästhetik und zeigt die Bandbreite analoger kreativer Prozesse über technische Normen hinaus

7.4 EINSATZZWECKE VON SCHWARZ-WEISS-DIAS

Der doch recht lange Verarbeitungsprozess mit den vielen Zwischenwässerungen lässt die Frage nach Sinn und Nutzen der Umkehrentwicklung aufkommen. Die überzeugendste Antwort ist schlicht die ästhetische Qualität eines Schwarz-Weiß-Dias und dass man am Ende des mühevollen Prozesses schon ein fertiges Produkt in den Händen hält. Der Augenblick, wenn der fertige Film aus der Filmspirale geholt und das erste Mal betrachtet wird, zählt schon bei der Negativentwicklung zu den magischen Momenten der analogen Fotografie, wird mit Diafilm aber meiner Meinung nach noch einmal übertroffen.

Lediglich sind die Erstellung von Abzügen ohne recht großen Aufwand oder die Digitalisierung nicht mehr ohne weiteres möglich, was die weitere Verwendung im analogen Printlabor leider sehr einschränkt.

Im Folgenden aber einige Anregungen zu Nutzung und Präsentation.

PROJEKTION

Die klassischste Verwendung von Diafilmen ist sicherlich die Projektion. Diaprojektoren finden sich noch zahlreich auf dem Gebrauchtmarkt und da diese Präsentationsform etwas aus der Mode gekommen ist, bislang auch noch zu sehr erschwinglichen Preisen.

Die Bilder müssen hierzu in Einzelbilder geschnitten und in passende Diarahmen montiert werden. Warum nicht mal einen klassischen Dia-Abend veranstalten oder eine Ausstellung mit Projektion statt Papierbildern?

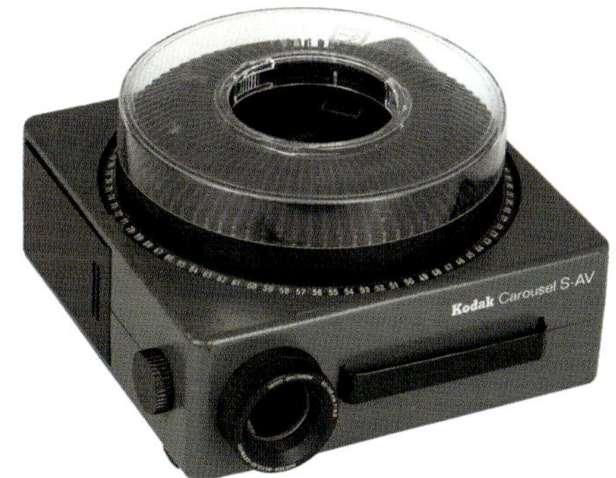

Abbildung 7.14: Kodak-Carousel-Diaprojektor

LEUCHTTISCH UND LUPE

Schwarz-Weiß-Dias mit einer Lupe auf dem Leuchttisch zu betrachten, ist ein ästhetischer Hochgenuss und wird nie langweilig. Mit der Lupe über den Leuchttisch gebeugt und den Rest der Welt ausgeblendet, kann man sich in Bild- und Gedankenwelt verlieren.

PRÄSENTATION IN LEUCHTKÄSTEN

Dias lassen sich auch hervorragend in Leuchtkästen an der Wand präsentieren. Bei Kleinbilddias muss man zur Betrachtung noch recht nah herangehen, aber es gibt ja auch noch Mittel- und Großformatfilme, die sich ebenfalls im Umkehrprozess entwickeln lassen, die Verfügbarkeit des Filmmaterials einmal vorausgesetzt.

DIGITALISIERUNG

Diafilme bieten aufgrund des geringeren Dynamikumfangs zwar nicht so viel Spielraum für die digitale Nachbearbeitung wie Negativfilmmaterial, dafür aber den Vorteil einer bereits fertig vorliegenden und ausgearbeiteten Bildvorlage. Dies kann in der digitalen Bildbearbeitung einiges an Zeit sparen.

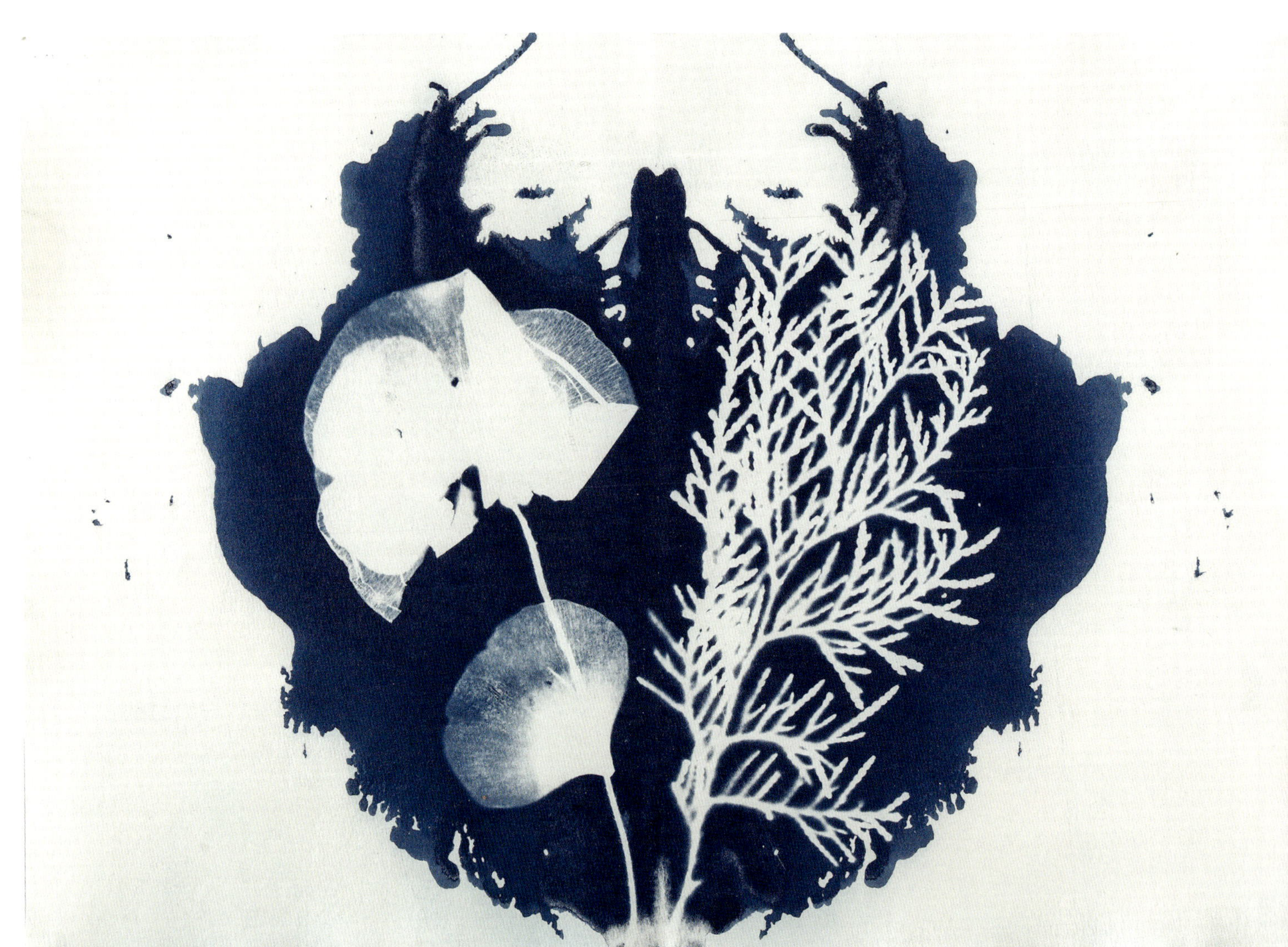

8 Analoge Kreativtechniken

Besonders in den heutigen digitalen Zeiten übt der handwerkliche und zugleich künstlerische Prozess der analogen Fotografie auf viele eine starke Faszination aus. Und dabei gibt es sowohl aus einer jahrhundertelangen Fotogeschichte als auch mit den hybriden analog-digitalen Methoden der heutigen Zeit so viele Prozesse und Möglichkeiten der Bildgestaltung, dass es im Grunde niemals langweilig werden kann, da es immer wieder Neues zu entdecken und zu lernen gibt.

In diesem Kapitel möchte ich mit einigen Beispielen einen kleinen Ausblick auf all die Techniken geben, die es vielleicht noch zu entdecken und auszuprobieren gilt.

8.1 LUMEN-PRINTING

Wenn Sie viel Zeit in der Dunkelkammer verbringen, wird Ihnen früher oder später einmal auffallen, dass offen liegengelassene Reste von Fotopapier nicht einfach weiß bleiben, sondern sich auch ohne Entwicklung verändern. Lagen Gegenstände darauf, bilden sie sich als schwach sichtbare Schattenrisse darauf ab, wie bei einem Kontaktprint.

Diesen Effekt, der wissenschaftlich auch als Photolyse bezeichnet wird, können wir uns auch bewusst zunutze machen.

Das Tolle daran ist, dass es auch sehr gut mit altem, abgelaufenem Fotopapier funktioniert, das für Abzüge eigentlich nicht mehr zu gebrauchen wäre. In diesem Fall verstärken Alterungseffekte des Papiers sogar häufig noch die Farbigkeit

Die Vorgehensweis ist verhältnismäßig einfach:

Belegen Sie ein Blatt Fotopapier mit Gegenständen, Pflanzen, Schablonen oder auch großformatigen analogen oder auf transparenter Folie ausgedruckten Negativ- oder Positivbildern.

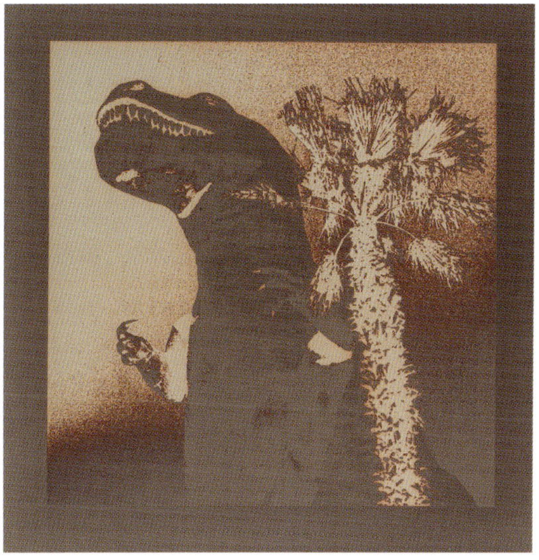

Abbildung 8.1: Lumen-Print mit gedruckter Negativvorlage. 1 h Belichtungszeit mit UV-Lampe, direkt anschließend abfotografiert (Marc Stache, 2023)

Für schärfere Details ist es bei flachen Vorlagen ratsam, eine Glasplatte zum Anpressen aufzulegen. Dies funktioniert auch prima mit einem Kontaktprintrahmen.

Das Fotopapier kommt nun für mindestens 1 h in die Sonne und wird mit UV-Licht bestrahlt, da dieses Licht noch einmal viel intensiver ist als eine normale Raumbeleuchtung. Sie können diesen Zeitraum für noch intensivere Effekte auch auf mehrere Stunden oder Tage ausdehnen.

An grauen Tagen, oder wenn Sie mehr konstante Kontrolle wünschen, eignet sich auch die Belichtung mit einer UV-Lampe, wie ich sie später bei den Edeldrucktechniken noch vorstellen werde.

Allerdings würde man so eine Lampe eher nicht tageweise brennen lassen. An den Stellen, an denen Licht auf das Papier fällt, verändert es die Farbe und wird auch dunkler. Verdeckte Stellen bleiben heller.

Wenn Sie also ein Positivbild von einer transparenten Druckvorlage erhalten möchten, sollten Sie daher kein Negativ, sondern ein Positivbild auf eine Folie drucken.

HALTBARKEIT DES BILDS

Leider ist das entstandene Bild nicht lichtstabil und wird mit der Zeit ausbleichen, insbesondere wenn es weiter dem Licht ausgesetzt wird. Wenn Sie das Papier in ein Schwarz-Weiß-Fixierbad geben, wird es dadurch zwar haltbar gemacht, aber verliert viel von seiner Farbigkeit und wird dadurch auch etwas heller werden.

Man liest in Foren viel über Versuche, Lumen-Prints dauerhaft zu bewahren, aber bislang ist der Konsens eher, das Bild abzufotografieren oder zu scannen und sich an dem Original so lange zu erfreuen, wie es verbleibt.

Abbildung 8.2: Links: abfotografierter Lumen-Print direkt nach Abschluss der Belichtung. Rechts: Der Print wurde für 1:00 min in einem Schwarz-Weiß-Fixierbad gebadet. Das Bild sollte sich danach nicht weiter verändern, wird aber durch die Behandlung sichtbar heller und verliert vor allem viel seiner spannenden Farbigkeit.
Auf der Webseite des Labor-Spezialisten Wolfgang Moersch (*https://www.moersch-photochemie.de/*) habe ich zwischenzeitlich von seinen Versuchen gelesen, Lumen-Prints durch ein Bad in einem Silberstabilisator wie ADOX Adostab zu stabilisieren. Dies habe ich bei einem der Bilder einmal nachgestellt und werde bis zur hoffentlich nächsten Auflage oder zwischenzeitlich auf meiner Webseite berichten, was aus dem Bild geworden ist.

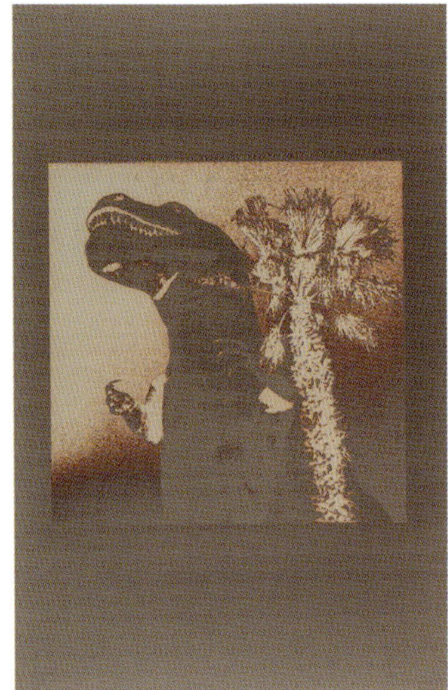

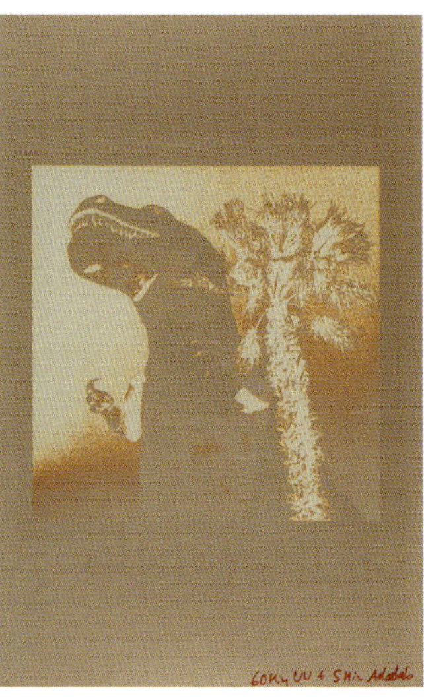

Abbildung 8.3: Links: abfotografiertes Bild direkt nach Abschluss der Belichtung. Rechts: Lumen-Print nach 5:00 min Bad in ADOX Adostab, angesetzt 1+19 mit Wasser. Danach sollte nicht gewässert werden, da das Mittel ansonsten ausgewaschen wird. Der Print wird nach Behandlung auch etwas heller, verliert aber nicht so stark an Farbigkeit wie nach einem Fixierbad.

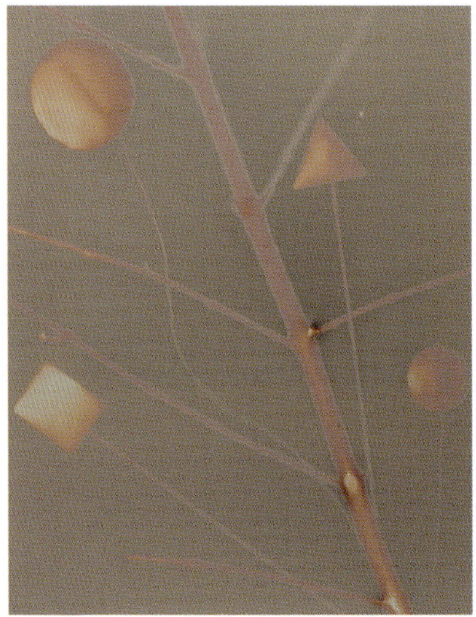

Abbildung 8.4: Lumen-Print, 1 h Belichtung mit UV-Lampe (direkt nach Belichtung abfotografiert, keine Fixage oder Adostab), (Marc Stache, 2023)

8.2 CHEMIGRAMME

Ebenso wie die Lumen-Print-Technik sind Chemigramme eine künstlerische und selbstreferenzielle Dunkelkammertechnik zur Erschaffung von Bildern aus der analogen Technik selbst heraus. Das Vorhandensein eines zuvor fotografierten Kamerabilds als Vorlage ist dabei nicht notwendig, kann aber auch mit integriert werden.

Chemigramme reduzieren analoge Bildprozesse auf ihre fotografischen Essenzen aus Licht, Fotopapier und Chemie. Im Wesentlichen erzeugen hier die Grundmaterialien der analogen Fotografie, mit ein paar Impulsen des Laboranten in die gewünschte Richtung, ihre eigenen Bilder.

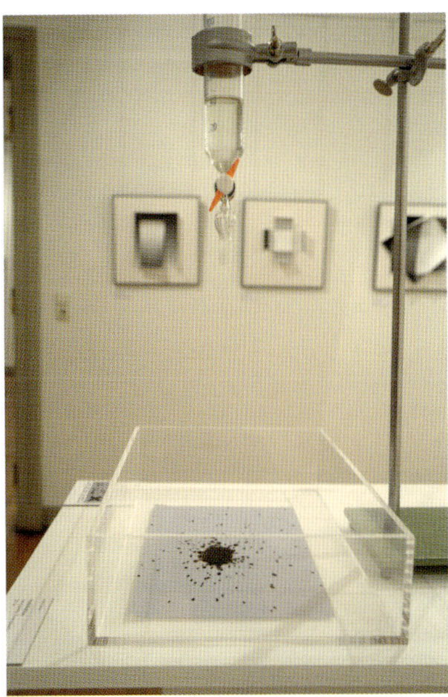

Abbildung 8.5: Installationsansicht einer konzeptionellen Chemigramm-Arbeit des Berliner Fotokünstlers Malte Nies mit dem Titel »Scotophorus«. Fotopapier wird aus der Verpackung genommen und in eine Schale gelegt. Von oben tropft langsam, aber stetig Entwicklerflüssigkeit auf das Papier. Jeder Tropfen verteilt sich nach dem Aufprall und lässt geschwärztes Silber entstehen.
Gleichzeitig wird das gesamte Papier selbst durch Lichteinwirkung dunkler, wie bereits bei den Lumen-Prints beschrieben.
Nach einem Tag wird das Foto aus der Schale genommen und fixiert. Der Prozess wird an diesem Punkt unterbrochen und festgehalten. Je nach Spritzverhalten und Lichteinwirkung entstehen unterschiedliche Tropfmuster und Farbnuancen.

Lichtempfindliches Fotomaterial, wie Fotopapier, Film oder selbst mit flüssiger Fotoemulsion bestrichene Objekte, wird partiell oder auch komplett belichtet und anschließend mit Chemikalien behandelt. Dies ergibt dann vielleicht schon ein fertiges Bild oder es wird danach wieder belichtet und neu mit Chemikalien behandelt. Der Kreativität sind hier keine Grenzen gesetzt. Die sonst in fest abgestimmter Reihenfolge und Zeit aufgetragenen Fotochemikalien wie Entwickler, Stoppbad und Fixierer werden hier auf spielerische Weise verwendet und auch entgegen allen Lehrregeln angewandt.

Besonders spannend wird es, wenn einer möglicherweise drohenden Beliebigkeit allein durch die endlosen Möglichkeiten willkürlich entstehender Ergebnisse ein künstlerisches Konzept vorangesetzt wird. Dem Prozess wird durch bewusst gesetzte Limitierungen und steuernde Regeln auf diese Weise eine Bühne bereitet, die das Material dann für seine Performance nutzen kann.

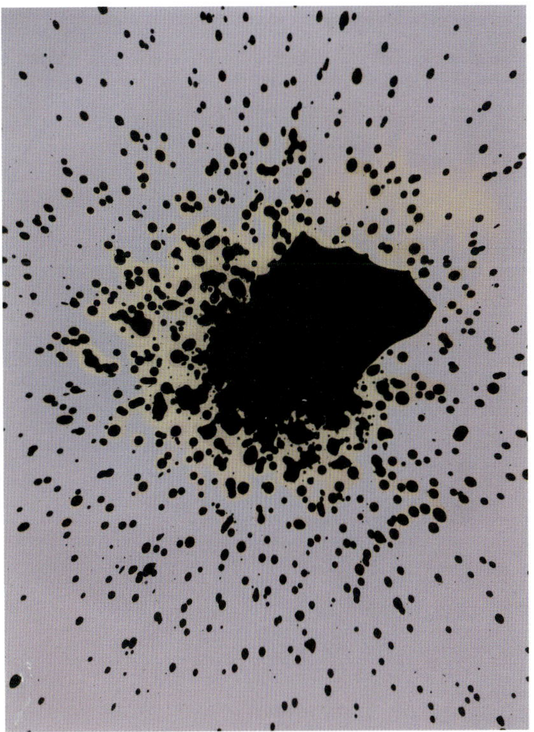

Abbildung 8.6: Scotophorus 04, Chemigramm auf 18 x 24 cm Barytpapier (Malte Nies, 2017, Unikat), https://www.maltenies.de

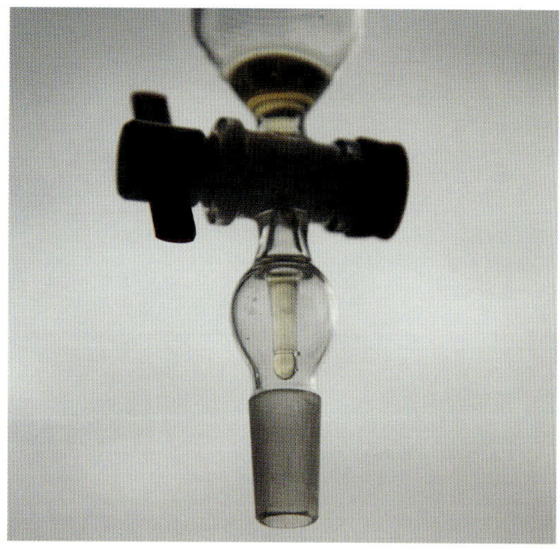

Abbildung 8.7: Detailansicht der Installationsapparatur – eine Tropfbürette gibt langsam, aber stetig Tropfen von Entwicklerflüssigkeit auf das dem Licht ausgesetzten Fotopapier.

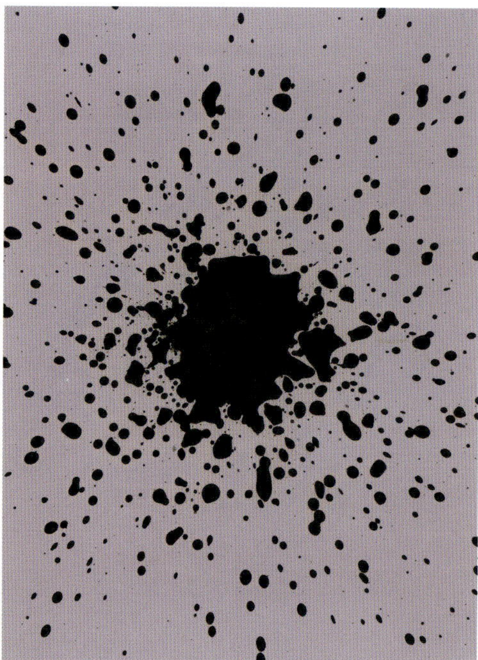

Abbildung 8.8: Scotophorus 64, Chemigramm auf 18 x 24 cm Barytpapier (Malte Nies, 2017, Unikat), https://www.maltenies.de

Abbildung 8.9: Eine weitere Chemigramm-Arbeit von Malte Nies. Hierbei wurde zunächst lichtempfindliche flüssige Fotoemulsion auf ein Aquarell-Büttenpapier aufgetragen und dann dem Licht ausgesetzt. »Die Lichtenergie wird durch die lichtempfindliche Schicht aufgefangen und schreibt sich langsam in einer farblichen Abfolge von hell zu dunkel in die Materie ein. Dieser physikalisch ablaufende Prozess wird nun stellenweise durch den Einsatz von Fotochemikalien wie Entwickler oder Fixierer verstärkt oder gestört. Nach einiger Zeit entsteht ein Bild, das dem unkontrollierten Wechselspiel der Chemikalien zu verdanken ist. Obwohl es sich um Schwarz-Weiß Fotografie handelt, zeigen sich in diesem Elementarprozess Farben, die dem Auge sonst verborgen bleiben.« (Malte Nies, Chemigramm 1709 07, Berlin 2007)

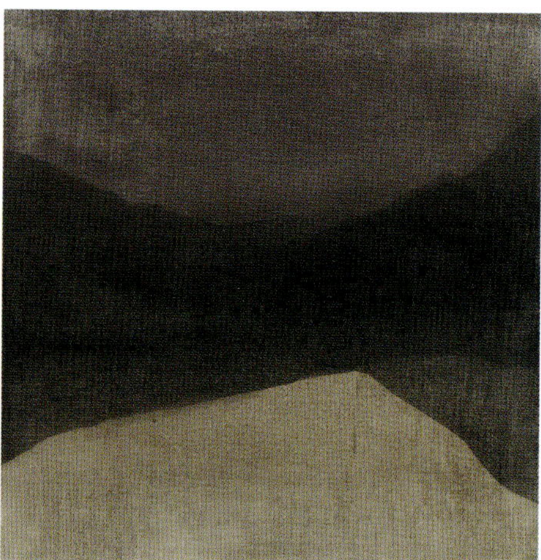

Abbildung 8.10: Malte Nies, Chemigramm 1709 08, Berlin 2007. https://www.maltenies.de

Hinweis

Unfixierte Chemigramme verändern sich mit der Zeit in Farbigkeit und Helligkeit. Die Abbildung zeigt daher immer nur einen temporären Moment im Lebenszyklus solch eines Bilds. Man erlebt als wiederkehrender Betrachter daher unmittelbar den Einfluss von Licht und Zeit auf das Material und kann die beständige Veränderung und Neugestaltung solch eines Bilds mitverfolgen.

Tipp

Die Chemigramm-Technik lässt sich natürlich auch mit Bildern durchführen, die zuvor »ganz konventionell« mit einem Negativbild belichtet wurden und dann auf diese Weise kreativ verfremdet werden.

8.3 ANALOGE EDELDRUCK-TECHNIKEN

Ein sehr großes kreatives Feld findet man auch bei den sogenannten analogen Edeldrucktechniken. Viele davon basieren auf historischen fotografischen Verfahren aus der Frühzeit der Fotografie, in der allerhand verschiedene Prozesse ausprobiert wurden, um Bilder auf lichtempfindlichen Materialien festzuhalten.

CYANOTYPIE

Die im Jahre 1842 von John Herschel erfundene Cyanotypie ist eine historische analoge Fototechnik, die berühmt für ihre tiefblauen, monochromatischen Bilder ist.

Im 19. Jahrhundert wurden auf diese Weise Pflanzenstudien, Karten, Pläne (Blaupausen) und Dokumente festgehalten. Stilgebend war hier z.B. die Publikation »British Algae: Cyanotype Impressions« mit botanischen Pflanzenstudien von Anna Atkins aus dem Jahr 1843. Auch heute noch ist diese Fotogrammtechnik sehr beliebt. Hierbei handelt es sich um einen sehr einfachen fotografischen Prozess, der keine Dunkelkammer oder Laborgeräte voraussetzt. Aufgrund der einfachen Verarbeitung stellt die Cyanotyie für viele Interessierte häufig einen ersten Einstieg in die Welt des Edeldrucks dar, der dann weiter zu den komplizierteren Prozessen wie Argyrotypie, Salzdruck oder Platin-Palladiumdruck führen kann. Viele Grundprinzipen der Verarbeitung und verwendete Geräte können dann auch für diese weitergenutzt werden.

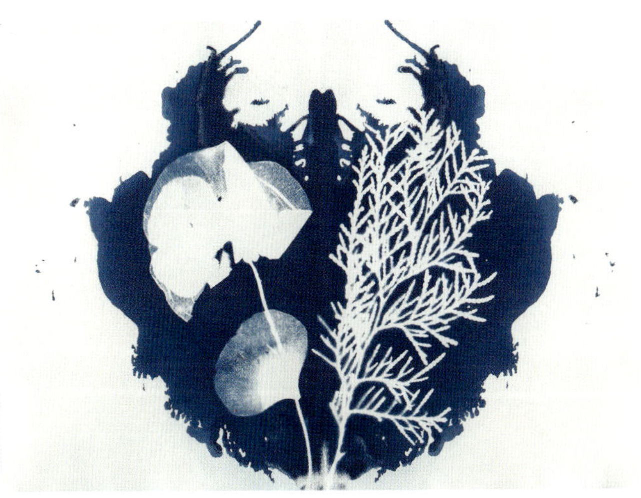

Abbildung 8.11: Cyanotypie (Marc Stache 2019)

CYANOTYPIE-CHEMIKALIEN

Die Chemikalie für Cyanotypien besteht aus den zwei Komponenten Ammoniumeisen(III)-citrat und Kaliumhexacyanoferrat(III) (Rotes Blutlaugensalz). Beides sind als Rohchemie pulverförmige Chemikalien, die vor Weiterverarbeitung mit Wasser angemischt werden müssen. Werden anschließend beide Stoffe miteinander vermischt, entsteht daraus die lichtempfindliche Cyanotypie-Lösung, die unter UV-Einwirkung den für Cyanotypien typischen, blauen Farbstoff bildet.

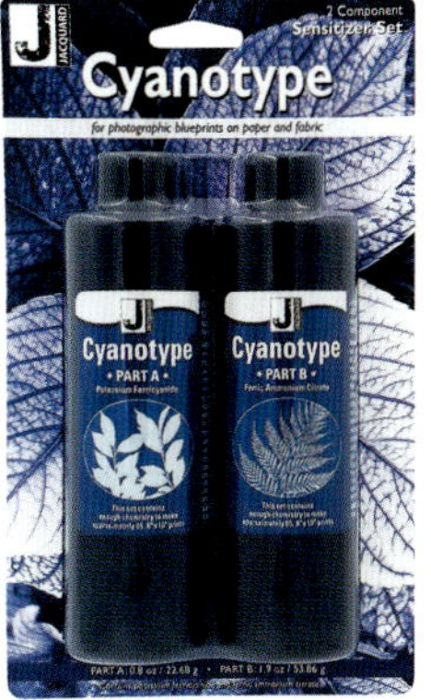

Abbildung 8.12: Cyanotypie-Chemikalien-Set von Jacquard. Die beiden Chemikalienpulver befinden sich in bereits abgewogenen Mengen in den beiden Flaschen und sind in dieser Pulverform sehr lange haltbar. Vor Verwendung müssen die einzelnen Parts durch Einfüllen von Wasser angemischt werden. Zum Anmischen der Cyanotypie-Arbeitslösung werden die beiden Komponenten A+B dann in gleichem Verhältnis (1+1) miteinander vermischt.

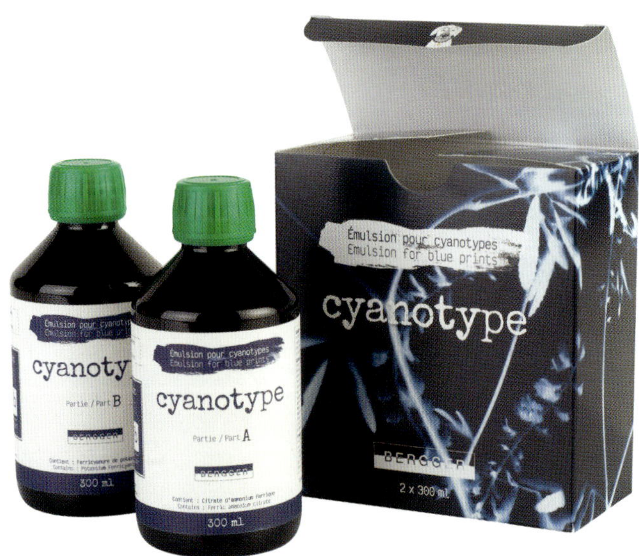

Abbildung 8.13: Cyanotypie-Chemikalien-Set des französischen Herstellers BERGGER. Die Lösungen A und B sind hier bereits flüssig abgefüllt und müssen dann vor Verwendung nur noch zu gleichen Teilen zu lichtempfindlicher Lösung zusammengemischt werden.

Viele regelmäßige Anwender kaufen sich die notwendigen beiden Chemikalien als Rohchemie und mischen die von ihnen benötige Cyanotypie-Lösung dann hieraus nach Bedarf zusammen. Bei großen Verbrauchsmengen ist dies günstiger, bedarf dann aber zusätzlicher Hilfsmittel zum Abmessen und Abwiegen und Übung beim sicheren Umgang mit Pulverchemie.

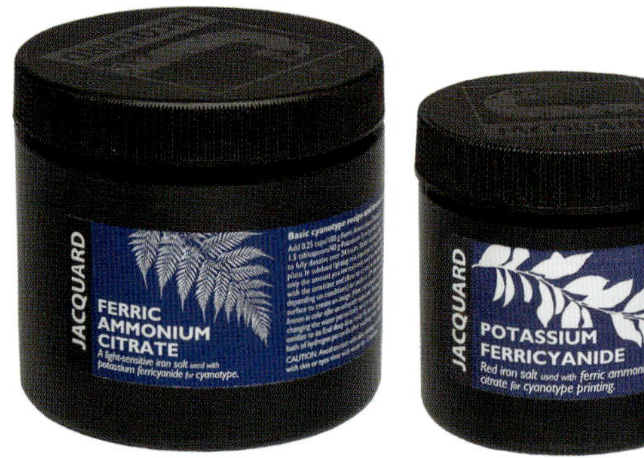

Abbildung 8.14: Dieselbe im Jacquard-Cyanotypie-Set verwendeten Pulverchemikalien, aber in größeren Gebinden für den Selbstansatz

Rezepte zum Selbstansatz

Rezept nach Jacquard

Ammoniumeisen(III)-citrat, grün (engl.: Ferric Ammonium Citrate):

25 g auf 100 ml Wasser

Kaliumhexacyanoferrat(III) reinst, Rotes Blutlaugensalz (engl.: Potassium Ferricyanide)

10 g auf 100 ml Wasser

Hinweis

Im Allgemeinen wird das Ammoniumeisen(III)-citrat in der Literatur zur Cyanotypie als Part A und Kaliumhexacyanoferrat(III) als Part B bezeichnet. Aus einem mir unbekannten Grund wird dies bei Jacquard, einem der bekanntesten Hersteller in diesem Bereich, andersherum gehandhabt. Lassen Sie sich davon nicht verwirren.

Alternative Rezepte

Es gibt kein allgemeinverbindliches Rezept für die benötigten Mengen an Ammoniumeisen(III)-citrat und Kaliumhexacyanoferrat(III) und sucht man danach im Netz, findet man eine Vielzahl unterschiedlicher Angaben der benötigten Chemikalienmengen pro 100 ml Wasser.

Hier einige davon:

20 g Ammoniumeisen(III)-citrat + 10 g Kaliumhexacyanoferrat(III)
25 g Ammoniumeisen(III)-citrat + 12 g Kaliumhexacyanoferrat(III)
20 g Ammoniumeisen(III)-citrat + 8 g Kaliumhexacyanoferrat(III)

Diese Unterschiede aus teils historischen Rezepten liegen wahrscheinlich an den unterschiedlichen Eisengehalten des erhältlichen Ammoniumeisen(III)-citrats, so dass hier bei einer schwächeren oder stärkeren Konzentration ein anderes Mischungsverhältnis zustande kommen kann.

Hinweis

Verwenden Sie zum Anmischen stets destilliertes Wasser, wodurch sich die Haltbarkeit der angemischten Lösungen verbessert.

Vorsicht

Die Cyanotypie-Lösung ist nicht giftig und wird daher auch gerne z.B. in Schulprojekten mit Kindern verwendet. Unsachgemäße Handhabung, insbesondere auch der einzelnen pulverförmigen Chemikalienkomponenten, können zu Haut- und Augenreizungen führen. Tragen Sie daher bei der Arbeit stets Handschuhe z.B. aus chemiebeständigem Nitril-Kautschuk und bei Umgang mit Pulverchemikalien einen Atemschutz (z.B. FFP2-Maske). Bei Kontakt mit starken Säuren, wie Essigsäure, können giftige Gase entstehen. Stellen Sie daher sicher, dass sich nichts dergleichen an Ihrem Cyanotypie-Arbeitsplatz befindet.

Haltbarkeit der Chemikalien

Pulverchemikalien haben eine nahezu unbegrenzte Haltbarkeit. Die dann mit destilliertem Wasser angemischten Einzelkomponenten haben eine Haltbarkeit von etwa 6 Monaten bis 1 Jahr. Die gebrauchsfertig angemischte lichtempfindliche Lösung ist nur sehr kurz für etwa 2–4 h haltbar. Daher ist es sinnvoll, davon möglichst nicht mehr anzumischen, als für das aktuelle Projekt benötigt wird.

BENÖTIGTE HILFSMITTEL ZUR BELICHTUNG UND BESCHICHTUNG

Aufbewahrungsflaschen

Die angemischte Cyanotypie-Lösung ist UV-lichtempfindlich und sollte, wenn sie nicht unmittelbar verbraucht wird, in lichtdichten oder UV-geschützten Vorratsflaschen aufbewahrt werden. Auch die Haltbarkeit der Parts A und B wird durch UV-geschützte Aufbewahrung verbessert. Gut eignen sich hier z.B. Braunglas-Apothekerflaschen.

Edeldruck Papier

Das verwendete Papier hat einen wesentlichen Einfluss auf Farbigkeit und Kontrastverhalten des Endergebnisses. Hier macht es also Sinn, verschiedene Papiere auszuprobieren, um zu sehen, was einem am besten gefällt. Für einfache Prozesse wie Cyanotypien lassen sich auch sehr gut Aquarell- und Wasserfarbenpapiere verwenden. Die speziell für Edeldrucke hergestellten Papiere sind in Form und Struktur Aquarellpapieren sehr ähnlich, wobei zusätzlich darauf geachtet wird, dass die Papiere säurefrei und ohne alkalische Puffer hergestellt sind. Die bekanntesten Papiere in diesem Bereich sind BERRGER COT 320 und 160, Fabriano-5, Hahnemühle Platinum Rag und Arches Platine.

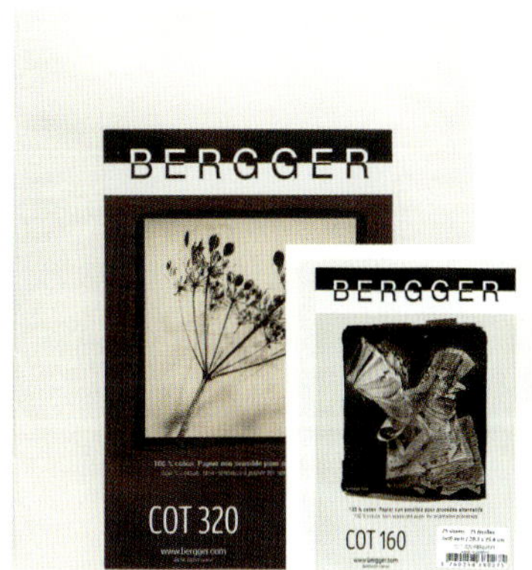

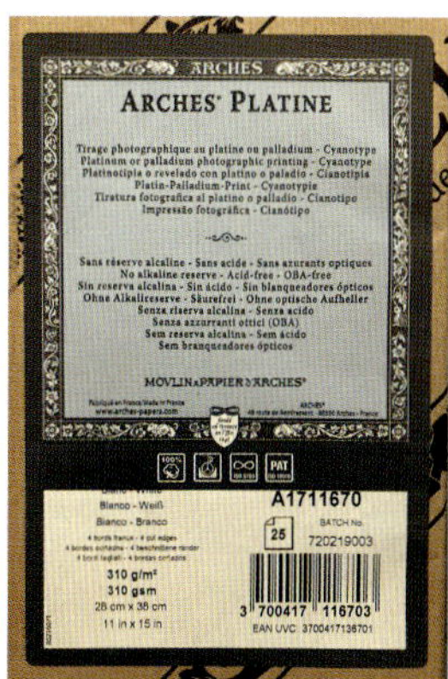

Abbildung 8.15: Links: BERGGER COT 320 und das etwas dünnere BERGGER COT 160, rechts: das wohl bekannteste, leider auch das teuerste Edeldruckpapier »Arches Platine«

Vorbeschichtete Papiere

Für diejenigen, die den Prozess gerne einmal ausprobieren möchten, ohne sofort selbst mit den notwendigen Chemikalien zu arbeiten, gibt es auch bereits mit Cyanotypie-Lösung fertig vorbeschichtete Papiere zu kaufen. Das hier verwendete Papiermaterial ist oft relativ dünn und auch nur in kleineren Formaten bis etwa DIN A4 erhältlich.

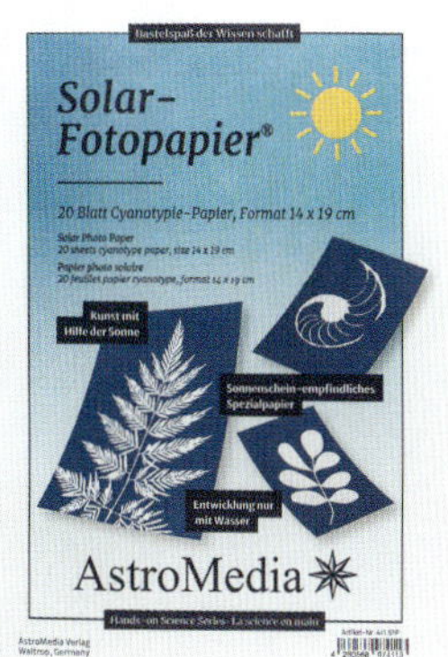

Abbildung 8.16: Solar-Fotopapier mit bereits vorbeschichteten Cyanotypie-Papieren. Die Blätter können direkt nach Entnahme aus der Packung verwendet und belichtet werden.

Cyanotypie auf alternativen Materialien

Cyanotypien und andere Edeldrucke lassen sich nicht nur auf Papier, sondern auch auf vielen anderen Materialien erstellen. Gut eignet sich z.B. Stoff oder auch Holz. Achten Sie darauf, dass diese über eine unbehandelte Oberfläche und idealerweise aus Naturfasern bestehen, da die Cyanotypie-Lösung sonst nicht aufgenommen werden kann.
Bei glatten Untergründen wie Glas oder Stein kann es hilfreich sein, diese vorher etwas anzuschleifen oder zunächst mit Fotogelatine vorzubehandeln, damit die aufgetragene Lösung dann besser haftet und nicht abfließt. Auch bei sehr weichen, stark saugenden Untergründen ist solch eine Vorbeschichtung hilfreich.

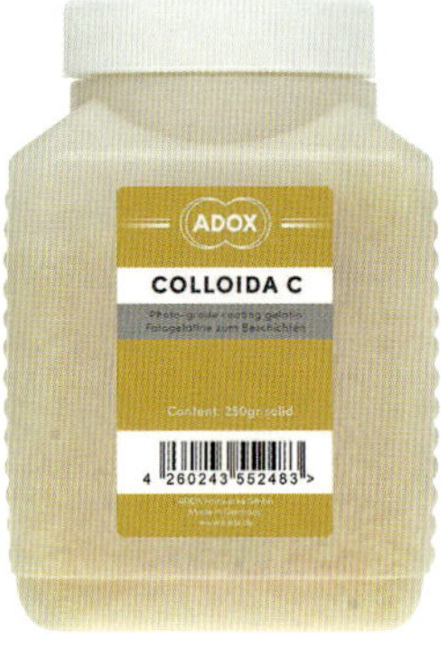

Abbildung 8.17: ADOX-Coating-Gelatine als Grundierung für glatte oder auch stark saugende Untergründe

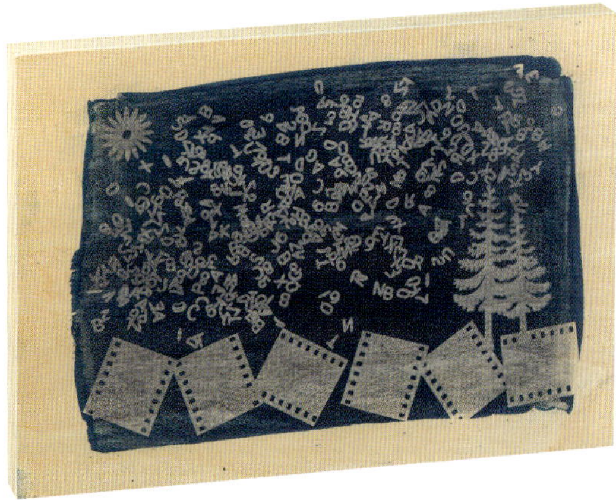

Abbildung 8.18: Cyanotypie auf Holz

Pinsel

Zum Beschichten von Papieren und anderen Materialien haben sich Pinsel bewährt, die sehr flüssige Lösungen gut aufnehmen und gleichmäßig wieder abgeben können. Bei vielen analogen Edeldruckprozessen reagieren die Chemikalien empfindlich auf Kontakt mit Metallen, weshalb bei der Verarbeitung entsprechend metallfreie Hilfsmittel verwendet werden sollten.

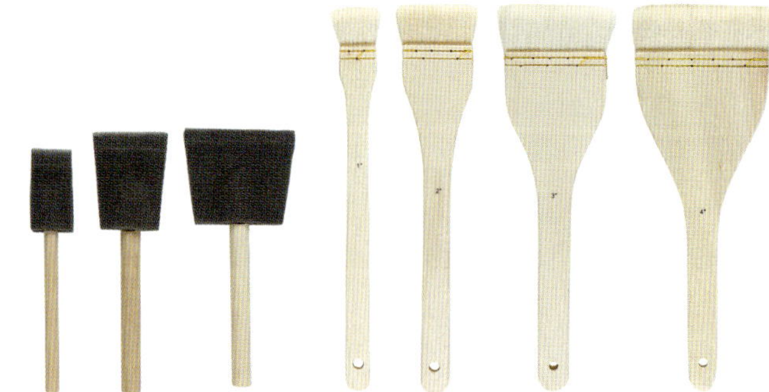

Abbildung 8.19: Links: Schwammpinsel bieten eine gute und günstige Lösung zum Auftragen von Cyanotypie-Lösung auf Papier und andere Untergründe. Rechts: Hake Edeldruckpinsel verschiedener Größen. Die feinen und dicht gefassten echten Ziegenhaare besitzen besonders weiche und saugende Eigenschaften und gelten daher als die besten Pinsel für Edeldrucke. Statt mit einer Metallzwinge werden die kurzen Pinselhaare von einer Baumwollfadenbindung direkt am unbehandelten Holzstiel gefasst.

Belichtungsrahmen

Für scharfe Bildergerbnisse und auch, um ein Verrutschen während langer Belichtungszeiten zu verhindern, sollten das beschichtete Papier und die aufgelegten Negative oder z.B. auch Blätter möglichst fest zusammengepresst werden. Dies funktioniert am besten mit Hilfe einer aufgelegten Glasplatte.

Um dies komfortabler zu gestalten, gibt es einfache Cliprahmen mit Klemmen, wie in dem folgenden Beispiel und auch aufwendige professionelle Kontaktprintrahmen für den analogen Edeldruck. Letztere unterscheiden sich von einfachen Kontaktprintrahmen aus der Dunkelkammer insofern, dass sie von der Rückseite bespielt werden.
Beim Edeldruck spricht man auch vom »Print Out Process« oder kurz »POP«. Das bedeutet, dass man den Belichtungsfortschritt

immer wieder kontrolliert, vor allem, wenn man in der Sonne belichtet. Dafür muss man den Rahmen von hinten öffnen können, und zwar halbseitig, damit das eingelegte Negativ und Papier dabei nicht verrutschen.

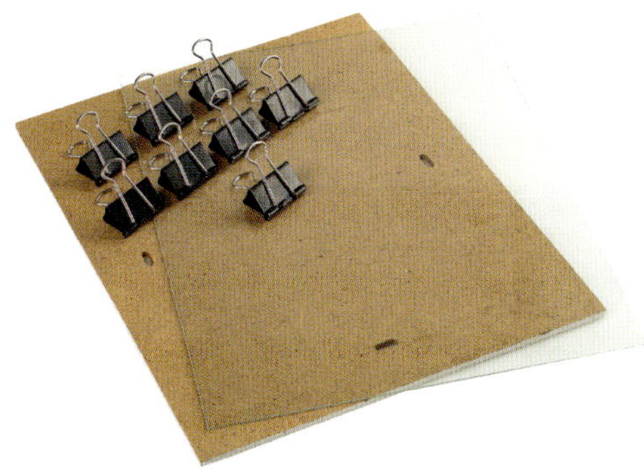

Abbildung 8.20: Einfacher, aber effektiver Glas-Cliprahmen, bestehend aus einem Glasrahmen mit mehreren starken Klemmen zum Anpressen des Glases

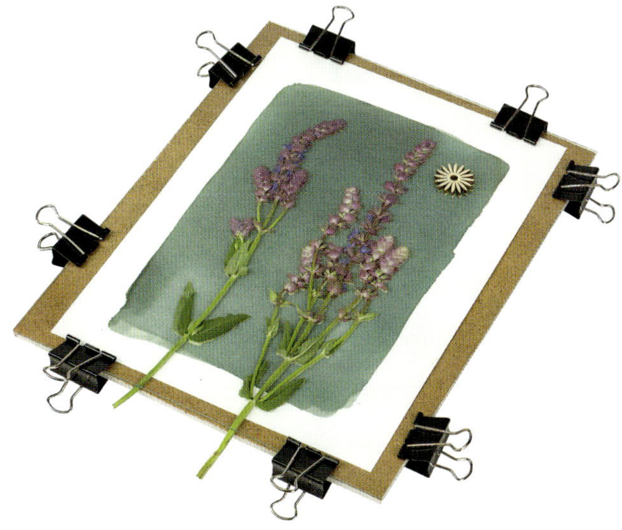

Abbildung 8.21: Pflanzen werden in diesem Beispiel mit Hilfe eines Cliprahmens während der Belichtung an das beschichtete Papier angepresst.

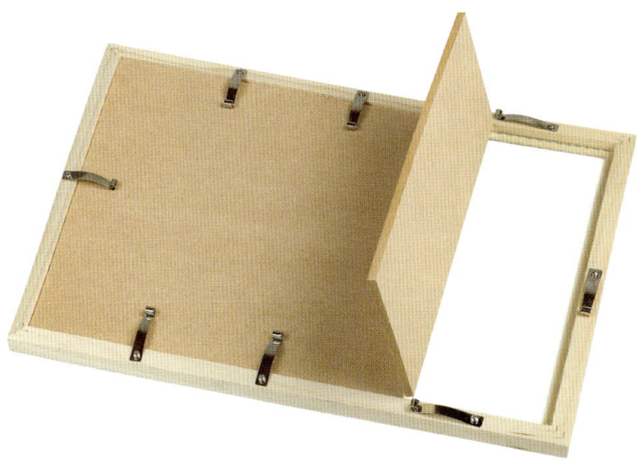

Abbildung 8.22: Edeldruck-Kontaktprintrahmen sind oftmals aufwendig von Hand gefertigte Rahmenkonstruktionen aus hochwertigen und teuren Hölzern und kosten schnell mehrere Hundert Euro. Das abgebildete Modell ist eine etwas einfacher konstruierte Variante bis zu einem Maximalformat von 30 x 40 cm.

Druckfolien

Um nicht nur Pflanzenstudien abbilden zu können, benötigt man entsprechend große Negativvorlagen. Sie können hierfür Ihre Großformatnegative verwenden oder auch Negative von digitalen Vorlagen auf transparenten Folien ausdrucken. Für erste Versuche funktionieren hier auch auf Transparentfolie ausgegebene Drucke aus dem Copyshop. Für optimale Ergebnisse wird jedoch eine recht hohe Negativdichte in den dunklen Bereichen benötigt, da ansonsten zu viel UV-Licht bei der Belichtung hindurchkommen würde und helle und dunkle Bildpartien sich dann nicht stark genug differenzieren. Hierfür gibt es spezielle Druckfolien für Tintenstrahldrucker.

Tipp

Drucker mit Pigment-Tinten, wie in vielen hochwertigen Fotodruckern, erreichen auf den Druckfolien höhere Schwarzdichten als jene mit Dye-Tinte, was die Qualität der Druckfolien noch einmal verbessern kann.

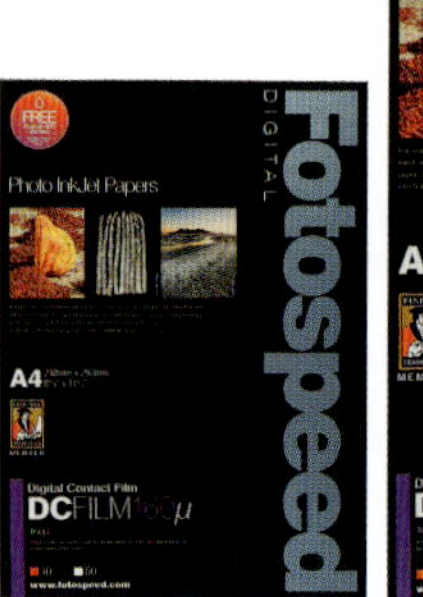

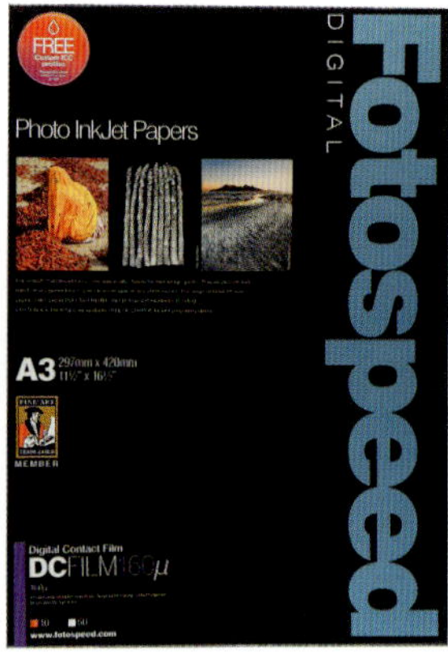

Abbildung 8.23: Transparente Druckfolien für Tintenstrahler eignen sich hervorragend, um großformatige Negative als Vorlagen für Cyanotypien zu drucken. Der Fotospeed-DC -Film (Digital Contact) ist speziell hierfür optimiert und kann eine besonders hohe Farbdichte aufbauen, wie es für viele Edeldruckvorlagen notwendig ist.

UV-Belichtung

Sonnenlicht

Die wohl einfachste Lösung zur Belichtung mit UV-Licht stellt die Sonne dar. Die Belichtungszeit kann je nach Sonnenstand und Intensität unterschiedlich ausfallen und muss entweder zunächst einmal mit einem Testprint ermittelt werden oder bei Verwendung eines Edeldruckrahmens an dessen Rückseitenklappe zwischendurch überprüft werden. Häufig liegen Belichtungszeiten bei etwa 5 – 10 min.

UV-Lampen

Wenn Sie mehr konstante Kontrolle über den Belichtungsprozess wünschen oder auch nachts, an Regentagen oder im Winter Cyanotypien erstellen möchten, ist eine UV-Lampe hilfreich. Sie können ihre Cyanotypie dann entweder mit ins Solarium nehmen oder eine passende UV-Lampe kaufen.

Die UV-Strahlung wird je nach ihrer Wellenlänge in verschiedene Bereiche unterteilt.

- UV-A: 315 – 400 nm
- UV-B: 280 – 315 nm
- UV-C: 200 – 280 nm

Die optimalen Wellenlängen für UV-Belichtungen liegen bei Cyanotypien im Bereich von 360 bis 390 nm also im UV-A-Bereich. Auch Schwarzlichtlampen aus dem Party- oder Gewächshausbereich sind bedingt geeignet. Deren Wellenlängen liegen aber meist eher schon am oberen Ende der Skala, weshalb hier die Belichtungszeiten sehr lang werden könnten.

Vorsicht

Während UV-A-Strahlung noch relativ unkritisch ist, kann UV-B-Strahlung zu Hautverbrennungen und Augenreizungen führen. UV-C-Strahlung wird seit der Corona-Zeit häufig zur Sterilisation von Oberflächen und Gegenständen verwendet. Strahlung im UV-C-Bereich kommt auf natürliche Weise auf der Erde nicht vor und ist für Menschen hochgradig gesundheitsschädlich und kann sogar das Erbgut schädigen. Achten Sie also genau darauf, welche UV-Lampe Sie für die Belichtung verwenden.

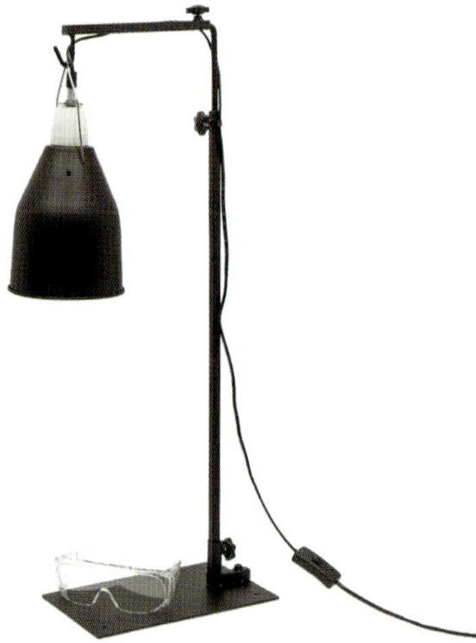

Abbildung 8.24: Einsteiger-Kit zur Belichtung von Cyanotypien, Argyrotypien, Solarfast und anderen Edeldruckprozessen von Edition Argentum. Das Set besteht aus einer 300-W-UV-Lampe, einer entsprechend hitzebeständigen Lampe und einem passenden Lampenstativ. Hiermit lassen sich Papiere bis etwa DIN A3 belichten. Da die verwendete UV-Lampe auch einen geringen Anteil an UV-B-Licht enthält, ist jeweils eine UV-Schutzbrille beigelegt. Generell ist es empfehlenswert, während der Belichtungszeit möglichst nicht daneben stehenzubleiben und sich einen Sonnenbrand zu holen, sondern im Idealfall so lange den Raum zu verlassen.

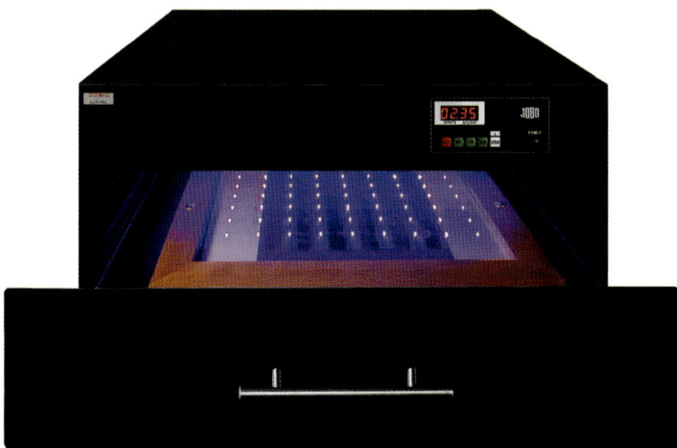

Abbildung 8.25: JOBO-Artisan-Platinum-UV-Belichtungsgerät für die professionelle Belichtung von Edeldrucken bis zum Format von 50 x 60 cm.
Das nahezu lichtdichte Stahlgehäuse verfügt über 110-UV-LEDs für eine gleichmäßige und energiesparende Ausleuchtung über die gesamte Fläche.
Die zu belichtenden Materialien werden, idealerweise in einem Kontaktprintrahmen fixiert, mittels einer praktischen Schublade in den Belichter geschoben.

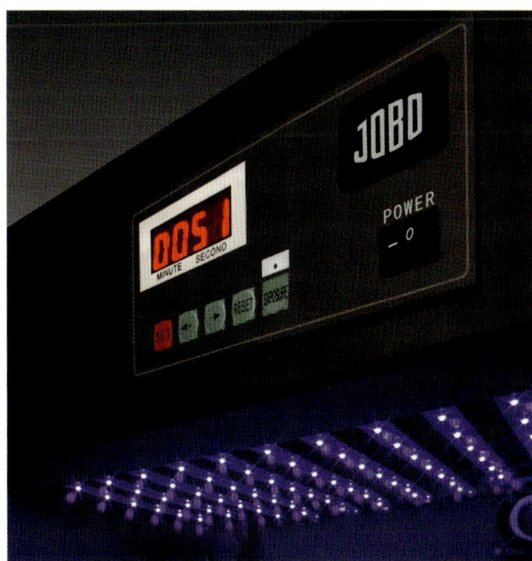

Abbildung 8.26: Detailansicht der UV-LEDs im JOBO-Artisan-Platinum-Belichter

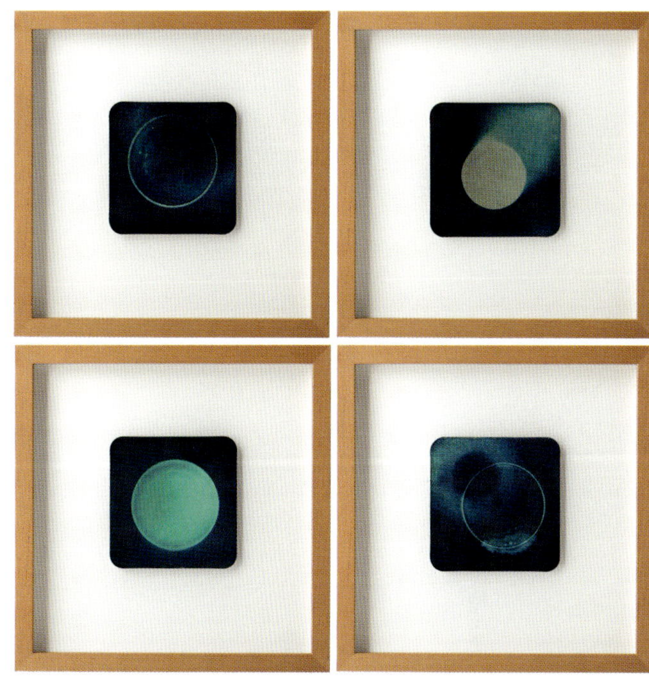

Abbildung 8.27: Konstellation (Kirsten Heuschen, 2013) – Für die Arbeit »Konstellation« wurde Bierdeckelkarton mit Cyanotypie-Chemikalie behandelt und anschließend mit Gläsern und Gefäßen belichtet.
Die Ergebnisse erinnern an Planeten oder Sterne. Chemische Experimente verstärken diesen Effekt, da durch Oxidation unterschiedliche Farbnuancen und Ablagerungen entstehen.

PRAKTISCHER ABLAUF

Wichtig

Da die Cyanotypie-Lösung UV-lichtempfindlich ist, darf das Anmischen der Chemikalie sowie das Auftragen auf das Papier nur in Innenräumen ohne UV-Lichtquellen, wie z.B. Sonnenlicht vom Fenster, vorgenommen werden.

Chemikalie anmischen

Aus den Stammlösungen A und B wird durch Zusammenmischen in einer Schale o.Ä. die lichtempfindliche Cyanotypie-Lösung hergestellt.

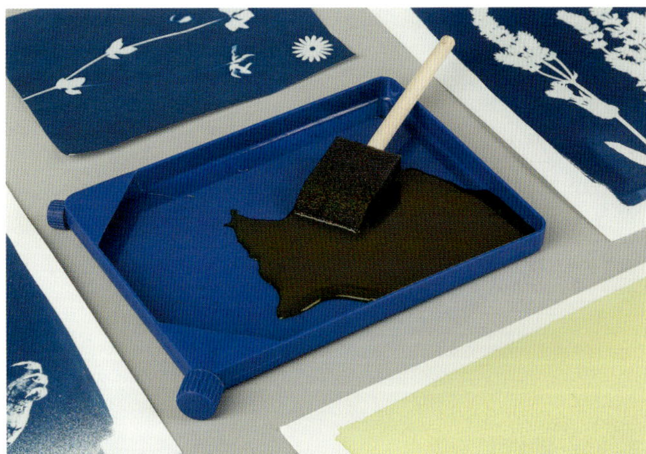

Abbildung 8.28: Angemischte und lichtempfindliche Cyanotypielösung, fertig zum Auftragen

Papierbeschichtung

Das Papier wird mit Hilfe eines Pinsels mit der vorbereiteten Cyanotypie-Lösung bestrichen. Für optimale Ergebnisse kann es hilfreich sein, die Lösung doppelt in zwei Lagen aufzutragen. Verstreichen Sie die Lösung zunächst langsam und gleichmäßig horizontal immer von links nach rechts oder von rechts nach links und anschließend von oben nach unten.

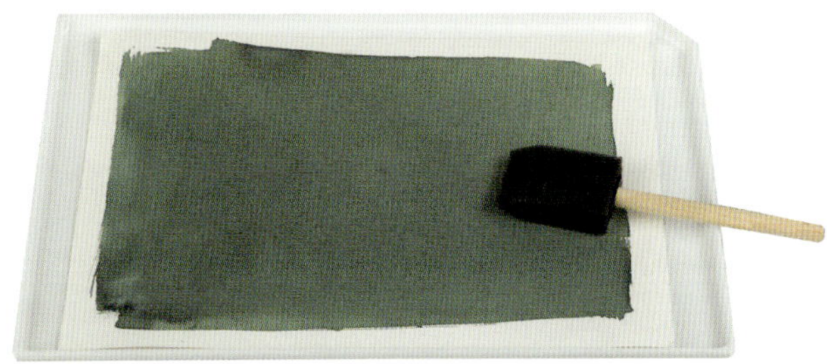

Abbildung 8.29: Mit Cyanotypielösung beschichtetes Papier.

Anschließend muss die Lösung zunächst auf dem Papier eintrocknen. Sie können hier mit einem Fön etwas nachhelfen, um den Vorgang zu beschleunigen.

Belichtung

Die UV-Belichtung erfolgt entweder im Sonnenlicht oder mit Hilfe einer UV-Lampe. Belegen Sie das Papier zuvor mit dem gewählten Negativ oder auch Objekten und starten einen Timer für die Belichtungszeit. Wenn Sie noch keine passende Belichtungszeit ermittelt haben, führen Sie ein paar Testbelichtungen mit unterschiedlichen Zeiten durch und prüfen jeweils das Ergebnis. Ein optischer Hinweis schon während der Belichtung gibt die sich verändernde Farbigkeit der Cyanotyie-Lösung auf dem Papier. Sind die Lichterpartien hellblautürkis und die Schatten grau, ist die richtige Belichtungszeit erreicht.

Entwicklung

Nach Abschluss der Belichtung folgt die Entwicklung. Hier benötigen wir nicht wie im Schwarz-Weiß-Labor eine spezielle Entwicklerchemie, sondern einfach nur fließendes Leitungswasser. Legen Sie das Papier mit der Schichtseite nach unten in das Wasser und wässern Sie es für etwa 5 min bzw. so lange, bis sich keine blaue Farbe vom Papier mehr rauswäscht.

Trocknung

Nach der Auswässerung zeigt die nasse Cyanoytpie noch nicht den endgültigen tiefblauen Farbton. Dieser wird erst nach einigen Stunden Trocknungszeit durch Oxidation mit dem Luftsauerstoff sichtbar.

Für Ungeduldige lässt sich dieser Prozess durch eine Zugabe von 0,3%iger Wasserstoffperoxid-Lösung ins Waschwasser am Ende des Wässerungsprozesses beschleunigen. Die Oxidation findet dann sofort statt und der tiefblaue Farbton wird augenblicklich sichtbar.

Die Papiere können zum Trocknen z.B. auf Trockensieben oder einem Geschirrhandtuch ausgelegt werden. Um sie ganz plan zu bekommen, kann man sie nachträglich unter schweren Büchern pressen oder auch, wenn vorhanden, bei sehr niedriger Temperatur in eine Trockenpresse aus dem Fotolabor geben.

HALTBARKEIT DER BILDER UND ARCHIVIERUNG

Cyanotypien sind sehr lange haltbar, eine Grundvoraussetzung ist eine Verwendung von pH-neutralen Papieren und für eine museumsgerechte Aufbewahrung auch eine Lagerung in pH-neutralen

Materialien. Archivboxen für Fotografien haben oftmals eine alkalische Pufferung, um sie gegen schädliche Umwelteinflüsse aus der umgebenden Raumluft zu schützen. Für Cyanotypien sollten aber ungepufferte Archivkartons verwendet werden oder aber zusätzlich schützende Archivtaschen aus ungepuffertem Archivpapier.

TONEN VON CYANOTYPIEN

Der tiefblaue Farbton ist ein typisches Wesensmerkmal einer Cyanotypie. Dennoch ist es auch möglich, den blauen Farbton nachträglich in die eine oder andere Richtung zu beeinflussen.

Farbänderung durch Tonung

Eine gute und einfache Möglichkeit, den Farbton von Cyanotypien zu verändern, ist, die färbende Wirkung von Tee zu nutzen, mit dessen Hilfe sich auch Schwarz-Weiß-Abzüge einem künstlichen Alterungseffekt mit gelblich braunen Färbungen unterziehen lassen. In meinen Tests hatte ich die besten Ergebnisse mit grünem Tee, aber auch schwarzer Tee funktioniert mit etwas schwächerer Wirkung, recht lange Einwirkzeit vorausgesetzt.

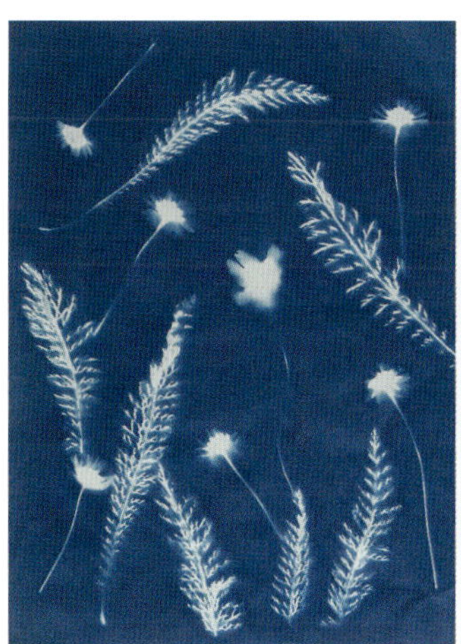
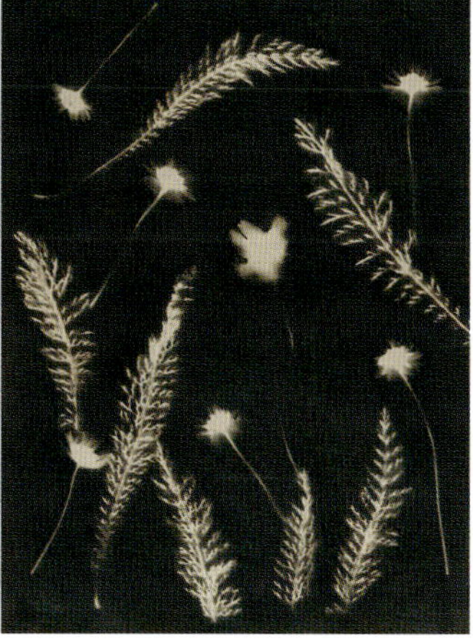

Abbildung 8.30: Cyanotypie getont in grünem Tee (zwei Teebeutel für etwa 1 h). Der Bildton wird sehr dunkel in Richtung schwarz, während die Weißen relativ neutral bleiben (Marc Stache, 2023).

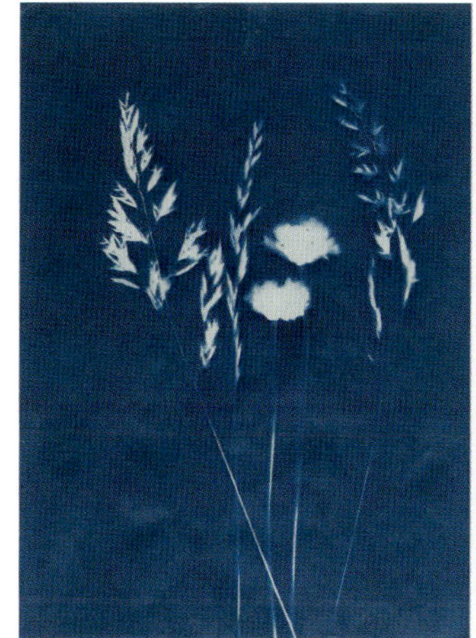
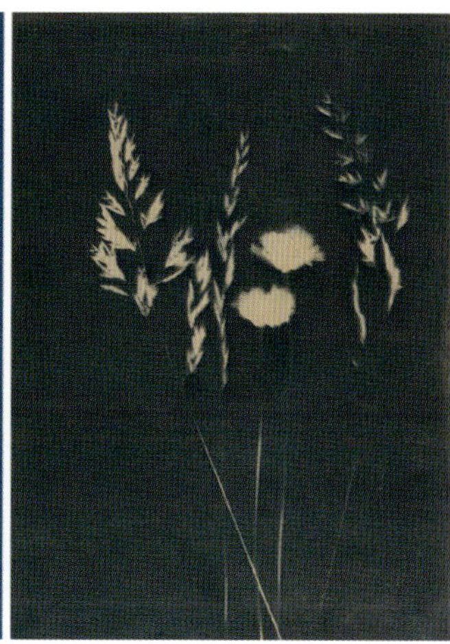

Abbildung 8.31: Cyanotypie getont in schwarzem Tee (6 Teebeutel für etwa 1 h). Der Bildton wird nur leicht bräunlich, auch die Weißen verfärben sich gelblich (Marc Stache, 2023).

Es gibt noch viele weitere Möglichkeiten kreativer Tonungen und wenn Sie hier noch tiefer in die Materie einsteigen möchten, empfehle ich beispielsweise die Lektüre des Buchs »Blaue Wunder« von Marlis Maehrle.

Farbige Papiere

Zum Auftragen von Cyanotypie-Lösung werden in der Regel weiße Papiere verwendet, da diese den Kontrast zwischen Weiß und Blau am intensivsten wiedergeben.

Aber warum nicht auch mal ein rotes, gelbes oder grünes Papier verwenden? Nach Belichtung und Entwicklung werden die hellen und unbelichteten Stellen in der Farbe des jeweiligen Papiers wiedergegeben und die dunklen belichteten Partien aus einer Mischung der Papierfarbe und Blau.

Hinweis

Bei der Auswahl geeigneter Papiere ist möglicherweise eine kleine Testreihe notwendig, um zu sehen, ob sich ein jeweiliges Papier für die Verwendung und insbesondere die lange Wässerung bei der Entwicklung eignet.

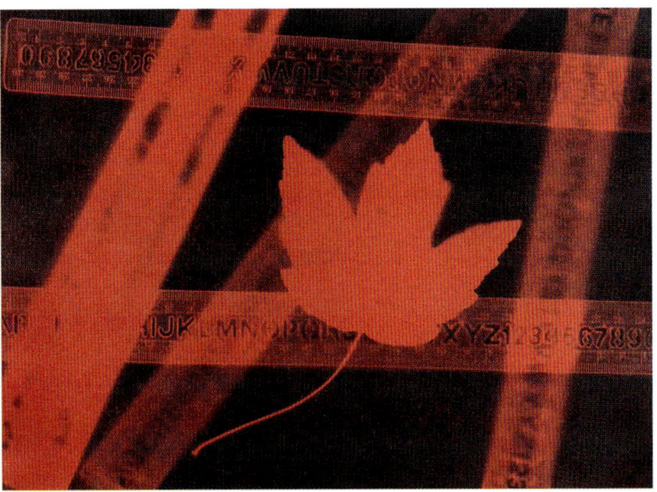

Abbildung 8.32: Cyanotypie auf rotem Papier (Marc Stache, 2019)

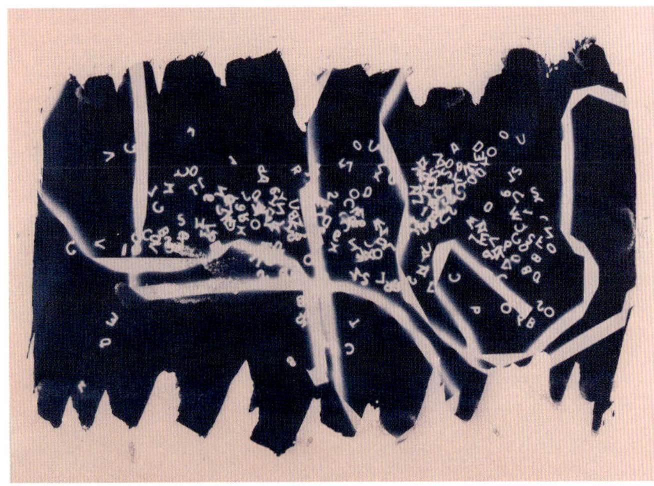

Abbildung 8.33: Cyanotypie auf pinkem Papier (Marc Stache, 2019)

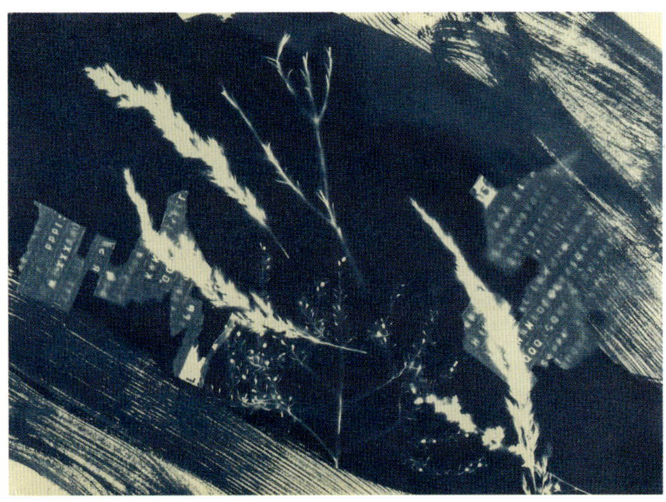

Abbildung 8.34: Cyanotypie auf gelbem Papier (Marc Stache, 2019)

ARGYROTYPIE (VAN DYKE)

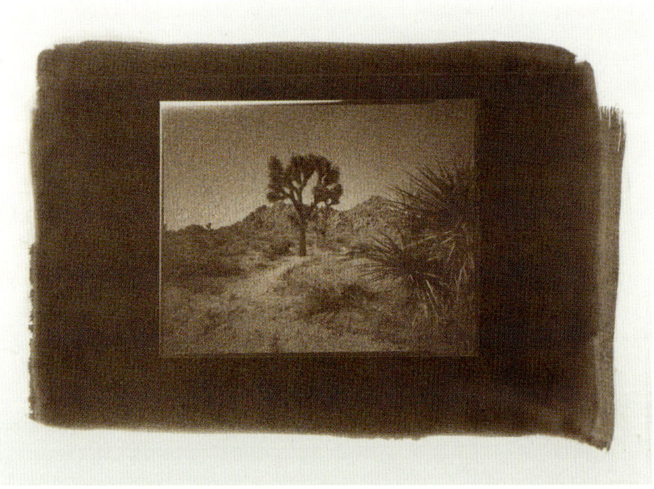

Abbildung 8.35: Argyrotypie eines 4 x 5 Inch großen Lochkamera-Negativs auf BERGGER BERGGER-Cot-320-Papier (Marc Stache, 2022)

Sir John Herschel, dem wir auch schon die Errungenschaft der Cyanotypie zu verdanken haben, beschäftigte sich im 19. Jahrhundert als einer der ersten auch mit Druckverfahren auf Basis von Eisen-Silber-Verbindungen, die 1848 zum Edeldruckprozess der Argentotypie und darauf aufbauend zu Kallitypie und Van Dyke führten.

Von der Anwendung recht ähnlich der Cyanotypie, erhält man durch diesen Prozess braune, warmtonige Bilder, daher auch die Bezeichnung »Braundruck«. Der hierbei erreichbare Tonwertumfang ist im Vergleich zur Cyanotypie, insbesondere in den Zwischentönen, deutlich verbessert.

Der Prozess, den ich hier gerne näher vorstellen möchte, heißt »Argyrotypie«. Hierbei handelt es sich um eine modernisierte Weiterentwicklung des historischen Van-Dyke-Prozesses durch Edeldruckspezialist Dr. Mike Ware aus dem Jahr 1991.

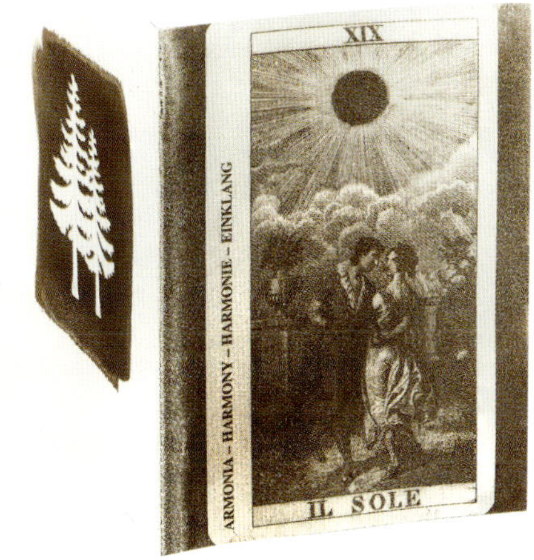

Abbildung 8.36: Grußkarte bedruckt mit Aryrotpien (Marc Stache, 2023)

ARGYROTYPIE-CHEMIKALIE

Die klassische Van-Dyke-Chemikalie nach Herschel besteht unter anderem aus den drei Lösungen Ammoniumeisen(III)-citrat, Weinsäure und Silbernitrat, die vor Verwendung miteinander vermischt werden.

Bei der modernen Argyrotypie-Chemikalie wurde der Prozess durch eine ungiftige, relativ lang haltbare und einfach anwendbare Einzellösung deutlich verbessert.

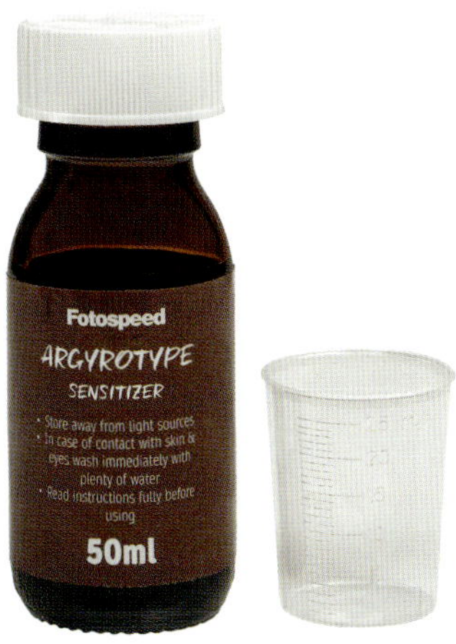

Abbildung 8.37: Fotospeed-Argyrotypie-Chemikalie. Die Lösung kommt als gebrauchsfertige flüssige Lösung und wird ohne weitere Verdünnung direkt auf Papier oder anderes Material aufgetragen.

Haltbarkeit und Kapazität der Chemie

Die Argyrotypie-Lösung hält sich, bei Raumtemperatur und im Dunkeln aufbewahrt, mindestens ein Jahr. Die Menge von 50 ml reicht dabei für die Herstellung von etwa 30 Bildern im Format 20 x 25 cm.

BENÖTIGTE GERÄTE UND MATERIALIEN

Die Geräte und Hilfsmittel für Papierbeschichtung und UV-Belichtung können vom zuvor vorgestellten Cyanotypie-Prozess übernommen werden.
Ein wesentlicher Unterschied besteht nur in einem zusätzlich notwendigen Schritt bei der Entwicklung des Bilds, da die Argyrotypie-Lösung neben Eisen auch lichtempfindliches Silber enthält, das wie bei einem Schwarz-Weiß-Abzug für die Haltbarkeit des Bilds am Ende des Prozesses herausgelöst werden muss.

DER ENTWICKLUNGSPROZESS

UV-Belichtung

Die Belichtung von Argyrotypien erfolgt genau wie bei Cyanotypien mittels UV-Licht entweder durch die Sonne oder mit Hilfe einer UV-Lampe.

Entwicklung

Nach Abschluss der UV-Belichtung wird das Bild zunächst für etwa 5 min zur Entwicklung in eine Schale mit fließendem Wasser gegeben.

Fixage

Danach kommt das Bild in eine Schale mit Schwarz-Weiß-Fixierer.

Im historischen Prozess ist dies ein langsam arbeitender Fixierer aus Natrium-Thiosulfat, der aber heute kaum noch zu bekommen ist. Sie können alternativ auch einen stark verdünnten idealerweise alkalisch eingestellten Schnellfixierer auf Ammonium-Thiosulfatbasis verwenden, sehr gut eignet sich hier der alkalische und zugleich auch geruchslose Fixierer ATS alkalisch von Moersch Photochemie. Nutzen Sie hier einen Ansatz von 1+50 zur mehrfachen oder 1+200 zur einmaligen Verwendung. Die Verarbeitungszeit liegt bei etwa 1–2 min.

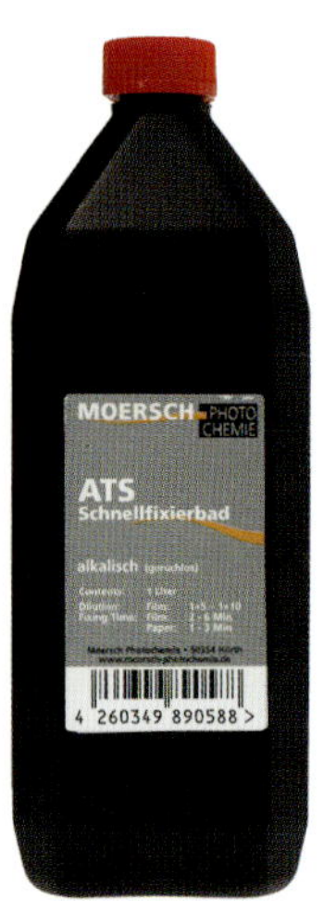

Schlusswässerung und Trocknung

Nach der Fixage erfolgt eine Schlusswässerung für 20 min, um alle Reste des Fixierers aus dem Papier zu waschen und abschließend die Trocknung.

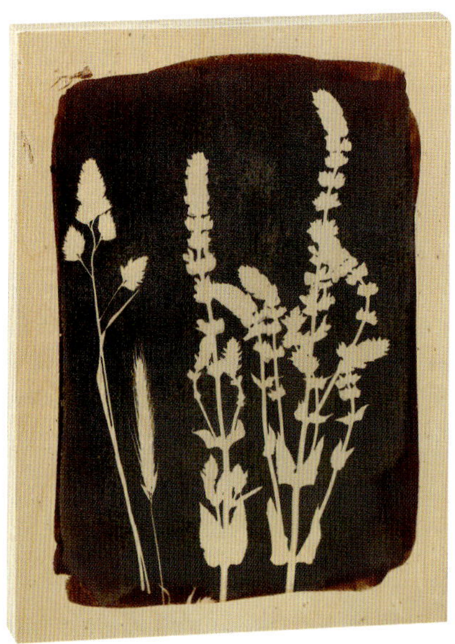

Abbildung 8.38: Argyrotypie auf Holz (Marc Stache, 2022) – Argyrotypien lassen sich nicht nur auf Papier, sondern auch auf Stoff oder Holz erstellen.

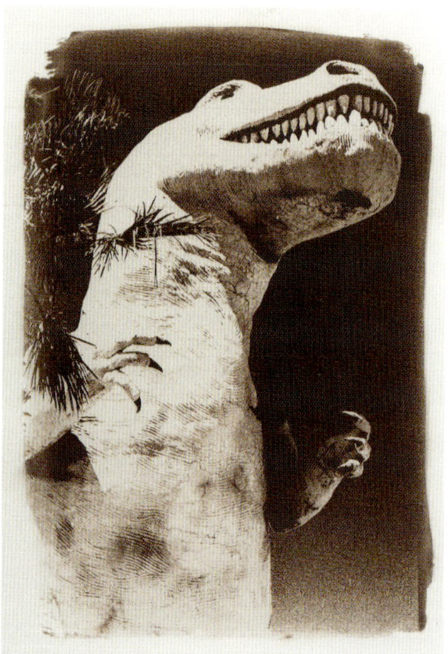

Abbildung 8.39: Argyrotypie auf BERGGER-COT-320-Papier (Marc Stache, 2022)

8.4 SOLARFAST-LICHTFARBEN

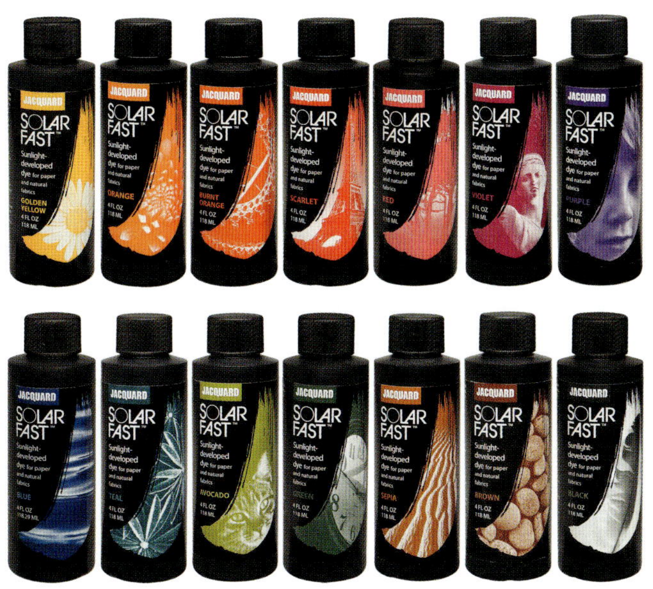

Abbildung 8.40: Übersicht aller Farbvarianten der Solarfast Lichtfarben.

Die Solarfast-Lichtfarbe von Jacquard ist eine wasserbasierende, ungiftige, fotografische Emulsion, die durch Sonnenlicht oder eine andere UV-Lichtquelle belichtet und fixiert wird.

Sie funktioniert auf jeder saugfähigen Naturfaser wie Papier oder Stoff (z.B. Baumwolle, Seide, Leinen, aber auch Wildleder und unbehandeltes Holz) und wird mit Hilfe eines Schwamms oder Pinsels aufgetragen.

Die Solarfast-Lichtfarben funktionieren dabei etwas ähnlich wie Cyanotypien, nur dass man hier eine bunte Palette an Farben zur Auswahl hat, die sich zudem noch untereinander mischen lassen. Ein weiterer Vorteil ist, dass sich diese Farbe direkt mit dem Stoff verbindet und auch bei Maschinenwäsche eine gute Haltbarkeit aufweist. Cyanotypien dagegen funktionieren zwar auch auf Stoff, vertragen aber alkalische Lösungen, wie sie ja nun einmal in Seife und Waschmittel enthalten sind, sehr schlecht und bleichen dann aus.

Daher sind die Solarfast-Lichtfarben eine klare Empfehlung für die Verwendung mit Textilien, insbesondere mit Kleidungsstücken.

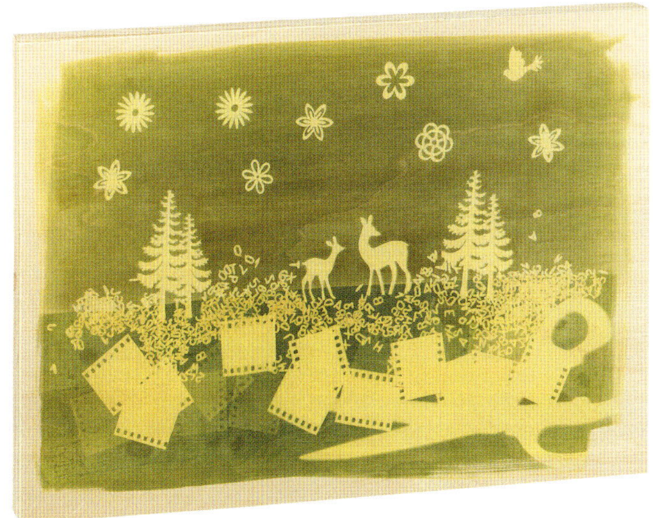

Abbildung 8.41: Bild mit grüner Solarfast-Farbe auf Holzplatte (Marc Stache, 2022)

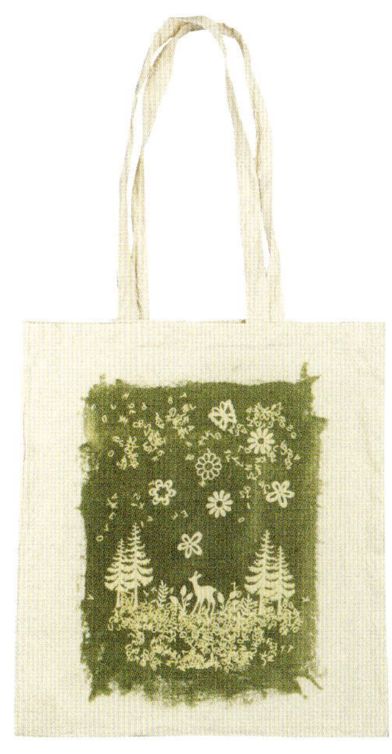

Abbildung 8.42: Bild mit grüner Solarfast-Farbe auf Jutebeutel (Marc Stache, 2022)

So funktioniert es:

Material beschichten

Papier oder Stoff (Baumwolle, Seide, Leinen, aber auch Wildleder und unbehandeltes Holz) mit Hilfe eines Schwamms oder Pinsels mit Solarfast-Farbe beschichten und etwas einziehen lassen.

Wichtig

Zur Verwendung sollte die Emulsion aber noch leicht feucht sein! Ansonsten werden die Ergebnisse weniger farbenfroh und blasser.

Tipp

Verwenden Sie zur Aufbewahrung zusammengemischter Farben, die Sie nicht direkt verbrauchen, Behälter, die Schutz vor UV-Licht bieten, wie z.B. Braunglas-Flaschen.

Druckvorlagen

Das Papier oder den Stoff mit Gegenständen, Schablonen, Negativvorlagen, Pflanzen etc. nach Wunsch belegen. Der Fantasie sind keine Grenzen gesetzt. Gut eignen sich auch auf transparente Folien gedruckte Negative.

Je nach Vorlage kann es hilfreich sein, die Vorlage mit Hilfe einer Glasscheibe zu beschweren oder einen Kontaktprint oder Cliprahmen zu verwenden.

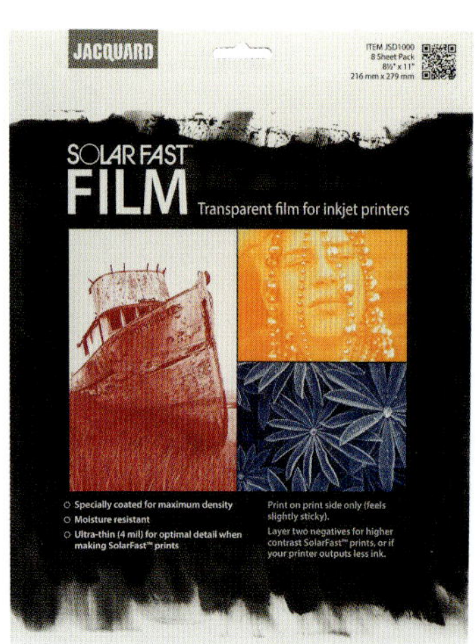

Abbildung 8.43: Solarfast-Film ist eine transparente Druckfolie für Tintenstrahldrucker, um großformatige Negativvorlagen zu erstellen. Alternativ funktionieren auch andere Druckfolien wie der bei der Cyanotypie vorgestellten Fotospeed-DC-Film.

Belichtung

Je nach Sonnenintensität und Farbe 10–25 min mit UV-Licht belichten, alternativ kann auch eine UV-Lampe verwendet werden. Die passende Belichtungszeit variiert stark je nach Lichtintensität und sollte im Zweifel vorher einmal getestet werden. Wo UV-Licht auf das Material trifft, findet eine chemische Reaktion statt und aktiviert die Farbe.

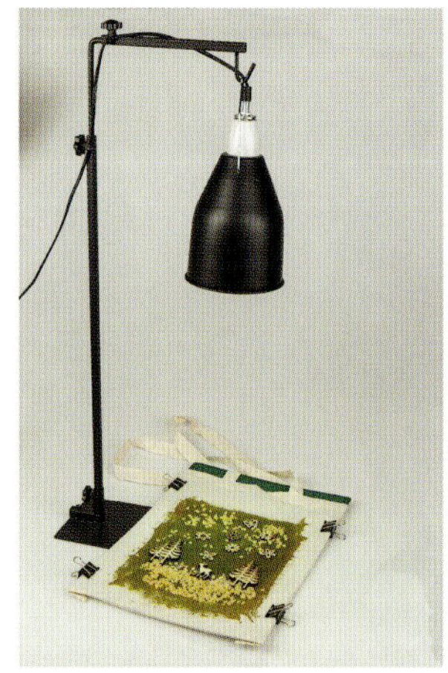

Abbildung 8.44: Belichtung eines Stoff-Jutebeutels mit einer UV-Lampe

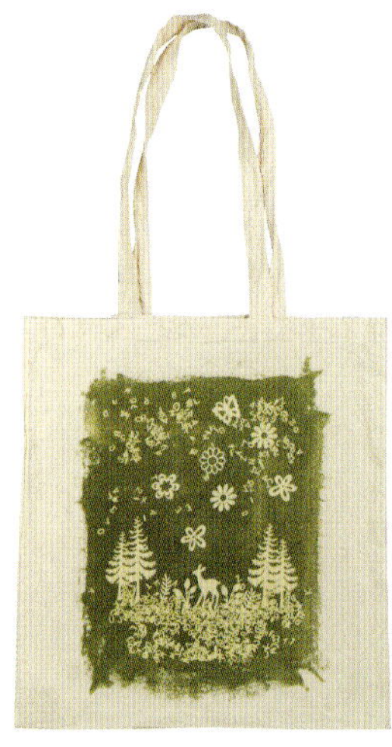

Abbildung 8.45: Das fertige Bild auf dem Stoffbeutel

Entwicklung

Die belichteten Stoffe in die Waschmaschine geben, damit die unbelichteten Emulsionsreste ausgewaschen werden. Dies verhindert ein ungewolltes Nachdunkeln.
Verwenden Sie ein kräftiges Waschmittel oder noch besser das vom Hersteller speziell dafür entwickelte Solarfast Wash.

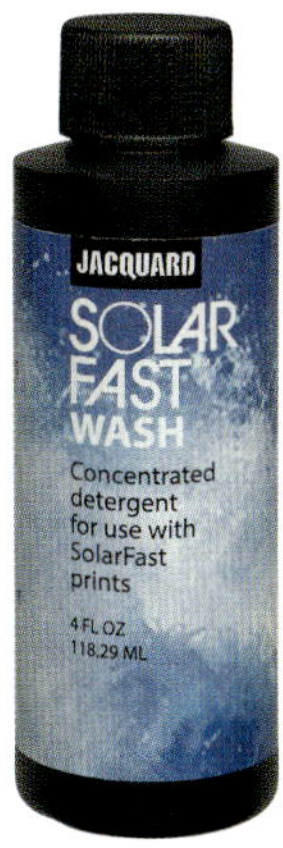

Abbildung 8.46: Solarfast-Wash-Spezialwaschmittel

> **Tipp**
>
> Papiere, Holz etc. lassen sich auch in einer Schüssel von Hand auswaschen. Das Wasser sollte eher heiß sein, aber natürlich, ohne dass man sich dabei verbrüht, und auch hier ist eine Zugabe etwa einer Kappe Solarfast Wash empfehlenswert.

8.5 SOLARGRAFIEN MIT SOLARCAN

Die Solargrafie verknüpft Fotografie mit Astronomie, indem sie es ermöglicht, den Verlauf von Sonnenbahnen auf Fotopapier zu bannen. Dabei nutzt sie den gleichen Effekt, den wir schon bei den Lumen-Prints kennengelernt haben, durch eine Belichtung von Schwarz-Weiß-Fotopapier mit intensivem UV-Licht.

In diesem Fall jedoch wird das Fotopapier nicht direkt belichtet, sondern dazu wie ein Papiernegativ in eine Lochkamera eingelegt.

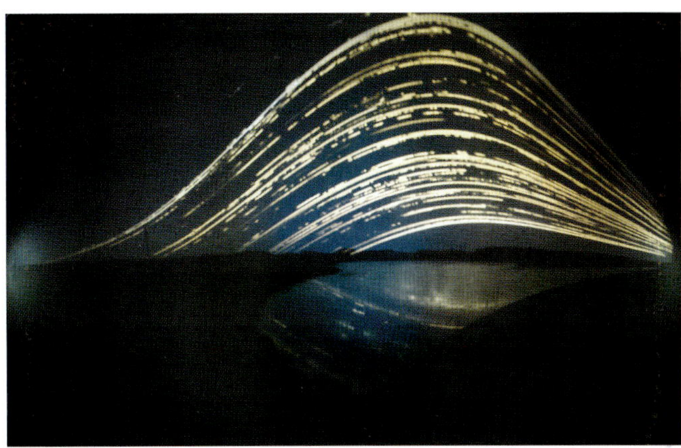

Abbildung 8.47: Solargrafie erstellt mit Solarcan-Lochkamera (Bild: Solarcan, Sam Cornwell)

»Im Osten geht die Sonne auf, im Süden will sie hoch hinaus, im Westen will sie untergehen, im Norden ist sie nie zu sehen«.

Die Kamera sollte für die Solargrafie so ausgerichtet sein, dass die Lochblendenöffnung den Tagesverlauf der Sonne aufnehmen kann. Eine Ausrichtung nach Norden wäre daher eher ungünstig.

Das Licht der über den Horizont wandernden Sonne brennt sich dabei durch eine fortwährende Belichtung im Inneren der Lochkamera auf das lichtempfindliche Fotopapier. Die fortwährende extreme Belichtung bewirkt auf dem Fotopapier wie beim Lumen-Print eine chemische Reaktion, die das Bildsilber anregt und ein Negativbild erzeugt, ohne dass eine Entwicklung im Fotolabor nötig wäre. Auch wenn es sich bei dem verwendeten Papier um Schwarz-Weiß-Fotopapier handelt, hat die extreme Belichtung den überraschenden Effekt, unvorhersehbare Farbigkeiten zu erzeugen.

Da wir hier mit der Lochkamera ein fotografisches Aufnahmegerät verwenden, wird dabei neben den abgebildeten Sonnenbahnen auch die fotografierte Landschaft festgehalten.

Prinzipiell reicht für eine solche Aufnahme auch schon ein sonniger Tag. Das Ergebnis wird aber viel spannender und deutlich sichtbarer über einen langen Zeitraum von Wochen, Monaten oder auch einem Jahr.

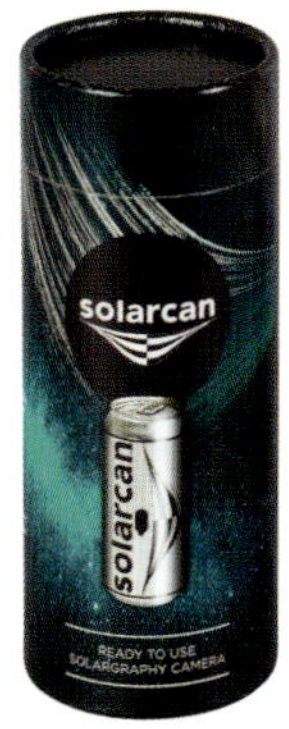

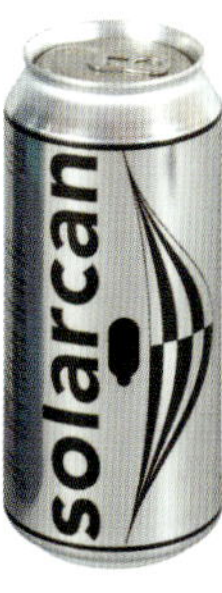

Abbildung 8.48: Sie können sich eine Lochkamera für Solargrafien mit etwas Bastelgeschick auch selbst bauen. Für diejenigen, die diese Technik möglichst unkompliziert einmal ausprobieren möchten, gibt es von der Firma Solarcan sofort einsatzbereite Solargrafie-Lochkameras mit Lochblendenöffnung und schon bestückt mit Fotopapier. Lassen sich nicht von den verschiedenfarbigen Außenverpackungen täuschen: Die Dosenkamera im Inneren ist immer dieselbe und die Verpackungsfarben geben auch keinen Aufschluss über die Farbigkeit der späteren Solargrafie.

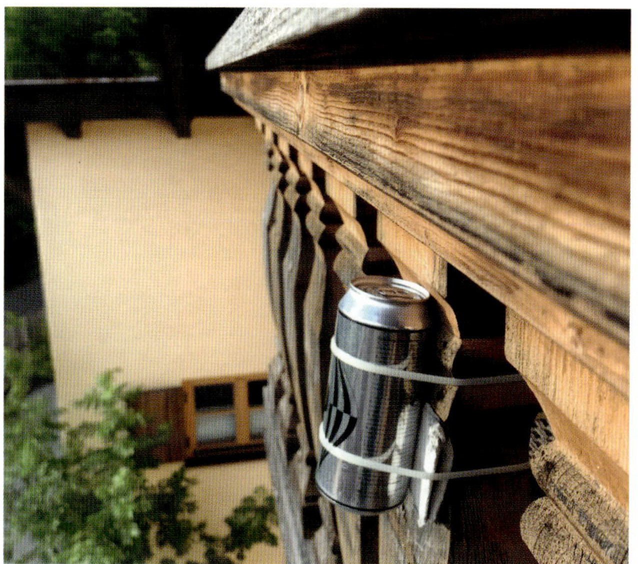

Abbildung 8.49: Die Lochkamera habe ich am Balkon unserer Ferienwohnung befestigt und anschließend den als Verschluss dienenden Klebestreifen über der Öffnung der Lochblende abgezogen, um die Belichtung zu starten.

Wichtig ist, dass die Kamera während dieser Zeit möglichst nicht bewegt und auch nicht verdeckt wird. Nach Ablauf der gewünschten oder maximal möglichen Belichtungszeit geht es dann an die Bilderernte. Verschließen Sie den Verschluss der Lochkamera wieder, z.B. mittels eines lichtdichten Stück Klebebands, und lösen Sie die Dose von ihrer Befestigung.

Tipp

Für möglichst eindrucksvolle Ganzjahresbelichtungen eignet sich der Zeitraum zwischen Wintersonnenwende (21. Dezember) bis zur nächsten Sommersonnenwende (21. Juni). Über diesen Zeitraum verändert sich der Sonnenstand zur Mittagszeit von seinem niedrigsten zum höchstmöglichen Punkt.

Haltbarkeit der Bilder

Nach Entnahme aus der Lochkamera sind die Papiernegative weiterhin lichtempfindlich und würden durch direkten Lichteinfall komplett belichtet und dadurch schnell unbrauchbar werden.
Entnehmen Sie die Aufnahme daher nur in einem schwach beleuchteten Raum. Ideal wäre eine Dunkelkammer mit Rotlicht oder wenn möglich auch im Dunkeln. Es wäre möglich, das Papier durch Einsatz eines Fixierbads lichtunempfindlich zu machen, jedoch wird dadurch das kostbare Negativ deutlich heller und weniger farbig werden. Die optimale Vorgehensweise ist daher eine hybride Verarbeitung mit möglichst sofortiger Digitalisierung des Papierbilds.

Hybride Weiterverarbeitung

Um das Papiernegativ in ein Positivbild umzuwandeln, muss es entweder mit einem Flachbettscanner eingescannt oder mit einer Digitalkamera abfotografiert werden.
Da es beim Scanvorgang mit Licht bestrahlt wird, haben Sie für eine optimale Qualität meist nur einen Versuch, bevor das lichtempfindliche Papiernegativ durch die Belichtung beeinflusst und das Negativ dadurch immer schwächer sichtbar wird. Sinnvoll ist es, den Scanbereich mit einem vorbereiteten Stück Papier gleicher Größe per Prescan vorzubereiten.

Wenn alles passend eingestellt ist, wird das Fotopapier der Dose entnommen und mit dem Bild nach unten auf das Scannerglas gelegt.

Das digitalisierte Negativbild wird per Bildbearbeitung invertiert und so in ein Positivbild umgewandelt.

Erhöhen Sie Farbigkeit und Kontrast nach Ihrem Geschmack. Fertig ist die Solargrafie.

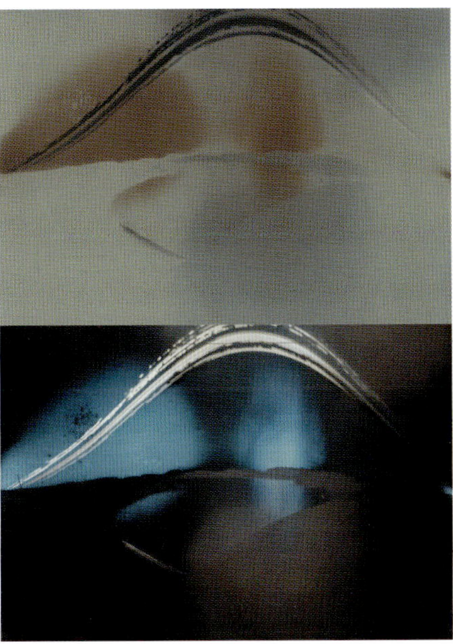

Abbildung 8.50: Oben: Durch die Langzeitbelichtung entstandenes Negativbild. Unten: durch Digitalisierung und dann Invertierung per Bildbearbeitung positives Landschaftsbild mit sichtbaren Sonnenspuren

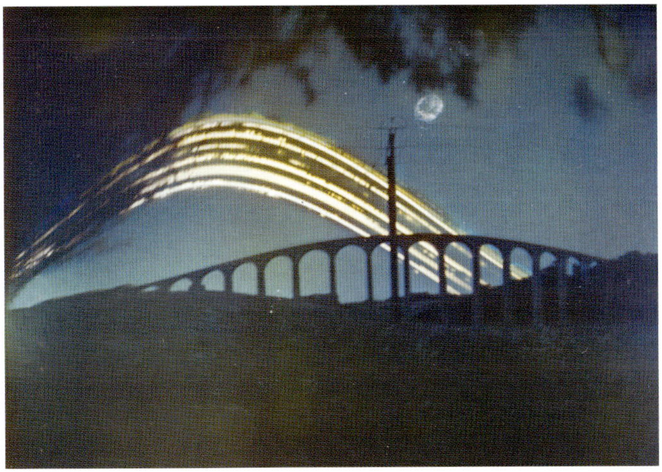

Abbildung 8.51: Solargrafie erstellt mit Solarcan-Lochkamera (Bild: Solarcan, Sam Cornwell)

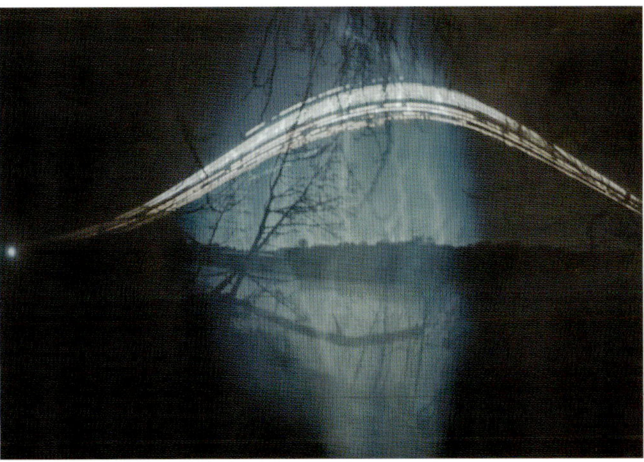

Abbildung 8.52: Solargrafie erstellt mit Solarcan-Lochkamera (Bild: Solarcan, Sam Cornwell)

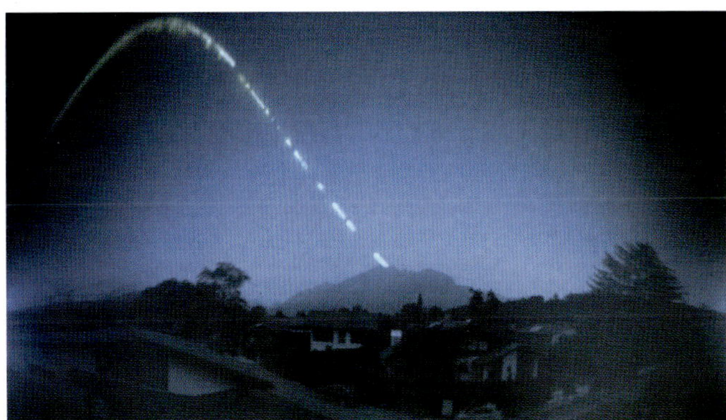

Abbildung 8.53: Das fertige Positivbild mit der Kamera vom Balkon: Solargrafie mit Solarcan-Lochkamera und 7 Tage Belichtung (Marc Stache, Garmisch-Partenkirchen 2020)

8.6 CHLOROPHYLL-DRUCK

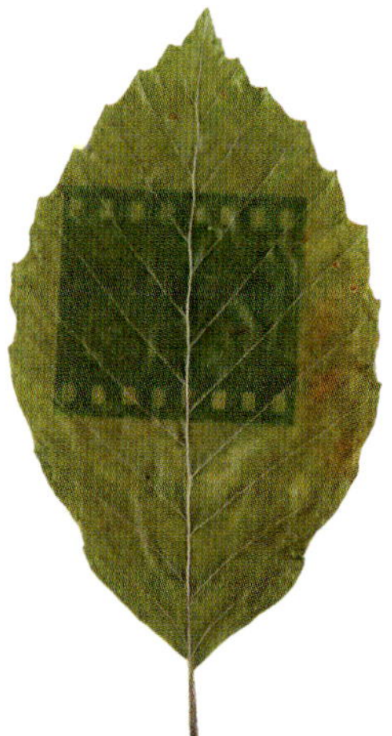

Abbildung 8.54: Chlorophyll-Druck (Marc Stache, 2022)

Fotografische Prozesse benötigen nicht zwingend Film, Fotopapier und Chemie, um ein Bild zu erstellen. Es gibt viele Materialien, die auf Licht, insbesondere UV-Licht, reagieren und sich unter dessen Einwirkung verändern. Denken Sie nur einmal an Ihren letzten Sonnenbrand.

Eine schmerzfreiere Möglichkeit bietet der Chlorophyll-Druck. Hierzu benötigen wir ein handelsübliches Blatt einer Pflanze. Am besten eignen sich etwas größere, frische und nicht zu trockene Blätter.

Wenn das Blatt dem Sonnenlicht ausgesetzt wird, bleicht das Blattgrün (Chlorophyll) unter Einwirken von UV-Licht langsam, aber stetig aus. Werden aber Teile des Blatts während dieses Prozesses abgedeckt, bleiben diese Teile weiterhin grün. Diesen Effekt können wir uns zunutze machen, indem wir Gegenstände mit interessanten Konturen oder auch transparente Bildvorlagen auf solch ein Blatt legen.

Die dunklen Partien der Vorlage lassen weniger Licht durch und bewirken auf dem Blatt dann ein dunkleres Grün, während helle Stellen viel Licht durchlassen und das Blattgrün hier stärker ausbleicht. Aus diesem Grund sollten Sie, wenn Sie eine Bildvorlage wiedergeben möchten, kein Negativbild als Vorlage verwenden, sondern ein Positivbild, da dies dann 1:1 kopiert werden kann.

Beschweren Sie eine gedruckte Folienvorlage auf dem Blatt mit einer Glasscheibe, damit diese nicht verrutschen und sich möglichst scharf auf dem Blatt abbilden kann. Gute Hilfsmittel sind hierbei auch ein Kontaktprintrahmen aus dem Fotolabor, ein Edeldruckrahmen oder auch ein einfacher alter Bilderrahmen.

Die Ergebnisse sind von Pflanze zu Pflanze sehr unterschiedlich. Mal funktioniert es in wenigen Stunden, mal benötigt es Tage oder Wochen. In nicht wenigen Fällen funktionierte es in meinen Tests auch gar nicht, da das Blatt schon vertrocknet war, bevor sich ein sichtbarer Bildeffekt einstellen konnte.

Es gibt viele Möglichkeiten zum Experimentieren.

HALTBARKEIT DER BILDER

Leider ist das entstandene Bild nicht lichtstabil und wird mit der Zeit weiter ausbleichen. Die einzige Möglichkeit, dies zu verlangsamen, ist es, das Blatt an einem lichtgeschützten Ort aufzubewahren. Wenn Sie das Blatt zusätzlich mit etwas Renaissance-Wachs einreiben, können sie es etwas länger vor dem Austrocknen bewahren.

Um das Bild zu bewahren, sollte man es als Reprofoto abfotografieren.

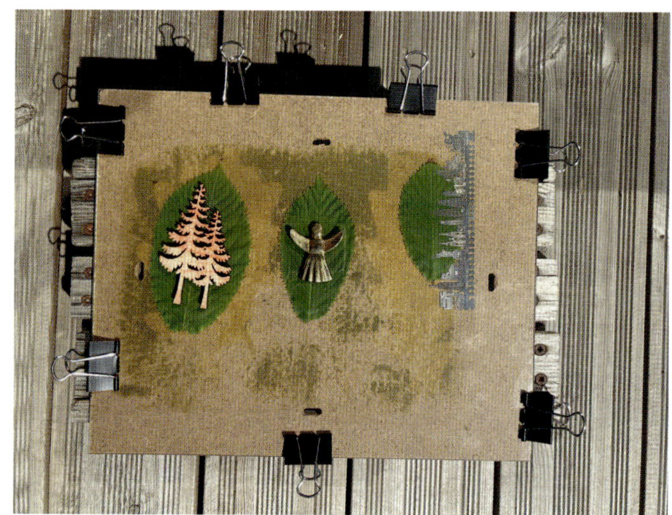

Abbildung 8.55: Belichtung mehrerer Blätter im Sonnenlicht. Ein gutes Ergebnis zu erzielen, bedarf vieler Experimente und auch Geduld bei oft nicht wenigen Fehlversuchen.

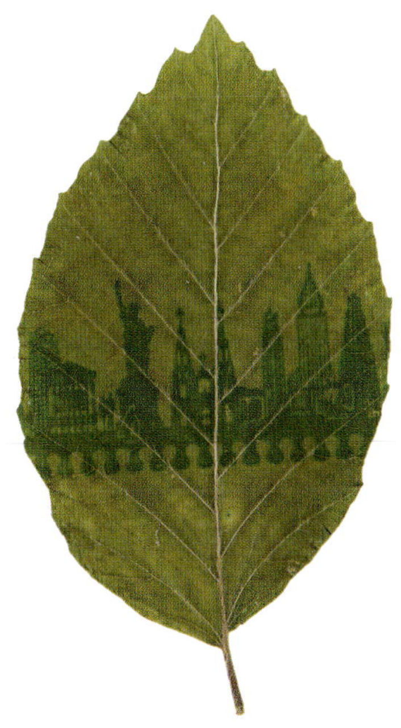

Abbildung 8.56: Chlorophyll-Druck (Marc Stache, 2022)

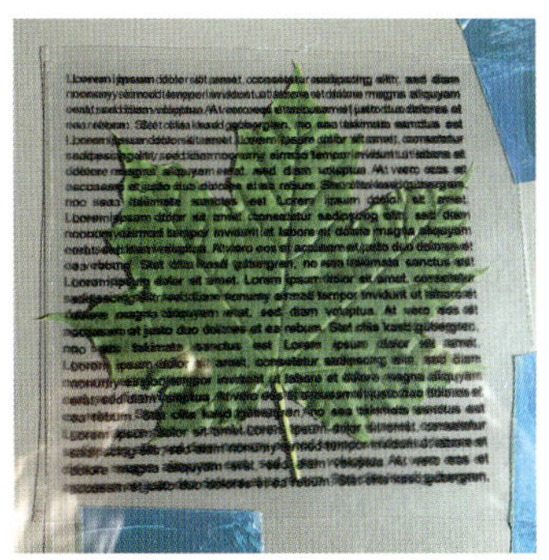

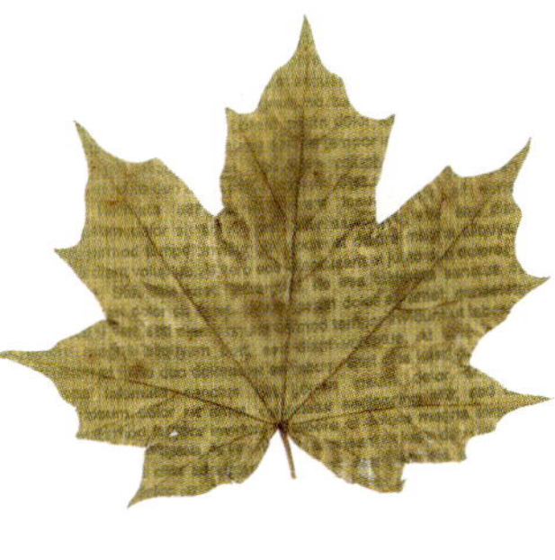

Abbildung 8.57: Links: Blatt mit aufgelegter Textfolie vor der Belichtung. Ich habe die Folie zweimal ausgedruckt und übereinander montiert, um die Dichte der Buchstaben zu erhöhen, so dass an den Stellen möglichst wenig bis kein UV-Licht hindurchkommt. Das Ganze wurde dann mit Klebestreifen fixiert und mit einer Glasplatte an das Blatt angepresst. Rechts: nach etwa 2 Tagen Belichtung in der Sonne (nachts bei Mondschein) das fertige Ergebnis (Chlorophyll-Druck, Marc Stache, 2022)

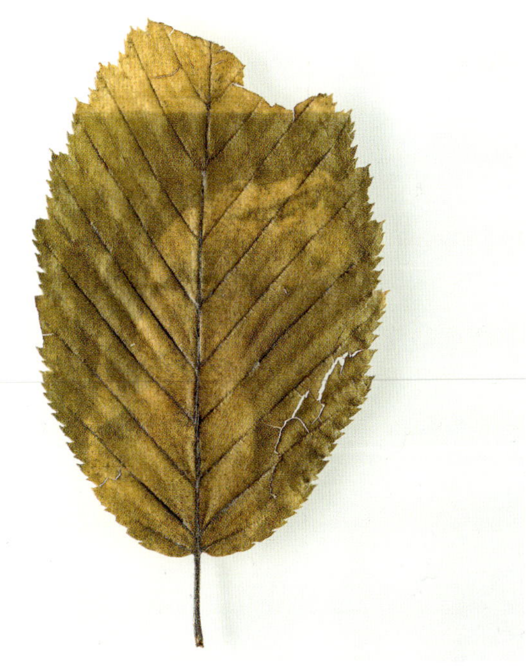

Abbildung 8.58: Ein weiteres Beispiel. Oben war ein Teil des Blatts nicht komplett von der etwas zu kleinen Bildvorlage verdeckt, wodurch die sichtbare Kante entstanden ist (Chlorophyll-Druck, Marc Stache, 2022)

8.7 KREATIVE FILMMANIPULATIONEN

Auch bei der Entwicklung von Farbfilmen gibt es viele Möglichkeiten, in den eigentlich standardisierten Prozess einzugreifen und durch Manipulationen bewusst das Ergebnis zu beeinflussen. Mit etwas Erfahrung lassen sich die Ergebnisse steuern, häufig ist aber der Zufall.

BLEACH-BYPASS-ENTWICKLUNG

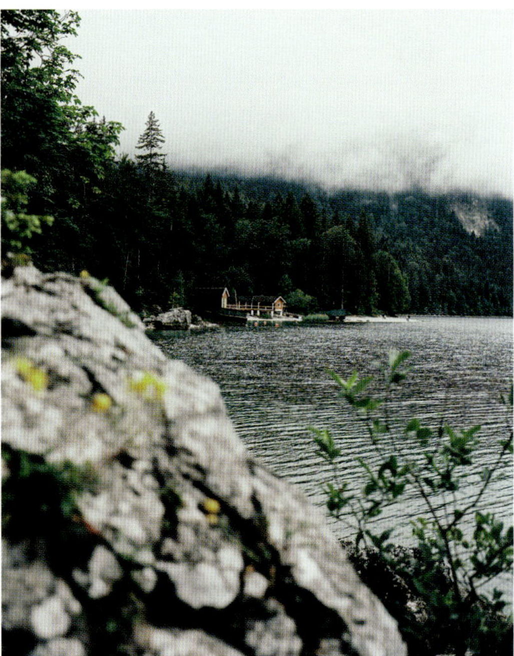

Abbildung 8.59: Bleach-Bypass-Entwicklung (Marc Stache, Eibsee, 2021)

Dieser Film-Look hat seinen Ursprung in der Nachbearbeitung von Kinofilmmaterial. Hier ist es üblich, den Look nachträglich durch verschiedenste Manipulationen und mehrfaches Umkopieren auf anderes Filmmaterial zu verändern. Bekannte Beispiele für Filme mit Bleach-Bypass-Entwicklung sind »Der Soldat James Ryan«, »Sieben« oder auch »300«.

Wie ich im Kapitel zur C-41-Entwicklung vorgestellt habe, wird bei der Farbnegativfilmentwicklung zunächst auch ein Schwarz-Weiß-Bild entwickelt, das dann wiederum bei seinem Entstehen die Bildung von Farbstoffen anregt. Im weiteren Verlauf wird das schwarz-weiße Silberbild dann durch das Bleichbad reduziert und schließlich im Fixierer herausgelöst, so dass am Ende nur das Farbstoffbild verbleibt.

Beim Bleach-Bypass-Prozess wird der Schritt des Bleichens nun übersprungen und das Negativ sofort fixiert. Auf diese Weise verbleibt das Schwarz-Weiß-Bild weiterhin im Negativ und überlagert das Farbbild.

Die Bleichung kann für unterschiedliche Ergebnisse dabei vollständig weggelassen oder aber auch nur verkürzt durchgeführt werden.

Das Ergebnis ist ein erhöhter Kontrast, verringerte Sättigung und eine starke Filmkörnung.

Wichtig

Durch das verbleibende Schwarz-Weiß-Bild erhält das Negativ eine erhöhte Dichte. Bei normaler Belichtung wäre das Ergebnis ein deutlich zu dichtes Negativ, das für Vergrößerung oder Scan kaum Licht durchlässt. Daher ist es notwendig, Filme, die im Bleach-Bypass Prozess entwickelt werden sollen, 1–2 Blendenstufen unterzubelichten. Auch eine gute Möglichkeit, noch mehr Empfindlichkeit aus seinen Filmen herauszukitzeln und z.B. aus einem Kodak Ektar 100 einen 400er-Film zu machen.

Hinweis

2-Bad-C-41-Kits verwenden ein kombiniertes Bleich- und Fixierbad. Hier lässt sich der Bleicher also nicht so einfach weglassen. Verwenden Sie für die Bleach-Bypass-Entwicklung daher ein Chemie-Kit mit 3 Prozessbädern, bei denen Bleicher und Fixierer einzeln enthalten sind.

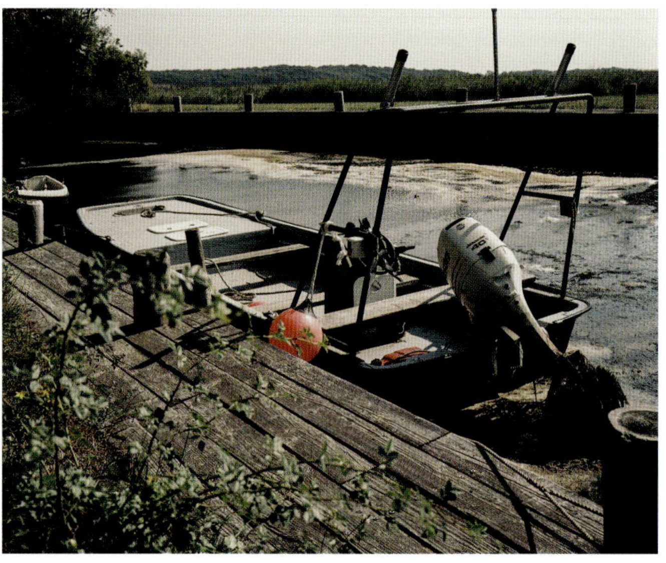

Abbildung 8.60: Bleach-Bypass-Entwicklung (Marc Stache, 2021)

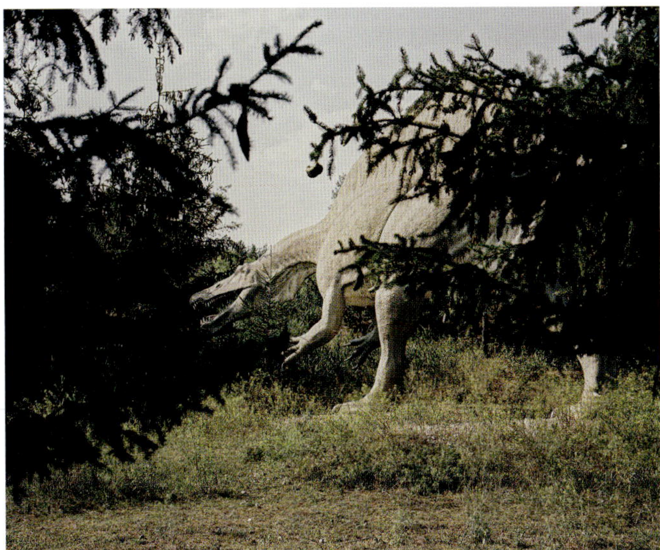

Abbildung 8.61: Bleach-Bypass-Entwicklung (Marc Stache, 2021)

CROSSENTWICKLUNG

In der standardisierten Laborwelt hat jede Filmsorte ihren eigenen Prozess. Farbnegativfilm wird im C-41-Prozess entwickelt, Diafilm im E-6-Prozess.

Aber warum nicht mal auch andersherum?

E-6-FARBDIAFILM IN C-41-FARBNEGATIV-CHEMIKALIE

Die häufigste Form der Crossentwicklung ist die Entwicklung von Diafilmen in C-41-Chemikalie, die eigentlich für den Farbnegativprozess gedacht ist. Als Ergebnis erhalten Sie dann auch keine Positivbilder, da ja keine Umkehrentwicklung stattfindet, sondern Farbnegative, allerdings ohne orange Maskierung, sondern mit klarem Filmträger. Die Bildergebnisse sind je nach verwendetem Filmmaterial unterschiedlich, aber weisen meist verstärkte Kontraste und eine hohe Farbsättigung auf. Bei einigen Filmen kommt es auch zu einer deutlich sichtbaren Farbverschiebung.

Noch einmal verstärken lassen sich die Effekte, wenn alte abgelaufene Diafilme verwendet werden, mit dann allerdings einhergehenden überraschenden und unberechenbaren Erbnissen.

Für die meisten Labore ist solch eine Crossentwicklung mittlerweile kein unbekannter Sonderfall mehr, sondern ein bekanntes Prozedere. Es macht aber immer Sinn, dies mit dem Labor abzusprechen, so dass der Film nicht aus Versehen doch in seinem jeweiligen Standardprozess landet.

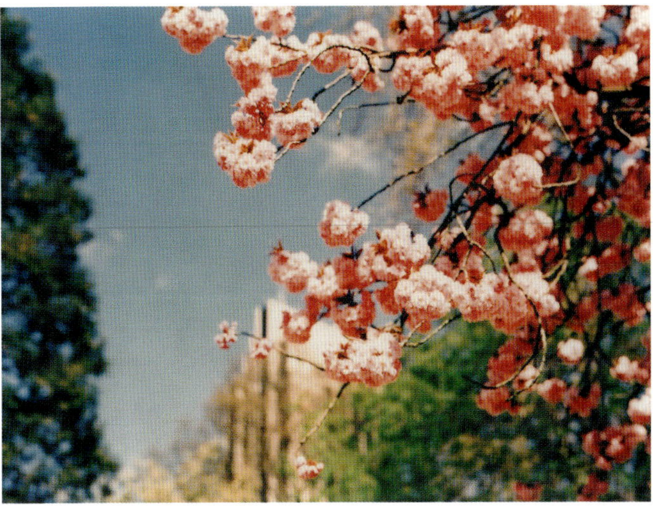

Abbildung 8.62: Abgelaufener Kodak-Ektachachrome-50-Diafilm, crossentwickelt in C-41 (Aufnahme von Achim Jungenkrüger *https://www.instagram.com/achim_ju*)

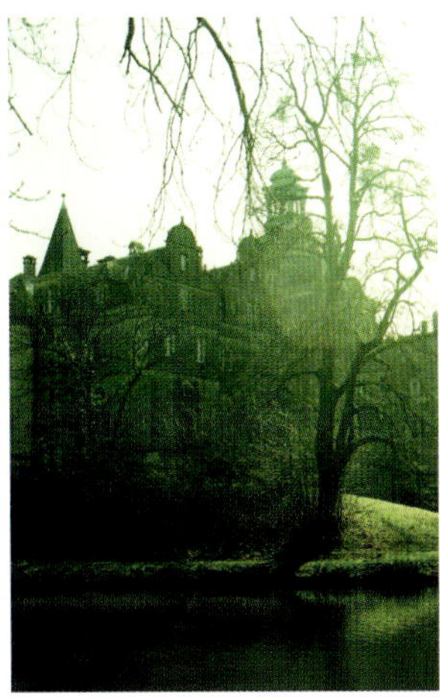

Abbildung 8.63: Agfa-CT-Precisa-Diafilm, crossentwickelt in C-41 (Aufnahme von Freia Fahrenholtz, Schloss Bückeburg, 2014, *www.allaboutanalogue.de* oder *https://www.instagram.com/freia.fahrenholtz*)

C-41 FARBNEGATIVFILM IN E-6-FARBDIAFILM-CHEMIKALIE

Die Crossentwicklung von Farbnegativfilmen in E-6-Chemikalie ist auch möglich, wird aber viel seltener gemacht. Sie erhalten hieraus ein Positivbild wie bei einem Dia, aber aufgrund der eigentlich orangen Maskierung des Farbnegativfilms nun mit einer starken grünen Einfärbung. Als Dia lässt sich so etwas dann nicht mehr nutzen, nur noch mit viel Nachbearbeitung als Scan.

FILMSOUPS

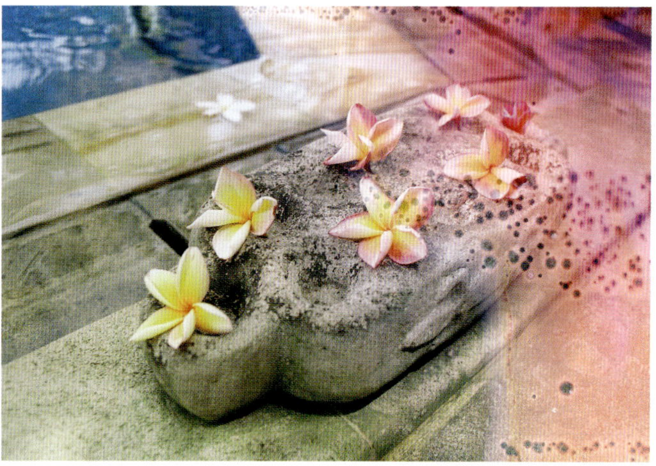

Abbildung 8.64: Filmsoup-Film (Marc Stache, Bali, 2010)

Filmsoups sind eine experimentelle analoge Technik, bei denen der Film entweder vor oder auch nach der Aufnahme in verschiedenen Flüssigkeiten eingelegt wird.

Besonders gut eignen sich basische oder saure Flüssigkeiten, wie z.B. Seifenlaugen oder Zitronensäure. Eine beliebte Praxis ist es auch, die Filmpatrone vor Entwicklung in die Spülmaschine zu legen. Der Kreativität sind hier praktisch keine Grenzen gesetzt.

Die Flüssigkeit dringt dabei ins Innere der Filmpatrone ein und reagiert mit der Filmemulsion.

Solch eine Vorbehandlung führt zu unvorhersehbaren Effekten bei der Filmentwicklung: Schlieren, Farbverschiebungen, Blasen, Schichtablösungen und vieles Unvorhergesehenes mehr.

Wichtig

Vor Belichtung in der Kamera, aber auch vor Entwicklung sollte der Film wieder möglichst trocken sein, da er sonst in der Kamera oder Entwicklungsspirale verkleben könnte.
Die Filmpatrone nach Behandlung also am besten mehrere Tage gut trocknen lassen. Im Winter bietet es sich an, den Film auf die Heizung zu stellen. Alternativ eignet sich ein Trockenschrank oder ein Fön.

Es ist auch möglich, den Film erst nach der Aufnahme in eine Filmsoup einzulegen. Die Ergebnisse sind aber bei Behandlung noch vor der Aufnahme farblich intensiver

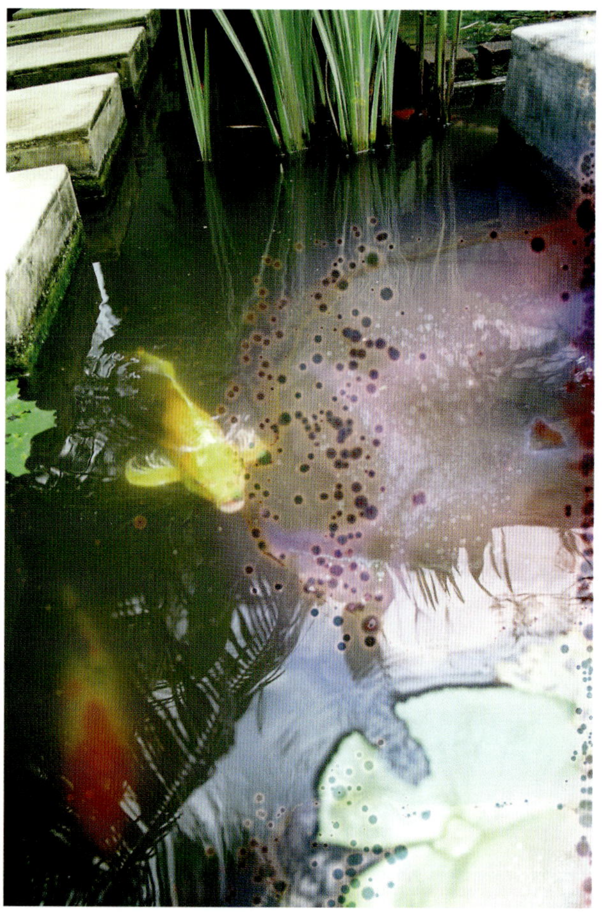

Abbildung 8.65: Filmsoup-Film (Marc Stache, Bali, 2010)

HINWEISE ZUR FILMENTWICKLUNG

Da die Entwicklungschemikalie hierbei stark in Mitleidenschaft gezogen wird oder andere »normale« Filme dabei Schaden nehmen können, wenn sie zusammen mit einem Filmsoup-Film entwickelt werden, lehnen die meisten größeren Fachlabore solche Entwicklungen verständlicherweise ab.

Fragen Sie bei Filmabgabe zur Entwicklung also unbedingt einmal nach. Die bessere Alternative ist hier sicherlich die Selbstentwicklung.

Tipp

Die Filmsoup-Spezialistin Hanna Beltran Valderrama vertreibt unter dem Namen HANALOGITAL bereits mit verschiedenen Flüssigkeiten und Chemikalien vorbehandelte Filmsoup-Filme, die fix und fertig im Handel zu kaufen sind. Die Filme wurden sorgfältig getrocknet, so dass sie problemlos in der Kamera verwendet werden können.
https://www.etsy.com/de/shop/HANALOGITAL

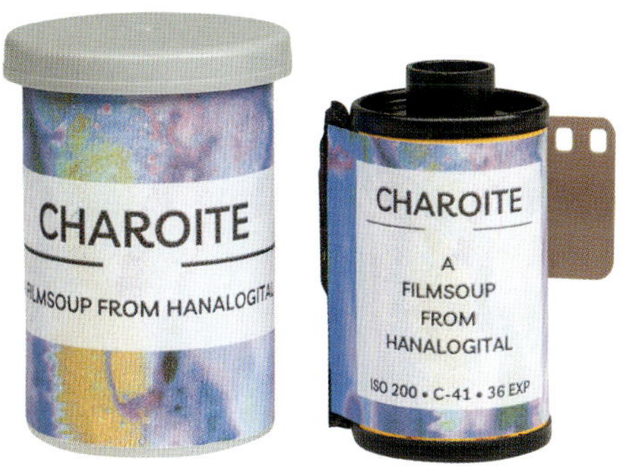

Abbildung 8.66: Im Handel erhältlicher Filmsoup-Film Charoite von Hanalogital

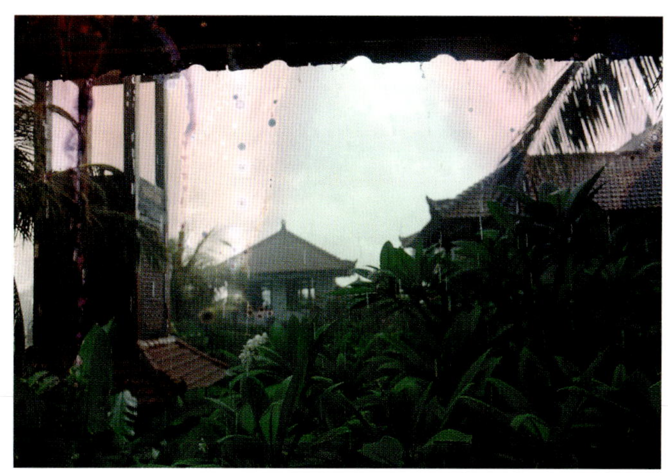

Abbildung 8.67: Filmsoup-Film (Marc Stache, Bali, 2010)

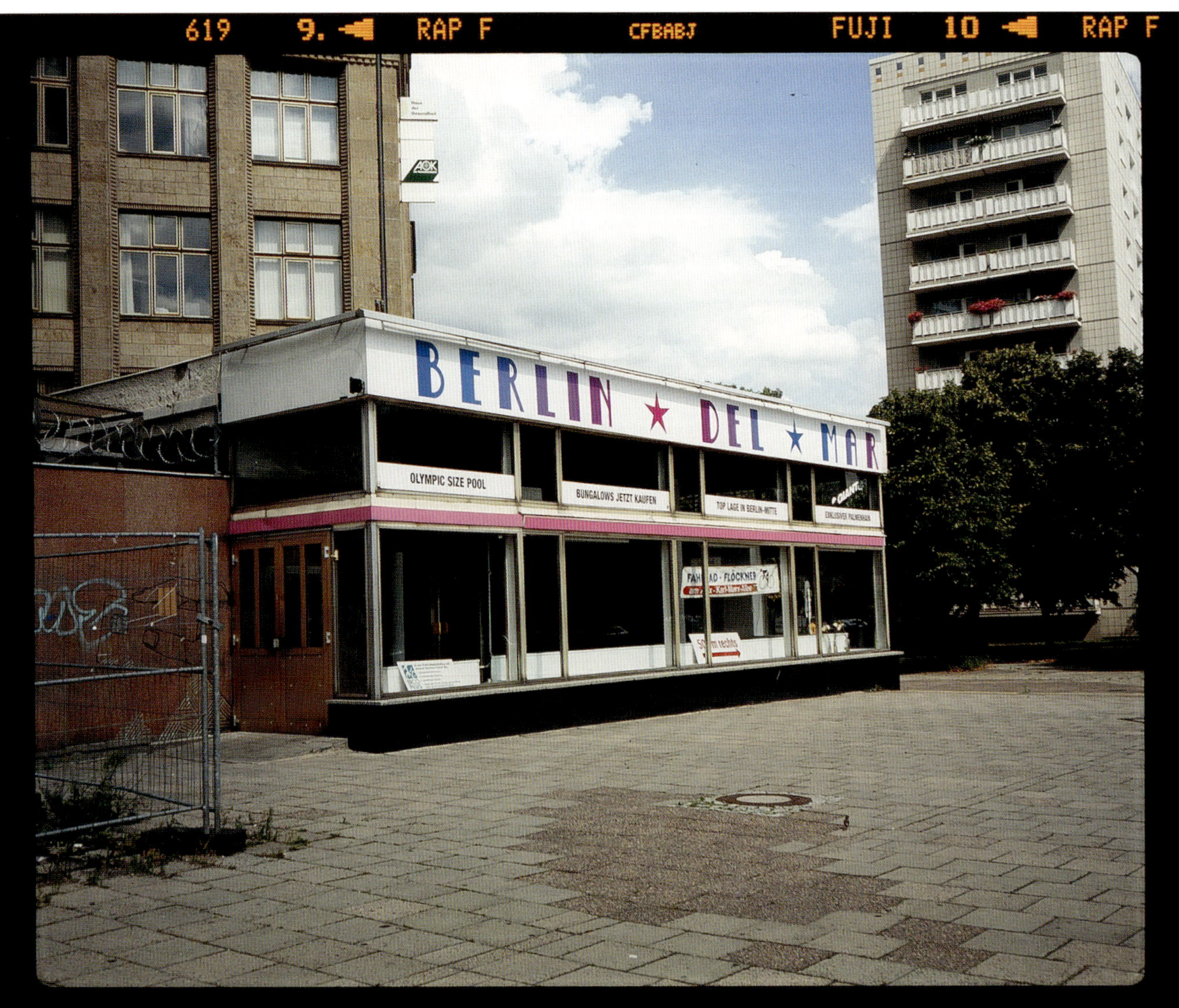
619 9. RAP F
CFBABJ
FUJI 10 RAP F
BERLIN ★ DEL ★ MAR
OLYMPIC SIZE POOL
BUNGALOWS JETZT KAUFEN
TOP LAGE IN BERLIN-MITTE
EXKLUSIVER PALMENHAIN

9 Adressen und Links

Im folgenden Kapitel möchte ich eine Reihe interessanter Adressen und Links auflisten, darunter Händler, Hersteller und Bezugsquellen analoger Fotomaterialien, sowie Internetforen voller interessanter Informationen und Adressen von Reparaturwerkstätten.

Gerne nehme ich Hinweise für weitere Links und Adressen per E-Mail an *info@marcstache.com* entgegen, um diese Listen zukünftig zu erweitern. Regelmäßig aktualisierte Listen finden Sie auch in meiner Linksammlung auf der Edition-Argentum-Webseite (*https://www.editionargentum.de/informationen/links/*).

9.1 INTERNETFOREN

Name	Webseite
Aphog Next (Größtes deutschsprachiges Analogforum)	https://www.aphog.com/
Photrio (Größtes amerikanisches Analogforum)	www.photrio.com
Fotoimpex Forum	www.fotoimpex.de/forum
Großformat Forum	www.grossformatfotografie.de

9.2 HÄNDLER FÜR ANALOGE FILME, FOTOPAPIERE, CHEMIKALIEN UND ARCHIVMATERIALIEN

Händler	Ort	Beschreibung	Webseite
Ars Imago		Onlineshop + Ladengeschäft in Wien	www.ars-imago.com
Edition Argentum	Berlin	Onlineshop	www.editionargentum.de
Fotoimpex	Berlin	Onlineshop + Ladengeschäft in Berlin	www.fotoimpex.de
Fotofachversand Rieger		Onlineshop	www.fotofachversand.com
Foto Brenner		Onlineshop	www.fotobrenner.de
Macodirect		Onlineshop	www.macodirect.de
Moersch Photochemie		Onlineshop	www.moersch-photochemie.de
Monochrom		Onlineshop	www.monochrom.com
Nordfoto		Onlineshop	www.nordfoto.de

9.3 SECOND-HAND-KAMERAS UND LABORGERÄTE

Anbieter	Ort	Beschreibung	Webseite
Foto Jung-kunz	München	Gebrauchte Labor-geräte	www.used-minilab.de
Fotomax	Berlin und Nürnberg	Verkauf von Second-Hand-Ka-meras, Onlineshop und Ladengeschäf-te in Nürnberg und Berlin	www.fotomax.de
Click und Surr	Berlin	Verkauf und Reparatur von Gebrauchtkameras und Super-8	www.clickundsurr.de
Safelight Berlin	Berlin	Verkauf von Gebrauchtkameras, Onlineshop und Ladengeschäft in Berlin	www.safelightberlin.com
Second Hand Darkroom Supplies	Oxfordshire, UK	Verkauf von gebrauchten Laborgeräten und Kameras	www.secondhanddark-room.co.uk

9.4 HERSTELLER ANALOGER FOTOCHEMIKALIEN, FILME UND VERBRAUCHSMATERIA-LIEN

Auf den Webseiten der Hersteller findet man häufig nützliche Informationen wie Anleitungen, Hinweise zur Verfügbarkeit oder Entwicklungszeiten-Tabellen.

Hersteller	Webseite
Adox Fotowerke	www.adox.de
Bergger	www.bergger.com
Cinestill	www.cinestillfilm.com/
Dubble Film	www.dubblefilm.com/
Film Washi	www.filmwashi.com
Foma	www.foma.cz/
Ilford	www.ilfordphoto.com
Kodak Alaris	www.kodakalaris.com/
Kono	www.konomanufaktur.com
Kosmo Fotos	www.kosmofoto.com/
Lomo	www.lomography.de/
Moersch Photochemie	www.moersch-photochemie.de
Revolog	www.revolog.net/de/
Spur	www.spur-photo.com/
Tetenal	www.shop.new-tetenal.de/
Fujifilm	www.fujifilm.eu

9.5 HERSTELLER ANALOGER LABORGERÄTE

Herstellername	Webseite
Filmomat	www.filmomat.eu/
Heiland electronic	www.heilandelectronic.de/
Intellifaucet	www.hassmfg.com/
JOBO	www.jobo.com/

Herstellername	Webseite
Kaiser Fototechnik	www.kaiser-fototechnik.de
Kienzle Phototechnik	www.kienzle-phototechnik.de/
Nova Darkroom	www.theimagingwarehouse.com/
Paterson	www.patersonphotographic.com/
RH Designs	www.rhdesigns.co.uk

9.6 REPARATURWERKSTÄTTEN

Viele analoge Kameras sind äußerst robust und wertig gebaut und verrichten über Jahrzehnte klaglos ihren Dienst. Aber selbst die besten unter ihnen benötigen von Zeit zu Zeit etwas Wartung und auch die ein oder andere altersbedingte Vorsorgeuntersuchung kann nicht schaden.

Solange keine neuen analogen Kameras produziert werden, sind wir auf den Erhalt der vorhandenen Geräte angewiesen. Zum Glück gibt es noch eine Anzahl von Spezialwerkstätten, die sich auf deren Instandhaltung spezialisiert haben.

Einige von ihnen bieten zudem auch Kameras zum Verkauf an.

Name	Ort	Beschreibung	Webseite
Kameraservice Ostkreuz Günther Prügel	Berlin	Nach Jahrzenten am Ostkreuz nach Berlin Schöneweide umgezogen	www.kameraservice-ostkreuz.de/
Fotogeräte Service Berlin	Berlin	Als Nikon Service Point spezialisiert auf die Reparatur von Nikon-Kameras	www.nikonservice-berlin.de/
Kienzle Phototechnik		Hersteller von Vergrößerern und Laborgeräten. Auch Reparatur einschließlich von Fremdgeräten und Spezialanfertigungen möglich	www.kienzle-phototechnik.de/
Click & Surr	Berlin		
Wiese Fototechnik	Hamburg		www.wiese-fototechnik.de/
Kamerazeit	Lübeck	Reparatur von PENTAX-Kameras	www.kamerazeit.de
Analoge Fototechnik Clemens Cahn	Birstein-Völzberg	Reparatur und Wartung analoger Kameras und Objektive unter anderem der Hersteller Canon, Rollei, Minolta, Agfa, Balda, Yashica, Voigtländer, Seagull TLR	www.analoge-fototechnik.de
CT Kameraservice	Dachau	Schwerpunkte: Fuji, Hasselblad, Mamiya, Sinar, Copal	www.ct-kameraservice.de/
OM Doktor	Hamburg	Reparatur von Olympus-OM-Kameras	www.om-doktor.de/
Fotoreparatur Ostendorp	Schonungen	Reparatur und Verkauf von Kameras	www.fotoreparatur-ostendorp.de
Classic Fototechnik	Braunschweig	Reparatur von Rollei-Kameras	www.classic-fototechnik.de
Fotoreparatur Hoffmann	Stuttgart	Reparatur analoger Kameras sowie Diaprojektoren und Ferngläser	www.fotoreparatur-hoffmann.de/reparatur.html

Name	Ort	Beschreibung	Webseite
Foto Museler	Bochum	Reparatur sowie An- und Verkauf von Kameras	www.foto-museler.de
Kamera Technik Langer	Karlsruhe	Reparatur sowie An- und Verkauf von Kameras	www.kameralanger.com/reparaturen/
Paepke Fototechnik	Düsseldorf	Reparaturservice für Rollei, Leica und Mamiya-Kameras	www.paepke-fototechnik.de/service.html
Arlüwa Czens	Köln	Reparatur von Fotoapparaten, Sucherkameras, Spiegelreflexkameras, Objektive, Kameraverschlüsse, Entfernungsmesser, Belichtungsmesser	www.arluewa.de/

9.7 ANALOGE FOTOFACHLABORE

Diese Übersicht bietet eine Auswahl analoger Fotolabore im deutschsprachigen Raum. Eine größere Übersicht dieser und weiterer Labore finden Sie z.B. auf der Webseite des Photonews-Magazins (https://photonews.de/service/)

Name	Ort	Leistungen	Webseite
Analog Fineprint Service (Marc Stache)	Berlin	Filmentwicklungen Farbe und SW, analoge Handabzüge auf PE- und Barytpapier	www.fineprintservice.de
Jochen Rohner	Berlin	S/W-Filmentwicklung Kleinbild bis Planfilm 30 x 40 cm, S/W-Vergrößerungen auf Baryt und RC bis 140 cm Breite, Kaschierungen	www.jochen-rohner.de
BA AP	Berlin	S/W-Filmentwicklung und Vergrößerungen bis zu 140 x 200 cm	www.ba-ap.com
Ulrich Hagel	Berlin	C-41-Filmentwicklung Kleinbild bis 8 × 10 Inch, analoge Farbvergrößerungen bis 60 cm Breite	www.ulrich-hagel-labor.de
C-Print Berlin (Barbara Thiel)	Berlin	Analoge Farbvergrößerungen	www.c-print.de
I.N.A. (Ina Schröder)	Berlin	Filmentwicklungen SW, analoge Handabzüge auf PE- und Barytpapier	
Fotolaborservice Görner	Dresden	Filmentwicklung SW, E6 und C41, S/W C-Prints bis 40 × 60 cm, S/W-Prints PE und Baryt bis 50 × 70 cm	www.fototg.de
Schwarz-Weiß-Fotolabor (Thomas Ochs)	Dresden		www.schwarzweiss-fachlabor.de
Butzlab Kira Enss	Hamburg	http://butzlab.com/	www.butzlab.com/
Lazarus Fineprints	Hamburg		www.lazarusfineprints.de/
Grauwert	Hamburg	Filmentwicklungen und Abzüge auf PE- und Barytpapier	www.grauwert.de
Kontrastlab	Köln	Filmentwicklungen und Abzüge auf PE- und Barytpapier	www.kontrastlab.de/

Name	Ort	Leistungen	Webseite
Fotostudio 80	Leipzig	Filmentwicklung E6, C41 und S/W Kleinbild und Rollfilm. C-Prints bis 20 × 30 cm, S/W-Prints bis 40 × 50 cm	www.fotostudio80.de
SW-Labor Münster	Münster	Filmentwicklungen und Abzüge auf PE- und Barytpapier, Colorprints, Scans, Kaschierungen	www.sw-labor-muenster.de/
Schwarzweiß Fotolabor Thomas Ochs	Düsseldorf	Filmentwicklung S/W Kleinbild bis 8 × 10 Inch, S/W-Prints Baryt und PE sowie Onlineshop für Glasplattenfotografie und analoge Spezialitäten	www.schwarzweiss-fachlabor.de
Prolab	Stuttgart	Analoge Handabzüge sowie Filmentwicklungen, Farb- und Schwarzweißdiaentwicklungen	www.prolab.de
Mein Filmlab	Hürtgenwald	Filmentwicklung und Digitalisierung	www.meinfilmlab.de/
Nimm Film	Leipzig	Filmentwicklung und Digitalisierung	www.nimmfilm.de/
Sedan Sieben	München	Filmentwicklungen und analoge Abzüge auf PE- und Barytpapier	www.sedan-sieben.de/
Blow Up	München	Filmentwicklungen und analoge Abzüge auf PE- und Barytpapier	www.blowup-fotolabor.de
JOBO Artisan	Gummersbach	Analoger Fachlaborservice, sowie Anbieter von Workshops	www.joboartisan.com/labor-service
Zebra Labor Zentrum für Analogfotografie	Wien	S/W Filmentwicklung Kleinbild bis 8 × 10 Inch, S/W-Vergrößerungen bis 50 × 60 cm	www.zebralabor.at
Laboratorium	Zürich	Handabzüge auf PE- und Barytpapier sowie Platin-Palladiumprints	www.laboratorium.ch

9.8 MIETLABORE

Wenn man kein eigenes Fotolabor bei sich zu Hause einrichten kann oder vielleicht noch nicht sicher ist, ob dieses Hobby für einen das Richtige ist und die Investitionen scheut, sind Mietfotolabore eine tolle Alternative. Hier kann man sich tage- oder stundenweise einmieten, mit Gleichgesinnten Erfahrungen austauschen und gemeinsam von den Möglichkeiten eines voll ausgestatteten Labors profitieren.

Ich habe hier im Folgenden eine Reihe Mietlabore aufgelistet.

Tipp

Auf der von Harman Technology ins Leben gerufenen Webseite *https://www.localdarkroom.com/* findet man zudem eingetragene Mietlabore weltweit sowie auch Suchanzeigen von Analogfotografen, die gerne Gemeinschaftslabore gründen möchten.

Name	Ort	Leistungen	Webseite
Golab	Berlin	Tageweise Laborvermietung für Farbvergrößerungen	www.golab.de
Stattlab	Berlin	Nutzung des Fotolabors für Vereinsmitglieder	www.stattlab.net/
IDA Nowhere	Berlin	Community-Dunkelkammer, die ehrenamtlich von den Mitgliedern des Dunkelkammer-Teams betrieben wird.	www.ida-nowhere.com

Name	Ort	Leistungen	Webseite
Ulrich Hagel	Berlin	Stundenweise Laborvermietung für analoge Farbabzüge bis 60 cm Schmalseite	www.ulrich-hagel-labor.de
Mobile Dunkelkammer	Berlin	Workshops und stundenweise Vermietung des Fotolabors für Filmentwicklung und Papierabzüge sowie offene Werkstattabende	www.mobile-dunkelkammer.com/
Offizin	Darmstadt	Stundenweise Laborvermietung für Filmentwicklung und Abzüge	www.offizindarmstadt.com/word-press/die-werkstatt/fotografie/
Fotowerkstatt in der Saline 34	Erfurt	In der Fotowerkstatt besteht die Möglichkeit der analogen S/W-Filmentwicklung, Abzug von S/W-Film KB, Mittelformat und Großformat sowie viele Experimentiermöglichkeiten	www.hant-magazin.de/?page_id=2718
Medienforum	Heidelberg	Gemeinschaftsdunkelkammer im Keller des Karlstor-Kinos	www.karlstorkino.de
Butzlab Kira Enss	Hamburg	Workshops und Laborvermietung	www.butzlab.com
K4 Fotolabor	Nürnberg	Offene Fotolaborwerkstatt im Kunstkulturquartier Nürnberg	www.kubiss.de/fotolab_k4
Werkstatthaus	Stuttgart	Workshops und Laborvermietung	www.werkstatthaus.net

9.9 LITERATUREMPFEHLUNGEN

Autor und Titel	Buchtitel
Ansel Adams	Die Kamera, Das Negativ und das Positiv (3 einzelne Bücher und absolute Klassiker)
Andreas Feininger	Große Fotolehre
André Giogoli	Analoge Fotografie
Brian Dilg	Wie Fotos wirken
Dr. Otto Beyer	Belichtung und Filmentwicklung in der Schwarz-Weiß-Fotografie

Autor und Titel	Buchtitel
Ernst A. Weber	Fotopraktikum
Marco Antonini, Sergio Minniti, Francisco Gómez, Gabriele Lungarella, Luca Bendandi	Fotografie – Ein Handbuch der analogen Kreativtechniken
Marc Stache	Analog Fotografieren und Entwickeln: Die eigene Dunkelkammer (Für Neu- und Wiedereinsteiger in die analoge Dunkelkammer)
Ralph W. Lamprecht	Way Beyond Monochrome

9.10 MAGAZINE UND ZEITSCHRIFTEN

Titel	Webseite
Photoklassik Magazin (vierteljährlich erscheinendes Magazin zur aktuellen analogen Fotografie)	www.photoklassik.de
Silvergrain Classics Englischsprachiges Pendant des Photoklassik-Magazins mit internationaler Ausrichtung	www.silvergrainclassics.com
Photonews (monatlich erscheinende Zeitung für Fotografie)	www.photonews.de

9.11 WEITERE INTERESSANTE LINKS FÜR ANALOGFOTOGRAFEN

Titel	Webseite
Analogue Now Festival	www.analoguenow.com
Digital Truth Massive Dev Chart	www.digitaltruth.com
Fineart Forum Paderborn	www.fineartforum.eu
Camerarescue Finnisches Projekt zur Rettung und Reparatur analoger Kameras	www.camerarescue.org/
Nicos Photography Show Youtube YouTube-News-Show mit aktuellen Infos aus der Analogfotoszene sowie Tests und Tipps	www.nicosphotographyshow.com/

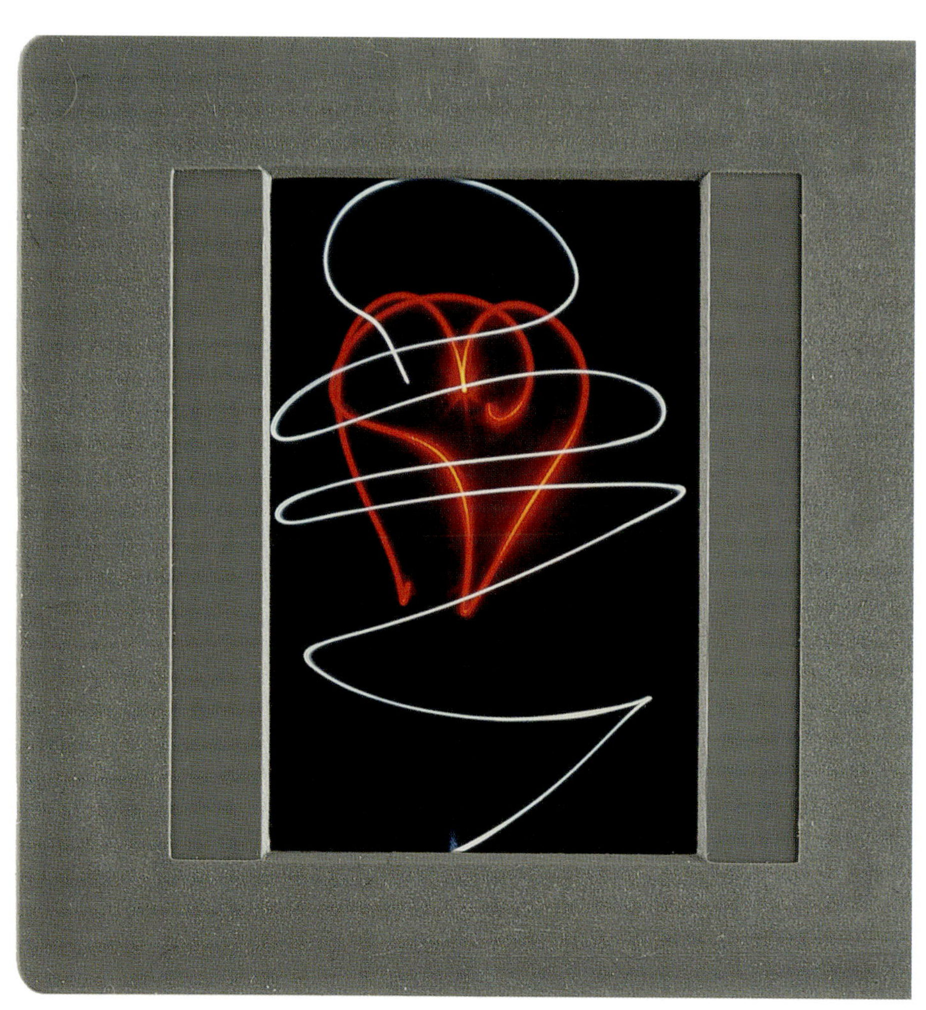

Schlusswort

DANKSAGUNG

Mein Dank gilt meiner Lektorin Katja Völpel vom mitp-Verlag für ihr anhaltendes Vertrauen und die tolle Möglichkeit, dieses Buch schreiben zu können.

Außerdem danke ich meiner Frau Laura für ihre Liebe und ihre seelische Unterstützung bei diesem Projekt, ohne die das alles nicht möglich wäre.

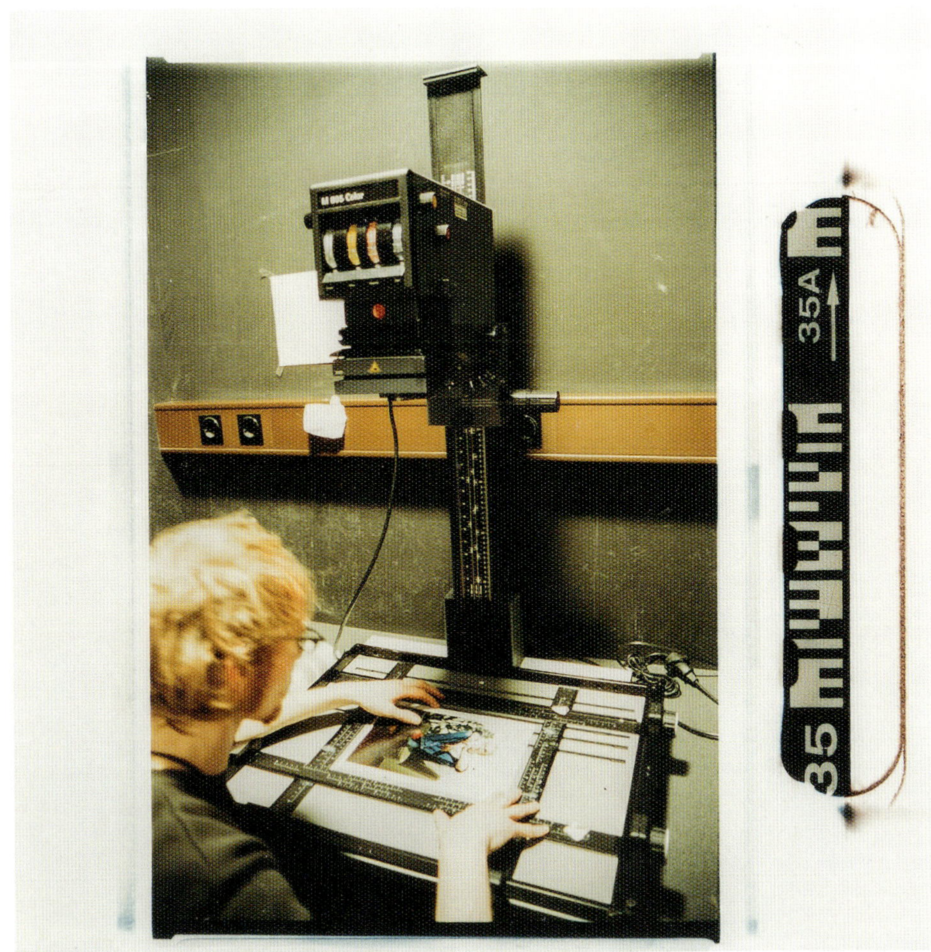

Abbildung 10.1: Selbstporträt beim Vergrößern eines Selbstporträts im Farblabor der FH Bielefeld, ca. 2003

LABORSERVICE, WORKSHOPS, FOTOKUNST UND SHOPANGEBOT

WORKSHOPS

Wenn Sie Interesse haben, das in diesem Buch gewonnene Wissen durch praktische Übungen zu vertiefen, so besteht die Möglichkeit, in meinem Berliner Labor einen Workshop zu buchen.

Die Kurse richten sich mit Themen wie Einführung in die Filmentwicklung, Einführung ins Printlabor, archivfeste Barytverarbeitung oder auch Tonungsverfahren und spezielle Techniken wie Splitgrade-Printing und Vorbelichtung von Papieren sowohl an Neu- und Wiedereinsteiger, aber auch an fortgeschrittene Analogfotografen. Zudem finden sich auf meiner Seite weitere Kursangebote verschiedener Partner z.B. auch für kreative Prozesse wie Cyanotypie, Lochkamerabau oder RA-4-Farblaborabzüge.

Weitere Informationen dazu finden sich unter
www.editionargentum.de/workshops.

LABORSERVICE

Sollten Sie einmal selbst keine Zeit haben, die eigenen Bilder zu entwickeln oder zum Beispiel für eine Ausstellung größere Bilder benötigen, als Sie im Heimlabor verwirklichen können, so kann ich Ihnen einen individuellen Laborservice für Handabzüge auf PE- und Barytpapieren anbieten.

Mehr Informationen dazu sind auf der Webseite meines Labors *www.fineprintservice.de*.

EDITION ARGENTUM

edition
argentum

Auf meiner Webseite *www.editionargentum.de* finden Sie neben Workshops auch eine Auswahl analoger Fotokunst-Editionen sowie ein Angebot an Archivmaterialien, Fotografiebüchern und analogen Kreativmaterialien.

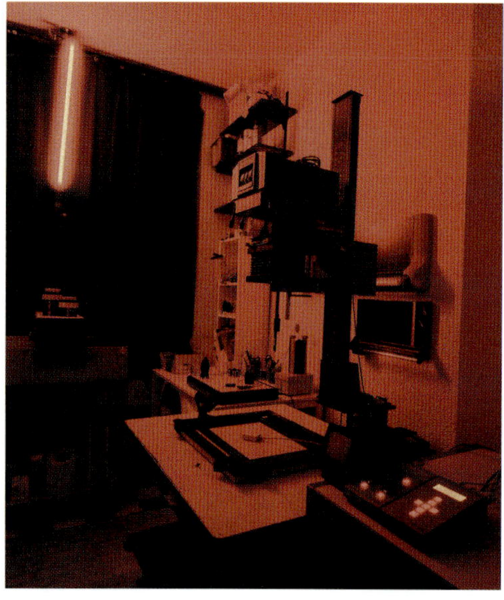

Abbildung 10.2: Laborimpressionen Aufnahme mit Cinestill 800 (Marc Stache, 2023)

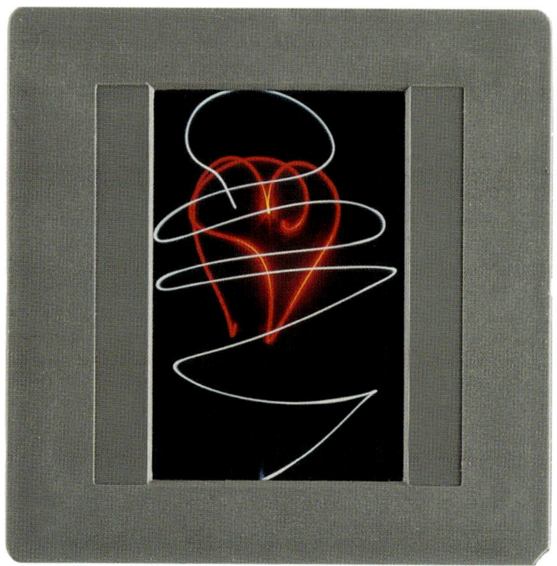

Abbildung 10.3: Lichtmalerei auf Diafilm Fuji Velvia 50 (Marc Stache, ca. 2011)

Index

Index

Index

Index